JN417029

Management Information System

경영정보시스템

조용길 · 이재영 · 김용철

우용출판사
1997
www.choolpansa.com

머리말

기업의 장기적 성장과 발전을 위하여 경영환경의 변화에 대하여 올바른 이해와 의사결정이 요구되며, 이와 같은 의사결정을 위하여 정확한 경영정보가 필요하다. 또한, 경영정보는 글로벌 시대의 힘과 지식의 원천이 되며 정보를 이용한 지식과 지혜가 글로벌 경쟁력을 좌우하는 시대가 되고 있다.

급속한 정보통신의 발달과 더불어 글로벌 경영환경도 급속히 변화하고 있다. 이러한 기업환경에서 최적의 경영정보시스템 구축을 통한 지식경영의 구축과 기업자원의 최적 활용은 기업의 성장과 발전의 원동력이 되고 있다.

인터넷을 통하여 많은 기업과 사람들은 다양한 정보를 획득하고 이용하면서 네트워크의 강점을 활용하고 있다. 네트워크에 접속한 많은 사람들은 인류가 사용하는 미디어 가운데 가장 빠르고 가장 많은 사용자를 갖기 시작한 사이버공간에서 각자 자기의 목적에 적합한 형태로 사용할 수 있다는 점을 인식하고 이 공간을 선점하기 위한 노력이 지금 이 순간에도 치열하게 진행되고 있다.

특히, 기업에서 네트워크 및 관련 기술을 활용한 경영정보 시스템은 기업의 핵심역량 강화의 차원을 넘어 기업의 내부적으로는 인사, 재무, 마케팅, 생산 등 제반 분야의 패러다임을 바꾸어 놓기 시작했고, 기업의 대외 거래방식은 가능한 모든 서비스를 웹으로 제공하는 고객 중심의 시스템으로 발전시키면서, 새로운 경영방식에 능동적이고 적극적인 적응을 요구하고 있으며 이를 수용하지 못하는 기업은 무한경쟁의 시대에 기업의 생존을 보장받을 수 없게 되었다.

또한 현대 정보사회의 정보기술은 산업전반에 걸쳐 활용되고 있다. 이와 같은 정보기술의 대표적 수단으로 인터넷을 활용한 모바일 통신기술과 정보처리기술 그리고 검색기술 등이 산업전반에 활용되고 있다. 이와 같은 정보기술은 국경을 초월하고 고정관념을 무너뜨리는 혁신을 가져왔다.

이러한 정보화 산업은 지식산업에 집중하지 않고 제조업, 서비스업 등 모든 산업분야와 예술, 공연, 스포츠 등에도 가속화 되고 있다. 이와 같은 새로운 환경의 변화를 경영환경에 적용하고 미래를 예측하는 정보의 활용이 필수도구가 되었다.

본 교재는 이러한 시대적 환경의 요구에 맞추어 경영정보를 공부하는 학생들에게 경영정보 시스템 구축 기술에 대한 기본적인 내용을 이해하고 이를 활용하여 기업에서 효율적인 경영정보시스템의 구축과 활용을 위하여 경영정보 시스템 프로세스를 쉽게 이해하고 시스템 구축에 필요한 정보를 제공하려고 노력하였다. 본 교재는 15장으로 구성되어 있으며, 정보시스템 구현을 위한 프로세스를 부록으로 첨부하였다. 이에 대한 세부적 목차는 다음과 같다.

Chapter 1 : 경영정보 기술의 동향	Chapter 9 : 의사결정시스템
Chapter 2 : 경영정보시스템의 구성	Chapter 10 : 전문가시스템
Chapter 3 : 전략정보시스템	Chapter 11 : 전략정보시스템
Chapter 4 : 정보시스템 분석 및 디자인	Chapter 12 : 정보보안
Chapter 5 : 경영정보 지표	Chapter 13 : e-비즈니스
Chapter 6 : 정보시스템의 개발 및 구조	Chapter 14 : 지식경영 구축
Chapter 7 : 정보시스템 구현	Chapter 15 : 정보시스템 평가 및 윤리경영
Chapter 8 : 정보시스템의 활용	부 록 : 정보시스템프로세스 사례

본 교재를 집필하면서 저자들은 그동안 강의 자료와 연구자료 등을 활용하여 집필하였으나 부족한 측면이 많이 있다. 이러한 내용은 향후 지속적인 보완과 개정을 통하여 발전시켜 나갈 것을 다짐하며, 이 책의 출간을 흔쾌히 허락하시고 수시로 원고작성 독려와 노력을 아끼지 않으신 우용출판사 고종식 사장님과 임직원 여러분의 노고에 감사드린다.

2011년 2월

저자들 드림

목차

Chapter 6 정보시스템의 개발 및 구조 / 139

Chapter 8 **정보시스템의 활용 / 195**

제2절 디지털 경영시대

1. 디지털의 출현과 특성

1) 디지털경제의 출현

Internet의 등장과 함께 새로이 형성되기 시작한 경제 패러다임을 디지털경제(Digital Economy)라 한다. 이러한 디지털경제는 정보통신기술(IT: Information Technology)의 발전과 확산에 힘입어 경제활동 전반에 걸쳐 혁신적인 변화가 나타나고 있는 현상으로서 "문자, 이미지, 음성 등을 0과 1의 숫자조합으로 변화시켜 전송 · 저장하며, 이를 다시 원상 복귀시키는 디지털기술이 기업의 생산 및 유통 · 판매 그리고 소비 등 제반 경제활동의 중심이 되는 상태"를 말한다.[3)]

이러한 디지털경제는 다음의 세 가지 요소로 구성된다고 볼 수 있다. 첫째, 컴퓨터 및 관련 장비, 소프트웨어, 통신장비 및 통신서비스업 등 정보통신기술 생산 산업(IT Producing Industries)의 발전과 둘째, 이들 산업을 중심으로 여타 산업부문(정보통신기술 이용 산업으로 지칭) 및 개인들이 발달된 정보통신기술을 각자의 경제활동에 광범위하게 활용되는 측면과 셋째, 정치·사회·문화적 가치체계와 사고방식의 변화를 초래하는 패러다임의 변화를 의미하는 것이다. 이러한 디지털경제는 BC 7,000년경 농업기술 출현에 따른 농업경제, 18세기 산업혁명에 따른 산업경제에 이어 인류역사상 세 번째로 출현한 패러다임의 근본적 변화를 의미하는 것이다.[4)]

디지털경제 시대에서는 시장 변동 폭의 확대, 기업경영관리의 혁신, 고용개념 및 근로패턴의 변화, 경제주체들의 역할 변화 등 각종 경제 패러다임의 대폭적인 변화가 요구되며, 그러한 변화는 이미 '보이지 않는 혁명'으로 진행되고 있다. 구체적으로 생산성이 증가함으로써 생산기술, 상품의 종류, 직업 및 여가 등에 큰 변화를 초래하며, 생산(production), 재고(inventory), 광고(advertising), 판매(sales), 마케팅(marketing), 가격전략(pricing) 등 제반 경영활동에까지 새로운 패러다임을 요구하고 있다.

3) 박문서, "디지털 상품의 전자상거래 활성화 방안", 통상정보연구 제II권 제4호, 「사단법인 한국통상정보학회」, 2001, p-12.
4) 전철환, "디지털경제의 흐름과 금융", 한국표준협회, 2000, p-7.

〈표 1-1〉 디지털시대의 주요 경제 패러다임 변화

구분	주요 경제 현상의 변화
직업 패턴	- 단순생산직(Green → Blue Collar) → 대인 서비스직(White Collar) → 창조적 전문직(Golden Collar) - 평생직장 → 평생직업 - 유연성의 사회(flexible society) : 근무시간, 장소, 패턴의 유연화
기업 경영 조직 구조	- 피라미드식 수직계층구조 → network형 수평구조 - 명령/통제 중시 → 학습능력 중시 - 중앙 집중 → 탈 집중/분권화 - 주주만족 → 고객만족 - 효율/경쟁 → 공동이익/상생/협력
경제 관점	- 규모의 경제 → 범위의 경제/연결의 경제 - 양(量) 중심 → 질(質) 중심 - 하드(hard) 중심 → 소프트(soft) 중심 - 소유(소유권) → 접속(사용권)
시장 환경	- 공급자 중심 시장 → 소비자 중심 시장 - 밀어 내기식 판매 → 끌어 들이기식 판매 - 소품종대량생산 → 다품종소량생산 - 노동ㆍ자본집약적 → 지식 집약적
소비 패턴	- 정보/문화/지식상품 등 서비스상품의 소비 증대 - 엥겔계수 저하

이러한 디지털경제 현상은 곧 정보화 진전의 결과로 볼 수 있지만 역으로 정보화를 촉진시키는 견인역할을 동시에 수행하고 있다. 가령 Network를 비롯한 정보화 인프라가 구축되면서 빠른 전송속도를 구현한 결과는 디지털 상품의 전자상거래를 촉진시키는 직접적 요인의 하나가 되었다고 할 수 있다.

2) 디지털경제의 특성

(1) 패러다임 전환

디지털경제의 도입은 과거의 패러다임을 상당부분 바꾸어 놓았다. 예를 들자면, 과거에 경제의 대상이 되었던 물질은 bit의 형태로 쪼개지는 정보(information)가 매우 중요한 요소로 개입되었으며, 소비자들이 구매하고자 하는 정보를 과거처럼 일방적이고 수동적으로 받아들이던 차원에서 Internet을 통하여 구매자와 소비자가 multimedia된 구체적 정보를 쌍방향성(interactive)을 갖고 실시간(real time)으로 찾을 수 있게 되었다.

(2) 완전경쟁

과거의 시장상황을 독점시장부터 완전경쟁으로 분류하였으며, 완전경쟁시장이야말로 경제학적으로 최적의 효용을 가질 수 있는 상태를 의미하지만, 완전한 의미의 완전경쟁은 존재하기 어렵다고 하였다. 또한, 기존의 완전경쟁은 공급자 기준의 일방적 완전경쟁을 가정하고 있으나, 사이버시대의 완전경쟁은 수요자와 공급자 양측의 측면에서 경쟁하고 있다는 점은 전혀 새로운 측면의 완전경쟁이라 할 수 있다.

(3) 수확체증의 법칙 지배

수확체증의 법칙(The law of increasing return)이란 신고전학파 경제학에서 주장하는 수확체감의 법칙과 상반되는 메커니즘으로서 노동 시간이 추가되면 될수록 산출량은 기하급수적으로 증가한다는 뜻으로 '규모의 경제(economies of scale)'와 동의어로 사용되기도 한다. 즉, '현재 시장에서 우위에 있는 기업이 계속 이길 가능성이 많아지는 현상'이라 할 수 있다.

사실 수확체증의 법칙이란 완전히 새로운 개념은 아니며 전기, 가스, 철도, 전화, 쓰레기 처리 같은 자원독점형 산업 분야에서도 수확체증의 법칙이 적용된다. 그러나 Brian Arthur교수는 자연독점형 산업이 아닌 하이테크 산업에서도 수확체증의 법칙이 적용되고 있다는 사실을 발견했다. 즉, 산업화 시대의 대량생산 경제에서는 수확체감, 완전합리성, 균형상태, 변화하지 않는 상품 등 4가지 원리가 작용하고 있지만, 하이테크 산업에서는 수확체증, 한정합리성, 유동적인 상품 또는 서비스, 계속되는 변화의 원리가 적용된다.[5)]

지금까지 전통적인 경제학은 수확체감의 법칙을 바탕으로 전개돼 왔다. 농업이나 자연 자원을 많이 소모하는 대량생산 체제에서는 수확체감의 법칙이 타당성을 갖고 있다. 그러나 첨단 기술의 개발과 정보 중심의 생산 체제에서는 반대로 수확체증현상이 일어나게 된다. 수확체증 현상이 일어나는 이유로는 거대한 초기 개발비용, network 효과, 학습 효과 등을 들 수 있는데 수확체증의 법칙이 많은 분야에서 관철되는 디지털 경제시대는 새로운 경영 방식을 요구한다. 수확체감의 법칙이 통용되던 대량 생산체제의 산업에서는 경쟁자간의 균형이 형성되기 때문에 각 경쟁자의 생산 계획과 통제, 관리의 최적화 등이 중요하게 여겨진다.

반면 수확체증의 법칙이 적용되는 디지털경제시대에는 경쟁자간의 균형보다는 승자가 거의 모든 것을 가져가는 불안정한 구조가 형성되고 시장 예측이 어려워지며 자신의 제품으로 시장을 장악하는 능력이 중요해진다.

5) 안철원, "수확체증의 법칙", http://www.uos.ac.kr/~cwahn/class/수확체증.htm

그러므로 기업은 항상 시장 선점을 위해 다음의 큰 비즈니스가 무엇인지 찾게 되며 기술력이 떨어지는 열등한 제품이라도 초기 시장 진입에 성공하면 시장을 선점, 큰 이익을 얻을 수 있다. 이에 따라 경영의 중심이 생산 지향적이기보다는 미션 지향적으로 바뀌고 이를 위해 조직의 구조도 계층화에서 수평화로 바뀐다.

(4) 역시장 형성

과거 시장이란 구매자 위주의 시장(Buyer's Market)으로서 제조업자와 판매업자가 시장에 제품을 출시하고 이를 소비자들이 수용하는 형태가 주류를 이루었다. 그러나 Internet이 개별적으로 흩어져 있던 소비자들을 하나로 뭉치게 하는 매체로 작용함으로서 이른바, '소비자주권의 시대(Buyer's Market)'가 도래하였다고 할 수 있다.

이렇듯 소비자가 하나로 뭉칠 수 있다는 의미는 더 나아가 소비자들이 공급자들보다 더 많은 정보를 소유함으로서 거래 쌍방간에 정보가 비대칭적으로 분포되어 있는 상황인 정보 비대칭성(asymmetry of information)으로 인해 불리한 지위에 있던 소비자들이 보다 유리한 지위를 점유하게 되었다는 점이다. 구체적으로 소비자들은 인터넷을 통해 특정 제품 분야에 대한 가격비교 검색 프로그램의 이용을 통한 다양한 정보의 입수 및 각종 동호회 등을 통해 집단적 행동을 함으로서 공급자 위주의 가격 결정 구조가 와해되는 시기가 도래한 것이다.

한편, 이러한 소비자의 행동은 구매력 집중현상을 나타나고 있는데, 사이버 공간을 통해 새로운 회원을 받아들이고 회원들끼리 서로 접촉할 수 있는 환경을 제공함으로써 구매력을 집중시키는 힘을 보유하게 된 것이다. 소위, 동호회 등의 성격으로 마음이 맞는 사람들끼리 시간과 장소를 극복하고 수시로 회원의 독특한 관심사에 초점을 맞춘 특정 커뮤니티를 형성하여 관심 있는 정보에 보다 능동적으로 접근함으로서 집단적 움직임을 보이고 있는 것이다. 또한 판매자의 입장에서도 과거 특정 고객에 대한 세분화된 마케팅의 수행이 사실상 힘들었던데 비해 이들 커뮤니티는 잠재적인 구매자를 한곳에 모을 뿐 아니라 과거에 행해 왔던 방식으로는 찾기 어려운 정보를 쉽고 저렴하게 얻을 수 있게 해준다.

이러한 커뮤니티는 과거 소비자들이 대중광고를 통해 획득되어진 정보에 비해 회원들은 기존에 나와 있는 정보보다 회원 콘텐츠에서 평가된 정보에 더 큰 가치를 두고 높은 신뢰성을 보이고 있다.

결국, 이러한 현상은 과거 공급자의 가격 정책의 약화와 함께 소비자의 강화된 시장 지배력을 통해 소위 '역 시장'이 형성되고 있는 것이다.

(5) 생산자와 소비자의 통합

Prosumer(Provider + Consumer)란 소비자가 생산과정에 참여하는 「생산소비자(Prosumer)」는 앨빈 토플러가 제안한 말로 생산자(Provider)가 소비자(Consumer)가 되고 소비자가 다시 생산자가 되는 환경을 의미하는 시대가 된다.

예를 들어 자신이 '비주얼베이직'이라는 프로그램 언어를 구입한다고 할 때, '비주얼베이직'이라는 상품을 구매하는 구매자의 역할이 된다. 하지만 구입한 프로그램 언어를 가지고 새로운 프로그램을 개발하고 이를 상품화하여 시장에서 판매한다면 이는 다시 제품을 공급하는 공급자의 역할을 하게 된다. 따라서 이처럼 생산자와 공급자는 현대사회에서 공동으로 갖게 되는 역할이다.

제3절 경영정보의 발전

1. 경영정보의 발전과정

1) 제1단계 : 단순자료처리 중심

1950년대 기업으로서는 처음으로 미국의 GE사가 컴퓨터를 조직경영에 이용하기 시작한 이래, 초기에는 그 응용분야가 크게 제한되어 주로 다량의 회계자료를 신속 정확하게 처리하는데 중점을 두었다. 이는 당시의 컴퓨터가 갖고 있는 한계에도 이유가 있었지만, 막대한 컴퓨터 비용을 정당화시키기 위해서는 무엇보다도 고용 인력의 감소를 통한 조직운영비용의 절감이 시급하였기 때문이다.[6)]

이 시기에는 주로 단순히 인력감축을 통한 비용절감이 기업입장에서 가장 큰 관심사였다. 즉, 인력자산에 대한 가치의 비중이 낮았으며, 단순이 물리적 비용의 절감에만 집중한 것으로 평가할 수 있다.

2) 제2단계 : 경영정보 제공의 중요성 인식

1960년대 중반에 들어서자 컴퓨터가 단순한 자료처리의 수준을 넘어서 조직의 관리 및 의사결정을 지원하기 위한 정보를 제공할 수 있는 수단으로 활용될 수 있다는 인식이 널리 확산되기 시작하였다. 그리고 이를 경영정보시스템 MIS(Management Information System)라고 부르게 된 것이다. 원래 컴퓨터가 단순히 자료를 처리하는 이상의 기능을 수행할 수 있다는 생각은 이미 1960년대 초기에 정보검색이라는 분야의 태동과 함께 현실화되어 있었다. 그런데다가 1964년 집적회로(IC)를 채택한 제3세대 컴퓨터가 등장하면서 비교적 적은 비용으로 대용량의 기억장치와 연산능력을 갖춘 설비를 이용할 수 있게 되었다. 이러한 상황에서 컴퓨터 제조업자들은 새로운 하드웨어 판매전략의 일환으로 MIS 개념의 유용성과 실현가능성을 입증하고자 노력하였고 이것이 경영정보의 필요성을 인식한 조직경영자들의 요구와 부합함으로서 MIS 개념은 비약적으로 발전하게 되었다.

1970년대 MIS에 대한 회의론이 확산되면서 새로운 접근방법으로 제시된 것이 경영자에 대한 경영지원의 측면에서 의사결정에 중점을 두어야 하며, 정보시스템 또한 각 문제상황에 맞도록 설계되어야 한다고 주장이 나오기 시작하였으며, 이러한 정보시스템을 의사결정지원시스템이라고 부른다.

---

6) 김은홍 외, 『경영정보학 개론』, 다산출판사, 2009, pp. 10~16.

3) 제3단계 : 사무자동화 및 정보통신기술의 급격한 발달

1981년 IBM의 PC의 출시와 함께 저가의 소형 및 개인용 컴퓨터가 급속히 보급되고 정보통신기술이 크게 향상되면서 사무자동화(Office Automation : OA)에 대한 관심이 급격하게 증가하였다. 처음에는 문서편집의 단순한 개념에서 출발하여 전자파일관리시스템, 전자일정관리 등 기술의 진보에 따라 다양한 형태로 발전하게 되었다.

한편 1980년대 미국의 통신시장 개방정책을 계기로 통신기술 및 서비스가 비약적인 발전을 이루게 됨으로서 기업 활동을 수행하는 데 있어 통신기술에 기반을 둔 정보시스템이 차지하는 중요성은 더욱 확대되어 갔다. 특히 이 시기에 전자자금이체나 EDI 등과 같은 조직간 정보시스템의 구축이 활용되기 시작하면서 조직 내는 물론 조직 간에도 정보기술을 이용한 실시간 거래가 가능해졌다.

4) 제4단계 : 전략적 정보 활용의 인식 확대 및 인터넷의 확산

정보기술을 단순히 기업운영의 효율성 증대를 위해 활용하는데 만족하지 않고 시장에서의 경쟁우위를 확보하기 위한 기업의 전략적 수단으로 인식해야 한다는 견해는 이미 1980년대 초반부터 제기되기 시작하였다. 1980년대 후반에 들어서 많은 기업들이 성공적인 전략적 정보시스템(SIS) 활용사례가 알려지면서 정보기술의 전략적 활용이 크게 강화되었다. 특히 1990년대 기업들이 BPR(Business Process Reengineering)과 같이 정보기술을 폭넓은 활용 없이는 실현 불가능한 경영혁신기법들을 채택하기 시작하면서부터 전략적 가치에 대한 인식이 점차 확대되었다.

또한 인터넷의 등장으로 인한 웹기반의 기술은 기업과 소비자, 공급자, 금융기관, 정부기관 등 비즈니스 관련 주체들 사이에 시간과 공간을 초월한 거래 및 정보교환이 가능하도록 하였다.

실제로 오늘날 기업의 입장에서 MIS와 관련된 가장 중요한 이슈는 정보기술에 기반을 둔 기업통합(EI : Enterprise Integration)을 통하여 기업의 경쟁우위를 확보하기 위한 노력이라고 할 수 있다. 여기서 기업통합이란 경영활동주기의 단축이나 새로운 서비스의 창출을 위해 기존에 상호 독립적이던 기업경영의 가능한 모든 영역을 연계통합 시키고자 하는 것을 의미한다. 이를 위한 ERP, CRM, SCM 등이 이를 위한 핵심도구라고 볼 수 있다.

2. 정보시스템의 종류

1) 정보시스템의 특징

정보시스템을 구축하기 위하여 우선 그 특징을 살펴보아야 한다. 정보시스템은 다음과 같은 특징을 가지고 있다.7)

첫째, 목적성이다.

시스템은 반드시 목적을 가지고 있어야 하며, 어떤 목적을 달성하기 위하여 관련된 구성요소들을 결합하게 된다. 하나의 시스템은 큰 목적을 위해 여러 개의 작은 목적을 갖는 하위 시스템을 가지고 있다.

둘째, 경영정보시스템은 자동성이다.

시스템은 조건이나 상황의 변화가 발생할 경우, 시기적절하게 대응하여 처리하도록 설정해 주어야 한다. 즉, 자동성이 있는 시스템이란 업무상의 판단, 결정, 선택 등이 자동적인 방법으로 충분히 처리 될 수 있도록 고려된 시스템을 말한다.

셋째, 시스템의 제어성이다.

제어성이란 정해진 규정이나 한께 또는 궤도로부터 이탈되는 사태나 현상의 발생을 사전에 감지하여 수정해 나가는 것을 말한다. 즉, 제어성이 뛰어난 시스템일수록 신뢰성이 높은 시스템이다.

넷째, 정보시스템은 종합성이다.

경영정보시스템은 항상 다른 시스템과 상호의존관계가 있으며 각 부분별 시스템도 전체 시스템의 일부분으로 필수기능을 수행하고 있다.

이와 같이 시스템의 특성을 목적성, 자동성, 제어성, 종합성으로 구분하고 있지만 그 외에도 많은 특성을 지니고 있다.

2) 정보시스템의 유형

시스템(system)을 정의하면 '시스템은 특정한 목적을 가지고 이를 성취하기 위하여 여러 구성인자가 서로 유기적으로 연결되어 있으면서 목적을 위해 노력하는 것'이다. 이러한 시스템 개념은 정보시스템을 포함한 많은 조직현상을 인식하고 이해하는데 유용한 틀을 제공한다.

그런데 이러한 시스템은 관념적일 수도 있고 실제적일 수도 있다. 관념적인 시스템은 상

7) 정경수 외, 『경영정보시스템』, 이프레스, 2004, pp. 24-25.

호의존적인 사고나 구조를 질서 있게 구성한 것이다. 예로서 신학시스템은 신에 대한 사고나 신과 인간과의 관계를 질서 있게 정돈한 것이다. 실제적인 시스템은 목적을 달성하기 위하여 함께 작용하는 일련의 요소들을 말한다. 이의 예로서 컴퓨터시스템을 들 수 있는데 이 시스템은 컴퓨터 처리를 수행하기 위하여 함께 작동하는 설비를 말한다.

그런데 위의 시스템들을 임의로 모아진 요소들이 아니라 목적달성을 위하여 함께 소속된 것으로써 입증된 요소들로 구성되어 있다. 물론 관념적인 시스템보다 실제적인 시스템이 더욱 활동이나 행위와 밀접하고 목적달성에 더욱 상호작용한다.

경영정보시스템은 물리적 환경 및 경영환경과의 작용여부 그리고 시스템의 구성요소의 특징에 따라 다음과 같은 유형으로 분류 할 수 있다.

(1) 확정적 시스템과 확률적 시스템

확정적 시스템은 의사결정자가 시스템의 결과를 예측할 수 있는 시스템으로 시스템의 연계가 정확히 알려져 있는 시스템이다. 확정적 시스템(deterministic system)은 시스템 구성요소의 상호관계를 확실히 예측할 수 있고 불확실성이 전혀 없는 시스템으로 구성되어 있다.

확정적 시스템은 결과를 예측할 수 있도록 작동하는 시스템을 말하는 것으로, 이는 각 부분들 간의 상호작용이 확실하게 알려져 있다. 따라서 확정적 시스템에 있어서는 시스템의 일정시점의 상태와 그 시스템의 작동을 알 수 있으면 다음 단계의 시스템 상태를 정확하게 알 수 있다.

확정적 시스템은 발생 가능한 행동의 관점에서 기술할 수 있으나 그 시스템이 무엇을 할 것인가에 대한 예측에는 항상 어느 정도의 오류의 여지가 존재한다. 재고관리시스템은 확률적 시스템이다. 이 시스템에서는 평균수요나 평균주문 간격은 정의될 수 있으나 어떤 시점에서 정확한 값은 알 수가 없다.

확률적 시스템(probabilistic system): 시스템의 구성요소의 상호관계를 확률적으로 밖에 알 수 없으므로 어느 정도의 오류를 반영하여 확률적 행동의 관점에서 설명할 수 있는 시스템으로 불확실성이 항상 내재되어 있는 시스템이다.

(2) 개방적 시스템과 폐쇄적 시스템

폐쇄적 시스템이란 물리학에서의 ‘스스로 포함(self-contained)된 독립적인 시스템’을 의미한다. 따라서 이 시스템은 외부환경과 자원, 정보 또는 에너지를 교환하지 않는다. 이러한 폐쇄적 시스템은 결국은 해체되거나 소멸하게 되고 이러한 소멸현상을 엔트로피(entropy)의 증가라 한다.

폐쇄적 시스템과 관련하여 물리학적 의미의 완전폐쇄시스템과는 달리 환경과 상대적으로 고립된 상대적 폐쇄시스템(relative closed system)이 있다. 이 시스템은 이미 한정된 입력만을 외부로부터 받아들이고 그것을 처리하여 이미 정의된 출력만을 제공한다. 즉, 상대적 폐쇄적 시스템으로서 컴퓨터 프로그램을 들 수 있다. 왜냐하면 컴퓨터 프로그램은 미리 정해진 입력과 출력만을 사용하기 때문이다.

개방적 시스템은 외부환경과 정보, 자원, 에너지를 교환한다. 따라서 이 시스템은 그 시스템이 계속하여 존속할 수 있도록 외부환경변화에 스스로 적응 할 수 있는데 이러나 특성을 자기조직화(self-organization)라고 한다.

이러한 분류를 중심으로 살펴보면 조직은 개방적 시스템이다. 즉 조직은 환경으로부터 의도되지 않은 여러 변화를 입력으로 하여 그 시스템이 계속하여 존속할 수 있도록 적응하는 개방적 시스템이다. 인간 역시 개방적 시스템에 속한다.

- 개방 시스템(open system): 환경과의 상호작용을 통해 정보, 물질, 에너지 등을 입·출력을 통해 주고 받는 시스템
- 폐쇄적 시스템(closed system): 환경과의 상호작용이 없는 시스템

(3) 자연적 시스템과 인위적 시스템

자연적 시스템은 인간의 개입이 없는 시스템으로 태양계, 우주와 같은 시스템이다.

인위적 시스템은 인간이 창조한 시스템으로 기업의 모든 경영활동을 하는데 필요한 시스템으로서 생산시스템, 인사시스템, 회계시스템 등이 이에 속한다.

으로는 재화의 최적 분배를 통한 고객의 복리증진효과를 추구한다는 것을 의미한다. 마지막으로 고객의 장기적 복리증진이란 마케팅활동이 단지 고객의 일시적인 만족에 그치지 않고 그들이 풍요롭고 안전한 생활을 오랫동안 향유할 수 있도록 사회적·생태적·윤리적 문제까지 광범위하게 고려하여 수행되어야 한다는 것을 말한다.

2) 제품진단

제품개발(product development)은 현재의 고객들에게 새로운 제품을 제공하는 일이 가능한지에 대해 고려하는 것이다. 여기서 새로운 제품이란 현재의 제품에 새로운 기능을 추가하거나, 포장을 바꾸거나, 새로운 상표를 부착하거나, 또는 사용하는 것은 같지만 용도를 다르게 한 것 등을 말한다. 이와 같은 신제품으로 현재의 시장에서 새로운 시장기회를 발견하기 위해서는 현 제품과 자사상표에 대한 현 고객의 선호도 및 신뢰성, 현 제품 용도의 한계, 고객들의 제품의 품질 및 가격에 대한 선호도 등에 대한 분석이 이루어져야 한다.

3) 자원진단

전략가는 자원과 기술변화를 예측한다. 경영자는 원재료의 가격과 조달에 대하여 장기 추세를 검토하게 된다. 또한 환율변동과 자금조달에 대한 미래의 추세를 분석하여야 한다.

인적자원으로 기술수준의 향상과 수도권으로 생활권 집중으로 숙련된 기술자의 확보가 어렵게 되며 이러한 환경에 따라 근무조건의 향상과 노동비용의 증가를 예측하여야 한다.

4) 경쟁자의 진단

경쟁 환경을 분석하는데 있어서 시장구조의 변화를 예측하여야 한다. 시장 환경은 매우 빠른 속도로 변화하여가며 경쟁자 역시 빠른 속도로 시장에 진입하였다 사라진다. 따라서 경쟁사의 동향을 면밀히 분석하고 대체상품의 개발을 연구하여 새로운 시장 진출을 추진하여야 한다. 또한 경쟁 환경에서 경쟁사의 성공요소를 분석하여 새로운 자사의 경쟁우위를 창출하여야 한다. 경쟁우위의 제품이라 할지라도 신규모방업체가 새로이 시장에 진입한다는 것을 명심하여야 한다.

5) 기술동향의 진단

기업의 새로운 기술 개발로 새로운 시장을 창출하였다 하여도 새로운 도전자 기술, 도전기업, 모방 기업이 위협을 가하게 된다. 따라서 한 제품이 영원한 기업의 효자상품이 될 수 없다.

새로운 제품의 개발은 연구개발, 신제품 개발팀에서 한두 사람의 아이디어로 개발 될 수도 있지만 일반적으로 경영자의 뛰어난 미래 예측능력과 추진력 그리고 지원과 함께 전사원의 혁신 능력을 배양하여 혼연일체가 되어야 새로운 세계에 도전 할 수 있다.

새로운 제품을 개발하기 위하여 제조 공정의 변화도 요구된다. 기술은 앞서가지만 제조 공정의 기술 능력이 후퇴한다면 새로운 제품은 생산할 수 없다. 따라서 새로운 제품을 창조하기 위하여 공정의 혁신, 자재의 혁신, 제품의 혁신, 사람의 혁신이 동반되어야 한다.

〈표 2-1〉 산업환경 진단 주요항목

고객	제품	자원	경쟁	기술
시장구조	제품의 위치	인적자원	시장구조의 변화	신기술개발
소비자 태도	품질수준	공급자환경	경쟁사 동향	신기술 혁신
판매방법	가격 수준	원자재 동향	성공요인의 동향	공정의 혁신
촉진방법	수명주기	기술자원	신규업체의 동향	제품의 혁신
시장규모	신제품 개발	자금능력	유통경로 동향	자재의 혁신

3. 산업구조

1) 산업구조 분석 목적

현재의 산업 환경동향의 역동성을 분석하고 자사의 제품 라이프 사이클(life cycle)을 분석하여 산업에서의 핵심성공 요인을 찾아내는데 목적이 있다. 또한 성공요인을 분석하여 경쟁우위의 제품을 개발하고 경쟁에서 핵심역량을 강화하는 방법과 미래 사업 전략을 찾아내는데 목적이 있다.

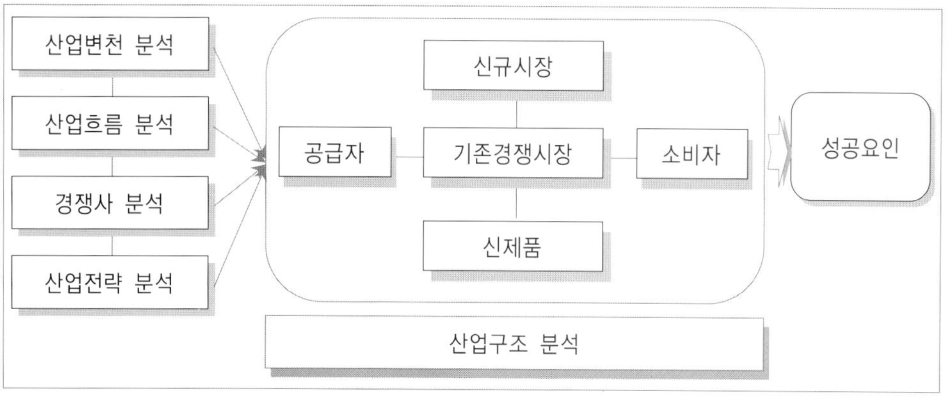

[그림 2-2] 사업구조분석 틀

2) 제품수명 주기분석

제품 수명주기는 R.버넌, F.허시, L.T.웰스 등이 주장하였으며, 제품수명주기설은 제품의 수명주기를 개발단계, 성숙단계, 표준화단계로 구분하고 있다. 개발단계에서는 시장이 불확실하고 소비자들의 기호를 알 수 없으므로, 자연히 생산이 소규모가 되나 많은 노동력의 사용으로 독점적인 생산을 한다. 이때는 가격의 고저는 별 문제가 되지 않으며, 개발상품의 판매촉진을 위하여 정보수집에 관심을 집중하게 된다. 이 개발단계의 소규모적인 생산 공정이 성공하여 시장에서 수요가 증대되면, 개발상품은 성숙단계로 들어가게 된다. 이 단계에 이르러서는 상품이 국내시장을 지배하게 되고, 해외로부터의 주문에 의한 수출도 시작된다. 성숙단계를 지나 대규모 소비단계에 들어서면 상품이 표준화된다. 상품이 표준화되면 외국에서도 그 상품의 개발이 가능해지는데, 외국은 그 개발에 필요한 기술개발비의 절약과 낮은 노동비용에 의한 가격수준의 차에 의하여 비교우위를 점하게 된다.

일반적으로 제품수명주기는 도입기, 성장기, 성숙기, 쇠퇴기로 구분하고 있으며 아래의 그림과 같이 표현할 수 있다.

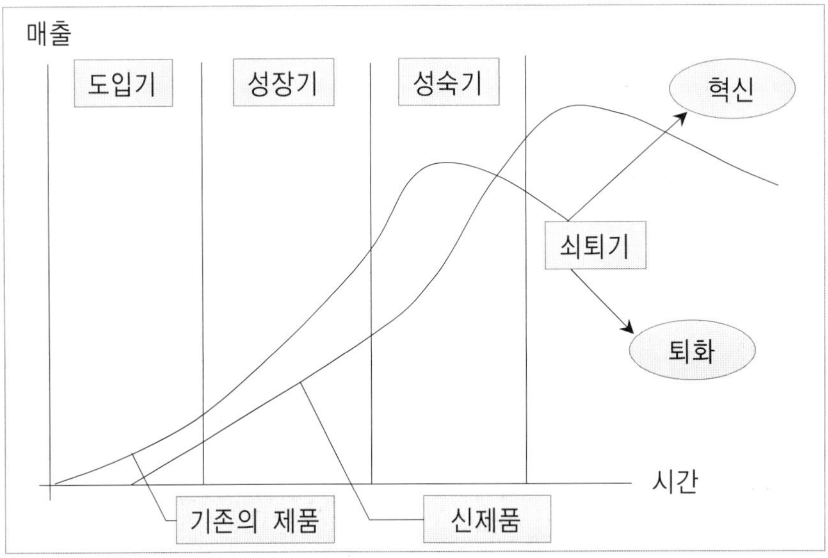

[그림 2-3] 제품 수명주기단계

[그림 2-3]에서와 같이 시간의 흐름에 따라 제품의 수명주기는 변하여 간다. 이와 같이 변하는 제품 수명 주기에 따라 적절한 정책을 수립하여 제품의 수명주기에 따른 이익 증대 정책을 추진하여야 한다. 따라서 다음의 표에서와 같이 각 단계별 전략을 요약하였다.

〈표 2-2〉 제품수명 주기에 따른 경영정책

구분	도입기	성장기	성숙기	쇠퇴기
전략목표	· 신규시장 침투 · 인지도 상승전략	· 가치 확립 전략	· 수익 극대화전략	· 구조조정 · 경영혁신 전략
매출전략	· 매출 확산 전략	· 매출 최고점 지속 유지 전략	· 시장에서 우위 전략	· 비용절감 전략
원가전략	· 원가 상승 (다운전략)	· 원가감소 (다운전략)	· 평균원가 유지	· 원가감소 (축소전략)
경쟁자전략	· 소수경쟁자 대응 전략	· 경쟁자 증가에 따른 대응 전략	· 다량의 경쟁자 참여에 따른 전략	· 철수전략 및 대응 전략
제품전략	· 품질향상전략	· 품질차별화 전략	· 고품질 및 표준화 전략	· 낮은 품질 철수전략
마케팅전략	· 다양한 광고	· 차별화 광고	· 시장세분화 광고	· 광고비용 축소

3) 산업동향분석

산업동향을 분석하는 목적은 과거와 현재의 산업동향 분석 자료를 바탕으로 미래의 동향을 예측하여 이를 바탕으로 전략을 수립하기 위함이다.

산업동향을 분석하는 활동은 구체적으로 기업외부의 환경정보를 검토하고 평가하는 것뿐만 아니라 그 결과를 기업 내 핵심 의사결정권자들에게 배포하는 것까지 포함한다. 이러한 분석활동은 절차상 상당히 많은 비용과 시간을 요하므로 기업은 자사의 현재와 미래에 중대한 영향을 미칠 수 있는 요소들만 추려내어 평가하여야 한다. 산업동향은 거시적 환경동향, 고객동향, 경쟁회사 동향 등이 있다.

산업동향을 분석하는 절차는 자사의 현재 산업의 일반적인 동향을 파악하여 경쟁우위를 확립하기 위한 전략적 시사점을 찾아내기 위함이다. 또한 각각의 산업별 특성을 분석하여 반영한다. 산업동향분석은 구체적으로 분석하며 수치적으로 표현하는 것이 전략수립에 유리하다.

〈표 2-3〉 산업동향 분석 사례

구분	분석내용
원자재동향	국내·외 원자재 수급동향, 원자재 시장의 변동현황
시장동향	제품의 시장 규모(국내·외), 시장 변동현황, 원가경쟁 구조
기술동향	현재의 기술수준, 기술개발 속도, 미래의 기술전망
경쟁동향	경쟁자의 동향, 경쟁의 강도(진입장벽, 경쟁업체의 수)
미래의 전망	제품의 미래전망, 향후 발전 동향
성공요인	경쟁요인(품질, 가격, 서비스, 신제품 개발)

4) 추세분석

추세(trend)는 장기적인 경향을 말한다. 자료상에서 계속적인 수요가 발생하는 것을 의미한다. 시간 축에 따른 평균의 수요가 구조적으로 증가하거나 감소하는 것을 나타낸다. 이것을 그림으로 나타내면 다음과 같다. [그림 2-4]의 (A)는 시간의 경과에 따라 수요량이 감소하는 상태를 나타낸 것이고 (B)는 수요량이 증가하는 추세를 보이고 있다. (C)는 수요량이 S자 곡선을 보이면서 증가하는 형태이다.[1)]

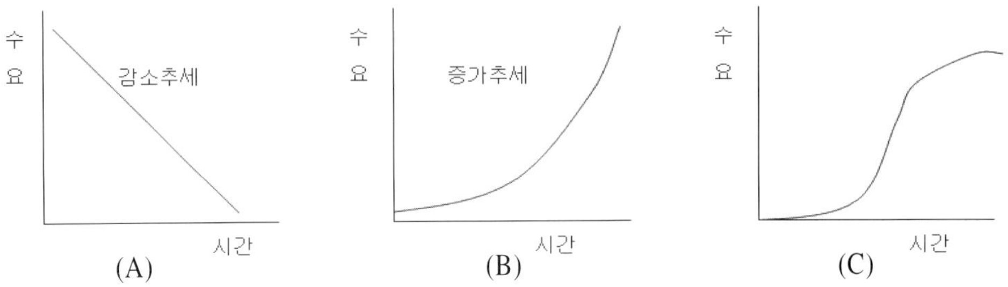

[그림 2-4] 일반적인 추세변동

추세변동은 국민총생산, 인구변동, 수출·입 변동, 기타 경영 및 경제지표와 같이 시간의 흐름에 따라 증가 또는 감소하는 추세를 말한다. 이러한 추세변동을 분석하는 것은 기업의 매출액 또는 성장성 그리고 시장점유율 등을 비교 분석하여 미래를 예측함으로서 기업전략의 토대를 삼기 위함이다. 일반적으로 추세분석은 3~5년을 분석하여 과거의 자료를 토대로 미래를 예측한다.

〈표 2-4〉 성장률 추세분석

구분	매출액	시장점유율	성장성	인구증가율	경제성장율	비고
D-1년 과거	250억	21%	10%	100	8%	
기준년(D) 현재	310억	30%	9%	110	11%	
D+1년 예측	360억	35%	5%	115	15%	
D+2년 예측	450억	45%	10%	120	10%	

5) 시장점유율 분석

시장점유율 분석은 사업의 성패요소가 될 수 있다. 특히 초기의 제품은 객관적인 여러 상황변수에 따라 시장에서의 위치가 달라질 수 있다. 이러한 시장점유율 분석은 기존시장의 과거와 현재의 자료를 통하여 시장의 규모를 분석하며 분석에는 유사품, 대체품 등과

1) 김계수, 『경영과학』, 법문사, 2003.

같이 기존의 제품시장에 변화를 줄 수 있는 제품의 동향도 함께 분석한다.

시장점유율은 시장의 특성 및 구조를 분석하여 시장구조를 사전에 파악하여 미래의 불확실성을 예방하고자 한다. 이러한 분석 대상은 유통구조, 유통경로, 동종업계 영업방식, 지역별 시장점유율, 제품이미지, 경영상태, 생산능력 등도 함께 분석하는 것이 유리하다.

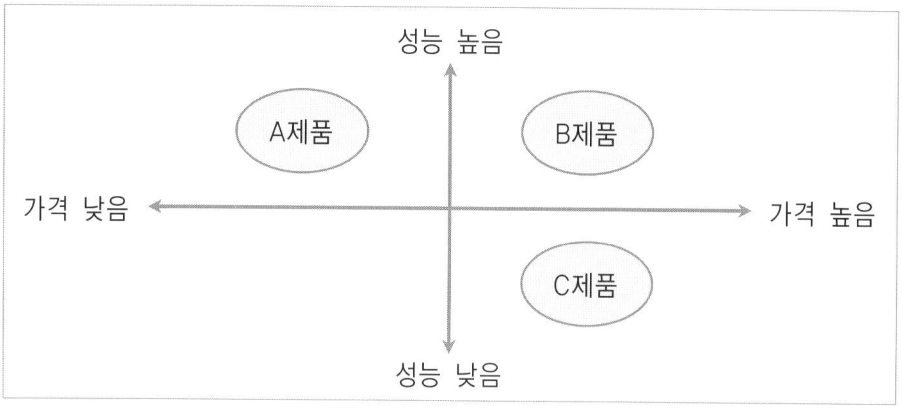

[그림 2-5] 시장에서의 위치정립

이와 함께 경쟁의 위치를 분석함으로써 경쟁 동향도 함께 파악한다. 경쟁자 분석으로 경쟁자의 경쟁 형태는 어떠한가? 또한 경쟁자의 목표와 위치는 어디에 있는가? 경쟁자의 강점과 약점은 무엇인가? 등을 비교분석한다.

	현제품	신제품
현시장	시장침투	제품개발
신시장	시장개발	다각화

[그림 2-6] 시장기회 분석과 시장세분화

6) 산업구조 분석

산업구조 분석은 M.E. Porter가 주장한 산업의 경쟁강도와 수익성을 결정하는 다섯 가지 경쟁요인을 분석하여 경쟁전략 수립의 기초 자료로 활용하기 위함이다. 다섯 가지 경쟁요인으로는 첫째, 신규진입의 위험으로 신규 진입자는 새로운 능력이나 시장점유율을 획득하려는 욕망 및 실질적인 자원을 기반으로 진입하며 신규 진입자에 의하여 수익성은 가격 경쟁력이나 원가 인플레이션 등이 낮아지게 된다. 둘째, 기존 경쟁자간의 경쟁강도로 경쟁은 경쟁자들이 경쟁위치의 개선에 대한 압력이나 그 기회를 찾고 있을 때 일어나며 경쟁 양상은 가격경쟁, 광고/홍보 경쟁, 신제품 출시 등이 있다. 셋째, 공급자의 협상력으로 공급자들은 가격을 인상하거나 품질을 저하시키려는 위협으로 협상력을 제고하려고 하며 강력한 협상력을 갖고 있는 공급자들은 더 이상 원가를 상승시킬 수 없을 정도로 수익성을 잠식할 수 있다. 넷째, 구매자의 협상력으로 구매자는 가격인하 및 품질향상의 압력을 통하여 경쟁자간의 수익성을 떨어트리고 있다. 다섯째, 대체재의 위협으로 대체재는 기업이 얻을 수 있는 가격 상한선을 설정케 함으로써 잠재수익을 제한한다.[2)]

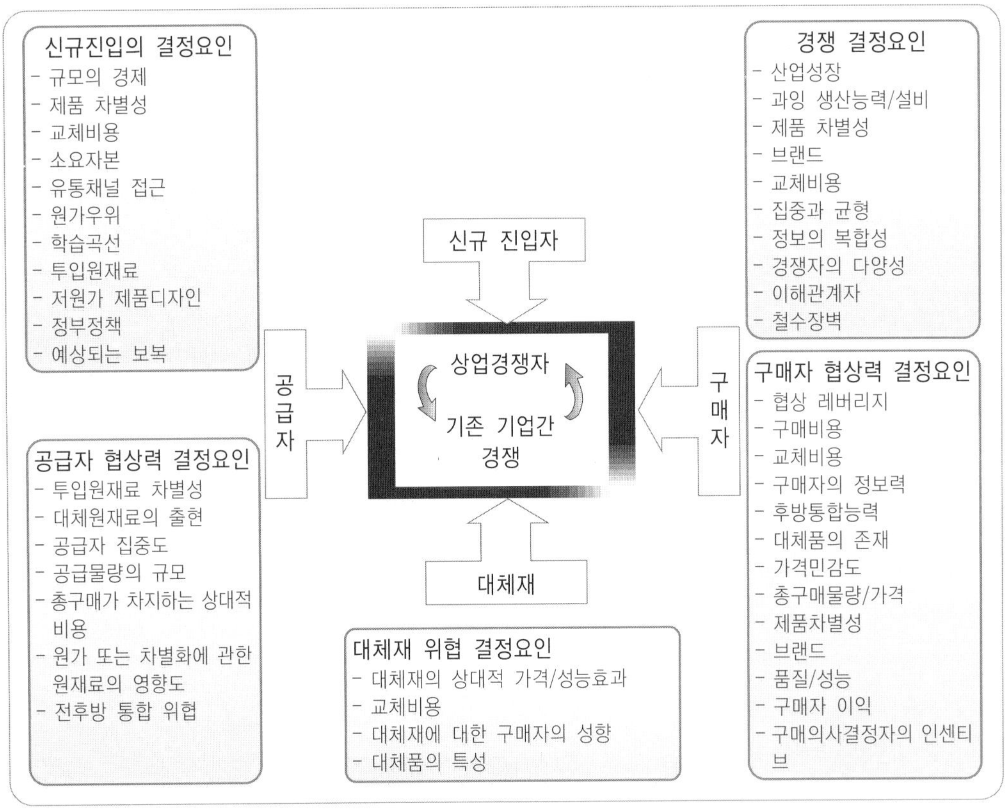

출처 : 휴넷경영아카데미(Hunet.co.kr)

[그림 2-7] 산업구조분석 요소

2) 휴넷경영아카데미(Hunet.co.kr)

제2절 내부 환경분석

1. 내부 경영분석

1) 내부 경영자원 분석

내부 환경분석은 기업 현재의 자원 및 능력을 분석하여 미래의 비전을 제시하고 실현 방안을 수립하기 위함이다. 내부 환경분석기법으로 BCG Matrix를 이용하여 자사의 각 분야의 강점과 약점을 파악할 수 있으며 과거와 현재를 비교함으로써 미래의 동향을 분석할 수 있다.

또한 경쟁 기업의 동향을 분석하여 자사와 비교분석이 가능하며 미래의 전략을 예측할 수 있다. 이와 같은 분석 기법으로 마이클 포터(Michael E. Poter, 1980)는 기업이 산업 내에서 직면하게 될 경쟁위협을 분석하였다.

본원적 경쟁전략모형(generic competitive strategies model)은 경영수준에서 다양한 프레임웍을 제공한다. 이 모형은 제조, 유통, 서비스 등 모든 분야에서 사용할 수 있기 때문에 '본원적(generic)'이라고 한다. 본원적 경쟁전략은 차별화 전략(differentiation strategy), 원가주도전략(cost leadership strategy), 집중화전략(focus strategy) 등이 있다. 다음 [그림 2-8]은 포터의 본원적 경쟁전략 모형을 나타내고 있다.[3]

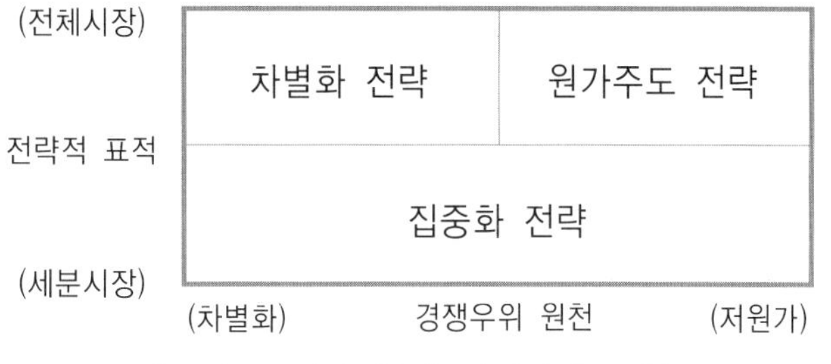

[그림 2-8] 본원적 경쟁전략 모형

그림에서 수직축은 전략적 표적차원으로 경쟁하려는 제품 또는 서비스와 관련된 시장의 크기를 말한다. 즉 특정 세분시장에서 또는 전체시장으로 나뉠 수 있다. 수평축은 제품과 서비스에 대한 저원가 또는 차별화로 인식되는 경쟁우위 원천을 의미한다.

3) 박영배·김계수, 『기업과 경영』, 범한, 2004.

(1) 차별화전략

차별화전략(differentiation strategy)은 고객이 독특성을 인식할 수 있도록 산업 내에서 경쟁할 수 있도록 하는 전략을 말한다. 이 전략은 자동차 산업에서 지배적이다. 예를 들어, 혁신적인 디자인(BMW), 고품질(도요타), 브랜드이미지(메르세데스), 고객서비스(렉서스), 넓은 영업망(포트, GM) 등이다. 차별화의 장기적인 효과성은 경쟁자가 쉽게 모방하지 못하게 하는데 있다. 경쟁자가 쉽게 모방하면 더 이상 차별화전략은 의미가 없게 된다.

(2) 원가주도전략

원가주도전략(cost leadership strategy)은 경쟁기업보다 낮은 가격으로 제품과 서비스를 제공하는 것을 의미한다. 이 전략은 지속적으로 효율성(단위당 원가절감)에 관심을 갖는다. 예를 들면, 규모의 경제를 통한 시설과 장비 이용률을 증대시키고 간접자본투자를 줄이고, 노동집약적인 개인서비스와 판매 인력을 감축하는 것이 해당된다. 최근 오프라인(off-line)상의 기존 서점들이 인터넷상에서 서점을 운영하여 낮은 가격으로 서적을 판매하는 것은 원가주도전략의 한 예라고 할 수 있다.

(3) 집중화전략

집중화전략(focus strategy)은 특수한 틈새시장(niche market)이나 특정 지역에서 경쟁하는 것을 말한다. 틈새(niche)는 전문화된 고객집단(10대, 의사, 연예인) 또는 경쟁자가 간과하거나 무시하는 시장을 말한다. 이 전략이 성공하려면 독특한 이미지나 저원가의 두 가지 특성을 모두 갖춘 제품이 되어야 한다. 10대들에게 독특한 캐릭터 상품을 판매하는 전략은 좋은 예라고 할 수 있다.

2) 총괄 경영자원 분석

BCG 매트릭스는 사업단위별로 시장전략을 결정하기 위하여 사업부별로 장점을 서로 비교하여 줄 수 있게 하여준다. BCG 매트릭스는 이전에 확립된 경영이론인 경험곡선이론과 제품수명주기 이론을 통합시켰다. BCG매트릭스는 경험곡선의 영향으로 인하여 생산량이 증가할 때 단위당 비용이 감소한다는 사실을 밝혔다. 또한 기업의 총체적 수익성을 극대화하기 위한 가장 확실한 방법은 SBU 포토폴리오의 시장점유율을 극대화하는 것으로 제품수명주기에서 제시하였던 포토폴리오 매트릭스의 독립변수인 시장점유율확대와 같은 맥락에 있다.

BCG 매트릭스는 상이한 제품과 사업부를 비교하기 위하여 시장매력도와 경쟁포지션으로 표기한다. 시장매력도는 산업 성장률로 측정되며 경쟁포지션은 산업내의 가장 큰 경쟁사의 시장점유율에 대한 자사의 시장점유율에 의해 측정된다. BCG 성장 매트릭스는 다음의 그림과 같다.

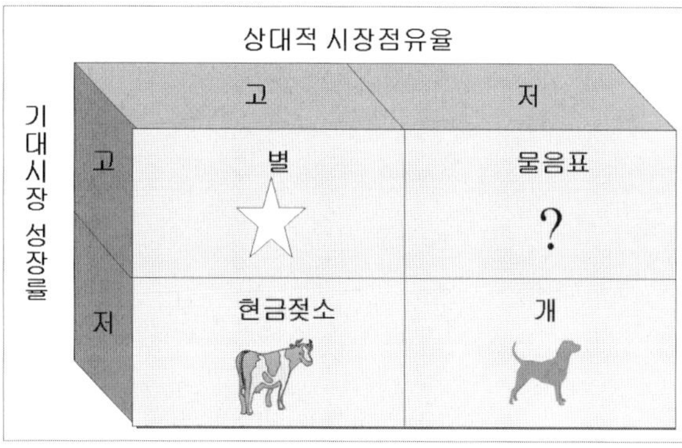

[그림 2-9] BCG 성장매트릭스

(1) 별(높은 성장률, 높은 시장점유율)

별의 높은 성장률은 대규모 자금투자를 필요로 한다. 그러나 이와 같은 투자를 낮추기 위하여 시장 점유율 포지션을 높인다. 그러므로 별은 가까운 장래에 높은 마진을 창출하고 잠재적으로 강력한 현금흐름을 가능하게 할 것이다. 따라서 별은 궁극적으로 현금젖소(cash cow)가 될 것이다.

(2) 물음표(고성장율, 낮은 시장점유율)

높은 성장률을 갖는 물음표(Question Marks)는 많은 현금투자를 필요로 한다. 이는 낮은 시장점유율이며 비경쟁적 구조를 말한다. 제품이 성숙단계에 접어들면 물음표는 시장점유율을 확대할 수 없다면 개(Dog)가 될 것이며, 반대로 시장점유율이 확대되면 별(Star)의 위치로 올라가 자금젖소가 된다. 따라서 유망한 물음표에게는 시장 확대를 위하여 현금투자를 그러하지 않은 물음표에는 추가적 투자를 억제할 것을 제안한다.

(3) 현금젖소(낮은 성장률, 높은 시장점유율)

현금젖소(cash cow)는 높은 현금흐름을 창출한다. 성숙시장에 있는 제품은 낮은 현금투자를 요구하여 현금흐름의 원천이 된다. BCG 매트릭스는 현금젖소가 현재의 위치를 유지하기 위하여 투자 전략에 의하여 현금을 회수하여 별이나 물음표에 투자한다.

(4) 개(저 성장, 낮은 시장점유율)

개(Dog)의 낮은 시장점유율은 열등한 위치로 인하여 비경쟁적인 비용구조를 갖고 있다. 따라서 수익성이 낮은 시장점유율을 유지하는데 많은 투자를 요구하게 된다. 따라서 개의 위치에서는 틈새시장이나 세분시장에 집중하거나 적극적으로 현금을 회수하거나 퇴출 또는 서서히 중단시킨다.

이와 같은 BCG 매트릭스와 SWOT 분석을 통하여 기업의 총괄전략을 수립하기 위한 전략은 그림과 같다.

기업상태	유익한 강점	성장전략	안정전략
	치명적 약점	안정전략	축소전략
		풍부한 기회	치명적 위협
		환경상태	

[그림 2-10] 총괄전략

■ 안정전략

동일한 제품 또는 서비스를 동일한 고객에게 제공하여 시장점유율을 유지하여 나간다.

■ 성장전략

조직의 활동수준인 종업원, 매출액을 증가하여 성정전략을 추진한다. 또한 사업을 집중화, 수직적 통합, 다각화 전략을 추진한다.

■ 축소전략

경영활동 규모와 다양성 감소전략을 수립한다. 긴급-우회, 양도, 청산 등의 절차를 취할 수 있다.

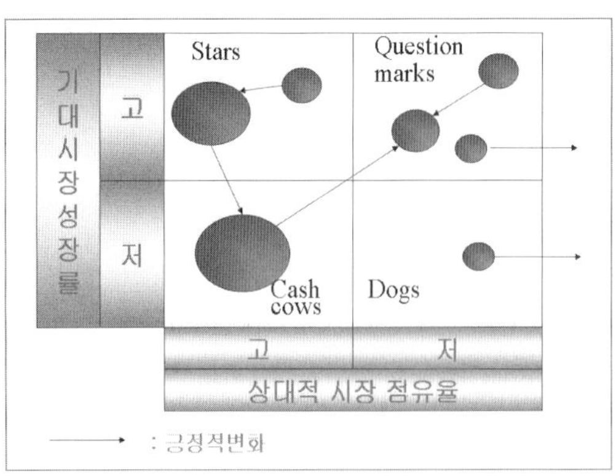

[그림 2-11] 균형 잡힌 사업포트폴리오 사례

2. 내부 능력분석

1) 핵심능력분석

기업 내부의 핵심요소를 분석하여 기업의 강점과 약점을 찾아내어 경영전략에 반영한다. 내부능력을 조사하는 방법으로는 전담 팀을 구축하거나 중역의 의견조사를 통하여 구체적으로 수치화하여 작성한다. 내부능력분석은 영업, 재무, 마케팅, 기획, 기술, 연구개발, 생산, 정보화, 인사조직, 기업문화, 글로벌화 등이 있다.

3. 경영비전 전략

1) 비전의 의의

비전은 조직의 바람직한 미래상을 표현하는 것으로 어떠한 기업이 되고 싶은가를 나타낸 조직구성원의 소망이다. 비전은 기업이 미래에 달성하고자하는 기업 이상이며 사회 속의 기업위상과 미래를 향한 기업의 꿈을 실현시키기 위해 기업이 갖추어야 할 자기역할과 기본방향을 구체화 시킨 것을 말한다. 이러한 기업 비전은 기업에게 목표를 제시하고 기업을 장기적으로 운영하는데 방향 역할을 한다.

비전은 현실성이 있고 매력적인 조직의 미래상으로서 조직이 도달해야 할 종착지이며 현재보다 더욱 발전된 성공적이고 바람직한 미래를 자세하게 기술해 놓은 것이다.[4]

또한 비전은 조직 구성원의 마음에 호소하는 조직의 기본적인 열망 또는 의도를 말한다. 올바른 비전을 정립하기 위해서는 조직이 처한 환경, 자금조달 능력, 핵심역량, 기술수준 등을 고려한다. 조직의 비전은 지속적으로 계속된다. 또한 조직의 비전은 합의로 이루어져야 한다.[5]

2) 비전수립의 핵심요소

비전은 조직원에게 미래의 희망을 제시하는 것으로 현재에 존재하지 않는 미래의 가치 세계를 펼쳐주는 희망이다. 이러한 기업의 비전은 원대한 이상을 펼치는 기업의 핵심 요소이다.

비전을 구성하는 요소로 첫째, 기업 환경변화를 분석하여 미래로 나아가야 할 방향을 결정하는 환경에 대한 통찰력이 있어야 한다. 또한 새로운 사업기회를 포착하여야 한다. 둘째, 비전은 조직원의 바람직한 행동방향을 제시함으로 기업의 모든 구성원들에게 추구해야할 행동방향을 제시하여 준다. 따라서 비전은 기업의 보편적인 가치를 제시하여준다.

4) Hunet.co.kr.
5) 박영배·김계수, 『기업과 경영』, 범한, 2004.

현 재	미 래
우리의 고객은 누구인가?	우리의 미래 고객은 누구인가?
우리의 경쟁자는 누구인가?	우리의 미래 경쟁자는 누구인가?
우리의 경쟁 원천은 무엇인가?	우리의 미래 경쟁 원천은 무엇인가?
우리의 핵심 역량은 무엇인가?	우리의 미래 핵심 역량은 무엇인가?
우리의 누구를 위하여 일하는가?	우리의 누구를 위하여 일할 것인가?
우리의 수익원천은 어디인가?	우리의 미래 수익원천은 어디인가?

[그림 2-12] 비전수립을 위한 기본가정

비전은 순간의 발상이나 영감에 의해 우연히 발생되는 것이 아니라 방대한 정보 수집과 분석, 다양한 경험과 지식의 습득을 통하여 형성된다. 즉 비전은 무한한 가능성과 미래에 대한 끊임없는 질문과 이에 답하기 위한 정보와 지식을 수집하고 축적하는 과정에서 창조된다. 특히 미래 환경변화에 대한 예측과 전략적기법 등을 통하여 조직원을 위한 미래의 비전과 방향을 설정하고 설정된 비전을 달성하기 위하여 구체적인 경영계획 수립과 기능적 차원에서 전략수립을 할 필요가 있다(hunet.co.kr).

이러한 비전은 간단하고 명료하게 설정하여야 하며, 미래에 기업이 나가야 할 방향이 포함되어야 한다. 바람직한 비전은 기업의 미래가 담겨져 있어야 한다.

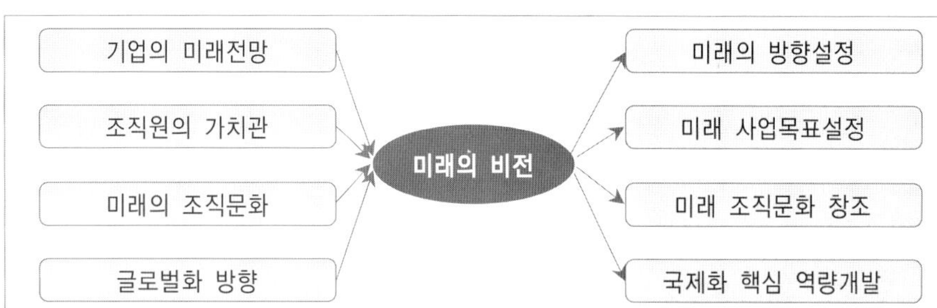

[그림 2-13] 비전수립의 기본요소

비전을 제시함은 조직을 리더하는 첫 번째 임무이다. 리더는 조직원들에게 미래의 모습을 제시함으로써 꿈과 희망을 공유할 수 있어야 한다. 이러한 비전이 제 기능을 다하기 위해서는 명시적으로 설정하고 전체 조직원이 공유하여야 한다. 또한 비전은 수립도 중요하지만 실천도 중요하다. 기업의 비전은 모든 구성원이 공감대를 형성하고 최고 경영자의 리더십을 중심으로 전 구성원에게 공유되어야 한다. 이러한 추상적인 비전을 실현가능성을 높이기 위하여 중장기전략과 사업계획을 중심으로 계획-실행-평가-재실행의 프로세스를 추진하여야 한다. 그리고 기업의 비전은 기업문화와 이념 등을 기반으로 한다.

제3절 소프트웨어 기술변화

1. 소프트웨어

소프트웨어는 컴퓨터가 가지고 있는 기능을 최대한 발휘할 수 있도록 하드웨어를 제어하고 운영하는 형태의 모든 프로그램을 의미한다. 즉, 컴퓨터를 사용할 때 하드웨어의 작동을 지시하고 제어하는 모든 형태의 프로그램을 말하는 것으로 크게 시스템 소프트웨어와 응용 소프트웨어로 나눌 수 있다.[6)]

1) 시스템소프트웨어

시스템 소프트웨어[7)]는 하드웨어를 보다 빠르고 효율적으로 이용할 수 있도록 하는 기능을 수행하는데, 컴퓨터의 작동에 직접적인 영향을 미친다. 시스템소프트웨어는 컴퓨터 하드웨어와 응용소프트웨어를 연결해 주는 것으로 컴퓨터 내부의 작동원리를 잘 이해해야만 개발이 가능하다. 시스템소프트웨어는 시스템제어 소프트웨어, 시스템지원 소프트웨어와 시스템개발 소프트웨어의 세 가지 유형이 있다.

(1) 시스템제어 소프트웨어

프로그램의 데이터처리기능을 지원하고 하드웨어 자원을 관리하는 기능을 수행하는데, 그 대표적인 것이 운영체제(Operating System : OS)이다. PC의 경우를 예를 들면 초창기에는 MS-DOS라고 하는 텍스트환경의 운영체제가 주로 사용되었으나, 점차 Window 등과 같이 그래픽을 기반으로 하는 GUI(Graphical User Interface)환경으로 변화되고 있다. 이와 함께 최근 조직내 통신망의 확대와 함께 통신망을 제어하기 위한 운영체제, 즉 네트워크운영체제(Network Operating System : NOS)의 중요성이 커지고 있다.

(2) 시스템지원 소프트웨어

시스템을 보다 효율적으로 활용하기 위한 지원 및 보조 기능을 수행하는 소프트웨어이다. 여기에는 하드웨어를 보다 편리하게 사용할 수 있도록 지원하는 유틸리티(utility) 프로그램과 각종 프로그램 및 데이터 관리를 지원하는 라이브러리언(librarian), 그리고

---

6) 김은홍·김화영, 『경영정보학개론』, 다산출판사, 2006, pp. 115~118.

7) 시스템소프트웨어에는 운영시스템, 유틸리티 프로그램, 컴파일러, 인터프리터를 들 수 있다. 이중 운영시스템은 컴퓨터시스템의 전반적인 운영을 통제하고 조정하는 시스템 프로그램이다. 이 프로그램들은 하드웨어와 응용프로그램 사이의 인터페이스 역할을 담당한다.

컴퓨터의 모든 작동상황을 기록하고 이를 통한 감시와 통제가 가능하도록 지원하는 성능모니터 등이 있다.

(3) 시스템개발 소프트웨어

응용프로그램을 개발하고 사용하는 것을 지원하는 역할을 하는데, 대표적인 것으로는 언어번역기, 연결편집기, 응용프로그램 발생기 등이 있다.

2) 응용소프트웨어

응용소프트웨어는 실제로 컴퓨터를 특정한 용도에 활용하기 위해 작성한 프로그램들을 말하며, 그 응용범위에 따라 모든 응용분야에서 활용할 수 있는 범용프로그램과 특정 요구에 맞춰 작성된 전용프로그램으로 나눌 수 있다.

(1) 범용소프트웨어

컴퓨터의 응용분야는 매우 다양하지만, 모든 응용분야에서 공통적으로 사용할 수 있는 도구적 성격을 갖는 응용프로그램으로 문서편집, 그래픽, 스프레드시트(spreadsheet) 프로그램 등이 있다. 범용의 응용소프트웨어들은 대부분 소프트웨어 패키지 형태로 시장에서 쉽게 구입할 수 있는 것이 보통이며, 대표적인 문서편집 프로그램에는 한글, MS-word 등, 그래픽 프로그램으로는 photoshop, illustrator 등 그리고 스프레드시트 프로그램으로는 MS-Excel 등을 들 수 있다.

(2) 전용소프트웨어

전용소프트웨어는 보통 특정분야의 업무를 전산화해 놓은 프로그램을 말하는데, 응용분야에 따라 업무용 소프트웨어, 과학용 소프트웨어, 그리고 기타 소프트웨어 등으로 분류된다. 최근에 기업정보화를 위해 폭넓게 구축되고 있는 ERP, SCM, CRM 등은 주로 외부로부터 전용소프트웨어를 구입하여 사용하는 것이 보통이다.

3) 프로그래밍 언어

시스템 소프트웨어와 응용소프트웨어를 포함한 모든 소프트웨어는 프로그래밍 언어에 의하여 개발된다. 사람사이에 의사소통이 이루어지려면 서로가 이해할 수 있는 공통의 언어를 사용해야 하듯이 사람과 컴퓨터 사이에도 공통의 언어가 필요한데, 그것이 바로 프로그래밍 언어이다. 프로그래밍 언어는 1세대 기계어, 2세대 어셈블리(assembly)언어 3세대 고급언어, 4세대 fourth generation language 등 4세대를 거쳐 발전되어 온 것으로 인식되고 있다.

1세대 기계어의 특성은 명령어가 0과 1로 된 이진수로 이루어져 있어 번역과정을 거치지 않고도 컴퓨터가 직접 해석할 수 있는 유일한 언어이다. 기계의존적 언어로 이기종간에 호환성이 없어서 특정 컴퓨터에서만 사용할 수 있다.

2세대 어셈블리어는 명령어가 간단한 형태의 부호로 이루어져 있으며, 기계어와 마찬가지로 기계의존적 언어이다. 특정 컴퓨터에서만 사용할 수 있으며 어셈블리어를 기계어로 변환시켜 주어야 한다.

3세대 언어(FORTRAN, COBOL, BASIC, PASCAL, C)의 경우 명령어가 이해하기 쉬운 상용어 또는 산술적 표현방법의 형태로 이루어져 있으며, 기계독립적인 언어이다. 각 언어는 컴퓨터에 관계없이 약간의 수정만을 가하면 그대로 사용할 수 있으며 프로그램을 작성할 때 실행순서를 지정하게 되는 프로그램 작성언어, 문제 해결 순서와 절차의 표현과 해결이 쉽도록 설계된 언어로서 절차지향언어(procedure-oriented language)라고 한다.

4세대 언어(FOCUS, SQL, MS Access, SAS, C++, JAVA, HTML 등)의 경우 명령어가 일상적으로 사용하는 영어문장의 형태로 이루어진 비절차 언어이며, 컴퓨터 하드웨어에 대한 지식이 없어도 비교적 쉽게 사용할 수 있는 특성을 가지고 있다.

그러나 최근에는 C++, JAVA 등의 객체지향 프로그래밍 언어와 웹페이지 구축을 위한 HTML(HyperText Makeup Language), XML(eXtensible Markup Language) 등의 프로그래밍 언어가 주로 활용되고 있다.

제4절 하드웨어 기술변화

1. 하드웨어

컴퓨터는 입력장치와 기억장치, 연산장치, 제어장치, 출력장치 등 서로 다른 기능을 갖는 요소들을 유기적으로 결합한 하나의 시스템으로서 작동한다. 입력장치의 경우 사용자가 처리하고자 하는 데이터나 프로그램을 컴퓨터의 기억장치로 전달하는 역할을 담당한다. 주로 키보드나 마우스, 스캐너, 광학펜 등의 종류가 있다.

〈표 2-5〉 입력장치

구분	설명
판매시점장치 (point-of-sales devices)	편의점이나 슈퍼마켓 등에서 볼 수 있는 입력장치로, 자료가 바코드 형태로 만들어져 제품에 붙여지면, 바코드가 스캔되고 바코드에 정보가 컴퓨터에 입력됨
음성인식장치 (voice recognition device)	마이크와 소프트웨어를 통해 사람의 음성을 기록해서 컴퓨터가 인식하도록 하는 장치
자기잉크문자인식장치 (magnetic ink character recognition device)	자성체의 미립자를 포함한 특수한 자기잉크를 사용하여 수표 등의 문서에 인쇄된 특자를 문자를 컴퓨터가 인식하는 장치
광학자료판독기 (optical data reader)	광학표시인식, OMR장치, 광학문자인식, OCR장치 등으로 OMR인식기는 종이에 특수 펜으로 기록한 마크를 광학적으로 인식하여 컴퓨터에 인식하는 장치

기억장치는 주기억장치와 보조기억장치로 구분할 수 있는데, 주기억장치의 경우 정보처리에 필요한 운영체제, 프로그램, 자료 등을 저장하여 CPU에 제공하고 CPU는 처리 결과를 저장한다. CPU는 컴퓨터의 주요한 부분으로 명령을 이해하고 산술 논리연산이나 데이터처리를 실행하는 장치를 의미한다. RAM의 경우 디스크에 들어 있는 프로그램을 마이크로프로세서가 처리하기 위해 임시로 갖다 놓는 장소로 컴퓨터의 주기억장치이며, 전기가 흐르는 동안에 정보를 갖고 있지만, 전원이 끊어지면 저장된 내용이 모두 지워진다. 보조기억장치의 경우 주기억장치의 소멸성과 용량의 한계를 보완하기 위한 장치로서 외부기억장치라고도 하며, 자기테이프, DVD등이 해당된다.

연산장치는 프로그램 명령에 따라 산술연산 및 논리연산을 수행함으로서 입력자료를 처리 또는 변환하는 장치를 말한다. 연산/논리장치란 자료이동, 연산, 의사결정, 편집 등의 기능을 수행한다. 자료의 이동은 마치 우리가 뇌로부터 친구의 전화번호를 기억해내어 그것을 종이에 적어 다른 친구에게 주는 것과 같이 컴퓨터의 한 위치에서 다른 위치로 자료를 복사하는 것이다. 연산기능은 사칙연산을 포함한다. 이와 같은 연산 작업을 실행할 때 연산/논리장치는 레지스터(register)라 불리는 임시저장장소를 이용한다.

제어장치는 받아들인 실행명령을 해석하여 컴퓨터의 각 장치에 작업을 지시함으로서 컴퓨터의 모든 작동을 제어하는 장치를 말한다. 일반적으로 연산장치와 제어장치를 합쳐서 중앙처리장치 또는 CPU라고도 하며 오늘날에는 하나의 반도체 칩 또는 마이크로프로세서가 연산장치와 제어장치의 역할을 수행한다. 예를 들어 팬티엄 등으로 이해할 수 있다.

출력장치의 경우 컴퓨터의 처리 결과를 사용자에게 제공하는 것으로 모니터나 프린터 등이 해당된다.

2. 머천트서버 구축

머천트서버를 배우기에 앞서 분산처리에 대한 개념을 살펴보도록 하자[8]) 과거 중앙집중 처리에서는 하나의 대형 컴퓨터가 모든 처리 작업을 담당하였으나 분산처리에서는 여러 위치에 흩어져 있는 컴퓨터들이 통신네트워크를 통해 서로 연결되어 있고 이와 같이 연결된 각 컴퓨터가 작업을 분담하여 처리한다. 즉 분산처리는 서로 연결되어 있는 다양한 컴퓨터들 사이에 처리작업을 분담한다. 이와 같은 분산처리는 네트워크 기술과 소형컴퓨터의 발달로 더욱 촉진되었으며 여러 지역에 흩어져 있는 컴퓨터 자원을 공유할 수 있다는 장점을 가진다.

오늘날 널리 사용되고 있는 분산처리 형태 가운데 하나가 클라이언트/서버 시스템이다. 클라이언트/서버 시스템에서는 연결된 모든 컴퓨터를 클라이언트 컴퓨터와 서버 컴퓨터로 구분해서 각 컴퓨터에게 가장 적합한 기능을 수행하도록 작업이 할당된다. 즉 클라이언트 서버 시스템은 통신네트워크를 의해 연결된 컴퓨터들이 각각 맡은 바의 역할을 분담함으로서 원활한 정보처리를 가능하게 한다.

사용자는 클라이언트 컴퓨터에 내장되어 있는 워드프로세스 소프트웨어를 사용해서 보고서를 작성하다가 관련 자료를 보고서에 삽입하기 위해 데이터베이스 기능을 담당하고 있는 서버 컴퓨터에 관련 자료에 대한 처리를 요구하고, 받은 자료를 클라이언트 컴퓨터의 스프레드시트 소프트웨어를 사용해서 분석하고 그 결과를 보고서에 삽입해서 보고서 작성을 마무리하고 다시 이메일 기능을 담당하고 있는 서버컴퓨터에 그 보고서를 특정 수취인에게 보내도록 요청할 수 있다. 클라이언트 컴퓨터는 주로 책상용 컴퓨터가 사용된다.

서버 컴퓨터는 클라이언트 컴퓨터에게 서비스를 제공하는 역할을 하며, 각 서버컴퓨터는

8) 노태환·박종무·한동근·한영춘·김기수, 『경제·경영·정보시스템의 이해』, 영남대학교 출판부, 2008., pp.241~242.

각각 고유한 기능을 전담하여 수행한다. 따라서 데이터베이스 관리·자료저장·프린트·통신·네트워크 보안 등의 특정한 기능을 수행하는 다양한 서버컴퓨터들이 존재하며 클라이언트 컴퓨터는 네트워크를 통해 각 서버컴퓨터에 접속한다. 그리고 클라이언트 컴퓨터가 특정 프로그램이나 자료를 요청하면 서버 컴퓨터는 해당 프로그램이나 자료파일을 클라이언트 컴퓨터에 제공한다.

머천트서버란 인터넷 전자상거래를 쉽게 만들고 운영할 수 있도록 지원해 주는 프로그램을 의미한다. 여기에서 서버(server)는 클라이언트에게 네트워크를 통해 서비스를 제공하는 컴퓨터를 말하는데 즉, 서버프로그램이 실행되고 있는 하드웨어를 서버라고 부르며 다른 프로그램에게 서비스를 제공하는 프로그램을 말하기도 한다.

머천트서버는 인터넷 상에서 DB[9]와 Web를 연동하여 온라인 카탈로그를 구축하고 이용자의 주문 정보를 처리, 결제 정보를 지불처리 시스템에 보내어 결제업무를 수행하거나 다양한 프로모션 관리 기능을 제공할 수 있다.

1997년까지는 인터넷 쇼핑몰 구축단계에서는 쇼핑몰 사업자가 직접 구축하거나 SI업체에 구축을 의뢰하였으나, 1998년 이후부터 머천트서버를 이용한 쇼핑몰 시스템 개발이 보편적인 추세로 변화해가고 있다.

1) 머천트서버의 구성요소

머천트서버의 주요 구성요소는 카탈로그 프로그램, 프로모션 관리 프로그램, 고객관리 프로그램, 장바구니 관리 프로그램, 관리 및 정산 프로그램, 결제처리 프로그램으로 구성되어 있다. 이에 대한 세부 기능을 살펴보면 아래와 같이 정리할 수 있다.

(1) 카탈로그 프로그램

- 많은 종류의 상품을 제작하고 유지관리하기 쉽게 지원
- 여러 가지 검색기능이 제공
- 상품의 카탈로그 정보 제공

(2) 프로모션 관리 프로그램

- 고객의 구매 욕구를 높일 수 있도록 일정 기간 동안 가격 할인, 사은품 증정, 고객

9) 데이터베이스 (database)는 그 내용을 쉽게 접근하여 처리하고 갱신할 수 있도록 구성된 데이터의 집합체이다. 가장 널리 보급된 데이터베이스는 데이터를 다양한 방법으로 접근하고 재구성할 수 있도록 정의한 테이블형의 데이터베이스인 관계형 데이터베이스(relational database)이다. 분산 데이터베이스는 네트워크상의 여러 다른 지점에 분산되어 있거나 중복되어 있는 데이터베이스를 말하며, 객체지향 데이터베이스는 객체 클래스와 서브 클래스로 정의된 데이터가 서로 일치하는 데이터베이스이다.

의 구매 실적에 따른 마일리지 적립제도 등 운영

(3) 고객관리 프로그램

- 고객 정보를 관리하여 개개인의 특성에 맞춘 영업을 하므로 쇼핑몰을 효율적으로 운영할 수 있다.
- 회원의 등록 및 현황 조회, 회원의 구매실적 조회 등 제공

(4) 장바구니 관리 프로그램

- 구매 전에 주문내역으로 확인하고 변경이나 삭제할 수 있다.
- 세금과 배송료 등 계산, 수신처 주소 및 지불수단 지정의 기능과 연계

(5) 관리 및 정산 프로그램

- 현재의 주문내역과 결제, 배달정보 확인, 교환이나 환불처리 기능
- 주문정보를 집계해서 마케팅, 보고서로 활용

(6) 결제처리 프로그램

- 매일의 주문, 취소, 정산 내역으로 집계하여 지불 서비스회사 또는 금융기관의 결제 정보를 생성하여 수입 지출 정보로 활용하도록 지원

2) 머천트서버 선택 시 고려사항

머천트서버 선택 시 고려사항으로는 쇼핑몰 구축의 편의성과 신속성이 갖추어져야 한다. 쇼핑몰 구축도구로서 머천트서버를 이용하는 주된 이유 중 하나는 원하는 쇼핑몰을 신속하고 편리하게 구축하기 위함이다. 따라서 경매, 한정판매, 상품기획전 등의 이벤트 기능, 광고, 뉴스, 게시판 등의 부가적인 기능들이 추가적인 프로그래밍이나 디자인 작업 없이 구현될 수 있어야 한다.

둘째, Back Office기능의 강력해야 한다. 즉 주문, 결제, 배송, 반품, 교환, 환불 처리 등의 유통 관련 업무 및 주문접수 이후의 Back End업무와 각종 이벤트 관리 기능, 경매 관리 기능, 회원관리 기능, 회원 E-mail 발송 기능, 결제 관리 기능이 원활하게 수행될 수 있어야 한다.

셋째, 마케팅 지원 기능의 다양성이 가능해야 한다. 즉 신상품, 전략상품의 마케팅을 위해서 다양한 마케팅 지원 기능이 수행될 수 있어야 한다. 이를 구현하기 위하여 기획상품란, 추천상품란의 제공, 인터넷 상의 고객을 대상으로 하는 설문조사, 광고 등을 원활

하게 관리하는 기능이 확보되어야 한다.

넷째, 머천트서버의 성능 및 안정성이 확보되어야 한다. CGI방식과 API방식 등 Web-DB연동방식, Multi-Thread 지원유무, DB의 구조, Transaction 처리방식 등이 원활하게 구현될 수 있어야 한다.

마지막으로 머천트서버의 확장성 용이해야 한다. Design Architecture와 관련되는 것으로 DB 스키마, 비즈니스 로직이 구현된 콤포넌트, 화면 디스플레이 방식 등을 결정할 때 기능의 확장과 추가 변경에 대해 충분히 고려된 제품을 선택을 선택해야 한다.

연습문제

1. 산업 환경진단에 대하여 설명하십시오.
2. 내부 환경진단에 대하여 설명하십시오.
3. 경영비전 전략에 대하여 설명하십시오.
4. 소프트웨어 기술변화에 대하여 설명하십시오.
5. 하드웨어 기술변화에 대하여 설명하십시오.

Chapter 3

전략정보시스템

본장에서는 정보시스템의 동향을 분석하고 기업이 요구하는 정보기술의 활용방향과 정보기술과 경영전략을 접목하여 미래의 경영전략을 수립하는 방향에 대하여 논하였다. 또한, 미래의 정보기술은 생명공학 및 나노기술과 융합하여 새로운 물질의 세계를 개발하는 방향에 대하여 논하였다.

2. 경영전략의 특징

1) 전략적 결정의 특징

전략적 결정의 특징을 한마디로 표현하기는 어렵다. 하지만 전략경영 자체가 기업전체의 생존의 문제와 직결되기 때문에 그 결정자체는 영향력이 지대하다고 할 수 있다.

(1) 새로운 상황에 대한 의사결정이다.

전략적인 결정은 그 발생빈도도 적고 그에 대한 내부의 경험과 정보 또한 부족한 경우가 많다. 따라서 어느 누구도 경험하지 못한 사안에 대해 의사결정을 해야 한다.

(2) 파급효과가 크게 나타난다.

전략적인 결정은 선례도 드물거니와 그 규모가 크기 때문에 그 성공과 실패 여부에 따라서 기업전체에 미치는 파급효과가 매우 크다.

(3) 혁신적인 자원의 재분배를 요구한다.

전략적인 결정은 기업이 목적과 방향을 바꿀 잠재력을 가지고 있기 때문에 사업의 정의, 규모, 범위 등에 있어서 중요한 변화를 초래하게 된다. 이것은 자원배분의 방식에 변화를 수반하게 된다.

(4) 다른 모든 결정을 통제하고 범위를 정해준다.

전략적인 결정을 하고나면 그것을 구체화하고 실행하기 위하여 여러 가지 많은 하위 결정들을 내려야 한다. 따라서 하위 결정들은 전략적 결정에 의해 그 범위가 결정되고 조정·통제 된다.

2) 전략경영의 특징

(1) 전략경영은 최고 경영자의 역할이 중요하다.

전략경영은 기업전체의 목표설정과 이를 위한 대규모의 자원동원을 필요로 하기 때문에 최고경영자의 주된 임무가 된다.

(2) 전략경영은 미래지향적이다.

전략경영은 조직의 장기적인 목표달성을 추구한다. 장기적인 관점에서 미래의 환경을 예측하고 이에 따라 조직의 활동영역을 규정하며 경쟁우위의 획득을 위해 지속적으로 내부능력을 개발하는 등의 노력은 전략경영이 기본적으로 미래의 바람직한 상태를 달성하기 위한 경영과정이라는 점을 나타낸다.

(3) 전략경영은 환경적응을 위한 창조적 활동의 지속과정이다.

전략경영은 조직이 외부환경과 상호작용하는 개방시스템으로 외부환경에 효과적으로 적응하지 못하면 성장은 물론 생존도 보장되지 못하는 현실을 인식한다. 또한 조직은 새로운 활동영역의 선택이나 기존 활동영역으로부터의 철수 또는 외부환경요인에 영향력을 행사함으로써 자신이 활동할 환경을 선택하거나 창조할 수 있다. 전략경영은 수립과 실행과정을 통해 완결되는 것이 아니라 환경이 끊임없이 변화함에 따라 변화하는 환경에 지속적으로 적응하기 위해 노력하게 되므로 지속적인 과정으로 이해되어야 한다.

(4) 전략경영은 통합적이다.

전략경영은 조직의 목표를 달성하기 위해 조직전체의 관점에서 자원의 개발과 활용을 다룬다. 따라서 각 기능간의 상호관계와 통합에 초점을 둔다.

(5) 전략경영은 전략적 계획과 전략적 사고의 조화를 추구한다.

전략경영은 합리적인 계획과 객관적인 분석이라는 요소 외에도 경영자의 통찰력이나 직관을 포함하는 경영과정이다. 전략적 계획에 지나치게 의존하면 비전이나 창의적 발상을 억제하여 오히려 조직을 경직화 할 수 있다. 전략적 계획에 따르는 이러한 문제점은 전략적 관점에 근거한 경영자의 통찰력이나 직관과 같은 전략적 사고에 의해 보완될 수 있다.

3) 전략경영의 이점

① 전략경영을 통해 조직의 의사결정이나 행동에 일관성을 기할 수 있다.
② 전략경영은 조직구성원에게 하나의 사고의 틀이 된다.
③ 전략경영은 조직구성원에게 특히 경영자들이 외부환경의 중요성을 인식하도록 한다.

4) 전략경영정보시스템의 태동

경영정보시스템이 조직 내 업무지원과 의사결정정보를 제공하기 위한 시스템으로 인식되었다며, 1990년대 이후의 정보시스템 역할은 주로 기업의 경영전략을 지원하고 경쟁우위를 확보하기 위한 수단으로 정보시스템을 활용하게 되었다. 전략정보시스템이 1980년대 중반 연구자들에 의해 제안된 이후, 정보기술을 이용하여 고객관계를 개선하고 제품설계를 가속화하며, 공급업체와의 관계를 확대하고 새로운 매출기회를 창출하며 새로운 비즈니스의 기회를 제공한다는 인식이 확산되었다. 특히, 기업의 경영전략과 연계한 정보기술의 활용은 곧 기업전략을 지원하는 중요한 경영자원으로서 정보시스템을 인식하게 되었고, 기존 시스템의 틀과 구조를 기반으로 새로운 경쟁무기를 창출할 수 있다는 측면에서 MIS를 또 다른 차원으로 향상시키는 계기를 제공하고 있다.

정보시스템(Information System : IS)활용이 과거에는 경영효율성을 개선하기 위한 내부지향적인 차원에서 추진되었다. 하지만, 1980년대 중반 전략경영을 연구하는 학자들에 의하여 정보시스템이 점차 외부지향적이거나 조직의 전략적 차원으로 개발되어 활용됨으로써 기업의 경쟁우위 확보를 위한 방안으로서 정보시스템의 전략적 활용에 관한 연구가 활발히 이루어져 왔다.

정보시스템을 활용하여 전략적 성과를 달성함에 있어 가장 중요한 문제는 특정 기업이나 상황에 적합한 정보시스템의 특성이 무엇인가 하는 점이다. 즉, 정보시스템의 전략적 활용은 조직을 둘러싸고 있는 환경과 기업의 상황요인에 의해 결정되는 경우가 많기 때문에 산업여건을 면밀히 분석하고, 환경에서의 위협을 제거하고, 기회를 선정하여 내부능력의 집중화를 통한 결정적인 가치 활동에 경쟁적 우위를 확보하기 위한 노력을 추진하여야 한다.

와이즈먼(Wiseman)에 의하면, 정보시스템의 전략적 활용 여부는 시스템 고유의 성격에 의해 결정되기보다는 기업의 전략에 어떤 영향을 미치는가에 달려있다. 기업의 경쟁우위를 장기적으로 유지하도록 도와주며 경쟁위협에 대처하거나, 중요한 경쟁전략을 지원하며, 또는 새로운 전략적 조치를 위해 구축되었다면 어떤 정보시스템이든 전략적 시스템이 되는 것이다.

정보시스템을 활용하여 전략적 효과를 달성하기 위한 출발점은 전략적 활용기회가 어디에 있는가를 발견하는 일이다. 그런 이후에 제반 영향요인들을 고려하여 기업 상황에 적합한 활용유형을 파악하는 것이 요구된다. 전략정보시스템의 개념도 이러한 차원에서 개발되었다. 1980년대 중반의 전략정보시스템은 조직의 기존 정보기술을 활용하거나 아니면 조직의 전략을 지원하기 위한 정보시스템의 개발이라는 개념 하에서 전략 정보시스템의 개념이 탄생되었다. 최근에는 이 개념에서 더 나아가 조직의 내부적인 관리능력과 외부적인 교섭력을 동시에 고려한 개념으로 확장되고 있다.

전략정보시스템은 조직의 목표에 따른 업무운영이나 제품 및 서비스의 생산, 그리고 경영환경과의 관계에 있어서 조직의 가치 활동들을 최적화하여 산업 내에서 경쟁하고 있는 기업에 대해 경쟁적 우위를 확보할 수 있도록 지원하는 정보시스템을 말한다. 예를 들어, Merrill Lynch는 정보기술을 활용하여 증권업에서 금융서비스업까지 업무를 확장하는 계기를 마련하였다. 또한 미국 American Airline은 SABRE라는 비행기 예약시스템을 개발하여 항공예약을 수행하는 관련회사에 단말기를 설치하여 줌으로써 최근에는 항공운임 수입보다도 여행사 및 렌터카, 호텔 등과 같은 예약을 대행하는 곳에서 발생하는 수익이 더 많다.

포터는 경쟁전략의 개념을 설명하면서 기업의 중요한 환경요소로 소비자, 경쟁기업, 그리고 자사 기업을 고려하였다. 세 가지의 주체 중 자사 기업이나 경쟁기업은 각기 자신의 이익을 최대화하기 위해 제품과 서비스를 생산하며, 한편 소비자는 자신의 기호에 맞는 제품과 서비스를 구매한다.

소비자와 자사 기업, 소비자와 경쟁기업, 그리고 자사 기업과 경쟁기업 등이 그것이다. 먼저, 소비자와 자사 기업 간의 관계에 있어서 소비자는 품질이 좋고, 가격이 낮은 제품을 선택하고자 한다. 이 경우 고려할 수 있는 전략은 제품 및 서비스의 창출을 위하여 되도록 낮은 원가로 생산하여 소비자를 만족시키려는 관계가 형성된다.

그리고 소비자와 경쟁기업간의 관계는 자사 기업의 입장에서 볼 때, 소비자가 다른 시장을 가지고 있으며, 경쟁기업의 시장세분화에 따라 자사 기업의 시장이 확보되고 있다는 생각을 하게 되며, 경쟁기업의 대소비자 관계를 면밀히 조사하여 자사 기업의 시장점유율을 향상하기 위한 전략을 추구하게 된다.

마지막으로, 자사 기업과 경쟁기업과의 관계는 산업 내에서 같은 소비자를 놓고, 서로 다른 제품과 서비스를 제공하고자 노력한다. 제품의 설계나 품질을 고려하는 과정에서도 똑같은 제품이나 서비스가 아닌 차별화된 제품과 서비스를 제공함으로써 소비자의 인지도를 높여 시장에서의 우위를 확보하려 하고 있다.

이와 같이 기업들은 소비자와의 관계나 경쟁기업과의 관계에서 경쟁우위를 확보하기 위하여 내부적인 전략의 수립이나 변화뿐만 아니라 외부의 산업환경에 대처하면서 기업의 전략을 도출하려 하고 있다. 즉, 기업이 속해 있는 산업 내 제품을 변혁시키거나 소비자 시장의 세분화, 그리고 제품의 가격을 내림으로써 기업의 경쟁우위를 획득할 수 있다.

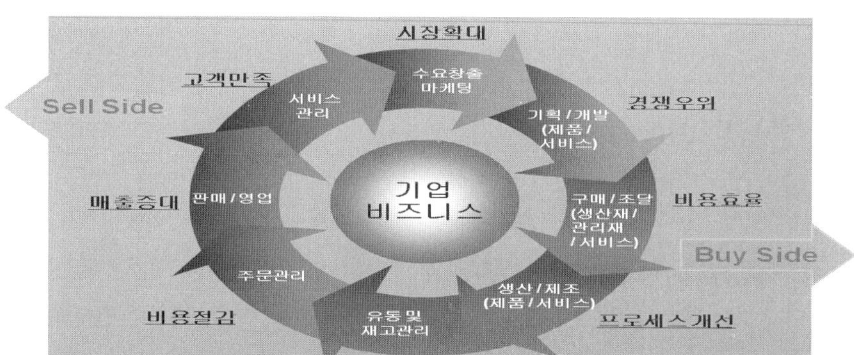

자료 : 김병철, 『e-business 성공의 요인과 Business Transformation』

[그림 3-1] 기업 비즈니스의 성공요인

5) 경영정보시스템의 구성과 기능

경영정보시스템을 구성하고 있는 하위시스템으로는 구매, 생산, 판매, 인사, 재무, 회계 등의 업무 기능을 지원하는 개별적인 정보시스템뿐만 아니라 사무자동화, 의사결정지원시스템, 전문가시스템, 중역정보시스템, 전략정보시스템, 조직간 정보시스템 등의 다양한 정보시스템이 있다. 일반적으로 기능수준의 업무를 지원하는 구매, 생산, 판매 등의 정보시스템은 거래처리시스템이라 불리며, 전문가시스템, 의사결정지원시스템, 중역정보시스템 등은 MIS의 하위시스템이면서 특수한 목적의 의사결정을 지원해 주기 위한 시스템이다.

거래정보시스템은 일상적인 업무를 수행하는 데에는 도움을 주지만 중간관리층이나 최고경영층의 의사결정을 지원하는 데에는 별로 도움이 되지 않는다. 이것은 거래처리 시스템의 데이터가 너무 상세하여 대부분의 경영관리자에게 별로 유용하지 못하기 때문이다. 즉, 이들 경영자에게는 보다 체계화되고 요약되고 가공된 정보가 필요하다. 예를 들어, 일상적인 판매정보가 아니라, 갑자기 재고를 훨씬 상회하는 폭발적인 수요가 생겼을 경우, 공장의 가동률을 높이는 것이 좋은지 아니면, 새로운 공장의 증설을 계획 할 것인지에 대해 어떻게 결정을 내리는 것이 좋은지에 대해서는 과거의 실적 데이터를 분석하고, 향후 발생될 예상수요를 계산하여 면밀한 검토 아래 의사결정을 내리는 것이 바람직하다. 이 경우 의사결정지원시스템이나 중역정보시스템 등을 이용하여 최고경영층에게 정보를 제공하는 것이 필요하다.

결국 MIS는 조직의 목표를 실현하고, 조직의 전략적 우위를 달성하기 위하여 기업운영전반에 걸쳐 통합된 개념의 정보시스템이다. MIS의 개발 수준에 따라 조직의 업무 운영이나 분석, 계획 업무의 기능이 더욱 강화되기도 하며, 의사결정을 내리는 경영의 판단 근거로서 중요한 역할을 수행하기도 한다.

그러므로 MIS가 제대로 구축되기 위해서는 기초적인 정보의 저장 및 처리를 담당하는 거래처리시스템의 효율적인 운영은 필수적이라 할 수 있다. 왜냐하면, 거래처리와 관련된 데이터가 제공되지 않고, 경영층에게 필요한 정보를 처리하거나 활용할 수 없기 때문이다.

3. 경영전략 과정

1) 전략경영의 과정

경영전략이 이루어지는 과정과 순서는 기업의 전략적 의사결정과정의 논리적 프로세스와 일치한다. 이와 같은 전략경영 과정은 다음과 같다.

첫째, 경영전략을 수립하기 위해서는 현상에 대한 객관적인 분석이 선행되어야 한다. 즉 기업의 외부환경과 내부역량에 대한 체계적인 분석을 통해 외부환경의 기회요인과 위협요인, 그리고 기업내부의 강점과 약점을 파악할 필요가 있다.

둘째, 현상에 대한 객관적 분석이 이루어지면, 몇 개의 전략적 대안을 도출한다. 새로운 전략적 대안을 도출하기 위해서는 기존의 관행이나 고정관념에서 탈피하여 과감하고 혁신적인 사고의 발상을 하는 것이 중요하다. 각 전략적 대안은 예상되는 재무적 효과, 실행상의 난이도 및 예상되는 위험요인을 평가한 후 최적의 전략안을 선정한다.

셋째, 선정된 전략안이 성공적으로 실행되기 위해서는 현장부서의 적극적인 참여하에 세부적인 활동계획이 준비되고, 명확한 책임소재와 일정계획 하에 경영자원의 배분이 이루어져야 한다. 그리고 경영전략의 실행여부 및 중간결과가 수시로 관리되고 평가될 수 있어야 한다.

경영전략과정을 구체적으로 살펴보면 기업에서 전략이 개발되거나 형성되는 과정과 이 전략들이 조직 내에서 여러 요인들과 상호작용하면서 실행되는 과정 및 이에 대한 통제에 이르기까지의 전 과정을 포괄하며 다음과 같다.

(1) 기업의 사명과 목표설정(Vision & Goal creation)

경영전략과정의 첫 번째 구성요소는 기업의 사명과 주요 목표를 정의하는 것이다. 기업사명은 다른 기업과 구별되는 기업의 독특한 존재 의의와 그 활동영역을 규정하는 것이다. 즉 기업의 사명은 최고경영자의 가치가 반영된 것으로 기업의 제품시장영역과 그 활동범위를 규정하며 이 영역들에서 어떠한 방법으로 어떤 요소에 중점을 두고 기업 활동을 전개하겠다는 의지를 담고 있는 것이다. 목표는 기업의 중장기적으로 달성하고자 하는 내용을 보다 구체화한 것이다.

(2) 환경 분석(environmental scanning)

경영전략 과정은 우선 문제의 인식을 위해 환경 분석으로부터 시작된다. 외부환경의 분석을 통해 기업에 주어지는 기회와 위협요소를 파악하고 내부 환경의 분석을 통해 기업의 강점과 약점을 파악하는 과정이다.

기업의 외부환경은 기업에 직접적인 영향을 주는 경쟁자를 중심으로 하는 산업 환경과 넓게는 경제적, 정치적, 기술적, 사회적 환경 등 기업의 운영에 직·간접적으로 영향을 미치는 기업의 거시 환경이 있다.

기업들은 이러한 외부환경을 분석함으로써 기업의 핵심성공요인을 알 수 있게 되며 내부 환경의 분석을 통해 보유한 자원과 역량을 파악하고 외부환경의 기회와 위협에 효과적으로 대처할 수 있게 된다.

(3) 전략의 수립(strategy formulation)

전략의 단계(기업전략, 사업전략, 기능별전략)에 따라 무엇을(what to do)/어떻게(how to do) 할 것인가를 결정하는 것을 말한다.

기업의 목표설정과 환경 분석이 이루어지면 이로부터 조직의 선택 가능한 전략적 대안들이 도출되며 이러한 대안분석에 의해 전략선택이 이루어진다.

(4) 전략의 실행(strategy implementation)

전략을 수립한 이후 수립된 전략을 구체적으로 실행하는 것을 말한다. 실행단계에서는 구체적인 프로그램을 세우고, 거기에 맞는 예산을 책정하며, 구체적인 절차를 수립하게 된다.

(5) 평가와 통제(evaluation and control)

전략을 실행한 후 이를 평가하고 그 성과에 따라서 다음 전략수립에 반영하는 것으로 이는 경영전략과정이 효과적으로 이루어지고 있는지를 점검하여 문제점을 규명하고 이를 개선함으로써 전략목표의 효과적 달성을 도모하기 위한 것이다.

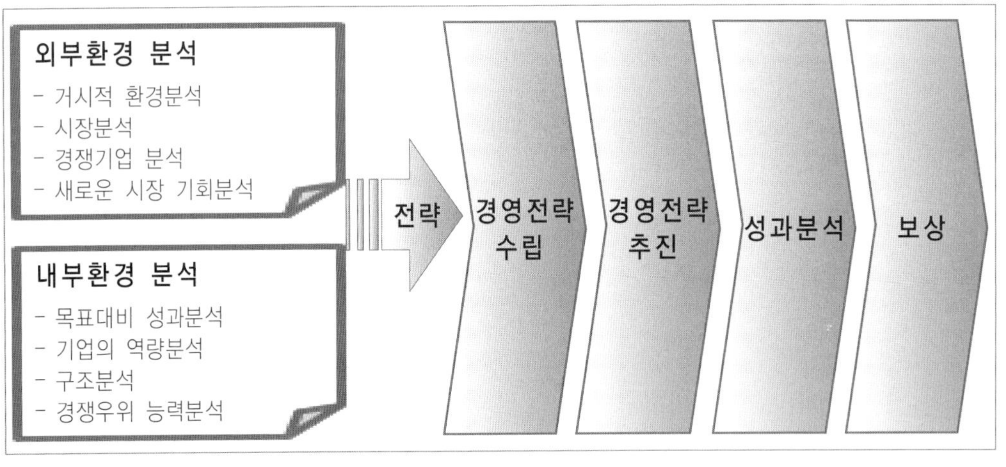

[그림 3-2] 경영전략 프로세스

2) 전략의 계층

전략은 분석수준에 따라 기업전략, 사업부전략, 기능전략의 세 가지로 나눌 수 있으며 이는 전략적 의사결정이 이루어지는 조직의 계층에 따른 구분이기도 하다.

경영전략이라는 개념은 기업의 규모나 영리성에 상관없이 원칙적으로 적용이 가능하지만, 이미 기업 기반이 잡혀있고 규모가 큰 대기업과 아직 기반이 잡혀있지 않고 규모가 작은 중소기업은 기업을 운영하는데 있어서 많은 차이가 있다. 따라서 기업전체를 상위와 하위단위로 나누어 전략을 살펴봄으로써 다양한 계층에서 추구하는 전략의 개념과 범위, 또는 구성요소를 살펴볼 수 있을 것이다.

(1) 기업전략(corporate strategy)

기업전략은 전사적 전략이라고도 하며 기업전체가 나아갈 방향을 결정짓는 문제를 다룬다. 따라서 ① 사업을 영위할 영역(제품·시장영역)을 결정하고, ② 기업전체의 조직구조를 어떤 형태로 갖출 것인가를 결정짓는다.

또한 기업전체를 범위로 하기 때문에 기업전략의 성과측정 기준은 기업전체의 생존, 성장 혹은 기업전체의 이윤 등이 된다. 따라서 기업의 추진전략 방향은 다음과 같다.

- 성장전략(growth strategy): 기업을 성장 또는 확장할 것인가.
- 안정전략(stability strategy): 안정을 추구하며 현재의 수준을 유지할 것인가.
- 축소전략(retrench strategy): 기업을 축소할 것인가.
- 다각화전략(diversification strategy): 기업을 새로운 제품과 영역으로 다양화할 것인가.

(2) 사업전략(business strategy)

경쟁전략이라고도 하며 기업전략이 정한 각각의 사업영역에서 '어떻게 경쟁할 것인가'를 결정짓는 문제를 다룬다. 특정 산업마다 다른 경쟁자와 대면하게 되므로 모든 사업영역에서 동일하게 적용될 수 없다.

일반적으로 사업마다 핵심성공요인이 다르기 때문에 특정 산업이나 시장에서 기업의 제품 혹은 서비스의 경쟁우위를 향상시키기 위한 경쟁전략(competitive strategy)을 말한다.

사업전략은 마이클 포터에 의해 '본원적 전략'이라는 개념으로 확립되었으며 경쟁은 본원적으로 저원가로 경쟁할 것인가, 차별화로 경쟁할 것인가 하는 문제를 다룬다고 할 수 있다.

사업전략의 성과측정 기준은 기업전략보다는 보다 구체적인 것으로 시장점유율, 이윤 등으로 원가전략(저원가 또는 고원가 전략)과 차별화 전략이 있다.

(3) 기능별전략(functional strategy)

기능전략은 사업전략 등 상위전략을 효과적으로 뒷받침해 줄 수 있도록 각 사업부나 부서에서 각 기능이 얼마나 효율적으로 수행되도록 할 것인가의 문제를 다루고 있다. 기능별전략의 가장 주된 목적은 자원을 효율적으로 사용하는 생산성 혹은 비용절감이라 할 수 있다. 기능별전략이 중요한 이유는 원활한 기능전략의 수행 없이는 경쟁전략이나 기업전체의 전략수행이 어렵기 때문이다.

따라서 기능별 전략으로는 마케팅전략, 재무전략, 생산전략, 인사전략 등이 있다.

하위전략[2]은 상위전략[3]의 보조적 전략이다.

2) 하위전략: 마케팅전략, 생산전략, 인사전략 등과 같은 기능전략
3) 상위전략: 어디로 갈 것인가, 어떤 기업이 될 것인가, 어떻게 경쟁할 것인가?

제3절 정보기술의 전략적 응용

1. 정보기술과 유전공학

미래는 생명공학 발전으로 사람의 수명은 늘어나겠지만, 유전자조작과 인간복제 기술과 같은 생명윤리 논쟁이 계속될 것이다. 랜드 연구소는 2015년 세계 기술혁신 보고서에서 향후 15년간 정보기술과 생명공학, 나노기술, 소재공학이 서로 융합함으로써 인간의 삶 자체를 혁신할 것이라고 예측했다.

가장 큰 혁신은 생명기술에서 비롯될 것으로 보인다. 동·식물의 유전자 지도가 그려지고 유기체의 조작이 가능해지며 유전자 치료, 맞춤의학, 노화방지, 생체이식 등 기술이 발전하면서 사람의 수명과 능력은 크게 향상될 전망이다.

또한 정보기술과 신소재기술이 융합되면 날씨에 반응하는 옷이나 건물, 개인 신원 확인 시스템 등에 응용될 고성능, 다기능의 스마트 소재들이 개발됨으로써 생명공학과 나노기술의 발전은 더욱 촉진될 것이다.

1나노(nm – 10억분의1) 수준에서 물질을 조작하는 나노기술 분야에서는 더 작고 빠른 차세대 반도체가 값싸게 제작되어 전자제품, 환경제품 등에 큰 변화를 불러일으킬 것으로 보인다. 그러나 분자를 조립해 물체를 만드는 '분자제조' 개념은 향후 15년간 실현될 수는 있겠지만 대규모의 파급효과를 일으키는 것은 불확실하다고 전망했다.

과학기술은 선진국과 개발도상국의 경제적 불균형을 심화하고 데이터베이스와 고성능 센서, 유전자 검사 등은 사생활의 자유를 더 줄여놓을 것이며, 새로운 생활양식은 기존 문화를 위협할 것이라는 우려도 낳고 있다고 밝혔다.[4]

2. 정보기술과 생물학적 데이터처리

반도체, 수퍼컴퓨터, 커뮤니케이션 시스템 등의 기반이 되는 정보기술(IT)은 기하급수적으로 증가하는 생물학적 데이터의 처리 및 해석에 핵심적인 역할을 하였다. 2001년 2월 공개된 인간지놈지도의 완성은 정보기술의 도움 없이는 불가능한 일이었다.

1990년 시작된 다국적 컨소시엄인 HGP(Human Genome Project)와 설립된지 3년이 채 되지 않은 벤처기업인 Celera Genomics가 동시에 인간지놈 서열분석 결과를 발표할 수

---

4) bment.inje.ac.kr

있었던 것은 Celera사가 독특한 염기서열 분석방법을 이용한 것 외에도 초당 1014회의 연산이 가능한 Compaq의 수퍼컴퓨터를 일찍이 도입한 덕택이었다.

인간지놈지도 공개 이후 지노믹스(유전자들의 집합인 지놈을 분석하여 유용한 정보를 만들어내는 분야) 기술 개발이 가속되면서, 쏟아져 나오는 관련 정보의 처리와 응용이 중요한 현안으로 떠오르고 있다. 컴퓨팅, 스토리지, 시각화 및 데이터베이스 관련 기술은 다양한 유전자들에 대한 분석이나 방대한 양의 단백질 해독 작업에 필수적인 도구로 인식되고 있다.

3. 바이오인포매틱스

바이오인포매틱스는 생명 현상 관련 연구에서 나오는 다양한 정보를 수집, 관리, 분석하는 데 필요한 제반 분야를 말한다. 이미 알려져 있는 유전자, 단백질의 서열 데이터베이스와 단백질 구조나 기능에 대한 정보를 컴퓨터를 통해 접근하여 비교 분석할 수 있도록 하는 것이 바이오인포매틱스의 주된 기능이다.

바이오인포매틱스의 응용은 제약, 농업, 화학, 환경에 이르는 다양한 산업에 영향을 미치고 있어 앞으로 5~10년 내에 관련 기술의 발전과 더불어 여러 혁신적 성과들이 가시화될 전망이다.

바이오인포매틱스가 BT연구에 본격적인 영향력을 발휘하기 시작한 것은 1980년대 후반 개별 과학자들이 발견한 여러 생물의 DNA정보를 수록하는 공공의 데이터베이스가 만들어지면서부터라고 할 수 있다. 이들 중 가장 대표적인 것이 미국의 NCBI(National Center for Biotechnology Information)에서 관리하는 GenBank이다. 대용량의 데이터 처리와 데이터 표준화가 중요한 바이오인포매틱스의 특성상, NCBI를 비롯한 유럽연합의 EBI(European Bioinformatics Institute), 일본의 CIB(Center for Information Biology) 등의 국가기관을 중심으로 관련 기술이 발전되어 왔다. 이들 기관에서는 DNA서열 데이터베이스 외에도 단백질 아미노산 서열 및 3차원 구조 데이터베이스, 데이터마이닝(Data-mining) 소프트웨어, 생물학 관련 문헌정보 데이터베이스, 인터넷을 통한 온라인 서비스 프로그램 등을 발전시켜 왔다.

이러한 공공재적 특성을 지닌 바이오인포매틱스 기술을 상업화시키는 데에 가장 큰 역할을 한 것은 인간지놈프로젝트를 비롯한 각종 미생물, 동식물 등의 지놈 프로젝트들이다. 이들 프로젝트의 성과가 쏟아지면서 바이오인포매틱스는 방대한 데이터의 처리뿐만 아니라 각종 지놈 데이터들로부터 신약의 타깃이 되는 물질의 탐색과 검증을 위한 기본적인 수단으로 사용되면서 수요가 크게 증가하였다. 유용한 정보를 먼저 분석해 내는 일은 막대한 부와 관계된 일로 여겨졌고, 수많은 생명공학기업과 제약기업들은 바이오인포매틱스 역량 확보에 열을 올리지 않을 수 없게 되었다. 제약 기업들이 이 같은 관심과 투자를 기울이는 이유는, 바이오인포매틱스를 통해 신약개발 과정에 있어 후보물질의 발굴과 개발에 보다 체계적으로 접근할 수 있을 뿐만 아니라, 개발에 소요되는 시간을 대폭 줄일 수 있을 것으로 기대하기 때문이다.

그러나 생명공학, 제약기업들은 바이오인포매틱스 기술을 사용하는 주요 수요자로서의 역할에 그칠 것으로 보인다. 거대 제약기업들마저도 독자적인 바이오인포매틱스 사업부를 설립하여 관련 역량을 강화하는 것보다는 바이오인포매틱스 전문 기업에서 관련 데이터베이스나 소프트웨어를 제공받는 것이 훨씬 유리할 것으로 판단하고 있다. 따라서 바이오인포매틱스 관련 전문 역량을 보유한 중소규모의 바이오벤처 기업들과 전통적 IT기업들이 시장의 주된 공급 주체로 활동할 전망이다.

현재 바이오인포매틱스 시장에서 가장 활발한 활동을 보이는 기업들로는 IBM과 Motorola, Compaq Computer, Sun Microsystems와 같은 IT기업을 들 수 있다. 이들은 제약/생명공학 기업에 IT 인프라를 구축해 주는 수준에서 벗어나 독자적인 생명과학 사업본부를 두고 다양한 바이오인포매틱스 분야에서 본격적인 사업 확대를 꾀하고 있다.

이처럼 세계 유수의 IT기업들이 바이오인포매틱스 시장에 주력하고 있는 것은, 이들이 생명과학산업의 미래 성장성을 인식하고 자신들이 보유한 컴퓨터, 네트워크, 시스템 등 정보기술과 생명공학기술을 결합시킴으로써 바이오인포매틱스 분야에서 새로운 사업 기회를 찾을 수 있을 것으로 판단했기 때문이다. 이들 IT기업들은 독자적으로 바이오인포매틱스 사업에 뛰어들기보다는 기존 제약기업이나 생명공학기업과 제휴하는 형태로 참여하게 될 가능성이 높다. 이와 같은 추세로 볼 때 앞으로 생명공학기술 기반의 중소 규모 바이오인포매틱스 전문기업보다는 자금력과 판매망을 갖춘 거대 IT기술 기반 기업들이 바이오인포매틱스 시장을 주도해 나갈 것으로 예상된다.

가장 선두격인 IBM의 경우를 보면 이미 생물학 전용 초고속 수퍼컴퓨터인 Blue Gene의 개발에 1억 달러, 유전자 코드(A,G,T,C: DNA의 염기서열)의 조직화, 번역 기술 개발에 1억 달러를 투자하고 있다. 2000년 출범한 생명과학사업부는 바이오인포매틱스 전문기업인 NetGenics와의 제휴를 통하여 방대한 데이터를 검색하는 데이터베이스 활용 시스템인 DiscoveryLink를 출시하였다. 이외에도 신약 후보물질 발굴 소프트웨어의 개발, 컴퓨터 시뮬레이션을 통한 사이버 임상시험 시스템의 개발에도 주력하고 있다.[5)]

5) LG경제연구소 발표자료 참조.

연습문제

1. 정보기술의 패러다임의 변화에 대하여 설명하십시오.
2. 경영전략에 대하여 논하여 보십시오.
3. 경영전략과정에 대하여 설명하십시오.
4. 정보기술과 유전공학의 접목에 대하여 설명하십시오.
5. 바이오인포매틱스를 체계적으로 설명하십시오.

Chapter 4

정보시스템 분석 및 디자인

조직이 정보기술을 도입하여 각종 정보시스템을 효과적·효율적으로 개발하고 운영하기 위해서는 이들의 추진 및 운영과정을 경영의 기본기능에 따라 이해하고 대처하는 것이 바람직하다. 따라서 본장에서는 이와 같은 정보시스템을 개발하기 위한 시스템을 분석하고 디자인을 연구하고자 하였다.

제1절 정보시스템 조사 및 분석

1. 정보시스템 조사

1) 경영과정

경영과정은 크게 계획(Plan), 집행(Do) 및 통제(See)의 세 가지 기본기능으로 구성된다. 그중에서도 특히 계획기능은 조직의 목표를 설정하고 그것을 달성하기 위해 수행되어야 하는 제반 행위를 결정하는 만큼 매우 중요한 의미를 갖고 있다. 더구나 많은 인력과 비용, 시간 등 막대한 자원이 소요되는 조직 전반의 MIS를 구축하기 위해서 포괄적이고도 효과적인 전략 및 계획의 수립이 선행되어야 함은 당연하다.

특히 최근 들어 정보기술의 전략적 중요성에 대한 인식이 높아지면서 기업은 물론이고 정부기관 등에서도 조직의 경영전략과 긴밀하게 연계된 정보시스템 전략 및 계획을 수립하는데 그 어느 때보다도 많은 관심과 투자를 집중하고 있다. 이는 정보시스템의 계획이 단순히 정보시스템 담당부서의 시스템 개발계획의 차원에서 벗어나 조직 전체의 전략적 차원에서 추진되어야 할 필요성을 인식하고 있음을 의미한다.[1)]

2) 시스템 분석

기업의 조직원이 정보시스템을 활용하여 문제를 발견하고 해결하며, 의사결정을 하기 위한 정보를 개발하기 위한 프로세스 개발 분석이다.

2. 정보시스템개발 계획의 영역 및 유형

1) 정보시스템 영역

전통적으로 정보시스템의 계획은 일반적인 조직계획과 마찬가지로 그 포괄범위 또는 계획기간을 고려하여 전략계획, 중·장기계획 및 단기계획(또는 연간계획)으로 분류해 왔다. 먼저 전략계획에서는 조직 내 MIS 기능의 기본목표를 설정하고 이를 달성하기 위해 필요한 자원과 이들 자원의 획득, 활용, 처분 등에 관한 기본적 정책지침을 결정하게 된다.

중·장기계획에서는 향후 3년 내지 5년, 길게는 10년 정도까지의 기간을 대상으로 조

1) 김은홍 · 김화영, 『경영정보학 개론』, 다산출판사, 2006, pp. 268~286.

용자의 업무 우선순위와 정보요구사항이 시스템에 충분히 반영될 수 있도록, 사용자는 설계 과정에 대해 충분한 통제권을 가져야 한다. 정보시스템 설계 단계에서의 사용자의 참여는 정보시스템에 대한 사용자의 이해도를 높이고, 시스템에 대한 사용자의 수용성을 높인다. 뿐만 아니라 권력이동, 그룹 간 갈등, 새로운 시스템 기능 및 절차에 대한 거부감 등으로 야기된 문제점들을 줄인다. 반면, 설계 단계에서의 사용자의 불충분한 참여는 시스템 실패의 주요 원인이 된다.

정보시스템 설계 단계에서 사용자 참여의 수준과 성격은 시스템에 따라 다르다. 단순하고 쉬운 요구사항을 가진 시스템은 정교하고, 복잡하고, 모호하게 정의된 요구사항을 가진 시스템보다 사용자 참여의 필요성이 덜하다. 시스템의 구조화가 덜 되어 있을수록 정보요구사항을 정의하기 위해 보다 많은 사용자 참여가 필요하며, 명세 작업이 완료되기까지 다양한 설계 대안이 필요하다. 또한, 시스템 개발 방법에 따라 설계에서의 사용자 참여 수준은 다르다.

2. 기준 정보시스템 관리

1) 기준정보관리

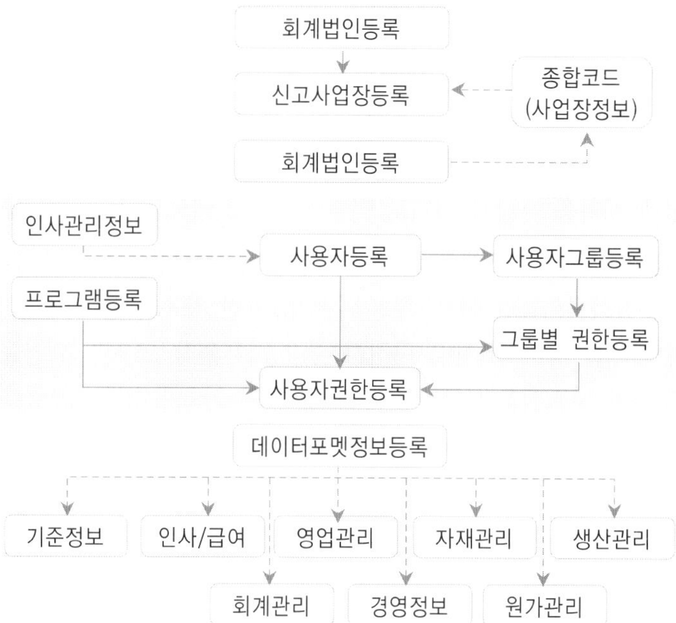

[그림 4-1] 시스템관리 기준정보 설정 프로세스

기준정보의 시스템 관리 모듈은 경영정보시스템을 운용하는데 있어서 가장 기본적인 설정 작업이 포함되어 있다. 각 설정은 경영정보시스템 운용에 있어서 중요한 기준이 되므로 사전에 전체적인 구성을 매뉴얼을 통해 익힌 후 설정작업에 임하는 것이 좋다.

이곳에 포함된 화면 중 일부 Data는 사용자가 정의, 수정할 수 있는 반면 일부는 시스템에서 기본적으로 설정되어 있어 수정할 수 없는 것도 있다.

시스템관리에서 설정한 자료에 따라 각 업무의 데이터가 생성이 되므로 특별한 경우가 아닌 한 각 사별로 특별히 지정한 사람이 아니면 시스템관리에 접근할 수 없도록 해야 한다.

2) 공통기준정보의 개념

공통기준정보는 각 모듈에서 적용되기 위한 공통정보를 정의한다. 회사 내에 존재하는 부서의 계층이 어느 정도까지 내려가는 지에 대한 조직레벨, 그에 따른 부서 등록, 물류업무를 위한 창고와 생산 업무를 실제적으로 수행하는 작업장, 실제 근무할 일자와 휴무일을 구별할 달력정보 등을 사전에 설정함으로써 시스템에서 축적될 정보가 향후 각 회사의 현황에 맞게 집계되고 통제되기도 한다.

여기서 정의되는 내용은 앞에서 설명된 시스템관리에 기반 하여 사용자가 정의하도록 되어 있으므로 해당 업무에 경험이 있는 담당자가 설계하여 정의하되 필요 시 컨설턴트의 도움을 받아 수행할 수 있다.

[그림 4-2] 공통기준정보 등록 프로세스

제3절 전자서명시스템

1. 전자문서의 개념과 기능

종이문서교환방식

전자문서교환방식

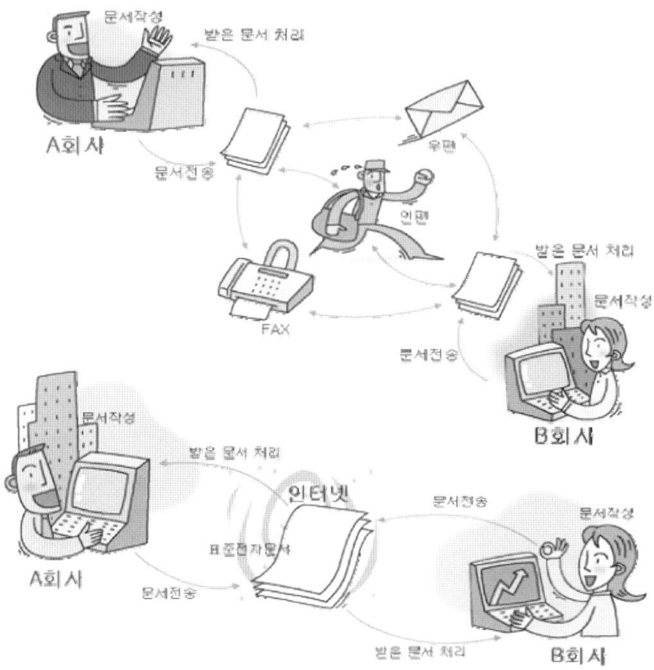

자료 : 한국전자거래진흥원, 알기 쉬운 전자문서 가이드, 2005, p. 7.

[그림 4-3] 종이문서교환방식과 전자문서교환방식의 비교

문서(文書, Document)란 "문자 또는 사람이 알아 볼 수 있는 특수한 부호나 기호 등을 이용하여 의사나 개념 등을 표시하여 나타낸 것"이라 볼 수 있다. 이러한 문서의 개념은 비단 종이문서에만 한정된 것은 아니나, 그 사용의 편리함과 사후참조의 용이함 등의 장점으로 인하여 이제까지 종이문서가 가장 널리 사용되어 온 것은 일반적인 사실이다.

문서는 일정한 법적 효과를 나타내기 위해서는 정보전달 기능(informative function), 증거 기능(evidential function), 상징 기능(symbolic function)이 있어야 한다. 정보전달 기능이라 함은 당사자의 의사를 문자 등에 의하여 현실적으로 나타낼 수 있을 뿐만 아니라

상대방에게 문서작성자의 의사를 종이상의 기록을 통하여 전달하는 기능을 수행해야 한다. 증거기능은 당사자 간에 의사내용에 관해 분쟁이 발생하였을 경우 종이문서에 기재된 내용을 가지고 사실을 증명할 수 있는 자료가 될 수 있어야 하며, 상징기능은 그 문서의 내용이 표출하는 추상적인 것으로서 권리·의무 관계가 주 내용이 되는 문서에서 특히 중요한 의미를 가지고 있는 기능이라고 볼 수 있다.[4)]

우리는 거래를 성사하는 계약을 체결하거나 또는 이해당사자간에 의사표시를 하는 중요한 수단으로서 문서를 사용하여 왔다. 특히 거래의 증빙으로서 종이로 된 서면의 형태의 문서는 거래와 관련하여 법적인 충돌이 발생하였을 경우 중요한 증거자료로서 활용됨으로서 더욱 그 중요성이 크다고 할 수 있다. 그러나 정보통신기술의 발달과 더불어 전자문서란 과거 종이문서와 다른 새로운 형태의 문서가 등장하게 되었다.

전자문서에 대한 정의는 전자거래기본법에서 “컴퓨터 등 정보처리능력을 가진 장치에 의하여 전자적인 형태로 작성, 송·수신 또는 저장된 문서”라고 규정하고 있다.[5)] 전자거래기본법과 전자서명법상의 전자문서의 요건을 보면, 첫째, ‘컴퓨터 등 정보처리능력을 가진 장치에 의하여 작성(생성)된 것’이라야 한다. 따라서 전화, 전신, 텔렉스 등 기존의 전자적 매체에 의한 문서는 통상적인 문서의 일종이며, 전자문서가 아니다.[6)] 왜냐하면 전화 등과 같은 기존의 전자적 매체가 정보전달 혹은 정보변환 기능을 수행할 수는 있다고 할지라도 자체적으로 입력된 정보에 대한 처리 ‘능력’을 갖는다고는 평가하기 힘들고, 전술한 바와 같이 전화 등 기존의 매체에 의한 거래를 전자거래의 범주에서 제외하여야 할 필요성 또한 있기 때문이다.[7)]

둘째, 전자문서는 ‘전자적 형태로 작성된 정보’이면서, 셋째, 전자문서는 전자적 형태로 ‘송·수신 또는 저장’ 될 수 있을 것을 요건으로 한다.

따라서 ‘전자문서’라는 것은 결국 일정한 내용의 의사표시가 컴퓨터 등을 이용하여 디지털 부호의 형태로 저장되고 송·수신된다. 이처럼 전자문서는 무형의 전자적 기록이라는 점에서 종전에 우리가 사용하여 오던 유형적 존재로서의 문서와는 전혀 개념을 달리하고 있다.

전자문서의 특징은 전자적 형태로 저장될 수 있다고 하더라도 의사표시의 전자화의 특성

---

4) 문서의 요건으로는 사람이 인지할 수 있는 어떠한 문자 또는 그에 갈음할 부호 등으로 표시되어야 하고 일정한 사상 또는 개념을 표시하여야 한다. 또한 종이 또는 가시적인 물체의 형태를 지니고 있어야 하며, 매도인과 매수인 또는 기타 거래 당사자 간의 의사표시이어야 한다. (한국전자거래진흥원, 알기 쉬운 전자문서 가이드, 2005. 4.)

5) UN/CEFACT에서는 전자문서를 실제 비즈니스 거래와 관련된 식별자나 정보를 구조화되고 기능화된 방법으로 구성한 비즈니스 정보개체들의 집합이라고 정의하고 있다.

6) 정쾌영, 『최신전자거래법』, 무역경영사, 2001, p.76.

7) http://law.kimz.net/index.htm.

상 그러한 저장된 결과는 바로 사람에 의하여 인식될 수 있는 것이 아니라 모니터, 또는 프린터 등의 출력장치를 통하여 구현되어야만 비로소 인식될 수 있다.[8)]

전자문서의 분류는 일반인들이 보편적으로 사용하는 워드프로세서로 작성된 문서(hwp, doc 등), MP3, AVI, JPG 등의 멀티미디어 파일, 기계/건축 분야에서 사용되는 CAD 등의 도면문서 등을 포함하는 일반적인 의미의 전자문서와 전자거래분야에 국한되어 사용되는 전자거래문서가 있으며, 일반전자문서에 비해 정형화, 표준화 되어 있다.

전자거래문서의 유형에는 EDI(Electronic Data Interchange)문서와 XML/EDI문서, XML(XML : Extensible Makeup Language)문서로 나눌 수 있는데, EDI문서는 기업 간 거래에 관한 데이터와 문서를 표준화하여 통신망으로 거래 당사자가 직접 송수신하는 정보전달시스템이다. 주문서, 납품서, 청구서 등 무역에 필요한 각종 서류를 표준화된 상거래서식 또는 공공서식을 통해 서로 합의된 전자신호로 바꾸어 컴퓨터 통신망을 이용하여 거래처에 전송한다. 전자문서교환에서 사용하는 국제적인 통신표준은 현재 국제연합이 중심이 되어 만든 UN/EDIFACT의 표준을 따르고 있다.

XML/EDI문서는 EDI를 통하여 데이터를 XML 기타 타 업무 프로세스에 바로 적용될 수 있는 개방적 구조를 가지기 때문에 업무 효율성의 제고 등 실질적인 EDI 도입의 효과를 기대할 수 있으며 값싼 구축/운영비용과 인터넷을 바로 이용할 수 있다는 장점이 있다. XML문서에 있어 XML은 데이터의 저장 및 교환을 위한 대표적인 문서교환 표준인 SGML(Standard Generalized Markup Language)[9)]과 HTML(Hyper Text Markup Language)[10)]의 장점을 모두 가질 수 있도록 1996년 W3C(World Wide Wed Consortium)[11)]에서 제안하였으며

8) 하강헌·허광욱, 『전자무역론』, 두남출판사, 2007, pp. 608.

9) 1986년 국제 표준화 기구(ISO)에서 국제 표준(IS-8879)으로 채택한 마크업(문서 생성) 언어로서, SGML은 텍스트 내에 표현하고자 하는 모양이나 구조 그리고 의미 부여를 태그 형식으로 표기한 마크업 언어로서, 교환된 문서나 파일의 수신 측에서 내용을 자유롭게 편집하고, 재활용할 수 있는 특징이 있으며 컴퓨터시스템이나 응용 프로그램에 독립적인 언어이다. SGML은 그 표현의 우수성에도 불구하고 너무 복잡하고 어려워 일반화 되지 못하였고, 대신 SGML 응용의 하나인 HTML(하이퍼텍스트 생성 언어)가 표현의 단순함과 사용의 편이성으로 인터넷에서 웹 페이지를 표현하는 표준적 언어로 자리 잡게 되었다. 1999년에 W3C에서는 SGML의 축소판이라 할 수 있는 XML(확장성 생성언어)을 웹 표준 언어로 제정하였다. XML은 사용자가 필요에 따라 임으로 태그를 정의하여 사용할 수 있다. (한국정보사회진흥원 IT 용어사전)

10) 인터넷 웹 페이지의 하이퍼텍스트 문서를 만들기 위해 사용되는 기본 언어. 문서의 글자 크기, 글자 모양, 그래픽, 색, 문서 이동 등을 정의하는 언어로 구성되어 있으며, 태그(tag)라는 명령어로 구분하여 사용된다. HTML로 작성된 문서는 웹 브라우저의 해석을 통해 사용자에게 보여지는 데 문자뿐만 아니라 화상이나 음성, 영상 등을 포함하는 페이지 표현이 가능하다. 또한, 다른 페이지나 다른 서버에 있는 페이지를 자동적으로 호출할 수도 있다. HTML은 ISO에서 책정한 표준 범용 문서 생성 언어(SGML)를 기반으로 하여 만들어졌으며, 웹 브라우저에 사용된 최초의 공통적인 HTML은 IETF에서 작성한 HTML 2.0으로 계속해서 새로운 버전이 개발/보급되고 있다. (한국정보사회진흥원 IT 용어사전)

11) 월드 와이드 웹 브라우저/서버 기술의 표준화를 추진하고 있는 교육/연구 기관 및 관련 회사들의 단

웹상에서 구조화된 문서를 전송 가능하도록 설계된 정보 교환을 위한 웹 표준이며, 최근 전자거래 및 각종 업무에서 폭넓게 채택되어 사용되고 있다.

〈표 4-2〉 일반전자문서와 전자거래문서의 비교

구 분	내 용
일반 전자문서	한글, MS 워드, 파워포인트, 엑셀 등 문서작성 소프트웨어를 사용하여 작성된 HWP, DOC, PPT, XLS, TXT, PDF 형식의 파일
	종이문서를 스캔하거나 디지털카메라 등을 이용하여 만든 파일
	CAD/CAM을 이용하여 작성된 도면파일, 인터넷에서 사용되는 HTML 형식의 파일
	JPG, MP3, AVI등 음악, 사진, 동영상 등 멀티미디어 관련 파일
전자 거래문서	전자문서교환방식(EDI)을 사용한 문서
	확장형표기 언어(XML)를 사용해 작성한 문서

자료 : 한국전자거래진흥원, 알기 쉬운 전자문서 가이드, 2005, p. 4.

전자문서의 기능은 크게 정보적 기능, 증명적 기능, 상징적 기능을 가지고 있다.12)

첫째, 정보적 기능이란 전자문서는 무형적인 전자적 기록이지만 문서에 갈음하여 생성된 것으로서 일정한 사상적 의미를 내용으로 하는 정보를 담고 있다. 전자문서는 송·수신을 통하여 그 동일성을 유지하여 원격지로 전달하고, 모니터나 프린트 등의 출력장치를 통하여 그 내용을 그대로 재생·연출시켜 판독할 수 있으므로 일반 문서와 동일한 정보전달 기능을 가진다.

둘째, 증명적 기능이란 문서는 법률적 행위의 존부와 그 내용을 증명하는 중요한 기능을 가진다. 법률적 행위가 전자문서에 의하여 이루어진 경우에 전자문서도 그 법률적 행위의 존부와 그 내용을 증명하는 기능이 있다. 다만 전자적 기록은 종이로 된 문서와는 달리 아무런 흔적도 없이 그 기록이 쉽게 삭제·변경될 수 있어, 일정한 사실 또는 법률관계의 존부와 그 내용을 증명하는 기능이 현저하게 떨어진다고 할 수도 있다. 그러나 전자문서도 암호화나 인증 또는 수식확인 등을 통하여 그 안전성

체. 흔히 WWW 컨소시엄 또는 W3C라고 부른다. 미국 MIT 공과 대학교와 WWW 서버를 개발한 유럽 원자핵 공동 연구소(CERN) 등이 주축이 되고, 마이크로소프트(MS)사나 넷스케이프 커뮤니케이션스사 등 관련 회사들이 표준화 작업에 참가하고 있다. 이 단체는 WWW의 페이지 기술 언어(PDL)인 하이퍼텍스트 생성 언어(HTML), WWW 브라우저/서버 사이의 통신 규약인 하이퍼텍스트 전송 규약(HTTP) 등의 표준화를 진행하고 있다. 인터넷의 표준화 조직인 인터넷 엔지니어링 태스크 포스(IETF)를 보좌한다. (http://www.w3.org). (한국정보사회진흥원 IT 용어사전)

12) 정쾌영, 『최신전자거래법』, 무역경영사, 2001, pp.79-80.

〈표 4-3〉 정보보호 기반 기술

분류	기술분야	기 술 내 용
정보보호 기반 기술	암호 기술	- 기밀성 유지, 전자서명 등에 사용되는 대칭키와 공개키에 대한 알고리즘, 서명 알고리즘에 대한 설계·분석과 암호모듈의 하드웨어적인 고속 구현 기술 - 부인방지, 동시성(전자계약 등), 익명성, 컨텐츠 보호 등에 사용되는 프로토콜 구현기술 - 암호 키의 분배, 전송, 동의, 복구를 위해 사용되는 키의 관리
	인증 기술	- 인증서 전달을 위한 CA, RA, 인증서 관리기술 등 공개키 기반구조(PKI)구축에 사용되는 기술 - 다양한 전자거래에서 ID 서비스를 위한 단일 ID관리/분산인가/ID중개/위임 기능을 제공하는 Identity 보호용 기술 - 사용자 신분 확인을 위한 바이오인식, 다중인식 등의 기술 - 유비쿼터스 환경에서 개인인증이 가능한 실시간 다중 바이오인식알고리즘, 칩셋 및 응용기술
	개인정보 보호기술	- PET(Privacy Enhancing Technology) - 자기정보 통제권, 익명화 에이전트 등의 기술 - 개인정보의 이용범위에 따라 해당되는 정보 외에 다른 정보를 읽거나 해독할 수 없게 하는 개인정보의 안전한 분산 저장 및 추출 기술

자료 : 홍도원, "정보보호기술의 현재와 미래", KALI, Vol 40, 2006. 9., p. 24.

암호화에 사용되는 키를 암호화키라 하고, 복호화에 사용되는 키를 복호화키라 하며 암호화키와 복호화키는 쌍을 이룬다. 평문을 암호화키를 이용하여 암호화하였을 경우 우리가 알 수 없는 암호문이 생성되며 이 값을 다시 복호화키를 이용하여 복호화 하였을 경우 원래의 평문이 나오게 된다.

여기에서 암호기술은 크게 비밀키 암호기술과 공개키 암호기술[36]로 구분할 수 있는데 공개키 암호기술은 암호화키와 복호화키가 서로 다름은 물론, 암호화키(공개키)가 공개되더라도 복호화키(개인키)는 알 수 없다는 특성을 갖는다. 따라서 우리는 암호화키를 통신망에 공개하는 방법을 이용할 수 있고, 누구든지 그 키를 이용하여 문서를 암호화할 수 있다는 장점을 가지고 있다. 이를 반대로 이용하면 자신의 개인키로 암호화 한 문서는 해당 공개키만이 복호할 수 있으므로, 송신자에 대한 신원확인에 사용할 수 있음을 알 수 있고 이것이 전자서명의 원리이다.

36) 공개키 암호방식을 보다 쉽게 설명하면, 공개키 암호방식은 암호화키와 복호화키가 서로 다르고, 암호화키를 공개하고 복호화키를 비밀로 하는 방식이다. 즉 키 생성 알고리즘을 통해 두 개의 키를 생성하여 그 중 하나를 공개하고 나머지 하나를 자신이 보관하여 사용하는 것이다. 사용자 A가 사용자 B와 통신 할 때 A는 B의 공개키를 이용하여 평문을 암호화해서 내보내면, B는 수신한 암호문을 자신의 비밀키로 풀어 평문을 확인하게 된다.

공개키 암호 기술을 사용하기 위해서는 키의 인증문제에 대한 해결 방안이 요구된다. 아무런 조치 없이 통신망에 공개키를 공개하면, 공개키가 자신의 것임을 입증할 방법이 없다. 일례로 자신의 공개키를 다른 사람의 공개키로 위장하면, 암호화된 문서를 가로챌 위험이 있다. 공개키 기반구조(Public key Infrastructure ; PKI)는 공개키 암호기술에 기반하여 암호키(공개키)의 소유자를 확인시켜 주는 방법이다. PKI에서는 각 개인이 인증기관이라 불려지는 믿을 수 있는 기관으로부터 인증서를 발급 받는 방식을 이용한다. 인증서에는 각 개인의 신원 및 암호화키가 명시되어 있으며, 이 값은 인증기관의 전자서명으로 보호된다.

최근 공개키 암호기술에 기반한 전자서명이 많이 이용된다. 자신의 개인키로 문서를 암호화하면, 공개키를 이용하여 문서의 생성자가 누구인지 알 수 있다. 마치 종이문서에 자신만의 고유한 서명을 기록한 것과 같은 효과를 갖는다. 따라서 전자서명에서는 암호화와는 반대로 개인키를 이용하여 서명을 생성하도록 하고 공개키를 이용하여 서명을 검증하는 방법을 사용하고 있다. 전자서명은 일반적으로 해쉬함수와 함께 사용되며, 전자서명[37]의 검증은 공개키를 이용하여 서명값을 푼 값과 문서에 대한 해쉬값이 같은 지를 비교하는 방법을 사용한다.

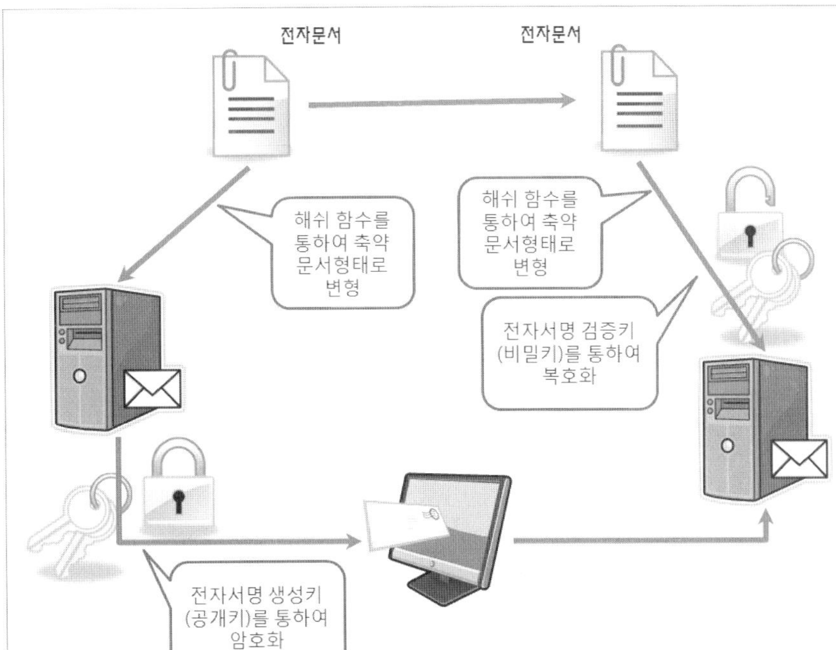

[그림 4-5] 전자서명 절차

37) 전자서명의 효력을 갖추기 위해서는 위조불가, 서명자 인증, 부인불가, 변경불가, 재사용 불가 등의 조건을 갖추어야 한다.

[그림 4-6] 금융결제원 공인인증서비스(yessign) 인증서 이용절차 [38)]

전자서명에 있어서 인증이라 함은 전자서명검증키[39)]가 자연인 또는 법인이 소유하고 전자서명생성키에 합치한다는 사실을 확인·증명하는 행위를 말한다.[40)] 공개키 방식의 암호기술에서의 인증서비스라는 것은 결국 공개키의 진위여부를 확인하여 이를 증명해주는 인증서(Certificate)를 발행해 주는 서비스를 의미하고 인증서는 신리할 수 있는 제3의 기관인 인증기관(Certification Authority)이 사용자의 공개키 및 기타 정보에 자신의 전자서명을 첨부하여 발행하는 문서로 할 수 있다.[41)]

5. 전자서명의 기능과 활용

전자서명은 무결성 확보, 디지털 서명의 효력 거절 부인, 수령자의 메시지에 대한 신뢰보호 등의 기능을 한다.[42)]

첫째, 무결성의 확보이다. 무결성(integrity)은 데이터베세지의 정확성 및 완전성에 관한 것을 말한다. 즉 수신인이 수령한 데이터 메시지가 발신인이 전송한 메시지와 동일한 것이고 완전한 것인가, 또는 전자문서의 흠결이 존재하지 않는가에 대한 문제이다.

데이터 메시지의 무결성을 확인 하는 수단으로서 전자서명이 중요한 수단이 되고 있다 비밀키에 대응하는 공개키를 이용하여 원본 메시지와 수신된 메시지의 동일성을 증명하게 되면, 즉 전자문서의 수신인이 전자서명 검증키에 의하여 송신인의 전자서

38) 자료 : http://www.yessign.or.kr/
39) 공개키 방식의 기반에서 전자서명검증키라 함은 공개키를 의미한다.
40) 전자서명법 제1조 제6호.
41) 유재철, "전자상거래와 전자서명의 기술", 인터넷법률 제6호, 2001, p. 162.
42) 정쾌영, 앞의 책, p92; 최경진, 앞의 책, p160; 윤광운·배정한·김철호, 앞의 책, pp. 248-249.

명을 복호화 하는 경우에 그 전자문서의 작성자와 송신인인 동일함을 확일 할 수 있게 되므로 써 전송된 메시지는 전자서명이 작성된 후로 변경되지 않았음을 알 수 있다.

둘째, 진정성의 확보이다. 진정성(Authenticity)은 메시지의 전자적 데이터 메시지의 근원에 관한 것, 즉 그 메시지가 누구로부터 전송되었으며, 진정한 것인가 하는 문제이다. 전자서명에서는 송신인의 비밀키로 암호화된 디지털 서명은 송신인의 공개키로만 복호화할 수 있기 때문에 비밀키를 소지한 송신인으로부터 메시지가 왔음을 알 수 있다.

셋째, 부인봉쇄이다. 부인봉쇄(Non-repudiation)는 발신인에게 데이터 메시지를 귀속시키는 것, 즉 메시지의 근원, 발신 또는 수신과 메시지 내용의 무결성을 부인하는 것을 차단하는 것을 의미한다. 전자서명에 의하여 메시지의 진전성가 무결성이 확립될 수 있는 경우, 발신인은 데이터 메시지의 내용과 그 메시지를 전송하였다는 것을 부인하는 것이 차단된다. 이는 발신인이 비밀키의 지배를 상실하지 않는 한 전자서명의 위조될 수 없을 뿐만 아니라 수신인도 그 문서를 위조할 수 없기 때문이다.

넷째, 위·변조의 불가이다. 위·변조 불가(Unforgeability)는 전자서명이 수신인에 의하여 확인될 경우, 수신인은 일방적으로 그 메시지를 신뢰할 권리가 있고, 전자서명을 한 발신인을 그에 대하여 구속력을 받는다. 그러나 전자서명이 수신인에 의하여 확인되지 않는다면, 수신인이 발신인의 신분을 신뢰하지 않아도 된다. 즉, 적절한 절차를 거쳐서 정당하게 작성된 전자서명이 전송되어지면, 전자서명의 특성상 변형이 매우 어렵기 때문에 수신인은 수신한 메시지를 신뢰하고 거래를 할 수 있다[43].

전자서명의 활용을 살펴보면, 앞에서 살펴본 바와 같이 전자서명은 비대면거래인 인터넷거래의 안정성 확보를 위하여 가장 중요한 수단으로서 그 역할이 매우 높다. 이러한 전자서명은 인터넷뱅킹, 사이버증권 등의 금융분야와 인터넷쇼핑, 전자계약, 전자무역 등의 전자상거래분야, 전자민원서비스, 전자조달 및 입찰, 각종 공과금 수납 등의 공공분야, 전자의료, 전자투표, 전자공증 등의 다양한 분야에 적용할 수 있다. 특히 전자무역 분야에 있어 무역 등 국제거래에서 공인인증서를 통하여 신용장 개설, 수출입신고, 통관 등의 업무를 해당 기관을 방문하지 않고서도 인터넷을 통하여 안전하게 수행할 수 있다.

전자서명의 효력에 앞서 전자문서를 포함한 문서가 사용되고 있는 예를 보면 유언 등에서와 같은 법률행위의 요건이 되는 경우 및 문서로서 의사 표시를 하는 경우 등 결국 증거로서의 역할을 하는 경우로 크게 대별할 수 있다. 그리고 서명 또는 날인(기명날인)은 그 문서가 그 명의자에 의하여 작성된 것인가(진정성립)를 나타내 주는 역할을 담당한다.

43) James Hill, Lock and Document Security on the Net, *Business Law Todady*, November/December 1998, p. 12.

이러한 관점에서 전자서명의 효력문제를 보면, 우선, "공인인증기관이 제15조의 규정에 의하여 발급한 인증서에 포함된 전자서명 검증키에 합치하는 전자서명 생성키로 생성한 전자서명은 법령이 정한 서명 또는 기명날인으로 본다"[44]고 규정하고 "제1항의 규정에 의한 전자서명이 있는 경우에는 당해 전자서명이 당해 전자문서의 명의자의 서명 또는 기명날인이고, 당해 전자문서가 전자서명 된 후 그 내용이 변경되지 아니하였다고 추정한다"[45]고 규정하여 전자서명법상의 전자서명은 법령이 정한 서명 또는 기명날인으로서의 효력과 그 전자문서의 내용이 변경되지 아니하였다는 것을 추정해 주는 효력을 인정하고 있다. 따라서 특정 전자문서에 공인인증기관이 인증한 전자서명이 있는 경우 그 전자문서의 진정성립이 추정될 뿐만 아니라 그 내용이 변경되지 아니하였음을 추정해 주는 효력이 부여되고, 위 전자문서는 증거 및 법률행위의 요건이 될 수 있는 것이다.

한편, "제16조의 규정에 의한 공인인증기관이 인증한 전자서명은 다른 법률에 그 효력을 부인하는 규정이 있는 경우를 제외하고는 관계 법률이 정하는 서명 또는 기명날인으로 본다"[46]고 규정하고 있으며, "제1항의 규정에 의한 전자서명이 있는 전자문서는 작성자가 서명한 후 그 내용이 변경되지 아니한 것으로 추정한다."[47]고 규정하고 있는데 이는 기본적으로 전자서명법과 크게 다르지 않다.[48]

문제는 공인인증기관의 인증서가 부착되지 아니한 전자서명이나 공인인증기관이 아닌 일반인증기관의 인증이 부착된 전자서명, 혹은 아무런 인증이 없는 전자서명의 효력이다. 이러한 전자서명이 법률, 법령이 정한 서명 또는 날인으로서의 효력이 없는 것은 분명하다. 따라서 예를 들어 민법상 유언에서 공정증서에 의한 유언의 경우와 같이 문서에 의한 법률행위를 전제로 하고, 서명 또는 기명날인을 요구할 때에는 전자문서에 위와 같은 행위를 하고자 하는 경우에는 공인인증기관의 인증서가 첨부된 전자서명이 필요할 것이다. 한편, 공인인증기관의 인증을 받지 못한 전자서명이라 하더라도 위와 같은 적극적인 법적 효력을 부여받지 못할 뿐이지 서명으로서의 효력은 부인되지 아니한다. 따라서 특정 전자문서에 공인인증서가 없는 전자서명이 부착된 경우에는 증언, 감정, 검증 등 다양한 방법에 의하여 그

44) 전자서명법 제3조 제1항.
45) 전자서명법 제3조 제2항.
46) 전자거래기본법 제6조 제1항.
47) 전자거래기본법 제6조 제2항.
48) 다만 전자서명법은 "법령"이 정한 서명 또는 기명날인으로 본다고 규정하고, 전자거래기본법은 관계 "법률"이 정하는 서명 또는 기명날인으로 본다고 규정하여 적용범위에 차이가 있는 듯한 태도를 보이고 있고, 효력범위에서도 전자서명법은 다른 법률과의 적용문제에 대해 아무런 언급이 없는 반면, 전자거래기본법은 "다른 법률에 그 효력을 부인하는 규정이 있는 경우를 제외하고는"이라는 단서를 추가하였다. 그러나 전자서명법상의 전자서명도 다른 법률에 그 효력을 부인하는 규정이 있는 경우에는 신법우선의 원칙, 특별법 우선의 원칙에 따라 그 전자서명의 효력이 인정되지 아니하는 것으로 해석하여야 할 것이다.

전자서명이 특정 행위자에 의하여 행해진 것이 입증되면 통상의 서명 또는 날인으로서 인정하여 진정성립을 추정할 수 있고, 결국 문서의 진정성립까지도 추청 될 것이다.[49]

49) 백승민, "전자서명과 인증", 『인터넷과 법률』, 법문사, 2002, pp.196-198.

연습문제

1. 정보시스템 개발영역에 대하여 설명하십시오.
2. 정보시스템 수요분석 절차에 대하여 논하여 보십시오.
3. 정보시스템 설계에 대하여 설명하십시오.
4. 전자서명에 대하여 설명하십시오.

Chapter 5

경영정보지표

본 장에서는 경영자에게 필요한 경영성과 지표를 연구하고자 하였다. 정보시스템 구축에 필수요소인 경영성과 지표를 시스템을 통하여 필요한 시점에 필요한 정보를 파악하여 신속한 경영의사결정을 위한 기업의 종합적 경영지표를 연구하고자 하였다.

장기지급능력은 기업의 재무구조와 영업구조에 의해 영향을 받는다. 기업의 재무구조란 부채와 자본간의 구성비율로 재무구조의 분석시에는 고정부채가 포함된다. 또한 기업이 수익력이 없다면 장기적으로 부채를 상환할 수 없기 때문에 장기지급능력은 수익성에 의존하지 않을 수 없다. 부채가 과도할 때의 추가적 자금조달은 당연히 재무구조를 개선할 수 있도록 먼저 주식발행을 통하여 이루어져야만 한다. 경영자는 또한 부채의 만기일을 연장하여 부채지급일자에 대한 시차를 두는 것을 고려할 수도 있다. 안전성비율을 살펴보면 다음과 같다.

1) 부채 대 총자산 비율

부채 대 총자산비율은 총부채가 총자산에서 차지하는 비율로 총부채를 총자산과 비교하는 것이다. 즉, 채권자들로부터 조달한 자금총액이 총자산에서 차지하는 비율을 보여주는 것이다.

채권자는 보다 낮은 부채 대 총자산비율을 원한다. 왜냐하면 이 비율이 낮다는 것은 상대적으로 부채에 비해 자본이 크다는 것으로 채무에 대한 담보력이 그만큼 크기 때문이다.

$$\text{부채 대 총자산 비율} = \frac{\text{부채총액}}{\text{자산총액}}$$

2) 부채비율(부채 대 자기자본비율)

부채비율은 부채총액을 자본총액으로 나누어 산출한다. 이를 부채 대 자기자본비율이라고도 한다. 이 비율은 부채 대 총자산비율과 마찬가지로 기업이 지급불능상태에 빠졌을 때 채권자의 채권이 어느 정도 보호를 받을 수 있을 것인가를 판단할 수 있게 해 준다.

$$\text{부채비율} = \frac{\text{타인자본(부채총계)}}{\text{자기자본(자본총계)}} \times 100\%$$

3) 이자보상배율

이자보상비율은 정상적인 영업활동의 결과 창출되는 영업이익이 이자비용을 감당하여야 한다.

이자보상배율이 충분한 기업은 이자지급을 이행하지 못할 위험이 거의 없을 것이므로, 부채의 만기도래시 상환기간을 연장하거나 유리한 조건으로 차환 또는 추가 차입할 수도 있을 것이다.

이자보상배율이 1 또는 1이하인 기업은 이익 전부로 이자를 지급하고 있거나 그렇지 못한 기업으로, 채권자가 원금을 회수하고 신규차입이 어려워질 경우 지급불능에 처할 가능성이 높다고 볼 수 있다.

$$이자보상배율 = \frac{이자와법인세차감전순이익}{이자비용}$$

(1) EBITDA를 이용한 이자보상비율

회계상 당기순이익은 회계처리방법과 영업외적요인에 의해 크게 영향을 받는다. 최근 기업분석가들은 이러한 요인에 의해 영향을 받지 않는 EBITDA(Earings Before Interest, Tax, Depreciation and Amortization)를 기업의 새로운 성과지표로 사용하고 있는 추세이다. 실제로 우리나라 기업들은 이를 테면 감가상각방법을 변경(예를 들어 정액법에서 정률법으로, 또는 정률법에서 정액법으로의 변경)하여 당기순이익 규모를 조정하거나 자산매각 등에 따른 특별이익을 계상하여 적자기업을 흑자기업으로 둔갑시키는 사례가 적지 않았다.

$$이자보상비율 = \frac{EBITDA}{이자비용}$$

4) 고정장기적합률

고정장기적합률은 기업의 고정자산을 취득하는데 필요한 자금을 어떤 방법으로 조달하였는가를 나타내주는 지표로 자금조달과 자금운용의 안정성을 동시에 평가하는 비율이다.

고정장기적합률이 높다는 것은 그만큼 유동자산이 적어 단기의 지급능력이 떨어지고, 고정장기적합률이 낮다는 것은 그만큼 유동자산이 많아 지급능력이 양호하다는 것을 의미한다.

그런데 고정장기적합률이 너무 낮다는 것은 자원을 효율적으로 운영하지 못할 결과일 수도 있다. 따라서 고정장기적합률은 100% 수준으로 유지하는 것이 안정적이라 할 수 있다.

$$고정장기적합률 = \frac{고정자산}{(자기자본 + 고정부채)}$$

5. 효율성 비율

효율성비율(Efficeiency ratio)은 자산이 얼마나 효율적으로 이용되고 있는지, 즉 얼마나 빠른 속도로 매출액이나 현금 등으로 변화되었는가를 측정하는데 이용되는 것으로 일명 활동성 비율 또는 회전율비율 이라고도 한다. 유동비율은 기업이 보유하고 있는 유동자산과 유동부채의 종류에 대한 차이를 고려하지 않기 때문에 기업의 실질적인 유동성을 적절히 나타내지 못한다.

따라서 특정의 자산계정으로 활동성이나 유동성을 평가하는 것이 필요하다. 이에 따라 외상매출금, 재고자산, 총자산 등의 활동성을 측정하기 위한 여러 가지 비율들이 이용되고 있다.

1) 매출채권회전율과 평균회수기간

매출채권계정을 이용하여 산출한 재무적 지표에는 매출채권회전율과 평균회수기간이 있다. 매출채권회전율은 매출채권이 해당 연도 동안에 회수된 회수를 나타내 준다. 이 비율은 외상매출액(만약 이를 계산할 수 없다면 순매출액)을 평균매출채권잔액으로 나누어 산출한다. 평균매출채권잔액은 기초와 기말의 매출채권잔액을 합산하여 2로 나누면 된다. 그리고 한번 매출되면 며칠 만에 대금이 회수되는지를 측정하는 평균회수기간은 365일을 매출채권회전율로 나누어 산출한다. 따라서 매출채권회전율이 클수록 평균회수기간은 짧아지게 된다.

일반적으로 매출채권회전율이 빠를수록 기업은 고객으로부터 판매대금을 빨리 회수한다는 것으로, 이는 매출채권의 질이 우수하고 유동성을 좋게 하는데 기여한다는 의미이다. 또한 매출채권회전율이 빠른 기업은 회수된 자금을 다시 투자할 수 있기 때문에 보다 효율적으로 자산을 이용하는 셈인 것이다.

그러나 과도하게 높은 매출채권회전율은 기업의 신용정책이 너무 엄격하여 다소 위험성이 있는 고객에게는 신용판매를 하고 있지 않다는 것으로 이러한 고객에 대한 매출을 통해 얻을 수 있는 이익을 포기하고 있다는 것을 의미할 수도 있다. 따라서 상대적으로 매출채권회전율이 높은 기업은 신용정책을 바꿀 필요성이 있는데, 이때 신용정책을 바꾸기 전에 위험성이 있는 고객에게 판매할 때에 부담하게 될 위험과 그로부터 얻을 수 있는 잠재적 이익을 비교, 검토해야 한다는 점에 유의하여야 한다.

한편 매출채권회전율이 느리다는 것은 매출채권의 현금화속도가 늦어서 유동성(또는 지급능력)이 불량하다는 것을 뜻하며, 또한 매출채권에 자본이 과대 투자 되어 있음을 의미하기도 한다.

$$\text{매출채권회전률} = \frac{\text{외상매출액(순매출액)}}{\text{평균매출채권잔액}}$$

$$\text{평균회수기간} = \frac{365}{\text{매출채권회전률}}$$

2) 평균자산회전율과 평균보유(재고)기간

만약 기업이 과도한 재고자산을 보유하고 있다면, 그것은 다른 곳에 투자할 수 있는 자금이 재고자산에 묶여 있다는 것을 의미하게 된다. 이와 같은 경우 진부화의 위험이 있으며 제품을 보관하는데 많은 유지비용이 들게 된다. 반면에 재고자산이 너무 적으면 재고자산의 부족으로 인해 고객을 잃게 될 수도 있다. 재고자산 계정을 이용한 비율로는 재고자산회전율과 평균보유(재고)기간이 있다.

기업의 재고자산회전율이 산업평균에 비해서 낮다면 이는 재고자산을 불필요하게 과다보유하고 있거나, 아니면 판매가능성이 희박한 진부화된 재고자산을 많이 보유하고 있다는 의미일 수 있다. 재고자산의 과잉투자는 다른 영업활동에 사용할 수 있는 현금을 묶어둘 뿐으로 자금압박의 주범이 될 수 있다.

반면에 산업평균보다 빠른 재고자산회전율은 매출의 증대 때문일 수도 있으나, 재고보유수준이 과소하거나 적시재고시스템의 운영에서 비롯된 것일 수도 있다. 따라서 역시 적절한 원인분석을 통해 올바른 해석을 하지 않으면 안 된다.

$$재고자산회전률 = \frac{매출원가액}{평균재고자산가액}$$

$$평균보유기간 = \frac{365}{재고자산회전률}$$

이상에서 산출한 매출채권의 평균회수기간과 재고자산의 평균보유기간을 합산하여 기업의 정상영업주기를 산출할 수 있다. 정상영업주기란 이상에서 보는 것처럼 재고자산을 구입하여 판매한 후 현금으로 회수되는 기간을 의미한다.

$$정상영업주기 = 평균회수기간 + 평균재고기간$$

3) 매입채무회전율과 평균지급기간 및 운전자본 소요기간

매입채무회전율은 당기 중 매입을 몇 번 했는지를 나타내며, 평균지급기간은 매입대금이 결제되는데 걸리는 일수를 말한다.

기업의 매입채무회전율이 산업평균이나 경쟁기업에 비해서 높다면 또는 평균지급기간이 산업평균이나 경쟁기업에 비해서 짧다면, 이는 그 만큼 산업평균이나 경쟁기업에 비해 매입채무에 대한 대금지급이 빨리 이루어진다는 의미로 자금의 여유가 있다는 신호로 해석할 수 있지만, 자금회수 속도가 느려질 경우 이는 유동성의 압박요인으로 작용하게 될 가능성도 있게 된다.

반대로 기업의 매입채무회전율이 산업평균이나 경쟁기업에 비해서 낮다면 또는 평균지급기간이 산업평균이나 경쟁기업에 비해서 길다면 이는 기업의 유동성에 문제가 있다는 신호일수도 있고, 효율적인 현금관리정책에 기인할 수도 있다. 따라서 이 비율의 해석시 유동비율, 영업활동으로 인한 현금흐름 등과 같은 정보를 함께 고려해야 그릇된 해석을 피할 수 있다.

$$\text{매입채무회전률} = \frac{\text{매출원가}}{\text{평균매입채무잔액}}$$

$$\text{평균지급기간} = \frac{365}{\text{매입채무회전률}}$$

앞에서 매출채권의 평균회수기간과 재고자산의 평균보유기간을 합산하여 기업의 정상영업순환기간을 산출하였다. 정상영업주기에서 매입채무의 평균지급기간을 차감하여 계산할 지를 운전자본 소요기간 또는 현금영업순환기간이라고 말한다. 운전자본 소요기간 또는 현금영업순환기간은 재고자산의 매입대금을 현금으로 지급한 다음부터 판매대금이 현금으로 회수되기까지의 기간을 의미하며, 이 기간이 짧을수록 양호하다고 말할 수 있다.

이 기간 동안에는 영업활동을 통해서 내부적으로 창출한 자금, 차입금, 주식발행대금, 자산매각대금, 보유현금 등에 의존해서 유지되게 된다. 따라서 이 기간이 길수록 운전자본이 많이 소요되기 때문에 자금의 내부 창출능력이 부족한 기업은 외부자금 의존도가 높아지게 되며, 이런 현상이 해소되지 않을 경우 자금난이 심화될 소지가 많게 된다.

$$\text{운전자본소요기간} = \text{평균회수기간} + \text{평균재고기간} - \text{평균지급기간}$$

4) 고정자산회전율

고정자산회전율이란 기업이 수익을 획득하는데 있어서 고정자산을 얼마나 효율적으로 이용하고 있는지를 평가하는데 이용된다. 이 비율이 높게 나타나는 원인은 효율적인 경영에서 찾을 수 있다. 이 비율이 증가 추세를 보인다면 이는 고정자산을 더 효율적으로 사용하고 있다는 의미이다. 그러나 기업이 앞으로의 경기침체를 예상하고 설비투자를 축소하거나 구조조정을 통해 사업부를 매각처분할 때도 이 비율이 높게 나타날 수 있다.

반대로 이 비율이 낮은 것은 기업이 수익을 획득하는데 있어서 고정자산을 효율적으로 이용하고 있지 못한다는 의미이다. 그러나 기업이 미래의 경기활황을 기대하고 설비투자를 확대할 때도 이 비율이 낮게 나타날 수 있다. 따라서 이 비율을 해석할 때는 여러 가지 이유가 있으므로 그 속에 내재되어 있는 원인을 파악하는 것이 중요하다.

$$\text{고정자산회전률} = \frac{\text{매출액}}{\text{평균고정자산총계}}$$

5) 총자산회전율

총자산회전율이란 매출액을 평균자산총계로 나누어 산출한 것으로, 이는 기업이 이익을 획득하는데 있어서 자산을 얼마나 효율적으로 이용하고 있는지를 평가하는데 이용된다. 이 비율이 낮은 것은 여러 가지 이유가 있으므로 그 속에 내재되어 있는 원인을 파악하는 것이 중요하다. 예를 들어, 생산되는 제품의 가치에 비하여 자산에 대한 투자가 과도할 수도 있다. 만약 그렇다면 기업은 자산을 매각하고 더욱 높은 이익을 창출하는데 투자를 하거나 또는 더욱 이익을 많이 창출하는 제품의 생산에 이용하는 등 현재의 경영정책을 재검토해야 할 필요성이 있다.

$$\text{총자산회전률} = \frac{\text{매출액}}{\text{평균자산총계}}$$

6. 유동성 지표

유동성비율(Liquidity ratio)이란 기업의 유동성, 즉 단기부채에 대한 지급능력을 말한다. 파업 등에 의한 기업 활동의 중지, 경기침체 등으로 인한 영업 손실의 발생 또는 원재료나 부분품의 가격급등과 같은 어려운 환경에 기업이 처하게 되었을 때 단기지급능력은 기업활동을 수행해 나가는데 아주 중요한 역할을 한다. 만약 단기지급능력이 이러한 어려움을 흡수하기에 불충분 하다면 심각한 재무적 곤경(최악의 경우 지급불능으로 인한 기업의 도산)에 처하게 될 지도 모른다. 따라서 취약한 단기지급능력은 재무상에 근본적 문제가 있음을 나타내는 징후라고 보아야 한다.

1) 순운전자본

순운전자본(Net Working Captial)은 유동자산에서 유동부채를 차감한 잔액이다. 이때 유동자산은 1년 이내에 현금화 하거나 사용될 것으로 기대되는 자산이고, 유동부채는 1년 이내에 갚아야 하는 부채이며, 유동부채는 결국 유동자산으로 지급된다. 순운전자본은 장기자본 원천에서 조달된 자금에 해당되기 때문에 단기채권자에게는 안전장치와 같은 것이 된다. 따라서 순운전자본이 클수록 유동부채를 상환할 가능성이 높기 때문에 기업의 단기지급능력은 양호한 것이다.

순운전자본이 많다고 해서 무조건 안심할 것만은 아니다. 왜냐하면 그 원인이 판매부진이나 진부화로 인해 재고가 쌓여서 그렇게 나타날 수도 있기 때문이다. 이런 경우 순운전자본의 질이 좋은 것이 아니기 때문에 부채의 만기지급은 결코 보장되지 않는다. 따라서 순운전자본에 대한 올바른 해석은 다른 비율분석(예를 들어 유동비율, 당좌비율, 매출채권회전율, 재고자산회전율)의 결과와 함께 종합적으로 해야 한다.

한편 순운전자본이 많다는 것은 기업의 자원을 단기 투자에 활용하고 있다는 것으로, 장기적으로 투자한 것에 비해 상대적으로 투자수익이 떨어지게 된다. 그러므로 기업이 급히 현금을 조달하기 어려울 경우에 대비하여 적정한 잔액을 항상 보유하도록 하는 것이 중요하다.

2) 유동비율

유동비율(Current ratio)은 유동자산을 유동부채로 나눈 것이다. 따라서 이는 앞에서 설명한 절대금액인 순운전자본을 비율로 전환한 것으로 이해하면 된다. 그러므로 비율의 의미와 이에 담겨 있는 정보내용도 유사하다. 따라서 유동비율은 유동자산으로 유동부채를 지급할 수 있는 기업의 능력을 측정하는데 이용된다.

과거에는 이 비율이 2.0(또는 200%) 수준이면 단기지급능력이 매우 양호한 것으로 평가하였다. 그러나 이런 절대적인 수준은 큰 의미를 가지지 못한다. 보통 특정연도의 유동비율이 계산되면, 그 비율 값을 그 기업이 속한 산업의 평균비율과 비교해 보고, 또 과거연도의 비율과도 비교해서 단기지급능력에 대한 판단을 내리게 된다.

$$유동비율 = \frac{유동자산}{유동부채}$$

3) 당좌비율

당좌비율(Quick ratio)은 당좌자산을 유동부채로 나누어 산출하는 것으로 일명 산성시험비율이라고도 한다. 따라서 당좌비율은 유동자산 중 재고자산을 포함하지 않고 산출된 비율로 유동성에 대한 엄격한 측정치이다. 재고자산을 현금화 하는 데는 어느 정도 시간이 필요하고 또한 기업의 의사에 따라 현금화가 되는 것이 아니므로 재고자산은 여기에 포함되지 않는다.

당좌비율은 재고자산에 의존하지 않고서도 부채를 상환할 수 있는 능력을 측정하는 것이기 때문에 대체로 1.0의 수준이면 적정한 것으로 여기고 있다. 그러나 유동비율과 마찬가지로 당좌비율도 그 기본 구성항목에 유의하면서 해석해야 올바른 판단을 할 수 있다.

$$당좌비율 = \frac{당좌자산}{유동부채} = \frac{(유동자산 - 재고자산)}{유동부채}$$

〈표 5-8〉 경영지표 평가 항목

<table>
<tr><th colspan="2">구분</th><th>평가항목</th><th>배점</th><th>A</th><th>B</th><th>C</th><th>D</th><th>E</th><th>평점</th></tr>
<tr><td rowspan="12">재무상태</td><td rowspan="4">안정성</td><td>자기자본비율</td><td>6</td><td></td><td></td><td></td><td></td><td></td><td></td></tr>
<tr><td>고정장기적합률</td><td>4</td><td></td><td></td><td></td><td></td><td></td><td></td></tr>
<tr><td>당좌비율</td><td>6</td><td></td><td></td><td></td><td></td><td></td><td></td></tr>
<tr><td>차입금의존도</td><td>4</td><td></td><td></td><td></td><td></td><td></td><td></td></tr>
<tr><td rowspan="2">수익성</td><td>매출액경상이익률</td><td>6</td><td></td><td></td><td></td><td></td><td></td><td></td></tr>
<tr><td>총자본순이익률</td><td>9</td><td></td><td></td><td></td><td></td><td></td><td></td></tr>
<tr><td rowspan="2">활동성</td><td>총자본회전률</td><td>5</td><td></td><td></td><td></td><td></td><td></td><td></td></tr>
<tr><td>영업자산회전률</td><td>5</td><td></td><td></td><td></td><td></td><td></td><td></td></tr>
<tr><td rowspan="2">생산성</td><td>총자본투자효율</td><td>5</td><td></td><td></td><td></td><td></td><td></td><td></td></tr>
<tr><td>부가가치율</td><td>5</td><td></td><td></td><td></td><td></td><td></td><td></td></tr>
<tr><td rowspan="2">성장성</td><td>매출액증가율</td><td>5</td><td></td><td></td><td></td><td></td><td></td><td></td></tr>
<tr><td>총자본증가율</td><td>5</td><td></td><td></td><td></td><td></td><td></td><td></td></tr>
<tr><td rowspan="6">사업성</td><td>성장전망</td><td>추정매출액증가율</td><td>2</td><td></td><td></td><td></td><td></td><td></td><td></td></tr>
<tr><td>수익전망</td><td>추정매출액영업이익율</td><td>2</td><td></td><td></td><td></td><td></td><td></td><td></td></tr>
<tr><td rowspan="2">시장성</td><td>거래조건 및 판매안정도</td><td>4</td><td></td><td></td><td></td><td></td><td></td><td></td></tr>
<tr><td>업종의 유망성</td><td>2</td><td></td><td></td><td></td><td></td><td></td><td></td></tr>
<tr><td rowspan="2">경쟁력</td><td>인력개발</td><td>2</td><td></td><td></td><td></td><td></td><td></td><td></td></tr>
<tr><td>품질 및 기술수준</td><td>3</td><td></td><td></td><td></td><td></td><td></td><td></td></tr>
<tr><td rowspan="4">거래신뢰도</td><td>은행신용</td><td>여신거래기간, 연체상황, 규제사실여부</td><td>2</td><td></td><td></td><td></td><td></td><td></td><td></td></tr>
<tr><td>안정성</td><td>사업장, 권리침해여부</td><td>2</td><td></td><td></td><td></td><td></td><td></td><td></td></tr>
<tr><td>업 력</td><td>기업체 업력</td><td>2</td><td></td><td></td><td></td><td></td><td></td><td></td></tr>
<tr><td>세평</td><td>동종업계 세평</td><td>2</td><td></td><td></td><td></td><td></td><td></td><td></td></tr>
<tr><td rowspan="6">경영능력</td><td>경영성과</td><td>흑자경영기간, 경상이익규모</td><td>2</td><td></td><td></td><td></td><td></td><td></td><td></td></tr>
<tr><td rowspan="3">리더십</td><td>경영전략</td><td>2</td><td></td><td></td><td></td><td></td><td></td><td></td></tr>
<tr><td>경영자 경력</td><td>2</td><td></td><td></td><td></td><td></td><td></td><td></td></tr>
<tr><td>경영형태</td><td>2</td><td></td><td></td><td></td><td></td><td></td><td></td></tr>
<tr><td rowspan="2">노사관계</td><td>노사관계</td><td>2</td><td></td><td></td><td></td><td></td><td></td><td></td></tr>
<tr><td>근로조건</td><td>2</td><td></td><td></td><td></td><td></td><td></td><td></td></tr>
</table>

7. 손익지표 및 부실예측

1) 현금흐름과 기업의 수명주기

현금흐름유형과 기업의 수명주기와는 대체로 관련성이 있으며, 이를 통해 대략적인 현금흐름표의 해석이 가능해 진다. 현금흐름표상에 보고되는 경영활동별 현금흐름은 건전유형과 비 건전 유형은 다음과 같다

〈표 5-9〉 손익지표

현 금 흐 름	건 전 유 형	비 건 전 유 형
영업활동으로 인한 현금흐름	+	−
투자활동으로 인한 현금흐름	−	− 또는 +
재무활동으로 인한 현금흐름	− 또는 +	+

정상적인 상황에서는 대부분의 기업은 고정자산을 취득하는데 현금을 사용하게 된다. 이에 따라 투자활동으로 인한 현금흐름은 대체로 부(−)로 나타난다. 양(+)의 투자활동으로 인한 현금흐름을 나타내고 있는 기업은 고정자산을 대체하는 속도보다 더 빠르게 보유 고정자산을 매각처분하고 있는 것이다.

재무활동으로 인한 현금흐름에 대해서는 일반화해서 말하기가 어렵다. 우량기업에서도 양(+) 또는 부(−)로 나타나는 것을 흔히 볼 수 있다. 예를 들어 양(+)의 재무활동으로 인한 현금흐름은 영업활동을 통해서 창출한 현금흐름을 가지고 급격히 확대되고 있는 투자소요액을 충당할 수 없을 정도로 고속 성장하는 신생기업에서 많이 볼 수 있다. 바로 부족자금이 재무활동에서 조달되기 때문에 재무활동으로 인한 현금흐름이 양(+)으로 나타나는 것이다.

부(−)의 재무활동으로 인한 현금흐름은 안전 상태에 도달한 성숙기업에서 찾아볼 수 있다. 성숙기업은 영업활동을 통해서 충분한 현금흐름을 창출하기 때문에 이 현금흐름으로 차입금을 상환하거나 배당금 지급에 사용할 수 있기 때문에 재무활동으로 인한 현금흐름이 부(−)를 보이게 된다.

2) 기업의 부실원인

기업부실은 경제적 실패, 지급불능, 파산으로 분류할 수 있다. 경제적 실패는 기업의 총수익과 총비용과의 관계에서 총비용이 클 때와 평균투자수익율이 자본조달 비용에 못 미치는 경우와 투자수익율이 업종의 평균 투자수익율에 못 미치는 경우 나타난다.

지급불능은 유동성 자금부족으로 인하여 만기 채무를 상환하지 못하는 경우이다.

파산은 법원에 의하여 파산선고가 공식적으로 내려진 경우를 말한다.

이와 같은 기업부실 원인으로서 시장요인은 유행, 관습 및 소비감소 신제품 또는 대체품 개발이 지연되거나 과당경쟁시 발생한다.

경기 및 국제적 요인으로 경기침체, 원자재가격 상승, 금융긴축, 금리상승, 환율 급등 등의 요인이 있다.

정치적 요인으로는 정권교체, 규제강화, 전쟁 등의 요인이 있으며, 지역 및 환경요인으로 입지조건 변화, 공해 등이 있으며, 노동요인으로는 강성노조, 노동력 부족, 인재육성 미흡 등이 있다.

또한 기업불실 원인으로 경영자 실패, 구입처 다변화 실패, 낮은 기술 수준, 연구개발 취약, 시설 노후화, 과대 투자, 시장적응력 부족, 인사관계 능력부족, 자금력 부족 등이 있다.

〈표 5-10〉 기업의 부실 징후

대차대조표	손익계산서	현금흐름표
- 현금과 현금성 자산부족 - 매출채권 및 재고자산 급증 - 단기차입금 과다 - 부채과다 - 불리한 조건의 신규차입 급증 - 이월결손금 과다 - 자본잠식 - 결손의 확대 및 지속	- 매출감소 - 매출원가, 판관비 등 비용 증가 - 매출총이익 적자 - 영업이익적자 - 과다한 금융비용 - 이익률의 현저한 하락	- 현금 및 현금성자산 감소 - 영업활동 현금흐름의 부족 또는 적자지속 - 단기부채조달의 증가 - 장기부채조달의 감소 - 과다한 배당금지급

출처: 박정식·신동령(2010), 경영분석, 다산출판사, p.328.

연습문제

1. 경영성과 측정지표에 대하여 설명하십시오.
2. 기업의 업무성과 지표를 설명하십시오.
3. 안정성, 생산성 수익성지표를 개발하여 보십시오.
4. 효율성과 유동성 지표를 개발하여 보십시오.
5. 기업의 부실원인 예측방법과 사례기업을 조사하여 예측하여 보십시오.

Chapter 6

정보시스템의 개발 및 구조

제1절 정보시스템개발
제2절 주요 기능별 정보시스템 구조
제3절 경영정보시스템 구축 방법론

경영정보시스템을 개발하기 위하여 정보시스템 개발 계획 및 절차를 통하여 가장 효율적인 정보시스템 개발전략을 추구하기 위한 방법을 구현하고자 한다. 이와 같은 정보시스템은 기업 내부 즉, 자체개발도 가능하나 최근 전문 기관에 의뢰하는 아웃소싱도 활용되고 있다. 따라서 본장에서는 정보시스템 개발절차를 이해하고 정보시스템을 설계, 구축하는 방법을 연구하고자 하였다.

제1절 정보시스템개발

1. 정보시스템개발 계획 개요

새로운 정보시스템들은 그 개발 범위가 크든 작든, 개발 목적이 전략적이든 운영적이든 관계없이 조직적 문제해결 과정의 결과물이라 볼 수 있다. 조직 구성원들이 기대했던 것만큼 과업을 수행하지 못하고 있음을 깨닫거나, (정보기술을 활용함으로써) 기업이 과업을 보다 성공적으로 수행할 기회를 얻을 수 있음을 인식하게 되면서 조직적 문제들을 시작한다.

조직적 문제해결 과정의 결과물인 정보시스템은 시스템개발(system development) 이라는 일련의 사건들의 부산물이다. 시스템 개발은 조직의 문제나 기회를 해결(활용)하기 위한 정보시스템과 관련된 제반 활동들을 말한다. 시스템개발은 별개 활동들로 이루어진 일종의 구조화된 문제해결 과정으로, 이는 시스템분석, 시스템설계, 프로그래밍, 테스트, 변환, 유지보수 등의 활동으로 이루어져 있다. 본 장에서 시스템개발 활동을 순차적으로 기술하고 있다. 그러나 이러한 활동 가운데 어떤 부분은 반복적으로 진행될 필요가 있고, 또 어떤 부분은 동시에 진행될 필요가 있다.

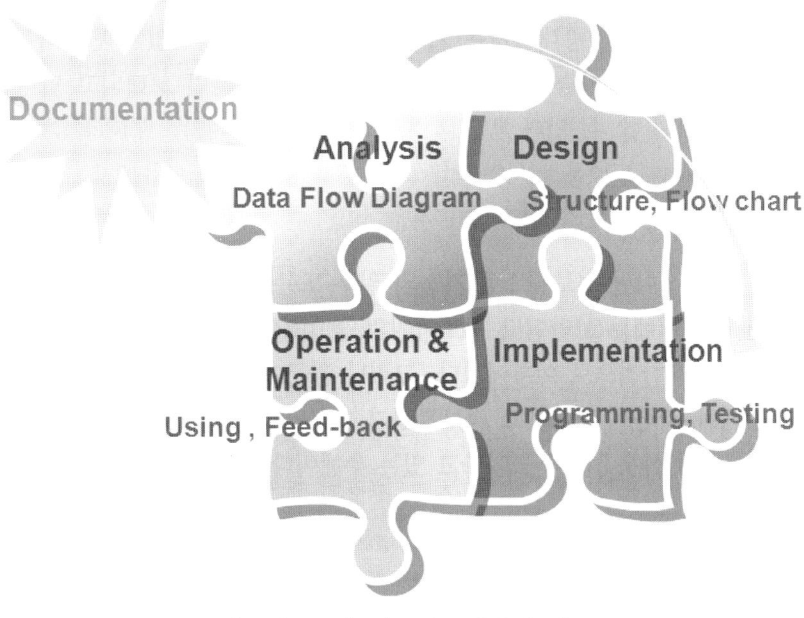

[그림 6-1] 정보시스템개발 개요

러 업체에 위탁을 하는 방식을 취하고 있다.

셋째, 아웃소싱 서버를 제공하는 업체와 서비스를 요청한 업체와의 관계가 변화해가고 있다. 과거에는 엄격한 계약으로 관계를 유지하였으나 최근에는 상호 신뢰를 바탕으로 파트너십 관계로 변하고 있다.

시스템의 개념은 자연과학이나 사회과학에서 널리 활용되고 있다. 정보시스템은 인간-기계 시스템이므로 정보시스템의 설계자는 시스템의 특성을 이해하고, 이러한 특성을 정보시스템 설계에 활용할 때 보다 효과적인 시스템을 구성할 수 있다. 이런 관점에서 여기에서는 시스템의 개념, 시스템의 결합방법 및 통제 등에 관해서 살펴보고 정보시스템에서의 활용 방법에 대해서 검토하기로 한다.[3)]

4. 경영활동별 정보시스템 구조

경영정보는 전략계획, 관리통제, 운영통제 및 거래처리 수준 간에 요구되는 정보특성이 크게 차이가 있음을 알 수 있다. 이와 같은 요구정보의 특성차이는 결국 정보시스템이 경영활동수준을 기준으로 구분 할 수 있음을 나타내는데, 이하에서는 각각의 하위시스템에 대해서 좀 더 구체적으로 살펴보면 다음과 같다.

1) 거래처리 및 운영통제시스템

거래처리는 조직의 기본적인 활동이다. 따라서 거래처리시스템 역시 정보시스템의 기본이 되는 시스템으로 효과적인 거래처리시스템의 기반을 구축했을 때 비로소 이보다 상위 경영활동인 운영통제나 관리 통제 및 전략계획을 지원하기 위한 시스템도 제대로 구축·운영될 수 있는 것이다.

운영통제활동은 조직의 말단에서 이루어지는 거래처리 업무가 효율적/효과적으로 수행될 수 있도록 통제하는 활동으로 대부분의 업무가 정형화되어 있는 것이 보통이다. 운영통제시스템에서의 자료처리 유형은 크게 보아 보고서 처리(report processing)와 조회처리(inquiry processing)의 두 가지로 나눌 수 있고 여기서 이용되는 데이터베이스는 주로 거래처리와 관련된 자료로 구성되어 있다.

2) 관리통제시스템

관리통제활동을 위한 정보는 주로 각 부서의 성과 특성 및 통제, 부서원의 업무수행규칙의 결과 등과 직접 관련을 맺고 있다. 따라서 경영통제시스템에서는 관리처리 관련자료

3) 이경환 · 전재완 · 이상훈 · 김승환, 『경영정보시스템』, 두남, 2003, pp. 77~81

이외에도 예산이라든가 각종 표준계획 등과 관련된 자료를 이용해서 실제성과를 비교함으로써 문제점을 찾아내고 그 문제점을 분석하여 가능한 통제방법을 모색하는데 도움을 줄 수 있어야 한다. 이 때 경우에 따라서 조직 외부의 자료를 활용하기도 하고 또 여러 가지 의사결정모형이나 분석모형을 도입하기도 한다.

3) 전략계획시스템

어떤 조직에 있어서 전략계획을 수립한다고 하는 것은 조직의 내·외부를 막론하고 매우 광범위한 정보를 필요로 하는 경우가 많다. 더욱이 어떤 정보가 필요한지 조차 잘 모르거나 필요한 정보의 상당부분이 계량화 될 수 없는 성질의 것인 경우도 많다. 또한 전략계획과 관련된 활동 중 어느 것, 예를 들어 신규 사업에의 참여여부라든가 공장설비의 확장여부와 같은 결정사항들은 극히 비정형적으로 발생하기 때문에 이러한 활동을 지원하기 위한 정보시스템을 사전에 구축한다는 것은 매우 어려운 일이다. 그래서 어떤 학자들은 전략계획시스템이란 존재할 수 없다는 것이라고 주장하기도 하는 것이다.

그러나 한편에서는 경영통제시스템이나 운영통제시스템이 완전할 수 없듯이 완벽한 전략계획시스템을 구축하는 것도 거의 불가능한 것이지만 정보시스템이 전략계획의 과정에 어느 정도 실질적인 도움을 줄 수 있다고 주장하는 사람도 있다. 이러한 주장에 의하면, 전략계획에 필요한 정보 중 조직내부의 정보는 보다 미래지향적인 자료분석을 통해서 그리고 조직외부와 관련된 정보는 주로 외부자료를 통해서 조직 내 데이터베이스에 포함시킨다던가 아니면 외부 데이터뱅크와 제휴하는 등의 방법을 통해서 조직의 전략계획시스템에 공급할 수 있다는 것이다.

한 가지 주의할 점은 전략정보시스템(SIS : Strategic Information System)과 전략계획시스템은 서로 상이한 개념이라는 점이다. 즉 전략정보시스템은 경쟁전략의 구사를 위해서 활용되는 정보시스템이지 조직의 전략계획활동 그 자체를 지원하는 시스템은 아니라는 점이다.

제2절 주요 기능별 정보시스템 구조

1. 정보시스템 구조

정보시스템 구조는 사용하는 조직의 기능에 의해서 설명할 수 있다. 기업의 전형적인 조직상의 기능은 생산, 유통, 마케팅, 인사, 재무 및 회계 정보처리, 최고경영자 등으로 구성되어 있으며 그 활동수준에 따라서 전략계획, 관리통제, 운용통제, 거래처리 등으로 구분되므로 이러한 기능별, 수준별 관계를 표시하면 다음과 같다.

[그림 6-2] 정보시스템개발 범위

2. 판매와 마케팅시스템

판매와 마케팅 기능은 제품이나 서비스의 촉진에 관련된 활동을 포함한다. 운용적 통제활동은 판매요원의 고용과 훈련, 판매와 촉진에 관한 일정 계획, 지역별·제품별·고객별 매출에 대한 주기적인 분석 등을 포함한다.

관리적 통제는 마케팅계획에 대하여 전반적 성과 비교가 주요초점이 된다. 이러한 관리적 통제를 위한 정보는 고객, 경쟁사, 경쟁사의 제품판매능력에 관한 것이다. 전략적 계획은 새로운 시장이나 새로운 마케팅 전략을 의미하는 것으로서 고객분석, 소비자 태도분석, 수익예측 등과 같은 정보가 요구된다.

고객 만족의 가장 중요한 요소는 납기 준수라고 할 수 있다. 따라서 납기를 맞추지 못하는 기업은 고객만족을 이루지 못하므로 자연 매출감소로 타격을 입게 될 것이 자명하다.

영업 관리 시스템의 가장 중요한 포인트는 납기준수에 있다고 볼 수 있으므로 영업사원은 자사 제품/상품의 재고현황을 쉽게 파악할 수 있어야 하며, 재고관리자는 미납현황과 생산일정에 따른 입고예정정보, 반품정보 등을 관리하면서 배송일정과 연계한 출고일자의 확정 등을 정확히 할 수 있어야 한다.

납기에 따른 고객과의 중요한 업무는 수금이다. 납기에 맞추어 고객이 원하는 상품/제품을 납품하였다 하여도 그에 대한 매출처리와 대금의 수납이 이루어지지 않으면 다음의 일련의 절차는 무의미해 지기 때문이다.

영업 관리 시스템은 기업의 전반적인 업무절차에 있어서 시발점에 해당되므로 그 중요성이 그만큼 높다고 할 수 있다.

어느 기업이나 사업의 기본은 영업을 통한 매출의 실현에 있다고 할 수 있다. 그러나 기업의 규모나 업종, 취급품목에 따라 그 업무를 추진해 나가는 순서는 다소 다를 수도 있다.

다음에 기술된 영업 관리 업무의 흐름도는 정보시스템에서 권장하는 업무처리 순서로써 일반적 판매 업무에 기반하고 있으므로 대부분의 기업이 사용하기에 적합할 것이라고 생각된다.

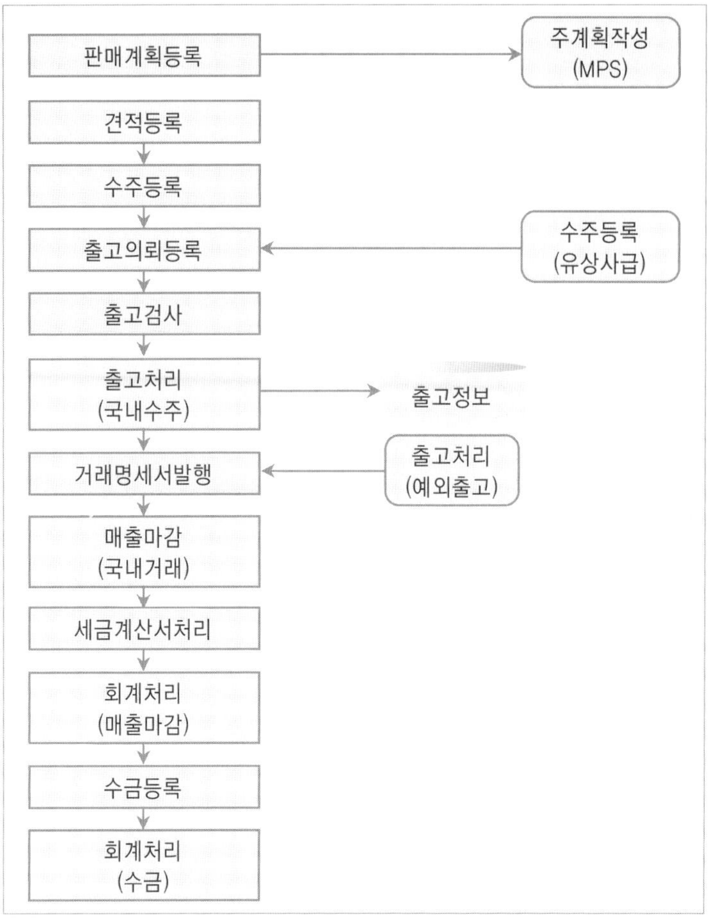

[그림 6-3] 영업정보시스템 흐름도

3. 생산시스템

생산관리자의 중요기능은 제품공학(product engineering), 생산설비 계획, 총괄 및 대일정 계획, 생산요원의 교육과 훈련, 품질관리 등을 포함한다. 전형적인 거래는 주문이나 부품재고에 기초하여 생산명령서를 발행하고 조립을 하며 제조하는 활동을 포함한다.

운용적 통제는 일정계획과 실제의 성과를 비교하여 애로점을 찾아 통제하는 활동으로서 상세한 정보가 요구된다. 관리적 통제는 실제 성과를 총괄적 또는 대 일정계획 등과 비교하여 단위당 생산비용이나 노동력의 관점에서 통제한다. 전략적 계획은 대체적 제조방법이나 자동화 등에 관한 접근 등을 포함한다.

생산관리의 가장 중요한 목표는 영업 지원 시스템으로써 고객의 요구 납기에 얼마나 부응하느냐가 관건이라고 할 수 있다.

또한 납기 못지않게 중요한 것이 원가(투입)를 얼마나 줄일 수 있느냐 하는 것인데, 납기를 맞추기 위해 과잉 재고를 가져 갈 수도 없고 원가를 줄이기 위해 결품을 낼 수도 없는 것이 중요한 관건이라 할 수 있겠다.

계획에서 실적까지의 생산 흐름은 업종, 규모와 관계없이 동일한 흐름을 가지고 있지만 세부적인 업무 처리에서는 회사의 경험과 업종 및 규모에 따라 많은 차이가 있을 수 있다.

다음에 기술된 생산관리 업무의 흐름도는 정보시스템에서 중소기업에 권장하는 업무처리 흐름으로써 일반적인 생산관리에 기반을 두고 있으므로 대부분의 기업에 사용하기에 적합할 것이다.

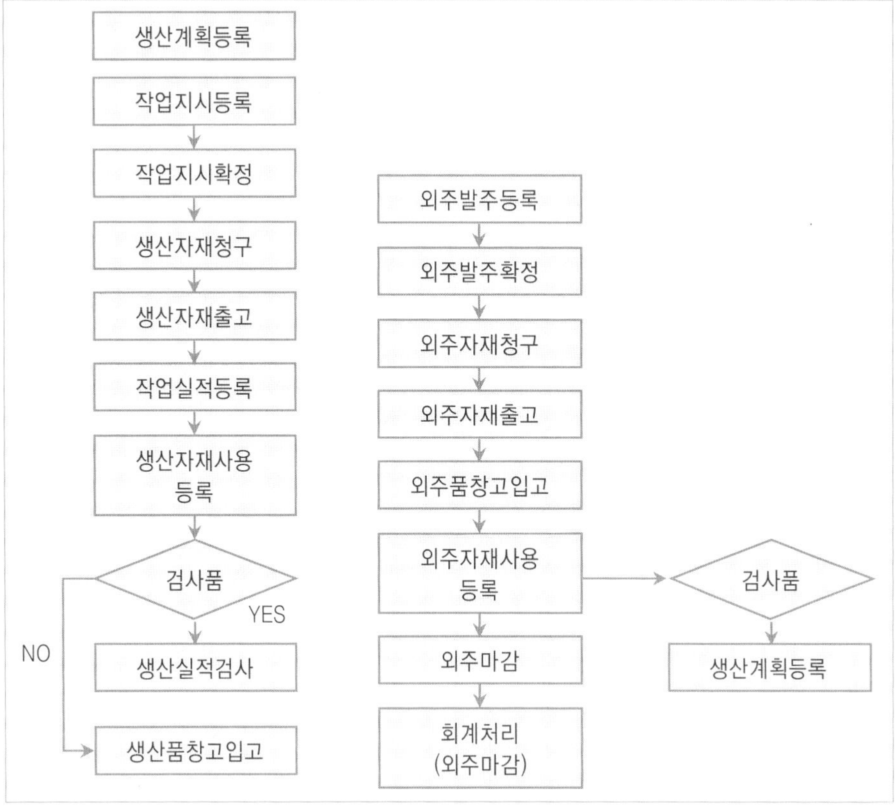

[그림 6-4] 생산정보시스템 흐름도

4. 유통시스템

유통 하위시스템(logistics subsystem)의 주요기능은 구매, 수납, 재고관리 및 분배기능이다. 거래는 구매요구, 구매명령서, 제조명령서, 수납보고서, 송장 등이다. 운용적 통제정보는 구매량과 납기, 재고현황, 재고회전률, 과잉재고현황 등이다. 관리적 통제를 위한 활동은 계획과 실제의 재고수준 비교, 구매제품에 대한 비용, 재고고갈 및 회전율 등이며 전략적 계획은 새로운 분배전략 분석, 벤더에 대한 새로운 정책, 구매 대 제조전략 등이며 이러한 활동을 위한 정보는 기능정보, 분배대체안 등을 들 수 있다.

5. 인사시스템

인사하위시스템의 주요기능은 채용, 훈련, 인사기록, 급여, 퇴직 등이다. 거래는 고용요구서, 직무기술서, 인사기록, 급여율의 변화, 작업시간, 복지관계정보를 유발한다. 운용적 통제는 고용, 훈련, 퇴직, 복지활동 등에 관련된 의사결정이다. 관리적 통제는 종업원의 수, 채용비용, 기술인력재고, 훈련비용, 임금률 등에 관한 계획과 실전의 비교·평가를 포함한다. 전략적 계획은 인사기능에 대한 대체안의 수립이며 전략계획을 위한 정보로서 종업원교육, 대·내외적 임금균형을 위한 내용을 들 수 있다.

인사/급여 관리시스템은 사람을 대상으로 하는 업무 또는 관리하는 분야이므로 타 시스템(생산, 회계, 영업, 자재 등)에 비해 비교적 독립적이다. 인사관리시스템은 사람을 관리함에 있어 필요한 데이터를 처리하거나 필요한 데이터를 제공한다.

서브기능으로 급여계산 및 상여계산, 연말정산, 퇴직정산, 연월차 휴가관리가 있다. 급여계산과 연관하여 보험료(국민연금, 건강보험, 고용보험)관리기능이 있다.

사원의 근로에 따른 임금을 계산하고, 지급되는 근로소득과 퇴직소득에 대한 세액을 계산한다.

이를 위해서는 사원의 인사정보와 급여 관련 정보는 주기적으로 변경되므로 적절한 시점에서 사원정보가 변경되어 임금 계산 등에 차질이 없어야 한다.

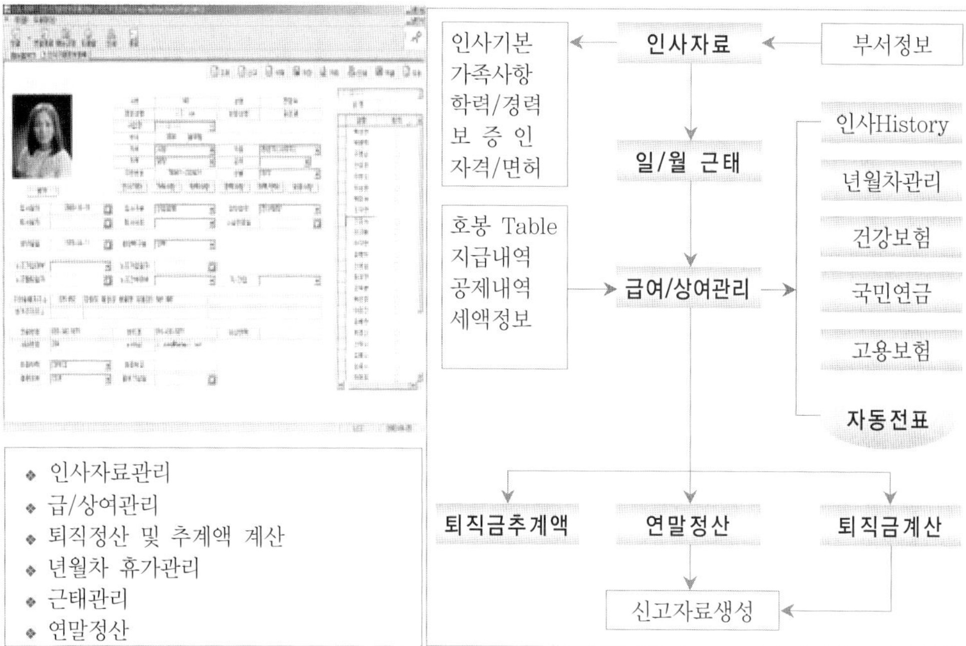

[그림 6-5] A사의 인사급여 기본정보관리 화면

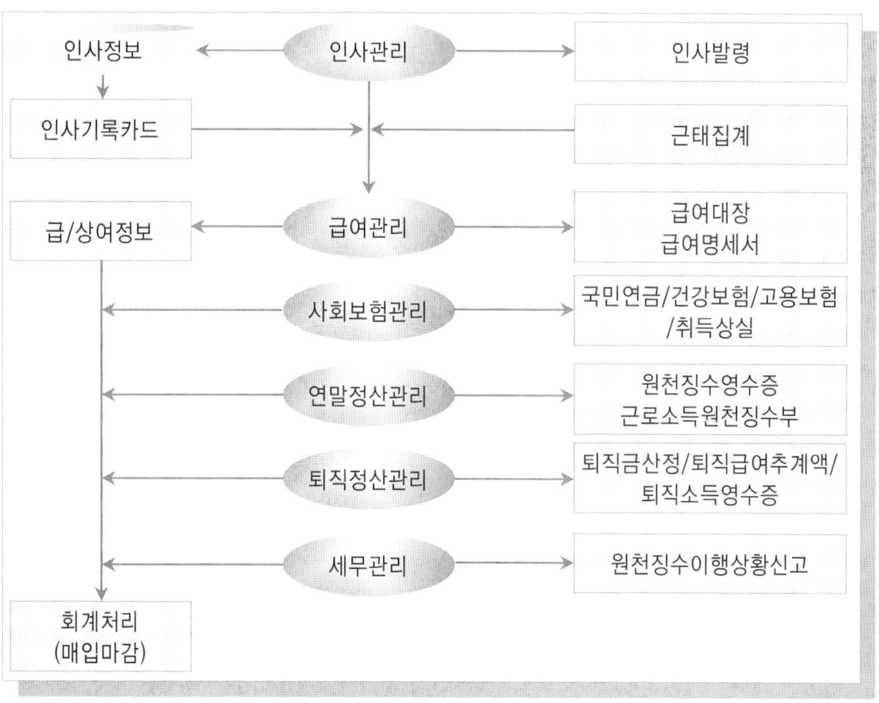

[그림 6-6] 인사정보시스템 흐름도

6. 재무와 회계시스템

재무와 회계는 분리될 수 있으나 양자는 충분한 관계를 가지고 있다. 재무활동은 가능한 한 최저비용으로 조직활동을 유지하려고 한다.(조직의 목표와 일치하는 방법으로) 이 기능은 고객에 대한 신용, 수집기능, 현금관리, 자금조달을 포함한다. 회계기능은 재무적 거래를 분류·요약하여 재무제표를 작성하여 예산을 편성하고 비용자료를 분석한다. 예산과 비용은 관리적 통제목적을 위해서 사용된다.

재무와 회계에 관련된 거래는 신용의 유지, 판매대금 청구, 원장작성 등이며 운용적 통제는 오류와 예외보고서, 처리지연보고 등에 관한 정보를 요구한다. 관리적 통제를 위해서 예산과 실적, 비용자료, 오류율에 관한 정보가 필요하다. 전략적 계획은 적절한 재무상태를 위한 장기계획, 비용과 예산을 위한 계획시스템이 요구된다.

회계는 거의 모든 기업에서 사용하는 주요한 정보시스템 중 하나이다. 회계시스템에서 제공되는 정보는 의사 결정권자에게 유용한 정보를 제공하기도 하면서 몇 가지 중요한 목적을 수행하기도 한다.

첫째 : 내부에 있는 경영자가 일상적인 영업활동을 계획 또는 통제하고, 조직의 인원과 활동의 성과를 평가하기 위해서 보고되는 목적을 수행한다.

둘째 : 설비투자, 제품의 가격결정, 이익 극대화 또는 원가의 최소화를 위해 제품을 선별하거나 특별한 의사결정을 내리기 위해 회계시스템을 활용하는데 이는 조직 전체의 정책 및 장기적 계획을 수립하는데 이용된다.

셋째 : 기업의 외부 이해관계자, 즉 투자자나 채권자 등이 기업의 경영성과를 이해하고 평가하는데 보고용으로도 사용된다.

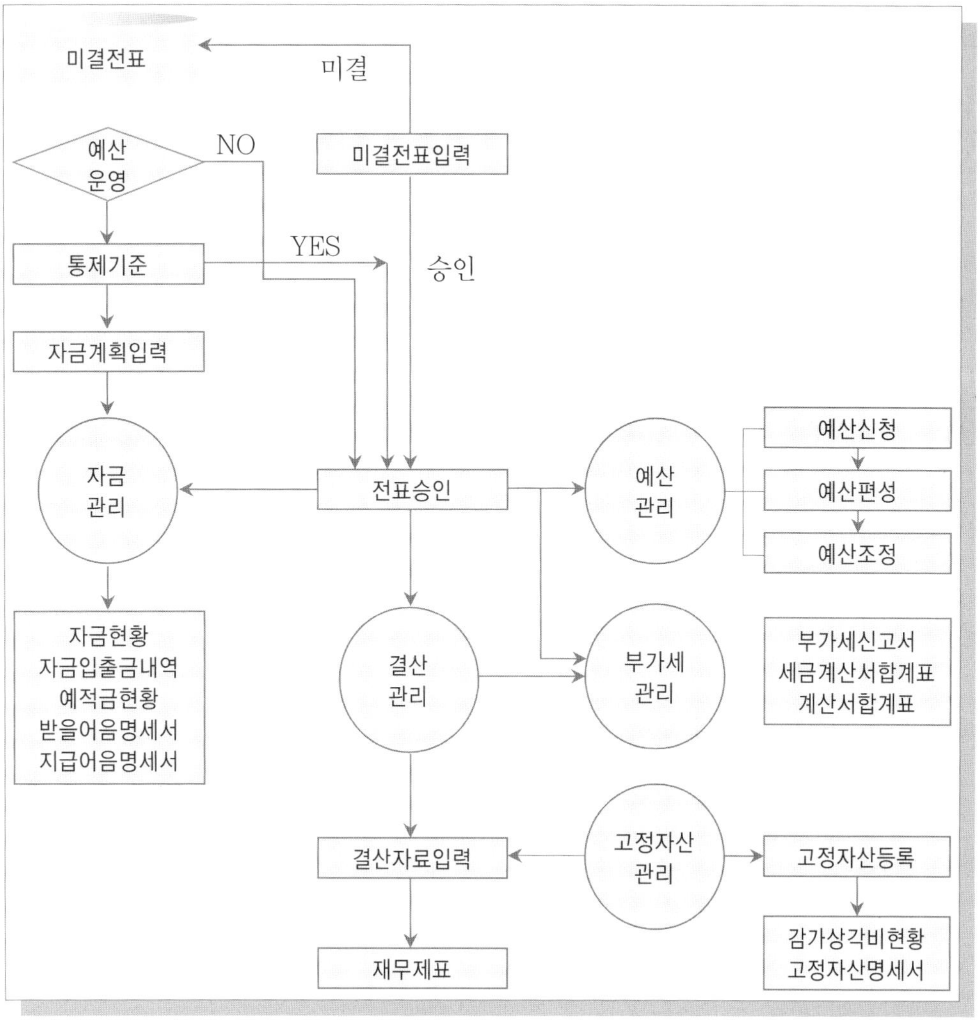

[그림 6-7] 재무회계정보시스템 흐름도

7. 정보처리시스템

정보처리 하위시스템은 조직내 타기능 부서가 원활히 운영되기 위한 정보를 제공한다. 이 시스템의 거래는 처리요구, 데이터 또는 프로그램의 수정과 변경요구, 하드웨어와 프로그램의 성과에 관한 보고 및 프로젝트 제안이다.

운용적 통제로서 일일처리 계획, 오류율, 설비의 장애, 프로그램 개발을 위한 일정 계획 등을 들 수 있다. 관리적 통제를 위해서 계획에 대한 설비활동 정도, 설비비용, 프로그래머의 성과, 프로젝트 개발계획과 성과비교 등의 정보가 요구된다. 전략적 계획은 조직구조(예로서 분권화 또는 집권화), 전반시스템계획, 정보의 전략적 사용에 대한 선택, 하드웨어와 소프트웨어의 구성 등을 포함한다.

사무자동화는 정보처리시스템과 분리 통합하여 정의할 수 있다. 사무자동화는 지식작업과 사무작업을 위한 광범위한 설비를 포함한다. 이러한 설비로서 워드프로세서(word processor), 전자사서함(electronic mail), 전자파일(electronic file), 자료 및 음성 전송 등을 들 수 있다.

8. 경영자 시스템

경영자의 기능은 기능별 영역과 분리할 수 있으나 기능분야의 경영기능을 포함할 수도 있다. 거래는 의사결정을 위한 정보요구이다. 조회(inquiry) 또는 의사결정을 위해서 데이터베이스와 의사결정모형의 접근이 요구된다. 운용적 통제를 위한 정보는 회의일정, 계약관계 파일 등이 요구되며 관리적 통제는 기능별 관리적 통제를 요약한 정보가 요구된다. 그러므로 모든 기능분야별 계획과 성과에 대한 접근을 필요로 한다.

전략적 계획은 기업의 방향을 설정하고 필요한 자원에 관한 것이 된다. 최고경영자에 의해서 결정된 전략은 부문의 전략계획의 틀을 형성하며 부문 간에 조정자 역할을 한다. 최고경영층에 의한 전략적 계획에는 조직내부와 외부환경에 관한 요약보고서가 필요하다. 전략계획을 위한 정보시스템은 특별검색(ad hoc retrieval), 특별분석 및 의사결정지원시스템이 있어야 한다.

제3절 경영정보시스템 구축 방법론

1. 정보시스템개발 방법

정보시스템을 개발하는 방법으로 SDLC, 프로토타이핑, 정보공학, 객체지향방법 등이 있다.

2. SDLC 개발방법

SDLC(System development life cycle) 개발 방법은 정보시스템의 개발과정을 순차적으로 진행하는 개발절차이다.

1) 정보시스템 계획

정보시스템계획은 기업의 살아있는 목표를 설정하는 것이다. 전혀 생소한 나라를 여행할 때 지도를 가지고 여행을 하면 목적지를 찾기가 쉽고, 항해를 하는 배는 항해도를 보면서 항해하듯이 기업의 정보를 유지하고 발전시켜 나가는 것은 경영정보시스템 계획서를 중심으로 개발하는 것으로 기업의 방향과 목표를 정하는 중요한 기준이 된다.

[그림 6-8] SDLC 개발절차

정보시스템 계획의 필요성은 다음과 같다.

① 경영시스템 계획서는 시스템을 개발하는데 시행착오를 줄여준다.
② 시스템 개발 초기 경영정보시스템 개발의 지침서가 된다.
③ 시스템 개발자나 설계자 그리고 프로그래머의 지침서가 된다.
④ 경영정보시스템 개발과 관련된 이해관계자에게 활용도가 높다.

이와 같은 경영정보시스템 계획 수립에 있어서 시스템 개발의 목적을 정하고 문제점을 사전에 파악한다. 또한 시스템 개발의 필요성과 타당성을 분석하고 비용, 자원, 기간을 결정한다.

2) 정보시스템 분석

정보시스템 분석단계에서는 시스템의 기능이나 요구사항 및 제약사항을 분석하고, 시스템의 성능, 편리성, 기능성을 분석한다. 또한, 최종 사용자가 요구하는 요구사항을 정밀하게 분석하여 분석명세서를 작성한다.

정보시스템 분석에서 있어서 현행 시스템이 지닌 문제점과 사용자 요구사항을 파악한 뒤 조직의 경쟁력(competivness)을 강화시키기 위해 정보시스템이 제공해야 하는 기능(functionalities)을 정의하는 과정으로 다음과 같이 접근할 수 있다.

- 문제정의 : 현행 시스템이 당면한 문제점의 파악, 목표달성을 위해서는 구체적인 문제를 정의 한다.
- 원인분석 : 인과관계(causality) 규명 및 통제가능변수와 통제불능변수로 나누어 문제의 원인과 이것이 미치는 결과를 분석한다.
- 해결대안 비교평가 : 정보시스템 구축을 포함한 기타의 해결책을 비교 검토한다.
- 최적안 선택 및 사용자요구사항 조사 : Process Modeling, Data Modeling, Menu in, output display a definition.

이와 같은 분석을 통하여 다음과 같은 효과를 창출할 수 있는 지 분석한다.

- 생산성(Productivity) 증대
- 차별화(Differentiation) 전략 실천
- 관리(Management) 능력 강화
- 정보기술의 활용을 통하여 경영진과 중간관리자의 기획 및 통제 그리고 의사결정을 개선시키고 이를 통해 순이익을 증대시킬 수 있는가?

〈표 6-1〉 정보시스템 분석단계에서 체크 사항

업무구분	체크항목	문제점	대안
프로젝트 계획	종합적 프로젝트가 단계별 개발 일정수립이 타당한가?		
	프로젝트 범위는 명확하게 정의 되어 있는가?		
	프로젝트 수행 조직 및 투입인력 구성이 합리적으로 되었는가?		
현상분석	현재 처리되지 않았거나 처리하기 곤란한 자료 흐름을 파악하고 있는가?		
요구사항 정의	고객의 업무요구사항을 정확하게 분석하고 있는가?		
	새로운 시스템 흐름도 및 단위 업무기능 명세서가 잘 기술되어 있는가?		

	새로운 시스템 구축 시 제약사항들을 잘 기술하고 있는가?		
결과보고서	업무분석 및 설계 단계의 세부 활동완료 내역에 대한 보고서는 타당한가?		
	결과보고서에 나타난 지적된 사항은 시정조치가 이루어졌는가?		

3) 정보시스템 설계

정보시스템을 구축하기 위하여 시스템 분석의 임무는 현행 정보처리 시스템을 이해하고 기법을 적용하여야 한다. 시스템 분석가의 4대 기본 원리는 다음과 같다.

- 추상화(abstraction)의 원리
- 공식화(formality)의 원리
- 분할정복(divide and conquer)의 원리
- 계층적 조직화(hierarchical ordering)의 원리

또한 경영정보 자료의 흐름은 사용자가 의사소통을 원활히 하고 이해의 폭과 깊이를 더할 수 있도록 하여야 하며, 경영정보시스템 구축 시 업무재설계(BPR: Business Process Reengineering) 작업이 수반되어야 되는데, 이때 정보의 유통 및 처리 경로가 개선되고 새로운 정보가 추가되어야 한다.

또한, 설계단계에서는 데이터 모델을 설계하고 시스템 구조를 구축한다. 또한 사용자 인터페이스를 설계하고 상세설계를 추진한다. 이와 같이 정보시스템 기술적 설계 단계에서의 체크항목은 다음과 같다.

〈표 6-2〉 정보시스템 기술적 설계단계에서 체크 사항

업무구분	체크항목	문제점	대안
물리적 설계 단계	시스템 변경 및 확장이 용이 하도록 설계되었는가?		
	외부적인 인터페이스는 정확하게 정의 되었는가?		
	DB 및 테이블 명이 잘 정의 되었는가?		
	데이터 량, 데이터 사용 빈도 수 산정은 정확한가?		
	코드체계는 코드 성격에 따라 잘 설계되었는가?		
	메시지는 코드와 더불어 고객 용어에 알맞게 설계되었는가?		

상세설계단계	개발도구가 제공하는 기능을 정확하게 인식하고 설계하였는가?		
	모듈흐름은 정확하게 작성되었는가?		
	반복되는 기능은 공통 모듈화 하였는가?		
	향후 시스템 운영을 위한 시스템 작업 흐름도가 잘 작성되었는가?		
전환계획 및 시험 계획 수립	테스트 계획서, 사용자교육실시 계획서는 작성되었는가?		
	전환 계획서를 작성하면서 향후 일정을 고객과 합의하였는가?		
	데이터 이행계획은 수립되었는가?		
	히스토리 및 백업 체제가 반영 되었는가?		

4) 정보시스템 구축(코딩)

3단계의 설계가 완료되면 프로그램 전문가들이 시스템을 구축하게 된다. 코딩 단계에서는 데이터베이스 스키마 생성 및 각 모듈별 시스템을 개발한다. 코딩 단계에서 체크리스트는 다음과 같다.

〈표 6-3〉 정보시스템 기술적 코딩단계에서 체크 사항

업무구분	체크항목	문제점	대안
프로그램 작성	프로그램은 표준화규칙에 따라 작성되었는가?		
	주석은 적절하게 기입되었는가?		
	메시지는 정확하게 작성되었는가?		
	프로그램 소스는 고객 Doc Folder에 통합 관리되고 있는가?		
단위 테스트	단위테스트 케이스 및 데이터가 적절하게 구축되어 있는가?		
	레코드의 추가/수정/삭제가 정확하게 처리되는가?		
	화면의 흐름은 정확한가?		
	커서의 위치는 정확한가?		
	정합성을 위한 모든 입력조건의 데이터를 만족하는가?		
	응답시간은 적정한가?		

	레코드 건수가 제로일 때 처리는 정확한가?		
	출력장표의 페이지 스킵(page skip)은 정확한가?		
	인쇄출력은 정확하게 편집되어져 있는가?		
	단위 테스트의 수행 완료 내역에 대한 보고서는 타당한가?		
	수행 결과에 나타난 지적 사항은 시정조치가 잘 이루어 졌는가?		

5) 정보시스템 테스트

통합테스트는 부분적으로 이루어진 코딩단계의 시스템을 종합적으로 구동 테스트를 하는 단계로 전체적인 연계가 정확한지 테스트하는 기능이다.

기능테스트는 연관된 내용이 기능적으로 작동하는지 시험하는 작업이며, 성능테스트는 시스템 성능이 만족할만한 결과를 이끌어 내는지 검사하는 테스트이다.

〈표 6-4〉 테스트 및 이전단계에서 체크 사항

업무구분	체크항목	문제점	대안
시스템 요구사항 검증	설계된 형식대로 입·출력이 정확히 이루어지는가?		
	사용자가 조작 후 시스템의 적절한 메시지가 출력되었는가?		
	운용시 화면 조작의 용이성을 고려하여 필요한 도움말 기능을 부여 했는가?		
	사용자가 입력하지 않았을 경우에 대비하여 화면에 초기치를 제공하였는가?		
지침서 작성	사용자 및 운영자를 고려하여 전문용어를 배제 하였는가?		
	그림이나 표에 설명이 정확하게 되었는가?		
시스템 설치	이행 및 비상 대책 계획이 타당하게 수립되었는가?		
	데이터의 이행은 완전한가?		
	시스템 설치 시 문제점을 작성하였는가?		
	발생한 문제점에 대하여 적절한 시정조치를 하였는가?		
사용자 교육	사용자 교육을 위한 교재는 작성되었는가?		
	사용자 교육은 충실히 수행되었는가?		
	사용자 교육에 대한 실시 완료 내역에 대한 보고서는 타당한가?		

6) 정보시스템 이전

완료된 시스템을 사용자에게 이전하는 단계로 사용자 교육 및 사용 설명서 매뉴얼을 제공한다.

7) 정보시스템 유지보수

정보시스템 사용 시 문제가 발생되면 소스코드를 디버깅 한다. 또한 새로운 사용자를 위하여 기능을 추가한다.

3. 정보시스템 개발방법

1) 프로토타이핑 개발방법

프로토타이핑 개발방법은 폭포수 모형의 단점을 보완하기 위한 개발 접근법이다.

경영정보시스템 개발에 있어 프로토타이핑 개발방법은 정보이용자의 요구를 완전하게 해석하지 못하거나 완벽한 분석이 어려울 때 문제를 해결하기 위하여 일부분을 우선 개발하여 사용자에게 제공하여 시험 사용하게 하고 시험 사용을 통해서 요구를 분석하거나 요구 타당성을 점검하고 성능을 평가하여 그 결과를 최종 시스템에 반영하여 프로젝트를 진행하는 개발방법이다.

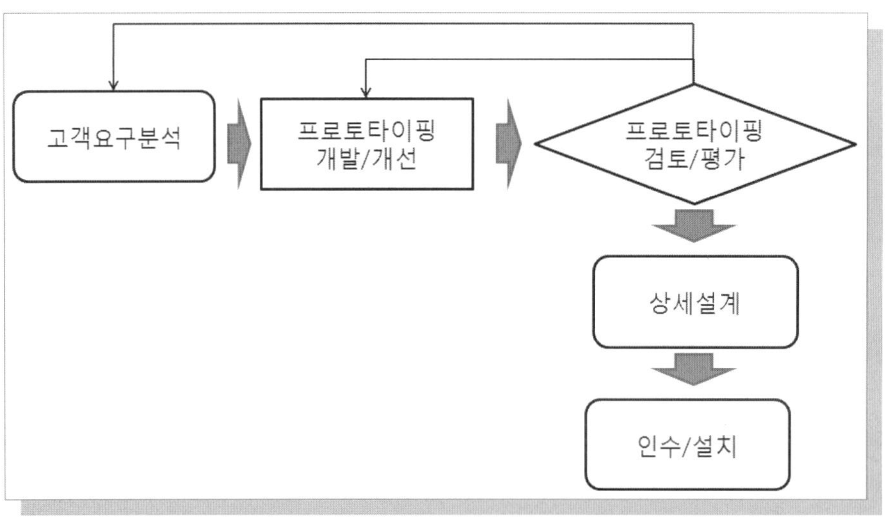

[그림 6-9] 프로토타이핑 개발 단계

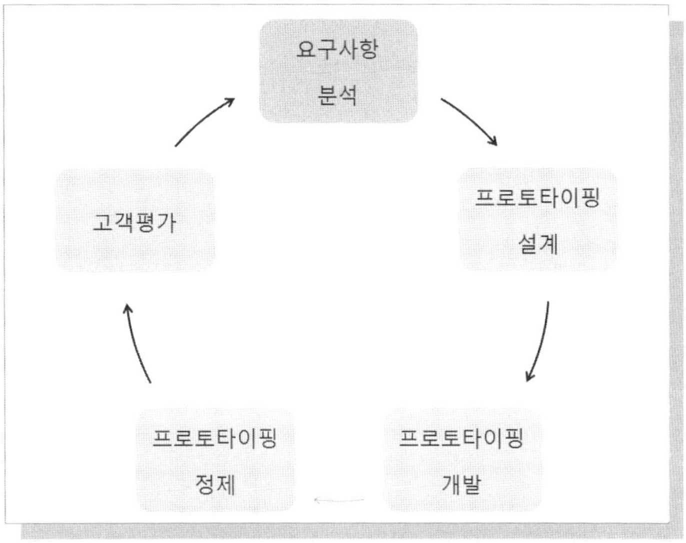

[그림 6-10] 원형 프로토타이핑 개발 단계

프로토타이핑 개발방법의 특징은 다음과 같다.

- 사용자의 요구를 정확히 반영할 수 있다.
- 시스템 이해도가 낮은 사용자가 있는 경우 유용하다.
- 개발 중에도 유지보수 효과가 있다.

[장점]

- 결과가 가시적이고 이해가 쉬워서 관리가 용이하다.
- 사용자의 요구사항을 빠르게 수용 가능 및 확인 가능하다.
- 관리자의 이해가 용이하다.
- 제품의 추적성, 시험 가능성 확보가 가능하다.
- 정적인 요구명세 및 문서화 방법대신 실질적으로 수행되는 물리적인 모델이 된다.

[단점]

- 최종 소프트웨어 제품을 완성하기 전에 시제품을 완제품으로 발전하게 할 가능성이 있다.
- 사용자의 과도한 요구가 있다.
- 시제품 폐기의 비경제성이 있다.
- 반복적인 시제품 개발의 종료 시기 문제가 있다.
- 문서작성 미흡 및 경시, 산출물 부재가 발생한다.

2) 증분 개발모델 (Incremental Development Model)

증분 개발모델은 폭포수 모델을 변형하여 하향식 구조의 수준별 증분의 분리 개발한 이후 최종제품을 통합하는 개발 방법이다. 이와 같은 개발 방법은 여러 개의 팀이 나누어 개발 하고자 할 때 유용하다.

[그림 6-11] 증분 개발 단계

3) 진화적 개발모델 (Evolutionary Development Model)

진화적 개발모형은 각 구성요소의 핵심부분을 개발하고 개선 및 발전시켜 나가는 발전적인 모델이다.

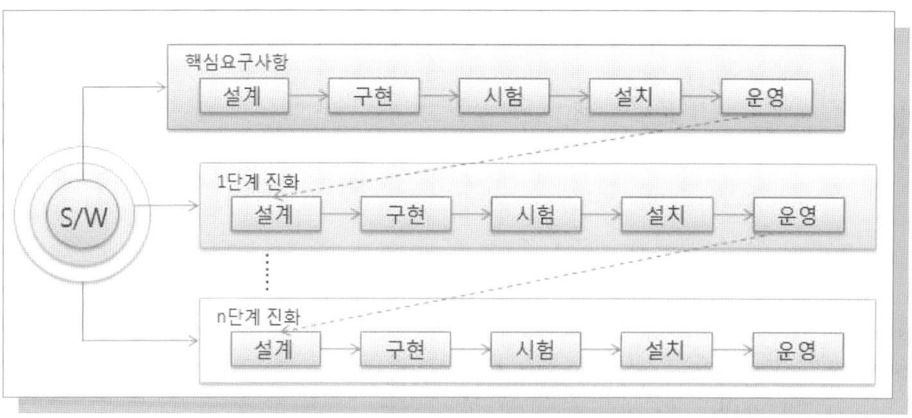

[그림 6-12] 진화적 개발모델 단계

4) 생명주기 모델 개발

생명주기 모델은 경영정보시스템의 개념 정립에서 구현까지 하향식 접근 방법이다.

시스템 개발 절차는 시스템 계획, S/W 요구사항 기술, S/W 설계, S/W 구현, 통합, 시험과 디버깅, 설치, S/W 유지보수 순으로 관리되는 모형으로 이 전 단계의 완벽한 작업 종류를 전제로 하는 모델이다.

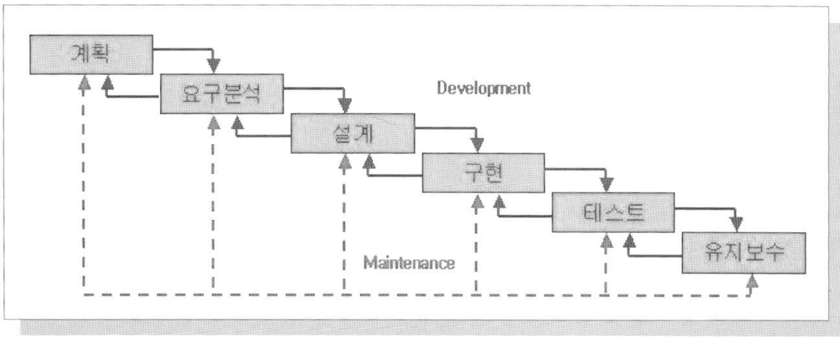

[그림 6-13] 생명주기모델 단계

[특징]

- 가장 널리 많이 사용하고 있다.
- 각 단계의 결과가 확인된 후에 다음 단계로 진행하는 단계적, 순차적, 체계적 접근 방식이다.
- 검토 및 검증, 검사에 의해 프로젝트 전반의 품질 향상을 추구한다.
- 각 단계가 끝난 후 나와야 할 결과물을 명확히 정의하여야 한다.

[장점]

- 적용 사례가 많아 위험성이 적다.
- 단계별로 정형화된 접근 방식이다.
- 체계적인 문서화, 단계별 산출물 체크를 통한 프로젝트 진행의 명확성 및 관리와 적응이 용이하다.
- 기술적인 위험이 적다.

[단점]

- 문서 중심의 개발 접근 방식으로 인한 문서화에 대한 부담 가중 및 작업 지연 발생이 가능하다.
- 작업의 통합화 및 대규모 시스템에 부적합하다.
- 완벽한 분석이 요구된다.
- 문제해결, 수정 비용, 시간, 노력이 많이 소요된다.
- 사용자 피드백에 의한 반복 단계가 불가능하다.

5) 나선형 모델

나선형 모델은 진화적인 소프트웨어 프로세스 모델로서, 기능을 나누어 점진적으로 개발하는 모델로 시스템을 개발하면서 생기는 위험을 최소화하기 위해 나선으로 돌면서 점진적으로 완벽한 시스템으로 개발하는 모델이다.

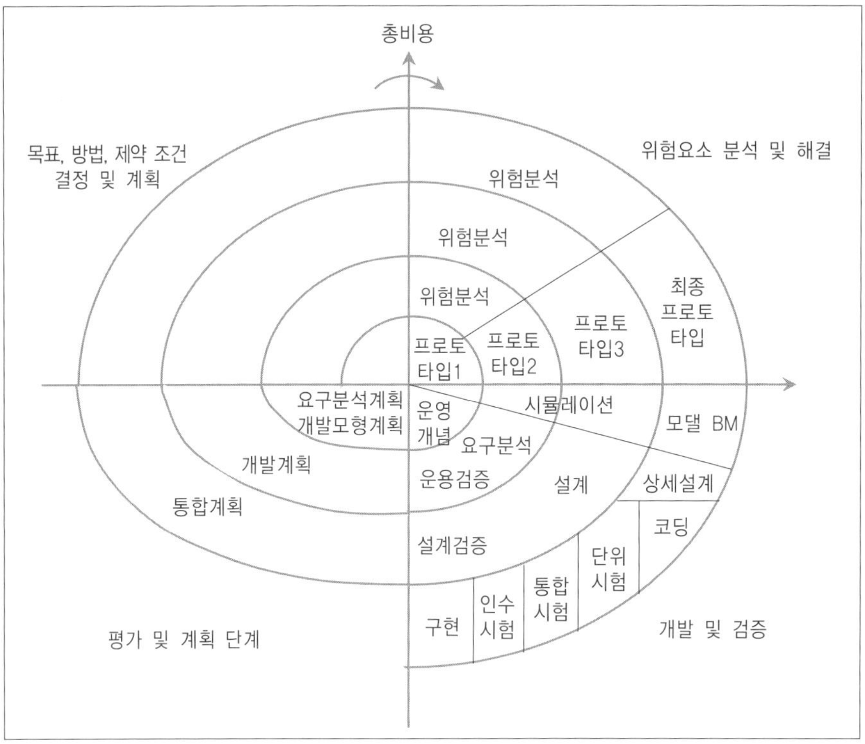

[그림 6-14] 나선형모델 단계

[특징]

- 반복적인 개발이라는 특성과 폭포수 모델의 체계적인 관점지원이라는 특성을 결합하고 있다.
- 대규모 시스템 개발에 대한 효율적인 접근으로 위험 분석을 추가한다.

[장점]

- 대규모 시스템 개발에 적합하다.
- 프로젝트의 완전성 및 위험감소와 유지보수가 용이하다.
- 리스크 관리 위주이므로 효율적인 위험관리가 가능하다.
- 개발과 개선이 동시에 진행된다.

[단점]

- 관리가 중요하나 매우 어렵고 개발기간이 장기화될 요지가 있다.
- 위험 분석의 진행이 어렵다.
- 복잡한 프로세스에 대한 적응이 어렵다.
- 위험관리의 능력에 따라 성공여부에 영향을 미친다.
- 내부개발에 적합하고, 외부개발에는 위험이 있다.
- 상대적으로 새로운 접근 방법이 많이 사용되지 않아 충분한 검증을 거치지 못한다.

연습문제

1. 정보시스템 개발의 필요성을 설명하십시오.
2. 경영활동별 정보시스템의 구조에 대하여 논하여 보십시오.
3. 경영정보시스템 개발 범위를 설계하여 보십시오.
4. 정보시스템 개발 방법 및 절차 그리고 특징을 설명하십시오.

Chapter 7

정보시스템 구현

본 장에서는 정보시스템을 구현할 수 있는 기술에 대하여 연구하고자 하였다. 이에 필요한 정보시스템 구현기술과 정보검색기술, 정보처리기술, 네트워크 구축기술에 대하여 살펴보았으며, 이와 같은 정보기술을 응용하여 가치흐름 시스템 구축에 대하여 연구하였다. 그리고 정보자료를 이용한 경영관리 시스템 구축에 대하여 논하였다.

을 위해서는 POP3나 IMAP 중의 하나의 프로토콜을 쓰는 것이 보통이며, 이러한 프로토콜은 서버에 각자의 우편함을 두고 사용자 메시지를 저장한 다음, 주기적으로 서버에 접속하여 편지를 다운로드 하는 식으로 운영된다. 다른 말로 설명하면, 사용자들은 SMTP를 메일을 보내는데 주로 사용하며, POP3나 IMAP 프로토콜은 자신의 서버에 수신되어 있는 메시지를 받아보는데 사용한다는 말이다. 대부분의 메일 프로그램은 SMTP 서버와 POP 서버를 모두 설정할 수 있도록 허용한다. 유닉스 기반의 시스템에서 sendmail은 전자우편용으로 가장 광범위하게 사용되는 SMTP 서버이다. 상용 패키지인 Sendmail에는 POP3 서버가 포함되어 있으며, 윈도우NT 버전도 나온다.

POP3 (Post Office Protocol 3)은 전자우편을 수신하기 위한 표준 프로토콜로서 가장 최신 버전이다. POP3는 인터넷 서버가 사용자를 위해 전자우편을 수신하고 그 내용을 보관하기 위해 사용되는 클라이언트/서버 프로토콜이다. 사용자(또는 전자우편 수신용 클라이언트 프로그램)는 주기적으로 서버에 있는 자신의 메일 수신함을 점검하고, 만약 수신된 메일이 있으면 클라이언트 쪽으로 다운로드 한다. POP3는 가장 유명한 전자우편 제품 중의 하나인 유도라에 적용되었으며, 넷스케이프와 마이크로소프트 익스플로러 브라우저에도 역시 적용되었다.

IMAP (Internet Message Access Protocol)은 로컬서버에서 전자우편을 엑세스하기 위한 표준 프로토콜이다. IMAP은 인터넷 서버를 이용하여 전자우편을 수신하고 보관하는 클라이언트/서버형 프로토콜이다. 사용자 (또는 사용자의 전자우편 클라이언트 프로그램)는 편지의 제목과 송신자를 보고, 메일을 실제로 다운로드할 것인지를 결정할 수 있다. 사용자는 서버에 폴더나 우편함을 만들거나 관리할 수 있으며, 메시지를 지우거나 메시지의 일부 또는 전체의 내용에 대해 검색을 수행할 수 있다. IMAP은 사용자의 메일을 송수신하기 위해 업무시간 중에 지속적으로 서버에 액세스해야한다.

좀 더 덜 복잡한 프로토콜이 POP3이다. POP3를 이용하면 사용자의 메일은 서버의 우편함에 저장된다. 사용자가 메일을 읽을 때 즉시 사용자의 컴퓨터로 다운로드 되며, 서버에는 더 이상 남아있지 않게 된다.

원격접속(Telnet)은 'Telecommunication network'의 약어로써, 인터넷 상에 접속되어 있는 원격지 컴퓨터의 시스템 자원을 마치 자신의 PC처럼 사용할 수 있게 해주는 사용자 인터페이스(Interface)이다.

파일전송(FTP)기술은 'File Transfer Protocol'의 약어로써, 컴퓨터 간에 파일전송에 사용되는 프로토콜(전송규약)을 말한다. 이것은 Telnet과 함께 인터넷에서 정보의 전송을 위한 기본적인 기술로써 다른 컴퓨터로부터 사용자가 필요한 파일을 복사할 수 있게 해준다. 전자우편을 이용하더라도 파일을 전송할 수는 있지만 대부분 용량이 작은 텍스트

파일이나 멀티미디어 파일이 주종을 이루지만, FTP를 이용하면 용량이 큰 파일들을 인터넷에 연결되어 있는 한 컴퓨터에서 다른 컴퓨터로 복사 또는 전송 할 수 있다. FTP를 사용하기 위한 조건으로는 일단 호스트 컴퓨터에 대한 접속 권한 즉, 사용자 계정(또는 사용자 ID)을 가지고 있어야 한다. 이후 상대 호스트에 등록된 계정으로 사용자 접속을 한 후 원하는 파일을 송·수신할 수 있다. 특정한 사용자 ID와 password가 없이도 인터넷을 사용하는 사람이면 누구라도 접속하여 파일을 자유롭게 송수신 할 수 있는 FTP 사이트를 Anonymous FTP라 한다.

2) 유즈넷

유즈넷(Usenet)은 'User's network'의 약자로 뉴스그룹이 있는 네트워크를 Usenet이라 하는데, 뉴스그룹이란 어떤 주제를 정해서 토론하기 위한 인터넷 사용자들의 모임을 말한다. 즉, 다수의 사용자들이 각 분야별로 뉴스 그룹을 만들어 놓고 공지사항이나 최신 정보를 게시하고 이를 검색할 수 있도록 하는 기능을 제공하며, 일반적으로 이 둘을 같은 의미로 사용하고 있다. Usenet은 전자우편과는 달리 공개적이며, 정치, 경제, 사회, 문화 등 매우 다양한 분야에 걸쳐서 토론을 벌일 수 있는 것으로 전 세계의 인터넷 사용자 중 원하는 사람이면 누구나 참여하여 서로의 의견을 주고받을 수 있다. 현재 전 세계에 20,000개 이상의 분야별 뉴스그룹이 있으며, 계속 다른 뉴스그룹이 생성되고 있다.

3) 멀티미디어

멀티미디어의 경우 AOD(Audio On Demand)/VOD(Video On Demand)로 구분할 수 있다. VOD는 개인들이 TV나 컴퓨터 화면을 통해 중앙의 서버로부터 비디오를 선택해 볼 수 있도록 하는 것을 공동의 목표로 삼고 있는 회사들과, 관련된 일련의 기술들을 일컫는 광범위한 용어이다. 시청자들은 자신의 TV를 통해 그들이 선택하는 즉시 원하는 비디오 프로그램을 볼 수 있으며, 그 프로그램들은 케이블이나 ISDN 등을 통해 전송된다. VOD는 연예(디지털 전송된 영화의 주문), 교육(교육용 비디오의 시청), 및 화상회의(비디오 클립들을 이용한 표현기법들의 강화) 등에 사용될 수 있다.

이러한 AOD와 VOD는 Download & Play과 Streaming방식의 2가지 형태로 구현되는데, 다운로드 & 플레이 서비스는 데이터파일 전체를 전송한 후에 이를 재생하는 방식으로서 파일 크기가 크면 많은 시간을 요구하는 단점이 존재한다. 스트리밍 서비스는 RealMedia 파일 포맷은 RealServer가 필요하며, NT기반에서는 Windows Media Services를 사용할 수 있다.

2. 정보검색기술

1) 월드와이드웹(WWW)

'World Wide Web'의 약어로서 스위스의 CERN (The European Laboratory for Particle Phisics)이라는 연구소에서 개발된 정보 서비스 기술이다. 'WWW'이란 말은 거미줄 (Web)이라는 의미를 담고 있는데, 하이퍼링크 (Hyperlink) 기능에 의해 서로 연관된 정보를 직접적으로 연결해줌으로써 관련 정보를 쉽고 빠르게 찾아볼 수 있는 정보표현 방법이다. 그리고 이렇게 연관된 정보는 또다시 다른 정보들과 하이퍼링크에 의해 연결되어 있기 때문에 하나의 정보가 여러 개의 다른 정보들과 거미줄 같이 복잡하게 연결된다.

'WWW'은 텍스트 (Text)로 표현된 정보뿐만 아니라 그림, 음성, 오디오, 동화상 등 다양한 데이터를 하나의 문서 형태로 나타내는데 이를 하이퍼텍스트 (hypertext)라 하고, 기본적인 형태는 일반 텍스트 형태와 같으나 하이퍼링크를 이용해 특정 단어에 대한 정보를 서로 연결해 놓음으로써 다른 문서를 계속 불러올 수 있게 해준다. 문서뿐만 아니라 음성, 화상, 이미지 등과 같은 다른 미디어의 연결도 함께 실행함으로써 마우스를 이용한 클릭만으로 해당 미디어를 화면에 표시하여 볼 수 있게 하는데 이를 하이퍼미디어 (hypermedia)라고 한다.

2) 고퍼(Gopher)

고퍼 (Gopher)란 정보를 주제별 또는 종류별로 구분된 디렉토리 구조로 검색하도록 지원함으로써 인터넷에 익숙하지 않은 사람들도 쉽게 자료를 찾을 수 있도록 만들어준다. Gopher는 기본적으로 텍스트 문서를 보여주며 메뉴 방식의 정보 검색을 지원하기 때문에 다른 인터넷 서비스 보다 쉽게 이용할 수 있다는 장점을 가지고 있다.

미국의 미네소타 대학에서는 학교 내 발생하는 정보를 전달하기 위해 개발한 기술로써 웹기술이 개발되어 보급되기 이전에 인터넷에서 가장 널리 사용되던 정보검색 기술이다. 현재는 웹 기술에 밀려 뒷전으로 밀려난 형편이지만, Gopher는 웹기술의 기본 개념을 유도해냈다는 평가를 받고 있다. Gopher가 가진 단점으로는 사용자가 원하는 메뉴를 찾기가 어렵다는 것인데, 이러한 점을 보완하기 위해 고안한 것이 Veronica (베로니카)이다. Veronica는 사용자가 이용할 수 있는 서비스에 대한 데이터베이스를 가지고 있어 추적 가능한 모든 고퍼 메뉴를 검색할 수 있다.

3) 아키 (Archie)

아키란 인터넷에는 무수히 많은 파일들이 있으며, 이러한 파일들 중에서 원하는 파일이 어떤 FTP서버가 있는지 찾아 낼 수 있도록 도와준다. Archie는 자체적인 데이터베이스를 가지고 있으며, 이를 이용하여 FTP 서버를 찾아낸다.

Archie가 파일이나 디렉토리를 검색하는 데는 어떤 한계가 있는데, 이는 앞서 말한 Archie의 데이터베이스 내에 있는 파일들이 Anonymous FTP서버 내의 파일로 한정되어 있기 때문이다. 그러므로 Anonymous FTP서버가 아닌 FTP서버들 안에 들어 있는 파일에 대한 정보는 얻을 수 없다.

4) 웨이즈 (WAIS)

웨이즈란 'Wide Area Information Server'의 약자로 Archie와 같이 인터넷에서 정보를 검색하기 위한 서비스로 WAIS를 이용하면 인터넷에 들어있는 여러 가지 데이터베이스를 검색할 수 있으며, 구체적으로는 특정 단어를 포함하고 있는 인터넷 자료들을 찾아주는 역할을 한다.

WAIS는 인터넷에 들어있는 수많은 정보들을 통합된 하나의 데이터베이스처럼 만들어 정보를 검색할 수 있게 해주므로 상당히 손쉽게 정보를 검색 할 수 있을 것으로 생각될 수 있으나 실제로는 그렇게 쉽지가 않다. 즉, 원하는 정보의 위치를 대략적으로나마 알아야 한다는 것이다. WAIS는 데이터베이스의 표준 언어를 좀 더 단순화시킨 SQL (Structured Query Language ; 구조화된 질의어)을 받아들여 검색하는데, 검색요청을 받으면 그 단어가 들어 있는 데이터들에 대해 각각의 점수를 매기고 결과를 출력할 때에는 점수가 높은 순으로 나타낸다. 이 때 점수가 높으면 높을수록 찾고자 하는 정보와 관련이 깊다는 것을 알 수 있다. 따라서 짧은 시간일지라도 편리하고 신속하게 많은 양의 자료를 검색할 수 있다는 편리함을 지니고 있다.

3. 정보처리기술

1) HTML

'Hyper Text Markup Language'의 약어로써, 일반문서와는 기능이 다른 Hypertext를 만들 수 있도록 도와주는데, 웹에서는 이를 HTML 문서라고 부른다. HTML 문서는 태그 (Tag)들과 문자열로 이루어진다.

HTML의 기본 요소는 다름 아닌 태그라고 할 수 있으며, HTML의 모든 명령어는 많은 종류의 태그로 이루어져 있다. HTML 태그들은 〈...〉와 〈/...〉의 쌍을 이루는데, 우리가 흔히 사용하는 괄호 기호와 마찬가지로 시작과 끝의 형식으로 이루어져 있다. 주의할 점은 끝나는 태그 앞에는 반드시 "/" 부호를 달아주어야 한다는 것이다. 이렇게 문장의 앞뒤에 들어

간 태그는 HTML 문서상에서 문자의 크기를 지정해 주거나 문자를 깜박거리게 하는 등의 역할을 한다. HTML이 작동하는 원리는 기본적으로 클라이언트/서버(Client/Server)관계를 이용하며 구체적으로는 인터넷과 연결되어 있는 PC의 웹브라우저에 찾고자하는 파일이 있는 주소를 입력하고 이를 서버에 요청하면 브라우저는 전송받은 HTML 태그들을 해석하여 데이터를 그래픽과 함께 브라우저를 통해 보여주게 되는 것이다.

2) 공통 게이트웨이 인터페이스(CGI)

CGI는 'Common Gateway Interface'의 약자로 사용자와 웹 서버 사이에 상호 대화적인 기능을 가능하게 해주는 것으로 자료의 검색이나 주식 시세의 확인과 같은 역할을 한다.

CGI는 홈페이지에 방문객들을 위한 방명록이나 게시판 등을 만들려고 할 때, 웹에서 구현하는 HTML만으로는 이러한 기능을 제공할 수 없다. 그래서 이러한 기능을 지원해 줄 수 있는 외부 프로그램이 필요한데, 이 때 외부 프로그램과 웹서버 간에 서로 정보를 주고 받을 수 있는 규약을 CGI라고 하고, 그 때 사용하는 프로그램을 흔히 CGI 프로그램(또는 CGI 스크립트)이라고 한다. 이 CGI 프로그램은 통상적으로 C/C++ 나 PERL 혹은 UNIX Shell, Tcl/Tk 등을 사용하여 구현한다. 홈페이지를 상호 대화식(Interative)으로 만들 수 있는 CGI 프로그램의 종류는 매우 다양한데, 방문객 카운터나 방명록뿐만 아니라 웹 게시판, 웹 대화방, 검색 엔진, 다양한 배너 보여주기, 업로드가 가능한 자료실, 폼을 이용하여 메일을 띄우는 폼메일(Form Mail)등 이루 헤아릴 수 없이 많다.

CGI를 사용하면 다음과 같은 장점과 단점이 있다. 이와 같은 장점은 다음과 같다.

첫째, 독립적인 플랫폼을 가질 수 있다는 것이다. 위에서 말한바와 같이 CGI는 웹서버에서 실행되는데, 거의 대부분의 웹서버들은 CGI를 지원하고 있다.

둘째, 언어에 대한 독립성을 가지고 있다는 것이다. CGI 자체는 프로그램 언어가 아니며, CGI를 구현하기 위해 특별히 사용되는 프로그램 언어가 있다. Perl, C, C++, 비주얼베이직 등을 들 수 있으며, 이러한 프로그램 언어와는 독립적이다.

셋째, 확장성이 있다는 것이다. CGI 인터페이스 자체가 단순한 구조로 되어 있어 상당한 확장성을 지닌다. 여론조사 내용을 특정 전자우편 주소로 보내는 것과 같이 간단한 것으로부터 시작해서, 여러 개의 데이터베이스에 연결되어 있는 온라인 쇼핑몰과 같이 복잡한 것에 이르기까지 모두 CGI를 사용해서 어플리케이션을 구축할 수 있는 것이다.

단점으로는 CGI는 보안에 있어 많은 문제점을 나타내고 있다. 그 이유는 약간의 인터넷 지식만 있는 사람이라면 누구나 CGI 소스코드를 볼 수 있으며, 또한 접속속도 측면에서 보았을 때, 다수 사용자의 접속이 이루어질 때에는 CGI의 실행이 매우 불안해지며 속도도 현저히 떨어진다. 그 이유는 클라이언트가 요청할 때마다 서버에서는 각각의 CGI 실행에 대해 새로 메모리를 할당하여 사용하기 때문이다.

3) ASP(Active Server Page)

ASP는 1995년 말에 처음으로 선보인 IIS(Internet Information Server)의 세 번째 버전이다. ASP는 마이크로소프트 인터넷 인포메이션 서버의 주요 개발 도구로 널리 사용되어 왔다. NT와 함께 설치된다는 장점 때문에 윈도우 프로그래밍(Visual Basic)을 많이 해본 이들에게는 배우기 쉽다는 이유 때문에 많이 사용되어 왔지만, 윈도우 운영체제에서만 사용 가능하다는 치명적인 단점도 갖고 있다.

기존의 유닉스에서 NT로 운영 체제를 전환하려는 대부분의 회사가 IIS를 웹서버로 채택하고 또 협력업체의 도움으로 IIS는 웹서버 시장에서 무시하지 못할 만큼 위치를 차지하게 되었다. ASP를 사용하면 다음과 같은 장점과 단점이 있다. 장점은 다음과 같다.

첫째, 보안성이 뛰어나다는 것이다. ASP는 기존의 HTML이나 CGI로 작성된 웹페이지처럼 방문하는 사람들에게 소스코드를 공개하지 않게 되므로 보안에 있어 매우 뛰어나다.

둘째, 신속한 처리속도를 들 수 있다. ASP는 기존의 다른 웹프로그래밍 언어와 달리 서버측 스크립팅 언어로 처리속도가 뛰어나다. 즉, 기존의 CGI는 클라이언트측 스크립팅언어이라서 사용자의 접속이 많아지면 속도가 현저히 떨어졌지만 ASP는 서버에서 실행되어 결과만 클라이언트로 출력하기 때문에 속도가 빠르다.

ASP의 단점으로 지적되는 것이 플랫폼의 제한성이다. ASP는 마이크로소프트사에서 만든 것이라 Windows 계열의 운영체제와 MS사에서 발표한 웹 서버인 PWS(Personal Web Server)와 IIS(Internet Information Server)등에서만 운용이 가능하다는 단점이 있다.

4) 자바(JAVA)

자바는 가전제품에 들어갈 소프트웨어를 만들기 위해 탄생하였으며, 자바를 개발한 사람은 SUN 마이크로시스템즈사의 제임즈 고슬링(James Gosling)이다.

자바는 한 마디로 말해서 C나 C++와 같은 컴퓨터 프로그래밍 언어로 일종의 응용 프로그램을 작성하는 도구이며, 기존의 프로그래밍 언어로 작성한 응용 프로그램과는 그 사용법과 수행 환경에 많은 차이가 난다.

지금까지의 프로그래밍 언어들이 주로 자신의 PC에서 프로그램을 만들고 수행시키는

데 주안점을 둔 것에 반해, 자바는 현재 전세계 사람들의 초미의 관심사인 인터넷을 환경으로 프로그램을 만들고 수행시킬 수 있는 응용 프로그램을 만드는 언어라는 점에서 강한 점수를 받고 있다. 물론 기존 프로그래밍 언어의 특성도 모두 간직하고 있다.

자바는 이제 컴퓨터를 이용하는 대부분의 현장에서 그 능력을 발휘하고 있으며, 자바가 활용되는 분야는 다양하다. 자바가 활용되는 분야는 다음과 같다.

첫째, 금융, 사무 자동화, 인트라넷 분야이다. 금융, 사무 자동화와 같은 실시간 환경 내지는 워크플로우 기능이 요구되는 환경에서 자바의 활용이 가능하다.

둘째, 오락 및 게임분야에서 활용되고 있다. 자바의 특징 중 하나는 웹상에서 여러 사용자가 Interactive Game을 즐길 수 있다는 점이다.

셋째, 홈쇼핑, 광고 분야에서 활용되고 있다. 자바의 애니메이션 기능은 기존의 웹을 이용한 광고, 홈쇼핑 등에 적용되어 크게 각광받을 수 있고 상호 대화형 쇼핑, Live Auction 등이 가능하다.

넷째, MIS분야에서 인정을 받고 있다. 자바 환경은 MIS 분야에 적용되어 군사 응용 프로그램, 네트워크 DB Access 프로그램에 활용될 수 있다.

다섯째, 교육 분야에서도 활용되고 있다. 자바의 활용 분야는 가장 가깝게는 교육 분야에서 볼 수 있으며, 이를 통해 원격 교육, 세미나, 실시간 공동작업 등이 가능하다.

4. 네트워크기술

1) 근거리통신망 (LAN)

'Local Area Network'의 약어로서 일정한 지역 내에 설치된 각종 컴퓨터 및 주변 기기들 사이의 통신을 위해 설치되는 컴퓨터 네트워크를 말한다.

각각의 PC는 개별적으로 구성하여 사용할 수 있고 사용자의 의도에 따른 재배치가 자유로우며, 고속통신을 할 수 있다.

LAN은 여러 대의 PC와 주변장치가 전용의 통신회선을 통하여 연결되어 있으며, 그 규모가 한 사무실, 한 건물, 한 학교 등과 같이 비교적 가까운 지역에 한정되어 있는 것을 말한다.

고가의 주변기기들을 연결하여 공유할 수 있으며, 여러 종류의 컴퓨터들을 자유롭게 접속할 수 있다는 장점이 있다. 또한 고가의 소프트웨어들을 사용자들마다 따로 구입할 필요가 없으며, 각종 데이터베이스와 정보의 공유를 통해 효율적인 정보관리가 가능하고 팀 단위의 업무를 체계화할 수 있다. 이러한 LAN의 응용 분야로는 사무자동화, 공장자동화, 교육에의 응용, 인트라넷으로의 확장 등을 들 수 있을 것이다.

2) 광대역통신망 (MAN)

'Metropolitan Area Network'의 약어로서 보통 50㎞ 이내의 거리에 있는 관공서나 기관 등을 연결시키는 중거리 통신망에 해당하는데, 근거리통신망 (LAN)과 원거리 통신망 (WAN)의 중간적인 형태이다.

MAN은 주로 광케이블을 이용하여 네트워크를 구축하기 때문에 고속의 통신이 가능하며, 근거리 통신망이 가지고 있는 특징과 장점을 최대한 살려서 이를 대도시 지역으로 확장시킨 것으로 볼 수 있다. 특히 학교, 소방서, 경찰서, 병원, 기타 관공서 등을 연결하여 동영상 등의 멀티미디어 정보를 고속으로 전달하는데 쓰이고 있다. 일반적으로 45Mbps ~ 622Mbps 정도의 전송속도를 가지며, LAN간 접속을 통한 데이터 통신, 멀티미디어 네트워크, CATV (Cable Television) 네트워크를 서비스 대상으로 한다.

3) 원거리통신망(WAN)

'Wide Area Network'의 약어로써, 국가 단위의 네트워크나 국제적인 네트워크 등이 있으며, 넓은 지역에 분산되어 있는 수많은 컴퓨터들이 서로 데이터를 교환하기 위한 통신망이다. WAN은 원거리 통신망에서 사용하는 통신채널은 개인적으로 소유하여 사용할 수도 있으나, 막대한 자금이 소요되기 때문에 주로 한국통신이나 데이콤과 같은 공중통신업자가 소유한 네트워크를 이용한다. WAN에서 이용되는 기술은 데이터 통신에 있어 네트워킹의 기본이 되는 기술로서 지속적인 발전을 거듭해 왔다. 특히 데이터 교환기술을 중심으로 WAN을 살펴보면 패킷교환기술, 프레임 릴레이 교환기술, ATM 교환기술 등으로 크게 분류할 수 있다.

인터넷, 공중통신망, 행정망, 금융망, 무역망, 교육 및 연구망, 종합물류망, 초고속정보통신망 등이 이에 속한다.

4) 부가가통신망 (VAN)

'Value Added Network'의 약어로써, 명확한 정의가 없으며, 일반적으로 통신회선을 소유 또는 임대받아 통신망을 확보하고 컴퓨터와 통신장비 등을 이용하여 데이터 전송 이상의 부가가치 정보를 제공하는 다양한 서비스 집합이다.

VAN은 교육, 국방, 치안, 금융, 보험, 무역, 유통에 이르기까지 기술의 적용과 이용이 가능하며 매우 자유롭게 네트워크를 이용할 수 있게 해주기 때문에, 각종 정보의 교환과 축적 기능을 통하여 경제활동에 기여하게 된다. VAN은 기본적으로 정보를 전송하고 교환할 수 있도록 할 뿐만 아니라 이용자가 보낸 메시지를 축적하여 보관하고 정해진 시간에 전송하며, 정보를 목적에 맞게 가공·처리하는 기능들을 부가적으로 제공하게 된다.

5) VBM시뮬레이션

VBM시뮬레이션은 정해진 Value Driver를 주요변수로 정의하고 이를 기반으로 시뮬레이션을 수행한다. 또한 전략이 반영된 가치개선 시나리오를 통해 What-If분석을 수행하고 이에 대한 가치동인지표간 원인분석정보를 제공한다.

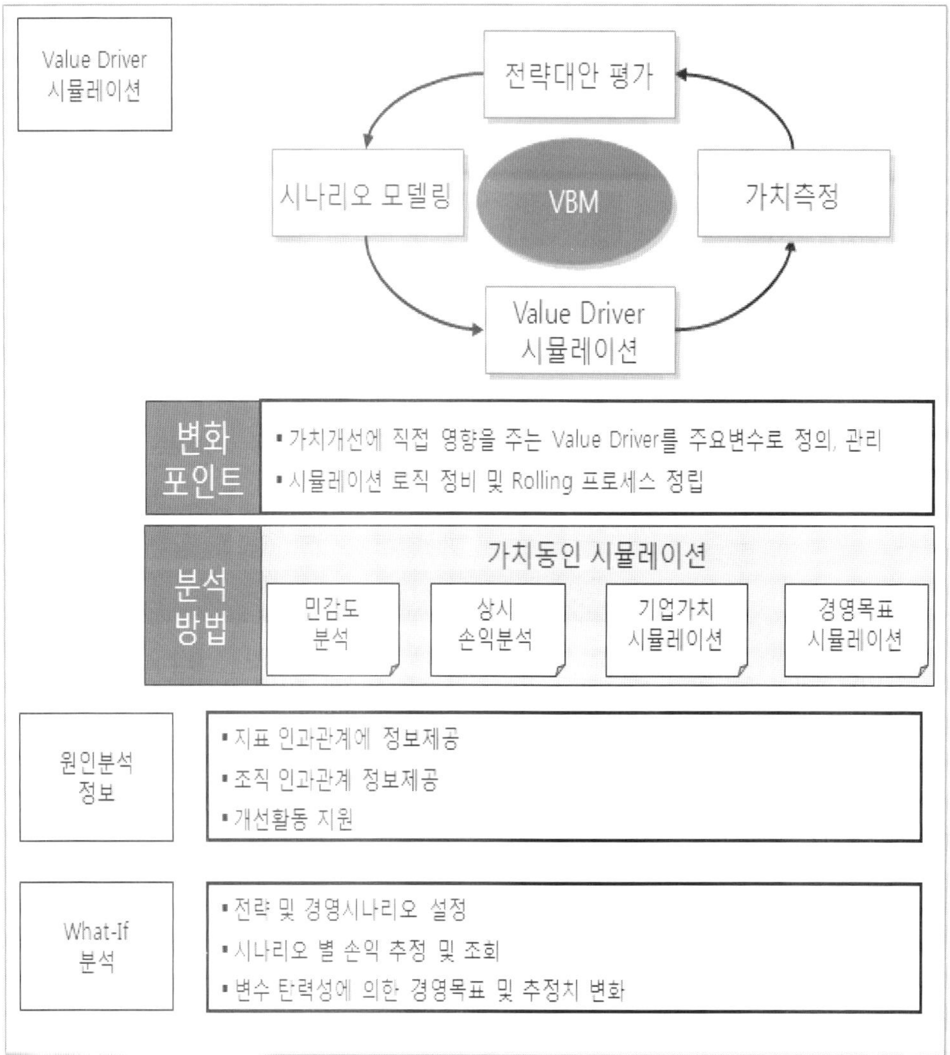

[그림 7-8] VBM 시뮬레이션

<table>
<tr><th>구현 예시</th><th>설 명</th></tr>
<tr><td>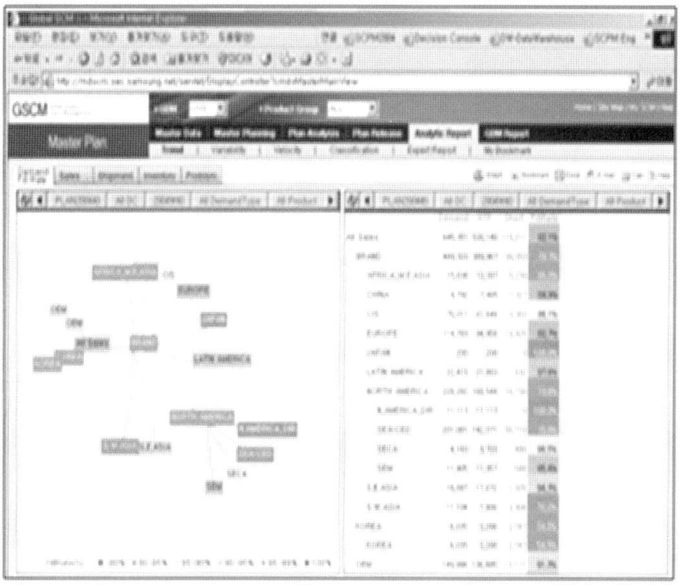

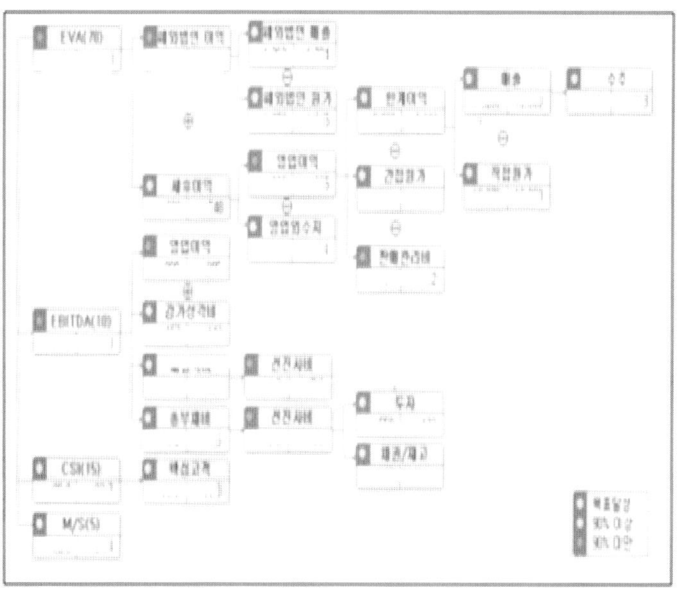
</td><td>VDT관리
▪ Value Driver Tree등록 및 재무성과지표 등록
▪ VDT의 성과정보 제공
▪ 조직별, 사업별 VDT구성</td></tr>
</table>

[그림 7-9] VDT구현 화면

제3절 경영비율분석 지표

1. 관리회계 정보시스템 구축

1) 관리회계정보

관리회계정보는 경영자의 주요의사결정에 대한 정보를 제공하여 준다. 경영자가 제한된 경영자원의 배분과 투입에 대한 의사결정에 있어 여러 가지 대안 중에서 가장 효율적인 선택과 실행이 되도록 정확한 판단을 도울 수 있는 재무적, 비 재무적 정보를 제공한다.

또한, 일상적인 경영활동의 계획수립과 성과관리 및 통제하는데 필요한 각종 회계정보를 제공하는 역할을 한다. 경영활동 계획수립은 기업의 목표를 설정하고 목표달성을 위한 대안과 예측 그리고 목표달성 방법을 선택 할 수 있도록 정보를 제공한다. 예산수립과 원가계산 정보는 제품 또는 서비스원가를 산출하며, 조직의 예산관리, 경영활동의 통제, 성과평가에 활용된다.

관리회계정보는 경영자로 하여금 과거의 성과를 검토하여 미래의 성과 향상을 위한 방안을 체계적으로 수립할 수 있는 역할을 한다. 기업의 목표 변화와 의사결정대안을 확인하는 방법의 변화, 수집정보범위의 변화를 포함한 다양한 변화를 유도하기도 한다. 이와 같은 관리 회계정보시스템의 솔루션 구성도는 다음과 같다.

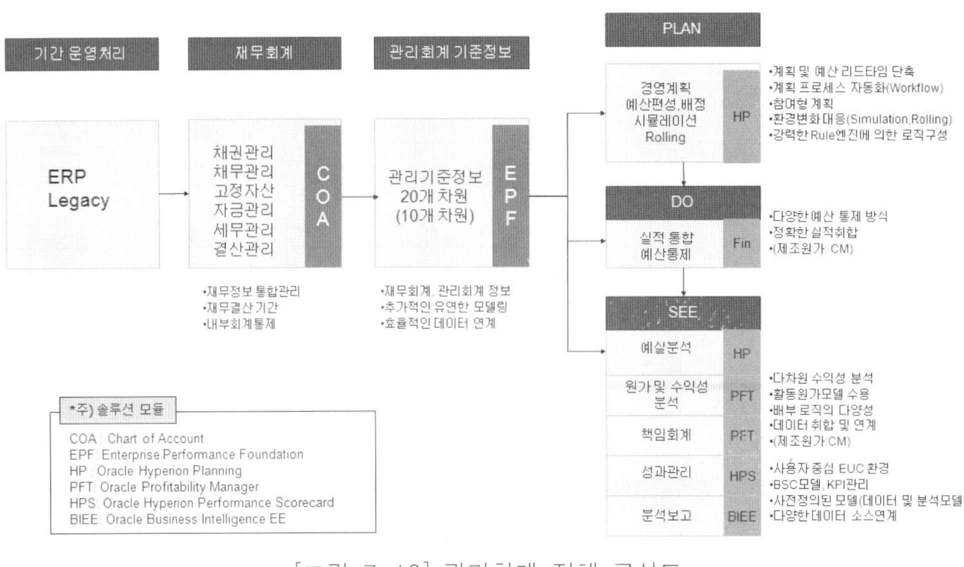

[그림 7-10] 관리회계 전체 구상도

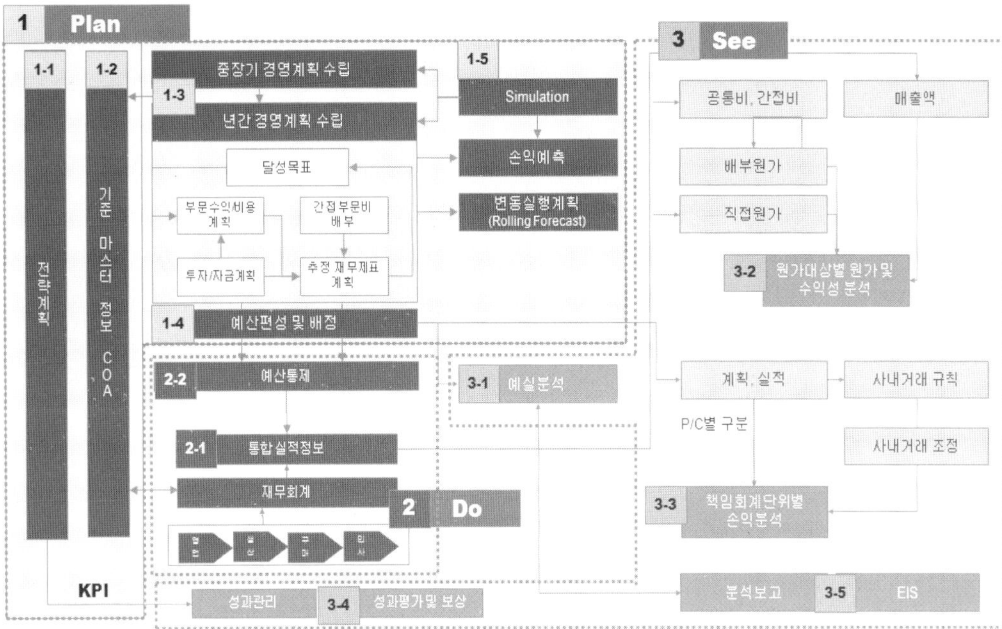

[그림 7-11] 관리회계 솔루션 구성

〈표 7-1〉 전략계획 솔루션 구성

과업명	정의	입력물	산출물
전략기회파악	시장, 경쟁사, 이해관계자 및 외부변화 동인 등 내.외부 환경을 분석하고, SWOT 분석을 위한 요소 취합 및 평가를 하는 Task	산업환경 분석, 내부역량분석	SWOT분석 결과
전략대안 제시 및 평가	SWOT 전략대안 도출 및 전략에 따른 성장목표나 사업영역 및 사업 추진방향을 제시하고 평가하여 주요 성공요인(CSF)을 결정하는 Task	SWOT분석 결과	전략방향 및 목표
전략체계도 작성	현행 경영목표를 검토하고 전략을 수정 보완하여 구체화한 후 전략을 조직별로 Cascading하는 Task	전략방향 및 목표	전략체계도 전략목표
경영목표 수립	매출/원가/투자/비용/자금/인력/영업외 기타 계획을 전사전략에 부합하게 각 부문별로 세부 실행 전략을 수립하는 Task	손익, 자금, 인력 수급, 신사업계획	중기경영목표
사업계획/성과관리 Guideline 제시	사업계획/성과관리의 Guideline(각 부문별 전략방향 및 목표치)을 작성 배포하는 Task	중기경영목표	상세 Guideline

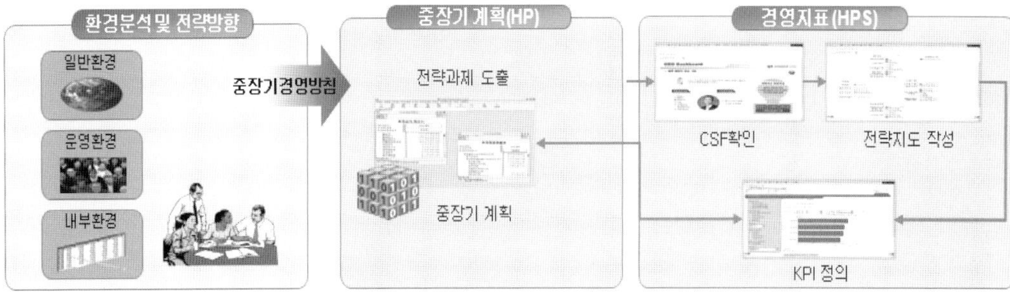

[그림 7-12] 전략계획 솔루션 방향

2) 기준정보 통합

기존 시스템에서는 계정코드가 담고 있는 정보의 한계성으로 인해 관리회계가 필요로 하는 분석 데이터를 기간시스템으로부터 별도로 가져올 수 밖에 없었으나, 관리회계정보 시스템은 각종 경영재무 정보를 통합된 단일코드로 관리함으로써 효율적인 재무분석이 가능하다.

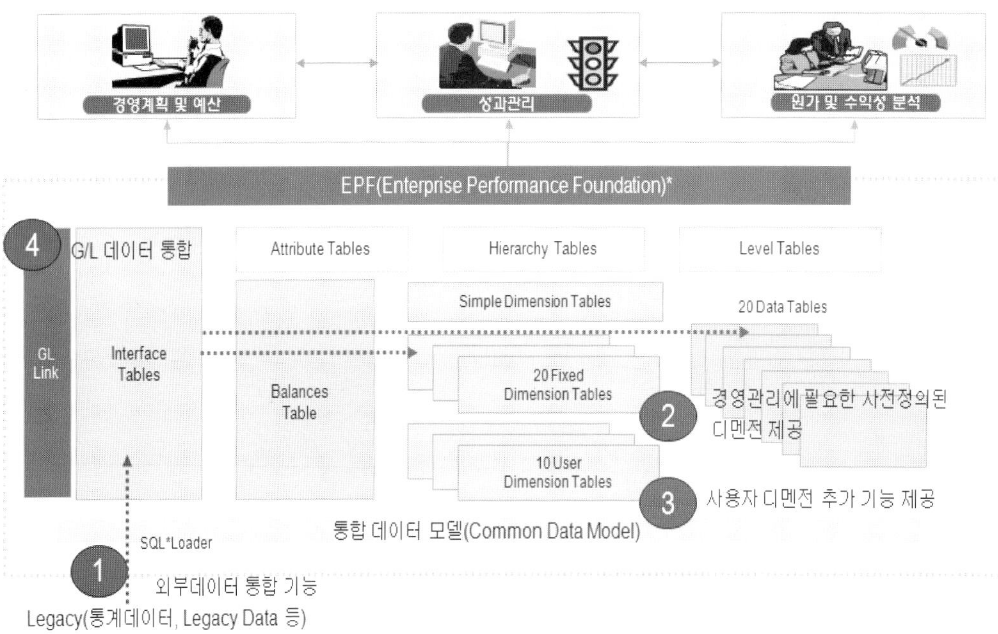

[그림 7-13] 기준정보 통합 솔루션

2. 재무위험관리

1) 재무위험관리 정보시스템 개요

재무위험관리 시스템의 추진방향은 기업 경영 목표 달성 및 존립에 영향을 미칠 수 있는 전반적인 재무분야 위험을 체계적으로 관리할 수 있도록 재무조기경보 등을 통한 신속한 의사결정을 지원하고 위험의 인식, 측정, 통제 등의 위험관리 프로세스를 정립한다. 또한 체계적이고 종합적인 재무 위험 관리를 지원하고 통화 별, 금리 별, 장단기 부채 구조를 통합적으로 분석하여 최적의 구조를 도출함으로써 재무 건전성 및 수익성 향상을 통한 기업 가치를 제고시키고 전사적인 위험 한도설정 등 전략적 목표와 연계된 위험 관리를 지원하며 재무의사 결정을 위한 다양한 위험 분석 Tool(시뮬레이션, 시나리오 등)을 제공한다.

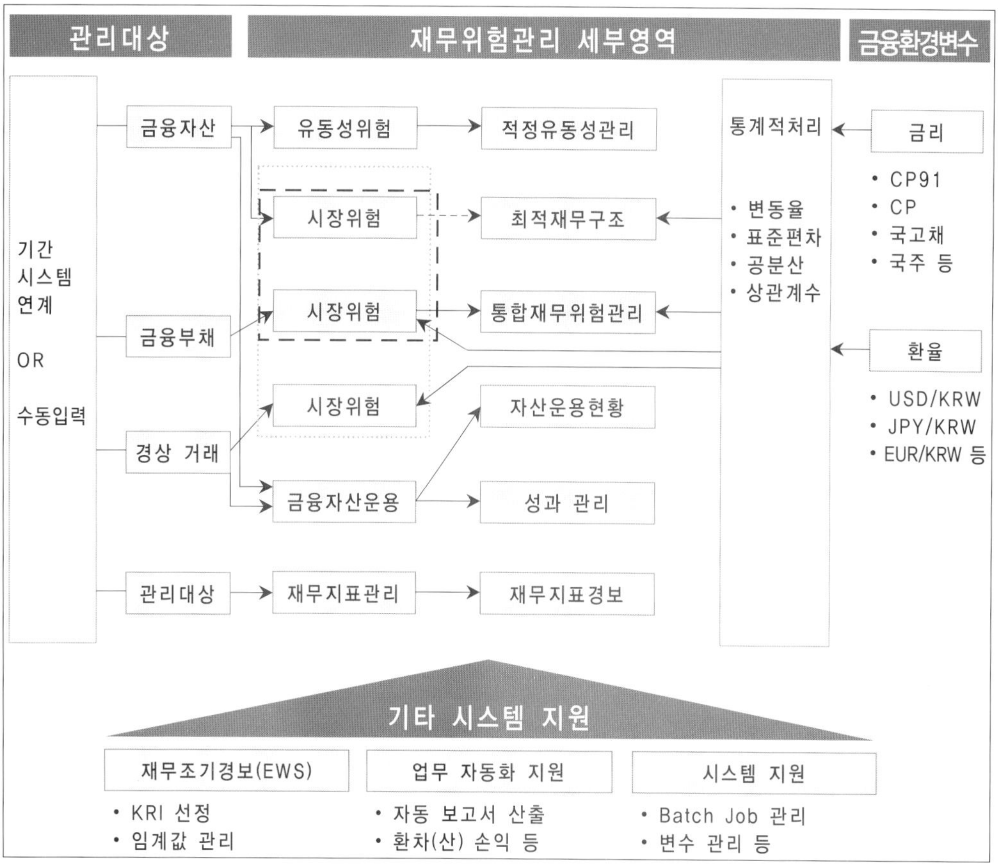

[그림 7-14] 재무위험관리 시스템 구성도

2) 재무위험관리 기능구조

재무위험관리 시스템은 시장정보 분석, 재무거래분석, 위험측정통제, 최적재무구조분석, 적정유동성관리, 재무지표조기경보로 구성된다.

재무위험관리 시스템은 재무거래정보와 시장정보를 분석하여 재무위험을 측정하고, 통제하며, 최적구조분석을 통해 재무의사 결정을 지원한다. 자금수지정보를 과학적으로 분석하여 적정유동성 규모를 산정관리하며, 재무지표의 재무조기경보 시스템을 통하여 재무위험 관리 체계를 수립한다.

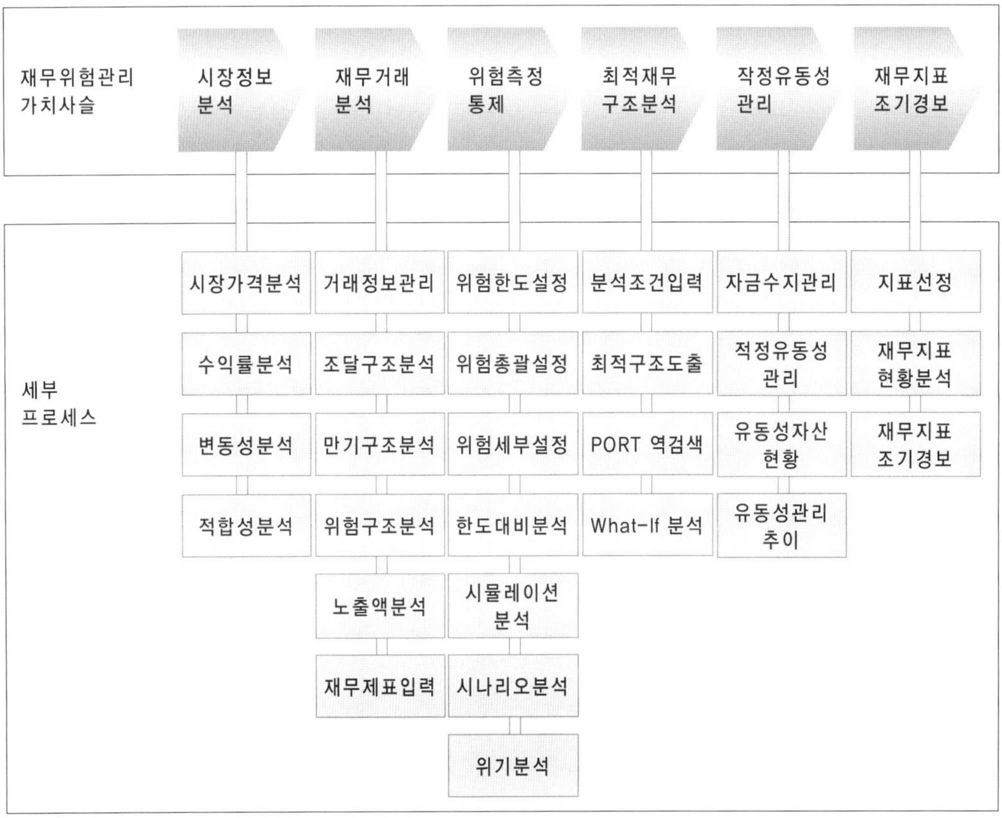

[그림 7-15] 재무위험관리 구현

연습문제

1. 정보전달 기술에 대하여 논하십시오.
2. 정보검색 기술에 대하여 논하십시오.
3. 정보처리 기술과 네트워크 구축에 대하여 논하십시오.
4. 가치흐름 구축방안에 대하여 논하십시오.
5. 경영관리 시스템에 대하여 논하십시오.

2. ERP의 역사

ERP는 어느 날 갑자기 생긴 개념이 아니다. 경영 및 정보 기술(IT) 환경의 변화에 따라 생긴 것이다. ERP는 제조업체의 핵심인 생산부문의 효율적인 자원 관리를 위한 시스템인 MRP(Material Requirement Planning : 자재소요량계획)에서 비롯되었다.

1) 1970년대 : MRP시스템

MRP I(Material Requirement Planning System)는 제품생산에서 요구되는 필요한 자재를 필요한 시기에 필요한 량만큼 필요한 장소에 공급하기 위한 자재소요계획이다. 즉, 어떤 제품을 적시에 적량을 최소의 비용으로 생산하는 것이 생산관리자의 가장 중요한 과제인데, 이것은 바로 생산능력을 시장수요 여건에 적응시키는 과제이며, 구체적으로는 생산일정계획-재고관리-자재계획을 연결하는 일련의 생산시스템이다.

2) 1980년대 : MRP Ⅱ시스템

MRP II(Manufacturing Resource Planning : 생산자원 계획)는 MRPI이 진전되어 모든 자원(재고, 자금, 설비, 자본 등)을 효율적 계획 및 통제하기 위한 방법이다. 그러나 MRPI과 MRPII 시스템은 정보기술(IT)자원이 충분히 뒷받침되어 주지 않아 만족할 만한 성과를 거두지 못하였다.

3) 1990년대 : ERP시스템

ERP(Enterprise Resource Planning)는 1990년대에 들어 글로벌 경쟁체제로 들어서면서 급변하는 경영환경과 특히 컴퓨팅 파워가 막강(H/W비용의 하락, 첨단 IT출현)해지고 시장구조가 생산자 중심에서 소비자 중심으로 전환되어 가고 있는 가운데 기업체들은 살아남기 위해서 정보기술(IT)자원을 활용한 첨단의 경영기법을 도입해야 하는 상황을 맞아 자연스럽게 ERP 시스템이 주목받게 되었다.

MRP II가 확장된 ERP 시스템은 생산뿐만 아니라 인사, 회계, 영업, 경영자 정보 등 경영관점에서 전사적인 자원의 효율적인 관리가 주목적이다.

4) 2000년대 : ERP Ⅱ시스템

2000년대 들어서면서 ERP의 확장된 개념으로서 기업의 내부 뿐만아니라 기업간, 고객간의 관계를 고려한 개념의 확장으로 SCM(Supply Chain Management : 공급사슬관리), CRM(Customer Relationship Management : 고객관리시스템)이 활발히 도입되었다.

5) 2004년도 : e-ERP시스템

2003년부터 e-biz II시대로 전화되면서 초고속인터넷의 발달과 고객중심의 경영환경의 변화와 글로벌 경영으로 경영환경의 변화에 따라 ERP도 e-biz중심의 e-ERP 시스템으로 변화되고 있다.

또한 모발이 컨텐츠의 발달에 따라 전 세계 어디서나 시스템에 접근 가능하도록 e-ERP 시스템으로 전환이 이루어지고 있다.

3. ERP시스템의 특징

1) ERP의 정보기술통합

전사적 자원계획 및 관리를 위해서는 생산과 관리를 지원하는 조직의 다양하고 방대한 데이터들에 대한 체계적인 관리를 통하여 자동화하고 이를 기반으로 하여 경영진의 의사결정지원 등 정보화가 필수적이라 할 수 있다. ERP는 이러한 정보기술의 통합에 의하여 기업경영을 활성화시키고 한정된 기업의 자원을 관리하기 위하여 조직업무의 자동화를 지원하는 각종 정보화 도구와 방법을 제공하고 있다.

2) 글로벌 대응

글로벌 경쟁시대에 있어서 기업은 다국적화하고 있다. 이에 따라 ERP는 다국어와 다국적 통화를 원활하게 지원하여줄 수 있다. 즉, 프로그램을 로그인 할 때 사용언어를 선택하여 사용할 수 있다.

현지국가의 세제나 법제도에 대응한 자료를 공급하여 줄 수 있으며, 다양한 통화에 대한 환율계산으로 현지통화로 환산 기록된다. 국제회계기준(IAS)에 대응한 계정과목 및 연결재무제표 손익계산서 작성이 가능하다.

3) 기업의 전체 경영관리 지원

ERP는 기업의 통합정보시스템으로서 생산 및 관리 전 분야에 걸쳐 모든 경영관리에 대한 지원이 가능하며, 이는 ERP가 기업의 정보시스템 기반구조로서의 역할을 하여 모든 경영활동의 지원수단으로 활용되기 때문이다.

4) 경영환경 변화에 대응

기업의 경영환경은 내부적으로는 제도나 규정의 변경, 외부적으로는 전 세계적으로 개방화의 요구가 거세지고 기업에 대한 고객 요구사항의 다양화 등으로 인하여 이러한 변화의 요청에 신속하게 대응하고 그에 맞는 정보시스템의 적응이 필수적인데 ERP는 이러한 기업 내부 및 외부의 경영환경 변화에 대처할 수 있는 적절한 대응체계를 갖추고 있다.

5) 새로운 정보기술의 수용

ERP는 정보기술의 복합체로서 조직 전반에 걸친 정보화를 통한 자원의 효율적인 관리를 지향하고 있는데 이러한 정보기술의 눈부신 발전은 산업 전반에 걸친 새로운 정보기술의 적용을 끊임없이 요청하고 있다. 최근 들어 전자상거래 환경은 기업의 거래형태를 혁신적으로 변화시키고 있고, 점점 복잡해지고 있는 경영환경은 그에 맞는 적절한 의사결정을 요청하고 있는 등 기업의 정보시스템이 경영을 효율적으로 지원하기 위해서는 끊임없는 신기술의 적용으로 가능해지기 때문에 ERP도 이러한 정보기술의 변화 추세에 맞추어 적절하게 대응할 수 있다.

6) 기업의 환경변화에 따른 리엔지니어링 지원

ERP는 비즈니스 프로세스 모델을 이용하여 기업의 비즈니스 프로세스 리엔지니어링 실현이 가능하다.

7) 선진 경영관리 체계 도입

선진 경영관리 체제의 베스트 프랙티스(Best Practice)구현을 통해 경영진의 전략적 의사결정 정보를 제공하고 중간관리자 및 현업 실무자는 다양한 정보 분석 및 부가가치 활동에 집중할 수 있는 경영관리 효율화 시스템을 구축할 수 있다.

4. ERP시스템 구축

1) 회계관리

회계관리시스템은 미시적으로는 사내에서 발생하는 거래 및 일반경비를 집계하여 자산, 부채, 자본 등 재무상태의 관리에서부터 거시적으로는 각종 장부를 통하여 경영성과 파악 및 신규 의사결정을 하기 위한 경영자 의사결정 시스템의 기초 자료로 활용하는 기반을 조성한다.

〈표 8-1〉 회계 시스템 구성

주요기능		
결산관리	결산서 시뮬레이션	결산 전표를 분개하기 전 기준년월 시점의 손익계산서 및 제조원가명세서를 알 수 있다. 시뮬레이션 결과 데이터는 저장이 되므로 추후에 계속 조회가 가능하다.
	결산 시간의 획기적인 단축	기간손익에 대한 결산조정은 기 입력 된 원천정보를 근거로 계산해서 자동전표를 생성해 주며, 각종 계정별 거래처별잔액 및 시산잔액은 자동 이월되므로 결산에 소요되는 시간을 단축시켜준다.
	신속한 재무정보의 제공	각종재무제표(시산표, 대차대조표, 손익계산서, 현금흐름표, 제조 원가명세서등)는 사용자가 원하는 기간별로 실시간 조회가 가능하므로, 의사결정자에게 적시에 유용한 정보를 제공한다.
자동기표 관리	급여/상여 자동기표	급여지급대장에 의하여 급여를 지급한 자료를 근거로 자동으로 분개하여 총계정원장과 보조부에 기장함으로써 업무의 효율은 물론 기장상의 오류를 방지할 수 있다. 급여 구분에 따라서 전체 혹은 부서별로 자동기표처리를 할 수 있다.
	매출/매출자동기표	재고자산을 매출하면 수불관리를 담당하는 부서에서 세금계산서를 발행하고 이를 출고 등록을 하는데 출고 등록된 재고자산에 관한 정보를 회계부서에서 일괄자동기표를 해서 주요부와 보조부에 기장하게 된다. 계산서일자 범위로 매출유형 및 거래처에 따른 자동기표를 처리를 할 수 있다.
	기타 자동기표	모든 거래는 분류별, 유형별로 구분하여 각 회사의 계정과목체계에 따라 회계자동기표내용을 설정하게 되어 있어 원하는 형태의 회계처리를 쉽게 설정할 수 있다.
본지점 관리	본지점 전표처리	본지점 전표일 경우 상계 처리되는 전표를 자동전표로 처리할 수 있다. 본지점 전표와 본지점 상계처리된 내역을 조회 및 수정하는 화면이다.
부가세 관리	간편한 부가세 신고 내역 조정	재화나 용역의 거래에 따라 발행하거나 받은 세금계산서에 기재된 자료를 등록한 다음 이를 기초로 자동기표하고 부가가치세신고 납부 시에 이를 집계하여 신고하게 된다. 따라서 세금계산서의 필수적 기재사항 중 누락되거나 잘못 입력한 자료가 있을 경우 기업은 가산세를 부담하는 불이익을 받게 되는데, 이와 같은 불이익을 방지하기 위해서 누락되거나 잘못 입력한 자료를 쉽게 조회하고 수정할 수 있다.
	부가세 신고 자료 생성	계산서일자 범위로 사업장별 혹은 총괄로 부가세 신고 자료를 생성할 수 있다.
법인세 관리	다양한 법인세 신고양식 제공	법인세 신고를 위해 필요한 양식을 제공한다. 신고하고자 하는 양식을 선택하여 더블클릭하여 작성할 수 있다.

2) 인사관리

인사/급여 관리시스템은 인적 자원의 효율적 관리를 통한 가치 창출을 궁극적인 목표로 개발되었으며, 인재의 채용에서 퇴직까지의 전 과정을 체계적으로 관리함으로써 조직의 시너지를 극대화 할 수 있도록 지원하는 시스템이다.

〈표 8-2〉 인사 시스템 구성

주요기능		
기준정보 관리	인적자원관리 시스템의 기준정보 설정	인적자원관리의 기준정보관리 부분은 조직등록/변경관리 및 급여계산 및 상여계산, 년월 차수당 계산, 연말정산에서 금액계산 작업을 위해 필요한 기준코드와 근태 및 급여관리에서 필요한 관리코드를 설정하는 부분으로 업무의 효율성을 높이고자 기준정보를 따로 모아놓았다.
	같은 페이지에서 인적자원관리의 기준정보를 셋팅	기준정보를 등록/수정하기 위해 여러 페이지를 오픈하지 않고 같은 페이지에서 관리할 수 있으므로 업무의 효율을 높일 수 있다.
	손쉬운 급여 계산식 등록	계산기를 두드리듯 손쉽게 급여계산식을 등록/관리를 할 수 있다. 제도 변경 등에 따른 급여 항목의 추가 및 계산 기준의 변경시, 사용자 수준에서 계산 적용 식을 쉽게 변경/추가할 수 있다.
인사관리	기업에서 요구되는 인사자료를 관리	기본인적사항, 인사발령사항, 학력사항, 자격면허, 출장관리, 승진/이동관리 등 인사자료를 관리할 수 있다.
	근태를 활용하여 급여계산에 반영	사원들이 일일 발생하는 근태 및 시간외근로를 관리하여 급여계산이나 년월차 계산의 기초자료 등으로 활용할 수 있는 근태관리 및 재직 등의 각종 증명서 출력을 할 수 있다.
채용관리	구체적인 결원정보 및 해당부서의 충원요청에 근거한 채용 공지	채용 프로세스는 인적자원에 관한 현재와 미래의 수요를 인사관리 분석자를 통해 분석, 예측하고 이 수요를 충족하기 위해 인적자원을 확보 과정이다. 이제까지는 구체적이지 못했던 결원정보 및 해당부서로부터의 충원요청으로 어느 조직에서 어떤 일을 할 것이며, 어떤 역량이 필요한 인력을 모집하는지 구체화하여 채용공지를 함으로써 보다 적합한 인재를 적시에 채용할 수 있다.
평가관리	피평가자의 업적/역량평가와 팀평가	업적/역량 기반의 평가작업이 이루어지며, 개개인의 평가작업 및 팀 평가작업을 할 수 있다.
보상관리	효과적인 급여관리와 급여계산	보상관리는 인사기본정보 및 연계된 모듈에서 기초적 자료를 참조하며 지급항목별 내역을 개인별로 등록하여 정기/비정기에 관련 없이 효과적으로 관리할 수 있다.
	용이한 퇴직관리와 급여통제	임직원들의 퇴직시, 이에 대한 퇴직금지급 및 재직자의 퇴직금 추계액 계상 등의 퇴직관리와 기본인적사항, 인사발령사항, 학력사항, 자격면허, 출장관리, 승진/이동관리 등 인사자료를 관리할 수 있다.

복리후생 관리	사회보험관리/복리후생관리	국민연금, 건강보험, 고용보험, 산재보험의 4대 사회보험관리를 할 수 있으며, 동호회보조, 개인연금보조, 자녀교육비보조 등의 복리후생을 관리할 수 있다. 각종신고공문 및 통계기능을 제공하며 자료를 파일변환(엑셀)을 시킬 수 있다.
	규정관리	인사전반의 규정을 등록, 수정 및 출력을 할 수 있으며 셀프서비스(Web)로 구성원들이 언제, 어디서나 조회할 수 있다.
교육관리	임직원의 교육의 결과 관리	교육의 신청 및 비용 등의 정보를 관리하며 결과에 대한 자료를 관리한다.

3) 예산관리

예산은 계획을 공식화하고 성과평가의 기준이 되며 조직 내의 의사소통과 조정수단이 되어야 한다. 일반적으로 계획은 미래의 목적을 설정하고 그 목적을 달성하기 위하여 여러 가지 예산을 편성하는 것을 포함한다. 통제는 계획단계에서 설정한 목적이 달성되는가를 확인하고 또한 조직의 모든 기능들이 조직의 정책과 일치되는가를 확인하기 위해 경영자가 취하는 여러 조치들을 포함한다.

〈표 8-3〉 예산 시스템 구성

주요기능		
예산편성 관리	부서별 예산 신청/조정	전사경영계획에 따라 수립된 수권예산을 기준으로 각 부서에서 실행예산을 편성하면 총괄부서의 검토를 거쳐 예산관리부서에서 최종 승인을 하게 된다. 예산의 승인시 부적정하다고 판단되는 사항에 대해서는 반려를 하여 재 작성하도록 할 수 있다.
	다양한 예산의 관리	비용예산, 구매예산, 프로젝트예산 등 다양한 종류의 예산을 관리할 수 있다.
예산배정 관리	기간별 예산배정	비용예산의 경우 월별/분기별/연간으로 구분해서 예상을 배정할 수 있다. 이는 연초 예상했던 판매계획 대비 실적을 감안해서 예산을 배정함으로써 전사목표 관리를 가능하게 한다.
	건별 예산배정	투자예산과 같이 프로젝트성 예산의 경우에는 프로젝트가 발생할 때마다 건별로 예산을 배정함으로써 예산을 효율적으로 관리할 수 있다.
예산변경 관리	가용예산 조회	회계전표 저장 시 예산 체크를 하여 예산이 부족할 경우 저장이 불가능하다. 이 경우 가용예산을 조회하고 남은 예산의 추가 배정을 요청하거나 타 프로젝트의 가용예산 중 일부를 전용해서 사용할 수 있다.
	예산변경요청	예산의 변경은 증액, 감액, 전용의 형태로 이루어진다. 예산변경 요청내역에 대한 진행현황을 조회 할 수 있다.

예산대비 관리	다양한 형태의 예산대비	예산대비 실적을 부서별, 월별, 전표별 등 여러 기준으로 조회, 출력할 수 있다. 예산기준은 결재상신되지 않은 작성중인 전표를 포함할 것인지 여부에 따라 2가지로 구분할 수 있다.
	예산의 통제	비용예산의 경우 예산그룹 혹은 계정별로 예산통제를 설정할 수 있고, 투자예산은 투자통제번호별로 예산을 통제할 수 있다.

4) 자산관리

고정자산의 취득, 매각 ,폐기, 이동 등을 관리번호별 이력 관리, 보유/사후관리 등을 처리하며, 감가상각에 필요한 기준정보(취득가액, 내용년수, 상각유형, 상각율 등)에 대한 전반적인 정보를 관리한다. 또한 고정자산 관리를 통해 추출한 정보를 경영분석에 응용하여 새로운 설비투자를 할 때는 고정자산회전율(turn-over ratio of fixed assets)을 추정하여 그 투자가 적정한 것인가를 판단하게 된다.

〈표 8-4〉 자산관리 시스템 구성

주요기능		
기준정보 관리	다양한 상각율 및 자산의 구분관리	고정자산의 감가상각을 위한 다양한 상각율의 적용으로 국제법규를 수용한다. 자산의 형태별, 관리 구분별 등 다양한 구분관리
대장관리	자산의 취득/변경/폐기에 대한 정보관리	고정자산의 취득/변경/폐기 등의 변동 및 자본적 지출 내역, 자산대장을 편리하게 관리할 수 있다. 설비의 이력 및 정보 관리
감가상각 관리	감각상각 계산 및 결산	회계와 연동하여 감가상각의 자동계산을 지원한다.
재평가 관리	재평가의 기준 및 내역관리	자산의 재평가에 따른 기준을 설정하며 변경내역을 관리한다.
수리의뢰	수리의 의뢰 및 예방 정비 활동 지원	설비의 수리 등록/접수/현황 등을 관리 예방정비를 위한 예방일정의 등록 및 예정현황 관리
설비관리	각종 이력 관리	설비의 수리이력, 수리접수 현황 및 단위별, 부서별 수리의뢰 대장 관리 수리 자재의 현황 관리
	설비 통계 자료 제공	기간별, 부서별, 개인별 등 각종 설비 통계 자료 제공 통계 자료를 통한 적기의 예방정비 가능 및 고장의 원인 파악을 통한 고장의 최소화

5) 영업관리

영업관리 시스템의 중요 포인트는 납기준수에 있다고 볼 수 있으므로 영업사원은 자사 제품/상품의 재고현황을 쉽게 파악할 수 있어야 하며 재고관리자는 미납현황과 생산일정에 따른 입고 예정정보, 반품정보 등을 관리하면서 배송일정과 연계한 출고일자의 확정 등을 정확히 할 수 있어야 한다. 체계화된 시스템을 이용하여 필요 시점에 실시간으로 수주 출하 정보를 활용하여 업무 리드 타임을 단축하고 납기 대응도 향상을 통한 고객만족 및 재고보유 기간 단축을 통한 현금흐름(Cash-flow) 개선 등의 효과를 이룰 수 있다.

〈표 8-5〉 영업관리 시스템 구성

주요기능		
기준정보 관리	영업관리시스템의 기준정보 관리	영업관리 시스템의 기준정보는 판매단가, 기초잔액, 거래처 품목정보 및 여신한도관리로 구성된다. 해당 관리 정보를 통해 거래처별로 판매단가 및 거래처별 품목코드에 대한 적용이 가능하며, 거래처에 대한 담보설정을 통한 여신한도체계를 구축하여 거래처별 불량채권에 대한 사전대응을 수행할 수 있도록 지원한다.
판매계획 관리	판매계획 관리	연말에 차 년도에 대한 경영계획을 수립하고, 이때 산출한 거래처 또는 품목별 수주/매출계획을 월별로 등록하여, 계획대비 실적관리를 수행한다.
	판매계획의 생산계획연동	등록된 수주계획은 생산계획에 반영되어 생산계획을 자동으로 수립하여 계획생산을 가능하게 한다. 판매계획은 거래처 기준/품목으로 이원화하여 등록할 수 있다.
견적관리	견적관리	견적 업무처리 방식과 부합하도록 하나의 견적번호에 여러 견적품목을 등록하여 거래처로부터 접수된 견적요청에 대해 체계적인 관리를 수행할 수 있도록 지원한다.
수주관리	수주관리	거래처로부터 확정된 수주에 대한 등록 및 변경에 대한 관리를 수행한다. 수주에 대한 변경이 발생하는 경우 변경내역에 대한 이력관리를 시스템에서 자동으로 수행하며 각각의 수주에 대한 진행 현황을 체계적으로 관리할 수 있도록 지원한다.
	대여관리	대여품목에 대한 출고 및 반납에 대한 관리를 수행한다. 대여품목에 대한 내역 및 거래명세표에 대한 체계적인 관리를 통해 효과적인 재고자산의 관리를 수행할 수 있다.
	출고요청관리	수주내역을 근거로 한 출고요청 및 예외사항에 대한 출고요청관리를 수행한다. 출고요청에 대한 현황내역을 토대로 출고요청서를 출력하여 업무에 활용할 수 있으며 고객 반품에 대한 체계적인 관리를 수행할 수 있다.
매출관리	일반매출관리	출고정보를 근거로 하여 매출을 등록하여 관리한다. 매출이 등록되면 대항 거래처의 미수금 잔액에 매출액이 더해지고 출고는 되었으나 매출을 발생시키지 못할 경우 해당 출고 건에 대해서는 계산서가 발행되지 못하도록 마감처리를 통해 체계적으로 관리를 수행할 수 있다.

	반품매출관리	거래처의 반품정보를 근거로 반품매출등록을 수행한다. 반품매출이 등록되면 해당 거래처의 미수금잔액에서 매출액이 자동 차감되어 손쉽게 업무처리를 수행할 수 있다.
수금관리	수금등록 및 취소	수금처리 방식은 발행된 계산서를 토대로 수금을 수행하는 방법 및 거래처별 매출건에 대한 일괄 수금방식의 두가지 경우를 모두 지원한다. 계산서별 수금처리 방식은 발행된 계산서별로 수금을 수행할 경우, 업무에 적용가능하며 거래처별 수금처리 방식은 수금을 계산서별로 하지 않고, 여러 매출건에 대해 일괄로 수금을 한 경우 해당 매출처에 대해 미수금액에 해당하는 계산서를 자동으로 찾아내어 수금액만큼 일괄처리하여 관리의 효율성을 높일 수 있다.
	예외수금 및 선수금관리	계산서와 관계없이 수금이 발생한 경우(매출처와 수금처가 다른 경우)에 예외수금 처리 방식을 적용하여 수금처리를 수행하고 계산서 발행전에 거래처에서 미리 지급 받은 선수금 내역을 자동으로 관리할 수 있다.
	채권관리	거래처별 미수금현황을 토대로 팀별, 담당자별, 거래처별, 악성채권현황을 체계적으로 관리할 수 있다.
재고 및 분석	제품에 대한 기초재고 및 실사관리	제품의 출하요청 및 출고와 관련된 제품의 수량에 대한 관리를 수행하는 부분으로 기초재고를 반영한 현재고 및 실재고 조정 등 전체적인 제품에 대한 관리업무를 수행할 수 있다.
	영업현황 분석	실제 수주내역을 근거로 하여 품목별 계획 대비 실적의 분석, 거래처별 수주현황, 품목별/거래처별 매출현황 및 미수현황에 대한 분석 자료를 제공한다.

6) 자재/구매관리

구매관리는 필요한 물자를 조달하기 위하여 구매요청, 구매승인 발주 등을 수행하며, 원재료, 설비, 수리부품, 소모품 등의 구매행위가 모두 포함된다. 필요 시점에 구매 리드타임을 감안하여 발주, 안전 재고를 확보하며 구매 발주 업무 시간을 단축하고 사용부서에서 구매 요청을 할 수 있어 중복업무를 배제한다. 자재재고 현황을 확인 할 수 있어서 과잉 구매로 인한 불용자재의 최소화가 가능하다.

〈표 8-6〉 자재/구매 시스템 구성

주요기능		
기준정보 관리	기준정보 관리	자재관리의 기준정보는 공통기준정보인 창고정보, 품목정보 이외의 수불유형, 경비코드, 자동 채번 및 결재란으로 구성된다. 그리고 자재의 구매를 위해 구매단가 및 거래처 품목정보에 대한 정보를 관리하여 매입(외주가공)품목에 대한 업체정보 및 수배에 필요한 정보를 관리한다.

수급관리	MRP수급계획 반영	생산계획 또는 수주내역에 등록된 품목을 가공하기 위하여 필요한 매입 품목의 필요량을 산출한다. 기준정보관리의 품목거래처 정보를 활용하여 매입 업체를 선정하고 필요량을 해당매입업체의 구매단위로 환산한 구매 요청량을 계산하여 수급계획을 작성한다. 계획구분에 따라 단순 시뮬레이션 혹은 정상(구매예정반영)으로 구분한다.
	구매BOM 활용	특정 MRP계획자료를 토대로 기준정보의 BOM을 활용하지 않고 별도의 투입 정보를 활용하여 MRP계산을 수행할 수 있다. 이러한 기능을 사용하여 여러 각도에서 수급계획에 대한 시뮬레이션이 가능하다.
	자재소요량 조정	자재소요량 계산시 일괄적으로 반영하지 못한 구매 품목에 대하여 자재 소요량에서 산출된 총 소요량을 구매 품목별로 조정하여 등록 가능하다.
	구매요청 등록	BOM에서 관리할 수 없는 소모품 또는 부품에 대하여 필요한 부서에서 발주를 담당하는 부서에 구매요청의뢰를 수행할 수 있다.
발주관리	발주예정조정	MRP계산에 의한 구매요청자료 또는 필요부서에서 구매요청 의뢰한 자료를 발주 부서에서 확인 및 조정 사항에 대한 조정 및 승인을 수행할 수 있다.
	발주등록	발주예정 자료에 대한 조정 및 승인이 이루어진 정보는 발주예정일을 기초로 자동으로 발주를 등록할 수 있다. 발주 정보는 각각의 거래처별에 대한 품목별로 자동으로 취합된다.
	발주마감	거래처에 주문을 취소하고자 하는 경우와 입고 진행중인 미납량에 대해 더 이상의 납품을 원하지 않는 경우에 발주마감을 수행한다. 발주마감 되었던 자료는 다시 환원하여 납품을 할 수 있다.
접수/검사관리	접수/검사관리	납품업체로부터 자사가 주문한 구매품을 인수(접수)하고 인수한 물품이 주문 사양에 하자가 있는지 없는지에 대한 내역을 관리함으로써 납품업체에 대한 납품율(언제까지 얼마큼에 대하여 언제 얼마큼을 납품했는지?), 불량률(납품한 수량은 얼마인데 불량수량은 얼마인지)를 관리할 수 있다.
수불관리	수불관리	고객으로부터 주문받은 품목을 적기에 납품하기 위해서는 납기에 맞추어 생산하는 것이 중요하다. 납기에 생산할 수 있도록 자재를 조달하고 조달된 자재의 적정한 재고 보유현황의 관리를 통해 효율적인 재고관리를 수행할 수 있다.
	수불관리 업무	접수/검사를 마친 품목에 대한 입고, 예외입고, 창고의 자재이동, 구매단가의 일괄변경, 입고금액 수정, 예외반품, 출고, 반입, 예외반입 및 매각, 폐기에 이르기까지 자재의 수불에 관련된 모든 업무를 포함하여 수불장 및 각종현황의 표준화된 보고서를 지원한다.
지급결의	대금지급결의	매입업체로부터 납품 받은 물품에 대한 세금계산서 접수시 매입세금계산서와 자사에 입고된 내역 대조 작업을 거쳐 경리부에서 대금지불업무를 수행하게 된다. 이러한 대금지급과 관련된 원천정보를 재무담당부서에 자동으로 연계함으로써 실물의 정보에 대한 재무의 정보를 단일작업으로 처리할 수 있도록 지원한다.

재고관리	재고관리 재고분석	기초재고를 반영한 현재고 및 실재고 조정 등 실물재고 및 장부재고의 전반적인 관리업무를 수행할 수 있다. 세부업무로는 기초재고 반영작업, 재고금액 평가작업, 수불정리, 월마감, 실사선별, 실사등록, 실사조정업무가 있으며 해당업무의 결과를 토대로 한 재고현황 정보 및 각종 현황자료에 대한 보고서를 지원한다.

7) 외주관리

외주관리는 외주업체의 정확한 평가 및 이를 통한 적정한 관리가 필요하다. 발생하는 각종 데이터를 분석 가공하여 외주업체를 평가하며 항상 품질기준의 만족과 우량 기업의 발굴, 육성으로 고객 신용도 및 시너지 효과를 극대화 한다.

〈표 8-7〉 외주관리 시스템 구성

주요기능		
외주관리	외주발주등록 사급 청구 및 불출	외주발주의 등록과 더불어 재공품에 대한 현황관리를 할 수 있으며, 각종 외주 현황을 조회한다.
외주검사 관리	외주 품질 관리	외주품목에 대한 품질관리 기준을 등록하여 품질관리를 한다. 외주업체에 대한 각종 정보를 추적, 분석하여 우수업체의 선정, 발굴 등을 통한 상호간의 협력관계를 유지한다.

8) 품질관리

보안과 관련된 제품은 품질과 신뢰성이 중요한 요소이다. 공정 및 수입품, 입고 시에 대한 품질기준의 등록과 철저한 통제가 가능하며 누적 데이터의 분석을 통하여 품질목표 달성을 지원한다. 각종 공정별, 작업별 품질검사 기준과 검사결과의 등록을 통하여 각종 통계자료를 생성한다. 가공된 통계정보를 참조하여 주요 부적합내역을 확인할 수 있으며 회사의 품질수준을 높이고 고객의 품질만족도를 극대화한다.

〈표 8-8〉 품질관리 시스템 구성

주요기능		
기순정보 관리	불량/검사 레벨 등록 불량/검사 코드 등록	제품별, 공정별 검사할 항목과 기준을 등록하며, 각종 코드를 등록하여 사용한다. 품목마스터에 샘플 시료채취 및 방법을 정의하고 품질관리 모듈과 연계한다.
수입검사 관리	검사결과등록	자재, 제품에 대한 검사 결과를 등록한다. 기간별 검사현황 및 불량 내역 등을 등록하여, 분석을 통한 품질활동의 자료로 사용된다.

공정검사 관리	공정 검사 결과의 등록/분석	공정에 대한 공정별, 유형별 검사 및 결과를 등록한다. 축적된 자료를 활용하여 불량의 원인과 해결책을 파악하여 품질 활동을 시행한다.
	기간별/작업장별 조회	품질검사에 대한 결과를 기간별, 작업장별 등 각종 조회조건을 통하여 정확한 분석 및 조회가 가능하다.

9) 무역관리

무역관리 시스템은 수출/수입 업무를 지원하는 시스템으로 일반적으로 사용되는 L/C, B/L 관련 서류를 지원하며, 각종 부대비용을 자동으로 관리할 수 있다. 체계화된 시스템을 이용하여 수작업 및 이중 작업에서 발생하는 업무 낭비를 줄이고, 업무의 이력 관리를 통하여 누적된 분석된 정보를 제공한다.

〈표 8-9〉 무역관리 시스템 구성

주요기능 : 수출관리		
기준정보 관리	기준정보 관리	수출 및 수입을 포함한 무역업무에서 활용되는 기준정보를 정의하여 관리하는 부분으로 운송방법, 결제조건 및 무역에서 활용하는 모든 정보를 포함하여 관리할 수 있다.
Offer 관리	OFFER 관리	수출거래 시 어느 한쪽에서 판매조건이나 구매조건을 제시하는 OFFER에 대해서 등록하여 관리를 수행하게 된다. OFFER 관리업무에서는 OFFER의 등록 및 OFFER진행 중 취소되는 경우에 대한 마감/환원 및 수출자가 수입업자에게 보내는 물품매도확약서(OFFER SHEET)를 제공한다.
수취관리	수취관리	수입업자가 수출업자로부터 물품을 수입하기 위해서 외국환은행(통지은행)을 통해서 우리나라 수출업자에 내도한 신용장을 등록하게 된다. 이때 수취관리에서는 계약된 Offer를 참조해서 신용장 개설분에 대한 개설정보를 등록하는 정상 수취와 수취에 상관없이 물건을 다 보내고 나중에 모아서 한꺼번에 수취등록을 수행하는 후 수취에 대해 모두 지원한다.
선적서류 관리	수출선적서류 관리	수출 화물의 선적을 증명하는 제서류를 통해 수출지에서는 이들 서류의 제시로 수출 상품의 대금을 받을 수 있고, 화물의 도착지에서는 이들 서류와 상환으로 화물을 인수 받을 수 있게 된다. 선적서류 관리에서는 이러한 서류를 수취, OFFER, 요청을 참조하여 선적서류를 작성할 수 있도록 지원하며 등록된 선적서류를 통해 출고처리를 수행할 수 있도록 지원한다.
통관관리	통관 관리	상품을 수출할 때 반드시 세관절차를 이행해야 한다. 통관관리에서는 출고된 선적서류를 참조해서 송장번호별로 통관을 등록하여 관리를 수행할 수 있도록 지원한다.

제4절 프로젝트관리 시스템

1. 정보시스템 프로젝트 관리의 의의와 목적

프로젝트 관리(Project management)를 프로젝트의 요구사항을 충족시키는 데 필요한 지식이나 기량, 도구, 기법 등을 프로젝트 활용에 적용하는 것으로 정의하고 있다. 즉, 특정한 목적을 가지고 수행되는 프로젝트가 계획된 자원 안에서 예산을 통하여 최적의 자원을 활용하고 고객이 만족할 만한 품질을 확보할 수 있도록 이에 대한 필요한 기술 및 관리활동으로 정의하고 있는 것이다.[7] 즉 프로젝트 관리란 사업관리측면의 활동과 기술관리 측면의 활동을 모두 포함하고 있으며, 프로젝트에 주어진 자원과 비용, 일정을 효율적으로 관리하는 활동을 말한다.

이와 같이 프로젝트는 체계적·효과적으로 관리되지 않으면 안 된다는 점을 잘 보여주고 있다. 즉 똑같은 프로젝트를 수행한 경험이 없고 어느 정도 시간이 경과한 이후에야 프로젝트가 제대로 진행되고 있는지 알 수 있는 상황에서 정해진 시점까지 프로젝트의 목적을 성공적으로 달성하는 것은 쉬운 일이 아니다.

한편 프로젝트관리의 가장 큰 목적은 궁극적으로 고객만족에 있다. 그리고 고객만족을 위해서는 프로젝트 관리 과정에서 특히 고객과의 신뢰관계를 바탕으로 프로젝트의 일정과 비용, 품질 등 세 가지 요소를 고려해야 한다. 그런데 이들 요소는 서로 상충관계를 가지고 있다. 예를 들면, 비용을 낮추는데 치중하다 보면 품질이 저하될 수 있다. 반면 품질에 치중하다보면 시간이나 비용 등이 추가적으로 상승할 수 있다.

따라서 프로젝트의 계획 및 실행 또는 프로젝트 계획의 변경 시 반드시 이러한 점을 감안하여 이 세 가지 요소가 서로 균형을 유지하는 가운데 고객이 요구하는 목적을 효과적으로 달성하도록 관리해야 한다.[8]

2. 정보시스템 프로젝트의 성공요인

정보시스템 프로젝트의 성공 및 실패요인을 살펴보면, 실패요인으로는 프로젝트 관리자의 역량 부족, 기대목표의 설정 및 관리 실패, 관리자들의 리더십 부족, 요구사항의 명확화

7) 김은홍·김화영, 『경영정보학 개론』, 다산출판사, 2006., pp. 417~432
8) Amir, M. and Leon, F., "Establishing Project Control : Schedule, Cost and Quality", Sam Advanced Management Journal, 1999

부재, 부적절한 계획의 수립 및 실행, 프로젝트 예측 노력의 부족, 조직의 문화 또는 윤리성과의 부적합, 프로젝트 팀과 비즈니스 또는 타 조직의 부적합, 의사소통의 부적절성 등을 들 수 있다.

성공요인으로는 경영층의 확고한 의지, 사용자의 참여, 프로젝트 관리자의 수준 있는 역량, 명확한 비즈니스 목표의 제시, 개발범위의 최소화, 표준 소프트웨어 기반의 구축, 적절한 방법론의 제시, 프로젝트 예측성의 신뢰도 강화 등을 들 수 있다.

연습문제

1. e-ERP의 발전단계를 설명하시오.
2. ERP의 특징을 설명하시오.
3. ERP시스템의 구성요소에 대하여 설명하시오.
4. ERP시스템의 도입효과에 대하여 설명하시오.
5. 사무자동화에 대하여 설명하십시오.
6. 프로젝트 관리 시스템에 대하여 설명하십시오.

Chapter 9

의사결정시스템

제1절 의사결정시스템 구조

제2절 그룹의사결정시스템

제3절 의사결정 지원시스템

기업을 경영하는데 수많은 의사결정을 하여야 한다. 과거 이와 같은 의사결정을 경영자의 경험과 감으로 하였다면 최근 의사결정은 과학적 방법으로 수행하게 된다. 따라서 본장에서는 과학적 의사결정을 지원하는 시스템을 구축하는 방법에 대하여 논하였다.

측면과 그룹을 지원하는 통신을 통하여 개인의 본성 또는 인간미에 접근하는 관점을 의미한다.

(4) 의사결정

의사결정은 최적해의 발생, 평가, 선택 등과 문제 혹은 지각, 탐구, 정의 등으로서 정보처리는 사람의 개인차이나 편견을 조정하여 주어야 한다.

(5) 과학적 경영

경영과학을 기반으로 하는 그룹의사결정 시스템은 의사결정 프로세스에 경영과학 기법을 사용한다.

3) 집단의사결정 질의 결정요인

사실상 집단의사결정이 위와 같은 장점들을 가져다주기만을 기대한다는 것이 그렇게 간단한 문제가 아니다. 왜냐하면 다음과 같은 원인들이 집단의사결정의 효과를 떨어뜨릴 수 있기 때문이다.

① 구성원 각자가 자신의 의견만을 고집함에 따라 다른 사람의 관점을 받아들이거나 참고하려고 조차하지 않은 경우에는 어떠한 문제라고 할지라도 집단 내에서 모든 사람들이 다 같이 수용할 수 있는 결론을 이끌어낸다는 것이 불가능하다.

② 만약 어떤 의견을 구성원들이 신속하게 받아들이게 하기 위해서 구성원들의 의견수렴과정을 생략하거나 소홀히 하게 되면 이루어지는 결정은 결국 극히 보수적이거나 창의성이 없고 건설적이지 못한 의견이 되고 만다.

③ 표면상으로는 집단의사결정이라 할지라도 실제로는 몇몇 사람들이 장악하고 있어 그들의 조종을 받게 된다면 이루어지는 의사결정은 결국 집단 내 소수인의 것이 되고 만다.

④ 비록 의사결정에 참여하고 있는 구성원들이 매우 중요한 자료나 정보를 가지고 있다고 할지라도 어떤 원인에 의해서 그것을 제공하거나 공개하기를 꺼리게 된다면 결국 집단의사결정을 통하여 그와 같은 자료와 정보를 이용할 수가 없게 된다.

이와 같은 상황 하에서 이론상 집단의사결정을 통하여 얻을 수 있다고 생각되는 이점들은 모두 공허한 것이 된다. 따라서 이러한 상황 하에서 행해지는 집단의사결정은 개인의사결정에 비하여 합리적이거나 체계적인 것이 될 수 없는 것이다.

또한 이러한 상황의 배후에서 다음과 같은 몇 가지 기본적인 요인들을 발견할 수가 있는데, 이들의 존재여부는 곧 집단의사결정의 성과 품질을 결정한다고 할 수 있다.

① 구성원들이 지니고 있는 지식이나 경험이 의사결정문제와 관계가 있고 또한 구성원들 간에 상호보완적인 관계에 있다면 집단의사결정은 개인의사결정에 비하여 훨씬 바람직하다고 할 수 있다.

② 구성원과 구성원 간에 그리고 구성원과 집단 간에 응집성(cohesiveness)이 강하면 구성원들은 그들의 의견을 교환하기를 원하며 또한 그들이 지니고 있는 지식과 경험을 서로 나누어 가지려고 할 것이다. 따라서 이러한 상황 하에서 집단의사결정의 효과와 효율은 증가하게 될 것이다.

③ 구성원들이 자신과 다른 의견에 대하여 견지하는 태도가 비교적 개방적(open-mindedness)이라면 구성원들 사이의 가치관이나 관점이 다르다 할지라도 그것이 상호간의 의사소통이나 토론에 방해되지 않고 때에 따라서는 오히려 집단의사결정의 효과를 증대시킬 것이다. 이와는 반대로 구성원들 간의 태도가 비교적 폐쇄적(closed-mindedness)일 경우에 만일 모든 구성원들의 관점이 일치한다면 의사결정은 매우 빨리 이루어질 것이다. 그러나 만일 상황이 바뀌거나 새로운 상황을 만나게 되면 구성원들은 종종 그러한 상황변화를 수용하지 못하게 되며, 그러한 때에 행해지는 집단의사결정은 결국 바람직하지 못한 결과를 초래할 것이다. 또한 구성원 상호간의 의견이 일치하지 않고 개인의 의견만을 고집하게 된다면 보다 심각한 문제들이 발생하여 집단의사결정은 결국 비효과적인 것이 되고 만다.

이와 같이 집단의사결정의 효과, 효율성, 합리성 그리고 그것의 보수성과 모험성여부는 여러 가지 요인들의 영향을 받아 결정되기 때문에 한마디로 간단히 말할 수는 없는 것이다. 이상에서 살펴본 몇 가지 영향요소들은 다만 구성원 자신 또는 구성원간의 특성에 불과한 것이다. 집단의사결정의 상황은 실제로 이밖에도 의사결정문제와 외부환경 등의 상황에 따라서는 큰 차이가 난다고 할 수 있다(김계수 외, 2004).

제3절 의사결정 지원시스템

1. 데이터마이닝(Data Mining)

1) 데이터마이닝의 의의

데이터베이스로부터 과거에는 알지 못했지만 데이터 속에서 유도된 새로운 데이터 모델을 발견하여 미래에 실행 가능한 정보를 추출해 내고 의사결정에 이용하는 과정을 말한다. 즉 데이터에 숨겨진 패턴과 관계를 찾아내어 광맥을 찾아내듯이 정보를 발견해 내는 것이다. 여기에서 정보 발견이란 데이터에 고급 통계분석과 모델링기법을 적용하여 유용한 패턴과 관계를 찾아내는 과정이다. 데이터베이스 마케팅의 핵심기술이라고 할 수 있다.

예를 들어, 한 백화점에서 판매 데이터베이스의 데이터를 분석하여 금요일 오전에는 어떤 상품들이 잘 팔리는가, 그리고 팔리는 상품들 간에는 어떤 상관관계가 있는가? 등을 발견하고 이를 마케팅에 반영하는 것이다. 따라서 데이터마이닝의 필수 요소는 신뢰도가 높은 충분한 자료이다. 이것은 신뢰도 높은 충분한 자료가 정확한 예견을 가능하게 하기 때문이다. 그러나 너무 많은 자료는 오히려 데이터마이닝의 예견 능력을 떨어뜨릴 수 있으므로 최적의 결과를 산출할 수 있는 의미 있는 자료의 확보가 필요하다.

한국에서 데이터마이닝은 아직은 초기단계에 머물러 있다. 그러나 곧 일반화될 것으로 생각된다. 그 이유는 데이터마이닝을 하기 위한 최적의 시스템이 되는 데이터웨어하우스가 국내에 이미 많이 구축되어 있기 때문이다. 또 기업의 요구 사항이 주로 고객관리에 중점을 두는 데이터베이스 마케팅 쪽으로 가고 있기 때문에 데이터마이닝의 발달은 급속히 이루어질 수밖에 없다. 한편 기술적인 면에서 데이터마이닝을 잘 구현할 수 있는 소프트웨어가 나오면 데이터웨어하우스는 축소될 것이라는 의견도 있다(네이버백과사전).

2) 데이터마이닝의 규칙

- 인공 지능에서의 지식 발견과 같이, 데이터마이닝은 주로 디스크에 저장된 대용량의 데이터를 다루는 기계 학습과는 다르다.
- 데이터베이스로부터 발견한 지식은 규칙들의 집합으로 표현될 수 있다.
- 다음 두 모델 중 하나를 사용해 규칙을 발견한다.
- 사용자가 규칙 발견 절차에 직접 참여한다.

– 시스템이 데이터 내의 패턴과 상관관계를 탐지해 데이터베이스로부터 자동으로 지식을 발견할 책임이 있다.

3) 데이터마이닝의 활용

데이터마이닝은 이전에는 발견되지 않았던 데이터들 간의 상호관계, 패턴 등을 찾아내는 기법으로 분석에 활용된다.

예를 들어, 만약 특정 상표의 테니스 라켓 판매기록이 충분히 분석되고 다른 시장데이터와 관련지어졌다면, 같은 회사의 골프 장비 구입과의 계절적인 상호관계를 밝힐 수 있을 것이다. 데이터마이닝의 결과는 다음과 같은 것들을 포함한다.

① 연합 : 한 사건이 다른 사건과 상호 관련이 있을 수 있을 때(맥주 구입자가 땅콩을 함께 사는 확률)

② 연속 : 한 사건이 뒤의 다른 사건을 유발(마루깔개를 사고 이어서 커튼을 구입)

③ 분류 : 패턴을 인식하고 새롭게 분류된 데이터를 창출하기(예를 들어 구매를 하는 고객들의 신상)

④ 집단화 : 이전에는 알려지지 않았던 사실 집단을 발견하고 가시화하기

⑤ 예측 : 데이터 내에서 단순히 발견되는 패턴을 통해 미래에 관한 예측을 할 수 있다.

즉, 데이터마이닝은 누적된 고객 관련 정보를 토대로 고객의 미래 구매행태를 예측하거나 변수 간 인과관계를 분석하여 유용한 마케팅 전략을 도출해내는 데 사용된다. 데이터마이닝은 현재 그 범위가 날로 커지고 있는 사업 분야에서 일익을 담당하고 있다. 오늘날 시장경제에서 살아남기 위해서는 적시에 높은 이윤의 기회를 놓치지 말아야 하는데, 이를 위해서는 매일 매일의 운영을 통하여 모아진 산더미 같은 데이터를 효율적으로 개발할 수 있는 능력이 특히 요구된다. 이와 같이 데이터마이닝의 응용분야는 다음과 같다.

(1) 경영전략

기업에서는 전자상거래 웹사이트의 웹 로그와 콜센터의 고객서비스 기록 등을 유용한 데이터를 활용하여 고객의 요구를 이해하며, 영업관련 의사결정을 내릴 수 있다.

고객 프로필 작업, 맞춤형 마케팅, 워크플로우 관리, 진열장 배치, 사기(fraud) 탐지 등에 적용된다. 예, "누가 가장 이익을 많이 주는 고객들인가?", "교차판매, 상향 판매된 제품은 무엇인가?", "회사의 내년도 수입 전망은?"과 같은 질문에 대한 답을 얻을 수 있다.

(2) 의학, 과학, 공학

중요한 새로운 발견들을 가능하게 하는 데이터의 축적은 급속도로 진행되고 있다.

방대한 데이터의 크기와 시공간적 특성으로 인하여 기존의 방법은 분석에 적합하지 않다. 예, “가뭄이나 허리케인에서 지구온난화와 같은 에코 시스템 저해 요인의 빈도와 강도 사이의 관계는 무엇인가?”, “지표강수량과 기온은 해양 표면온도에 어떻게 영향을 받는가?”, “우리는 어떻게 하면 특정 지역의 성장 시기가 시작되고 종료되는 것을 잘 예측할 수 있을까?”와 같은 질문에 대한 대안의 수립이다.

2. 인공신경망

1) 인공신경망의 의의

인공신경망은 공학에서 AL(Artificial Intelligence)이 기본 구조로서 사람이 학습을 통하여 패턴을 인식하고 그것을 이용하여 반복되거나 유사한 패턴에 적용시키는 것과 마찬가지로 기계와 컴퓨터에 일정한 학습을 통해 패턴을 인식하게끔 저장을 하고 새로운 데이터가 들어오게 되면 사전에 인식된 패턴을 이용하여 예상된 결과를 생성하는 분석을 의미한다.

1980년대 이후 생물학적 활동 모형과 더불어 컴퓨터 성능진보, 신경망이론에 대한 통계적 접목으로 인해 발전되면서 최근 데이터마이닝에 있어 유용한 기법이 되고 있다.

2) 인공신경망의 구조

데이터마이닝에서 뇌를 구성하는 기본적인 단위는 뉴런(Neuron)이라고 불리는 세포로 수많은 뉴런들이 서로 연결된 하나의 망이라고 볼 수 있으며, 각 뉴런들은 뉴런과 연결되어 있는 수상돌기를 통하여 입력신호를 받아들인 후 간단한 변환과정을 수행하고 나서 축색을 활성화시켜 변환된 신호를 다른 뉴런들에 전달하게 된다. 뉴런간의 정보전달과정에서 스냅스는 전달되는 신호의 강도를 조절하는 역할을 한다. 기존의 컴퓨터 이용방식은 사람이 이미 학습한 결과를 정리하여 프로파일형식으로 컴퓨터 내의 특정장소에 보관하고 있다가 이용하는 것임에 반해 생물들은 스스로 다양한 학습기능을 수행하여 주어진 상황에 적응해 가는 과정에서 얻어진 경험이나 지식들을 뇌 속에 축적하고 필요시 자유자제로 꺼내어 사용한다(김영만, 1999).

데이터마이닝에 이용되는 한 기법으로서 인공신경망은 인간의 두뇌가 문제를 해결하는 구조를 이용한 분석으로 인간이 경험으로 학습해 가는 두뇌의 신경망 활동을 흉내 내어 자신이 가진 데이터로부터 반복 학습과정을 거쳐 패턴을 찾아내고 이를 일반화함으로써 예측하고자 하는 문제에 유용하게 이용된다.

인공신경망 모형은 다양한 형식으로 모형을 구축할 수 있는 비모수(nonparametric)적 분석방법으로 인공 신경망 모형은 계산과 조정이 이루어지는 다수의 노드(node)를 갖는

2개 이상의 층(layer)으로 이루어지며 각 층의 노드들은 네트워크로 연결된다. 이 네트워크는 노드간의 연결강도인 가중치를 조정하면서 병렬적인 처리에 의하여 학습을 한다. 모형의 각 노드는 다른 노드 또는 외부로부터 입력신호를 받아서 이를 전이 함수(transfer function)를 통하여 처리하며, 그 변환된 결과를 다른 노드 또는 최종출력으로 보낸다. 인공신경망은 네트워크 구조로 구성되는데 이는 층의 수(number of layers), 각 층의 노드 수, 각 노드들이 어떻게 연결되는가에 따라 그 구조의 특성이 결정된다.

3) 인공신경망 모형의 특징

인공신경망 모형은 통계학적 모형과는 달리 그 자체의 귀납적 특성으로 인해 결론을 도출하기 위한 이론수립과정을 생략할 수 있으며, 통계학적 모형에서 요하는 엄격한 가정(strict assumption)에 전혀 제한을 받지 않는다.

기존의 통계학적 방법론들은 엄격한 가정을 요구하기 때문에 그 사용범위의 제한을 받거나 가정을 위배하는 경우 그 결과에 대한 신뢰성 등이 문제가 된다. 반면 인공신경망 모형은 이러한 통계적 가정에 전혀 구애받지 않으며 통계학적 기본가정에 충족되지 못하는 상황에서도 자료의 분석에 적합한 비모수, 비선형 모형이다. 신경망 모형은 상당히 다양한 산업분야의 다양한 문제에 적용될 수 있으며, 변수와 목표변수의 관계를 그리기가 어려운 복잡한 데이터에 대해서도 좋은 결과를 도출해 준다. 또한 입력 변수와 목표변수의 속성이 연속형, 이산형인 경우를 모두 다룰 수 있다. 그러나 신경망은 매우 유연하기는 하나 변수들 간의 상관관계를 표출하지 못하는 단점으로 인해 설명력이 부족하여 블랙박스(black box)로 불리고 있다.

4) 다층 퍼셉트론(MLP : Multi-Perception Neural Network)

인공신경망은 초기에는 은닉노드(Hidden node)가 없는 입력계층(Input layer)과 출력계층만으로 구성된 단층 퍼셉트론을 갖는 단순한 형태로 출발하였다. 단층 퍼셉트론 신경망은 선형적인 문제를 해결할 수 있는 능력이 있는 반면 비선형적인 문제에 있어서 극복할 수 없는 한계를 가지고 있어 그 효율성이 낮았다. 오늘날 은닉노드를 포함하고 있는 다층 퍼셉트론 신경망이 발전하면서 이러한 문제를 해결하고 기존의 선형적 문제뿐만 아니라 비선형적 문제로 확장되었다.

인공신경망은 은닉노드라는 독특한 구성요소에 의해 일반적인 통계모형과 구별되어 진다. 인공신경망은 간단한 계산 능력을 가진 처리단위인 뉴런 또는 노드들이 복잡하게 연결된 시스템으로 주어진 입력에 대해서 동적인 반응을 할 수 있다. 이러한 특징은 신경망을 구성하고 있는 다수의 노드끼리 상호 연결성에 기인한다. 가장 일반적으로 사용되고 있는 신경망 모형은 다층 퍼셉트론 이다. 다층 퍼셉트론 신경망은 다양한 데이터의 내생적 관계를 찾아내기 위한 정보시스템으로 입력층, 은닉층, 출력층으로 구성된다. 입력층은 외부로부터 입력 자료를 받아들여 이를 은닉층으로 전송하며, 은닉층은 입력값을 받아 이를 처리한 뒤 처리결과를 출력층으로 전송한다. 출력층은 최종 출력값을 산출한다.

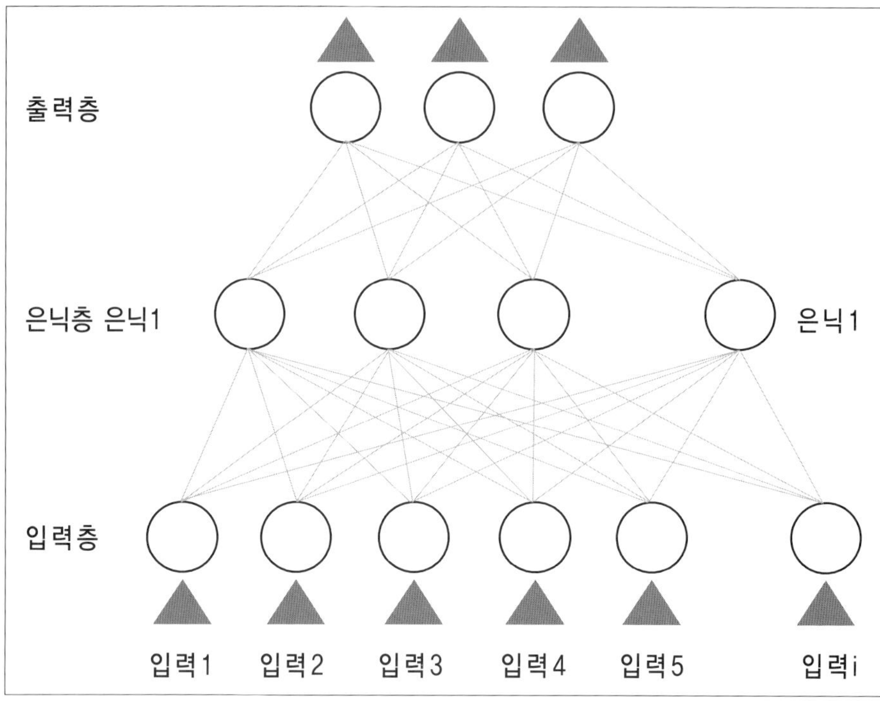

[그림 9-1] 인공신경망 구조

다른 통계적 모형의 경우와 같이 인공신경망 모형을 예측목적으로 사용하기 위해서는 모형의 계수인 가중치를 추정해야 한다. 두 개 이상 놓여 질 수 있는 은닉층은 인간의 신경망을 모형화한 몇 개의 은닉노드로 이루어져 있는데 각 은닉노드는 연결함수(Combination function)를 입력 변수들과 연결되어 있고 이러한 각 연결에 사용되는 계수는 연결가중치라고 하며, 이 가중치를 추정하는 과정을 훈련(training)이라 한다. 분류문제에 있어서 훈련은 지도학습(Supervised learning) 또는 자율학습(Unsupervised learning)에 의하여 수행된다.

지도학습은 입력데이터와 해당 출력이 사전에 알려져 있어 입력데이터가 해당출력을 생성하도록 가중치를 반복적으로 조정하여 생성된 출력값의 오차를 최소화하는 알고리즘에 의해 수행되며 자율학습은 사전에 클래스(class)에 대한 정보가 없이 자기조직화 알고리즘에 의해 클래스를 구분한다. 각 은닉노드와 은닉층에는 비선형 함수인 활성함수(Activation function)를 지정하게 되는데 입력으로 들어오는 데이터는 활성함수에 의해 변화되어져 다음 노드나 계층으로 전달된다(박성용, 1997). 즉 지도학습 모형에서 은닉층의 값은 입력층 각 노드의 입력값과 가중치에 의해서 계산되고 은닉층의 각 노드는 모든 입력노드로부터 가중치가 가해진 값을 누적시켜 그 가중합에 적절한 전이함수를 적용하여 출력노드로 보내는 값을 계산한다.

은닉노드의 활성함수는 대게 S-자형 곡선 형태를 갖는 함수가 주로 사용된다. 가장 보편적으로 사용되는 활성함수는 시그모이드(sigmoid)함수, 쌍곡탄젠트(Hyperbolic tangent)함수이고 연결함수는 선형함수가 주로 이용된다.

출력계층으로 연결되는 활성함수는 목표변수의 속성에 따라 정해질 수 있다. 다층퍼셉트론을 이용할 때 관심을 갖는 것은 일반화 능력이다. 다층퍼셉트론에서 일반화란 학습 중에 보지 못했던 데이터, 즉 학습용 표본과는 독립적인 검증용 표본에 대해 낮은 오차율을 보이는 능력을 말한다. 다층퍼셉트론의 일반화는 오히려 떨어지는데 이러한 현상이 발생하는 까닭은 인공신경망의 학습시간이 길어지면서 표본에 내제된 독립변수와 종속변수의 관계를 일반화하는 것이 아니라 학습용 표본자체를 기억하는 현상, 즉 잡음까지 학습하게 된다(성시중, 1997).

3. 고객정보 수집과 의사결정

1) 고객 소리의 의의

고객의 소리(VOC : Voice of Customer)는 단순히 고객의 불만을 접수하고 처리하는 과정이 아니라 다양한 채널을 통해 고객의 소리를 수집하고 이를 분석하여 가치 있는 정보로 만들어 기업 경영에 적극 활용하는 것이다.[5)]

고객을 유지하는데 들어가는 비용이 $10, 고객을 잃는데 10분, 고객을 다시 얻는 데는 10년이 걸린다. 이는 고객 서비스의 ten, ten, ten 법칙이다. 고객을 한번 잃으면 다시 찾는 데 많은 노력이 필요하기 때문에 사전에 고객을 잃을 수 있는 일들을 방지하는 것이 중요하다는 의미를 내포하고 있다. "고객이 무엇을 좋아하고, 싫어하는가?"를 정확히 알아내어 그에 맞는 서비스를 개발하는 방법 중의 하나가 고객의 소리에 귀를 기울이는 것이다.[6)]

고객의 소리는 고객으로부터 들려오는 모든 의견 및 불평, 건의사항 등과 고객접점에서 담당자가 작성한 고객의 소리카드, 소비자 상담실의 접수 사항, 고객 엽서, 홈페이지의 고객의 소리 등이 있다.

기업의 생존이 미치는 가장 큰 영향중의 하나가 고객의 소리에 얼마나 빨리 대응하느냐이다. 고객의 소리에 귀를 기울이고 고객의 마음을 사로 잡기위하여 전 종업원이 신속

5) ksac.co.kr
6) 박휘섭 외, (2005), 「고객감동만들기」, 한국표준협회컨설팅.

히 대상영역에 대한 전문가 지식을 지식베이스로 축적하여 상당히 고도의 문제를 취급하는 지식베이스 시스템을 말한다. 따라서 인공지능과 전문가시스템은 서로 별개의 것이 아니라 인공지능의 범주 내에서 전문가시스템을 파악하여야 할 것이다.

또한 학자마다 조금씩 다른 견해를 가지고 있지만 인공지능에 관한 연구는 대체로 전문가시스템, 자연어처리, 로봇 공학(Robotics)의 세 가지 영역에서 이루어지고 있는데 특히 특정분야에서 그 분야의 전문가의 지식을 지식베이스로 사용한다면 이를 전문가시스템이라 할 수 있다. 따라서 전문가시스템의 특징은 ① 전문가의 지식으로 구성된 지식베이스를 사용한다는 점 ② 연역적 추론 ③ 실용성 등을 들 수 있는데 특히 인공지능과 비교한다면 지금까지 인공지능은 일반적인 탐색과 추론 메커니즘에 대한 연구가 중심이었다. 즉 일반성이 높은 방법을 안다면 복잡한 문제에서도 적용할 수 있다는 것이었다.

그것에 반하여 지적능력의 달성이 대상 분야의 전문지식의 활용에 의해 가능하다고 생각하여 탐색과 추론법 중심의 연구로부터 지식의 이용법에 대한 연구쪽으로 중점을 두고 있는 것이 지식공학이며 전문가시스템의 출발점이다.

2. 전문가시스템의 특성과 구조

전문가시스템은 다음과 같은 특성을 가지고 있다.

첫째, 전문가시스템은 어떤 대안을 제시할 뿐만 아니라, 왜 그리고 어떻게 그런 결론에 도달했는지를 설명해주는 기능을 가지고 있다. 둘째, 전문가시스템은 지능적인 행동을 보인다. 데이터 수집에 있어서 전문가시스템은 새로운 아이디어 혹은 문제해결을 위한 새로운 접근방법을 제시할 수 있다. 전문가시스템은 결론에 도달하고 문제를 해결하기 위하여 복잡한 상황을 분석할 수 있는 능력을 가지고 있다. 전문가시스템의 또 하나의 중요한 특징은 사라져 버릴 수 있는 인간 전문가의 전문지식을 획득해서 보존할 수 있다는 것이다.

전문가시스템의 구성요소는 크게 지식베이스와 소프트웨어, 하드웨어 및 인력으로 구별할 수 있다.

1) 지식베이스

지식베이스는 특정문제의 해결에 관련된 지식을 모아놓은 곳이다. 이 같은 지식은 어떤 문제에 관한 사실(fact)과 이에 대한 전문가의 추론 절차를 나타내는 휴리스틱 등이 포함된다. 지식을 컴퓨터에 저장하기 위해서는 적절한 지식의 표현방법(knowledge representation)이 강구되어야 하는데, 이에는 산출(output), 규칙(production system), 의미론적 네트워크(semantic network), 프레임(frame) 등이 있다.

2) 소프트웨어

전문가시스템을 위한 소프트웨어는 추론기관, 사용자와의 인터페이스를 위한 프로그램 등 여러 가지가 존재한다.

(1) 추론기관

추론기관(inference engine)은 특정문제와 관련된 사실과 규칙을 처리하는 프로그램으로 필요한 연관과 추론을 통해 사용자에게 행동 대안을 제안하기 위한 결론을 도출한다.

(2) 기타의 소프트웨어

다른 소프트웨어자원으로는 우선 사용자인터페이스 프로그램이 있다. 최종사용자와 상호작용을 시원하는 사연언어처리기 등이 이에 해낭하는데, 최종사용자에게 결론 도출 과정을 설명해 주는 프로그램도 여기에 해당한다.

(3) 하드웨어

독립적으로 작동하는 마이크로컴퓨터, 미니나 대형에 연결된 마이크로컴퓨터와 단말기 등이 사용자 워크스테이션으로 사용될 수 있다.

(4) 입력

전문가시스템은 전문가의 지식을 지식베이스에 심는 것이므로 전문가가 가지고 있는 지식 또는 관련 문헌으로부터 정확하고도 충분한 지식을 수집하여, 이를 주어진 지식 표현방법에 맞도록 지식베이스에 입력시킬 필요가 있다. 이와 같은 기능을 수행하는 사람을 지식공학자라 하는데, 어떤 의미에서는 전통적인 정보시스템의 개발에서 시스템분석자가 담당하는 역할과 유사하다고 볼 수 있다.

3. 전문가시스템의 기능

1) 기능

전문가시스템은 의사 결정을 지원하기 위한 지적인 프로그램이다. 지금까지의 프로그램은 인간의 수작업을 프로그램화한 것이다. 수치 계산이나 사무용 데이터처리, 시스템 제어 등과 같은 것이다. 수작업에는 명시적인 절차가 존재하므로 프로그램화하는 데는 비교적 용이하다.

그러나 전문가시스템이 대상으로 하는 인간의 지적 작업은 이렇다고 꼬집어 말하기 곤란할 정도로 불명확하다. 인간에 의해 설계된 시스템의 고장진단은 물론 인간 자신의 신체나 정신을 진단대상으로 하는 의학에 있어서는 진단이란 각 의사의 오랜 세월에 걸친 개인적 경험에 기초하여 이루어져 왔기 때문에 어려운 문제가 될수록 진단의 근거는 애매한 것이 되어 의사에 의한 진단의 차이를 객관적으로 비교하는 것은 불가능하였다. 오늘날의 의료행위는 상당히 공학적으로 되어가고 있는데 이는 의사와 공학자가 서로 협력한 결과의 소치라 할 수 있다. 그런데 계측적인 Medical Engineering 기기가 의학의 중심을 이루고 있어 진단하는데 있어서는 종전의 범주에서 크게 벗어나지 못해 큰 성과는 얻지 못하고 있다. 이는 의사의 진단 논리가 객관적이지 못해서 공학자에게 정확하고 정밀하게 전달할 수 없었다는 사실이 큰 이유로 작용한다.

즉, 의학 진단학은 과학이 아니었기 때문이다. 그러나 전문가시스템에 의한 접근 방식에서는 지식베이스화된 지식을 의사결정자 자신이 쉽게 이해하고 기계를 인식하면서 추론과정을 이해할 수 있다. 즉, 한번 지식베이스 시스템화되면 진단 논리는 객관적 평가대상이 되어 의사에 따른 차이뿐만 아니라 무슨 근거로 진단했는가에 대해서도 구체적이며 정확하게 추구할 수 있다.

지식베이스 시스템은 공학자와 의사소통의 매개체가 되며 의학생들에게는 교육용 도구로도 사용될 수 있다. 즉 전문가시스템은 지식의 과학화에 대단히 유용한 기술로서 여러 가지 이점을 가져다준다. 예를 들면 의학 진단 지원 시스템으로 개발된 MYCIN의 범용화 언어였던 EMYCIN은 기기의 진단 지원 시스템 개발 및 프로그램 패키지의 이용 상담 시스템의 개발 등에도 이용되고 있다. 보통 전문가시스템이라고 하면 실용성만을 주목하기 쉬운데 장기적으로 볼 때 지식을 과학화 하는 데에 대한 공헌, 그것이 오히려 의의가 깊다 할 것이다.

2) 전문가시스템 기술의 한계

전문가시스템의 문제점, 혹은 비판으로써 현재 여러 곳에서 많이 지적되고 있는 것들은 여러 가지가 있다. 한정된 전문 영역밖에 사용할 수 없다는 점, 표면적인 지식의 조작에 답을 하고 있지만 그것의 결과를 어느 정도 신용할 수 있는지를 알 수 없다는 점, 당연한 상식적인 질문이 많고 게다가 답을 해야만 하는 번거로움, 개발할 때 사용되는 언어가 한정되어 있고(예를 들면 LISP, PROLOG 등) 작성하기도 어렵다는 점, 지식을 수집, 입력하기 좋은 방법이 제공되어 있지 않다는 점, 계산기 시스템으로서 입출력 인터페이스를 사용하기 어렵다는 점 등의 문제가 있다.

또한 전문가시스템과 인간 기술과의 차이로 인한 제한적인 측면을 생각해 볼 수 있다.

첫째로 인간과 같이 창조할 수 있는 능력을 만들어 낼 수 없다는 점이다. 전문가시스템은 다소 반복적인 방법에 의해 문제 해결 행위를 하지만 인간은 정보의 재구성으로 새로운 지식을 구성할 수 있다. 또한 인간은 완전히 다른 상황 하에서도 이전의 비슷한 경우의 문제해법을 찾아내어 예기치 않았던 사건을 해결할 수 있다.

둘째로 전문가시스템은 인간과 같이 바뀐 조건에 대응하여 새로운 상황을 극복할 수 있도록 그들의 문제 해결 기법을 재조정하기 어렵다는 점이다.

셋째로 인간은 감각 능력이 뛰어나 시각, 청각, 촉각, 미각 등의 복잡한 감각기관을 직접 이용한다. 그러나 전문가시스템은 사고와 개념을 나타내기 위하여 심볼을 사용하고, 어떠한 감지기를 통해 입력한 데이터라도 시스템이 이해할 수 있도록 심볼로 변환시켜야 한다. 이러한 과정에서 상당한 양의 정보가 손실되고 이러한 것은 영상을 입력시켜 물체와 이들 간의 관계로 나타내는 경우에 특히 심하다.

넷째로 인간은 문제의 모든 각도에서 검토하여 각 측면이 갖는 주요 주제와의 관계를 쉽게 파악한다. 반면에 전문가시스템은 문제 그 자체에만 집중하는 경향이 있어 근본 문제와 관계는 있으나 분리되어 있는 주제들을 무시한다. 마지막으로 전문가로부터 지식을 추출해 내는 과정에서 발생하는 어려움을 빼놓을 수 없다.

이러한 문제점들에 대한 극복 노력으로 여러 가지 연구가 있어왔지만 크게 3가지를 들 수 있다. 첫째로 소위 지식공학이라 불리는 것으로서 전문가로부터 지식을 추출해내고 그것들을 지식베이스화하는 작업이다. 둘째로 새로운 프로그래밍 패러다임의 개발이다. 즉 전문가로부터 추출해낸 지식을 규칙(Rule)에 맞게 프로그램하는 작업이다. 이 연구의 결과로서 많은 프로그램언어와 도구(Tool)들이 개발되었고 개발되고 있다.

그리고 마지막으로 실용성의 문제인데 이것은 '기술적으로 좋은 것이 만들어지면 사용할 수도 있다'라는 명제로 귀결된다. 실은 조사방법(Operations Research)과 (경영과학(Management Science) 분야에서 일찍부터 이것에 대한 많은 연구가 있었고 시스템 개발의 실천과정 전부를 포함하는 분야가 있다. 그러나 연구실의 실험 시스템 및 데모 시스템은 실용시스템과 차이가 크다는 사실, 또한 그것이 간단한 기술적인 면뿐이 아니라는 것을 겨냥하였다고 하면서 정말 실용화된 전문가시스템은 현재 거의 없다는 점이 현재까지 연구의 한계라고 할 수 있겠다.

4. 경영관리를 위한 조직별 정보시스템

조직의 계층에 따라 정보시스템의 유형을 구분하게 되면, 경영계층의 분류에 따라 정보시스템의 지원기능도 달리 구분할 수 있다. 먼저 업무운영을 위한 정보시스템으로 기업의 경영활동 중 가장 기본적인 업무와 관련되어 데이터를 처리하는 거래처리시스템(Transaction Processing System, TPS)이 있으며, 중간경영층의 정보처리를 위한 경영보고시스템(management Reporting System, MRS) 혹은 정보보고시스템(Information Reporting System, IRS)이 있으며, 최고경영층의 경영활동을 지원하기 위한 정보처리시스템으로 중역정보시스템(Executive Information System, EIS) 등이 있다. 그 밖에도 경영계층별 정보시스템의 유형과는 달리 조직의 특정분야에 대한 의사결정 지원을 위한 의사결정지원시스템(Decision Support System, DSS)과 조직의 전략적 활동을 지원하기 위한 전략정보시스템(Strategic Information System, SIS) 등이 있다. 정보시스템의 유형들은 낮은 수준의 정보시스템에서 생성되는 정보를 이용하여 더 상위 수준의 정보시스템에 데이터 자원으로 활용하게 되며, 상위 수준의 정보시스템은 더 상위 수준의 경영활동을 지원하기 위해 활용한다.

1) 거래처리시스템

거래처리시스템은 조직의 경영활동 중에서 가장 기본적인 업무활동을 지원하기 위한 정보시스템으로 거래활동과 관련된 처리업무를 담당하며, 거래처리로부터 발생하는 데이터를 저장하고 관리한다. 거래처리시스템의 목적은 단지 많은 양의 데이터를 신속하게 처리하는 데에 있으며, 의사결정을 지원하는 것은 아니다.

거래처리시스템은 일상적이고 반복적인 거래처리 업무를 수행하며, 하위관리층이나 운영실무자에 의해 주로 사용된다. 의사결정 정보의 지원이 아닌 거래정보를 단순히 처리하여 저장하고 거래와 관련된 상세한 수준의 데이터를 취급하며, 조직의 일상적인 업무처리에 시스템을 활용한다.

거래처리시스템은 원자제의 수급에서부터 입고 및 출고와 관련된 자재관리시스템, 그리고 자재를 이용하여 공장에서의 생산공정과 관련된 생산시스템, 생산시스템에 의해 완제품의 재고는 판매시스템의 입력 자료가 되며, 판매부서의 영업실적은 회계정보시스템에서 처리된다. 이와 같이 거래처리시스템은 기업의 생산 및 영업과 같은 기본적인 업무활동에 관한 데이터를 기록, 처리, 관리하는데 이용된다.

과거에는 거래처리시스템을 EDPS(Electronic Data Processing System)라 불렀다. 이것은 전자적으로 데이터를 처리한다는 의미와 명칭이다. 하지만, 최근에는 전자적으로 처리하는 시스템의 유형이 많아지게 되면서 EDPS가 거래처리시스템을 대응하는 개념으로 바뀌게 되었다. 이처럼 거래처리시스템은 기업의 일상적인 업무를 보다 쉽게 처리하고 업무에 관한 데이터를 효율적으로 저장하고 관리하는데 그 목적이 있다.

2) 정보보고시스템

거래처리시스템은 거래 처리의 자동화를 통한 업무의 개선에 중점을 두었기 때문에 업무처리에 효율성은 높였지만, 정보를 종합하여 요약하거나 보고서를 작성하는 중간관리자의 업무에는 큰 도움을 주지 못하였다. 하위관리층은 업무를 감독하고 통제하며, 최고경영층의 의사결정에 필요한 정보를 제공하는 중간관리층의 경영관리업무를 지원하는 시스템을 경영보고시스템 혹은 정보보고시스템이라 한다.

정보보고시스템은 협의의 경영정보시스템이라 불리기도 하는데, 이 이유는 중간관리층의 경영활동을 지원하기 위해 구축된 정보시스템은 기업경영에 활용되는 모든 종류의 정보시스템을 포함하는 광의의 경영정보시스댐과 구별되기도 하지만, 시스템의 이용대상이 먼저 중간관리층으로 제한되며, 경영활동에 있어서 조직의 업무활동이나 분석, 계획, 의사결정을 위한 필요한 정보를 제공한다는 차원에서는 경영정보시스템의 개발목적과 유사하기 때문이다.

정보보고시스템은 일상적인 거래처리시스템의 업무결과와 실적을 통제하기 위한 정보를 제공함으로서 중간관리층에 대한 하위관리층의 업무성과보고서를 작성하여 제공한다. 조직 내 관련된 부서간의 데이터를 종합하여 필요한 정보를 생성하여 제공하고, 경영관리를 위해 통합된 데이터베이스를 활용하여 정보를 관리하며, 조직내 부서별·업무별 성과를 비교·분석하여 평가한 정보를 제공하며, 필요시에는 성과에 대한 예외보고서나 비정기적인 보고 자료를 작성하여 제공한다.

3) 중역정보시스템

중역정보시스템이란 최고경영층의 전략적 기획과 각종 의사결정에 필요한 정보를 제공하기 위한 시스템을 말한다. 중역정보시스템은 중역들을 위한 전문화된 의사결정지원시스템(DSS)으로, 조직 내 고위 경영층을 지원하는데 사용되는 모든 하드웨어, 소프트웨어, 데이터, 절차, 그리고 사람을 포함하고 있다.

여기서 중역이란 회장, 사장, 부사장, 전무, 상무 등과 같은 재무, 마케팅, 생산, 회계 등의 주요 기능을 책임지고 있는 이사급 이상의 임원을 의미한다. 때로는 EIS가 주주에 대하여 책임을 지는 이사회의 활동을 지원하기도 한다. 중역정보시스템은 조직 전체의 장기적인 전망이나 비전과 관련된 구체적인 정보와 조직의 강점 및 약점, 기회와 위협에 관련된 정보를 요약하여 제공한다. 이 외에 조직의 인력배치 및 노사관련 정보를 제공하고,

5 단계 : 경영정보시스템의 성공요인도출

전문가시스템의 성공요인으로는 CEO의 프로젝트 추진의지로 강력하고도 지속적인 의지표명이 필요하며, 워크숍 참여, 성공기원 메일 발송, 각종 회의 시 중요성 강조, 추진팀 방문 격려 등이 필요하다.

또한, 전문가시스템의 당위성 및 필요성에 대한 전 직원의 공감대 형성이 필요하며 이를 위하여 교육, 특강, 워크숍 개최 등을 통한 혁신분위기를 확산시켜야 한다.

분야별 핵심 업무를 담당하는 직원으로 추진팀을 구성하여 추진하며 이를 위하여 5개 분야(경영관리, 성과평가, 재무회계, e-HR, 자원관리)로 나누어 핵심 인력 선발(Best Member)하여 추진한다. 그리고 준비과정, 진행 및 완료시점까지 팀원 모두의 책임과 의지가 필요하다.

현업부서의 개선의지가 필요하며, 핵심프로세스와 개선이슈 도출, 이슈별 개선방안 수립하여야 한다. 또한 현업부서와 추진팀간의 상호간 끊임없는 자료·정보 교류가 필요하다. 이와 같은 성공요인을 근거로 추진하여 시스템 결과에 대한 성공요인을 도출하여 시스템의 효율성을 제시한다.

6 단계 : 전문가시스템 설계 및 시스템 개발

이와 같은 단계를 거쳐 전문가시스템을 설계한다. 시스템 설계 시에는 누락되는 것이 없는 가를 확인하고 최종 사용자 중심의 시스템을 설계한다. 시스템 설계가 끝나면 프로그래머들과 시스템 설계자가 참여하여 시스템을 개발 한다.

7 단계 : 유지보수

개발된 시스템은 최종 사용자의 요구에 따라 지속적으로 개선되어야 하며, 경영환경의 변화에 적응 가능하도록 진화하여야 한다.

4. Dashboard 기반의 KPI 모니터링 시스템

1) 모니터링 시스템

주제영역별 Dashboard를 적용하여 신속하게 경영현황을 파악하고, 상세 분석은 주제영역별 메뉴화면에서 수행하도록 구성하여야 한다.

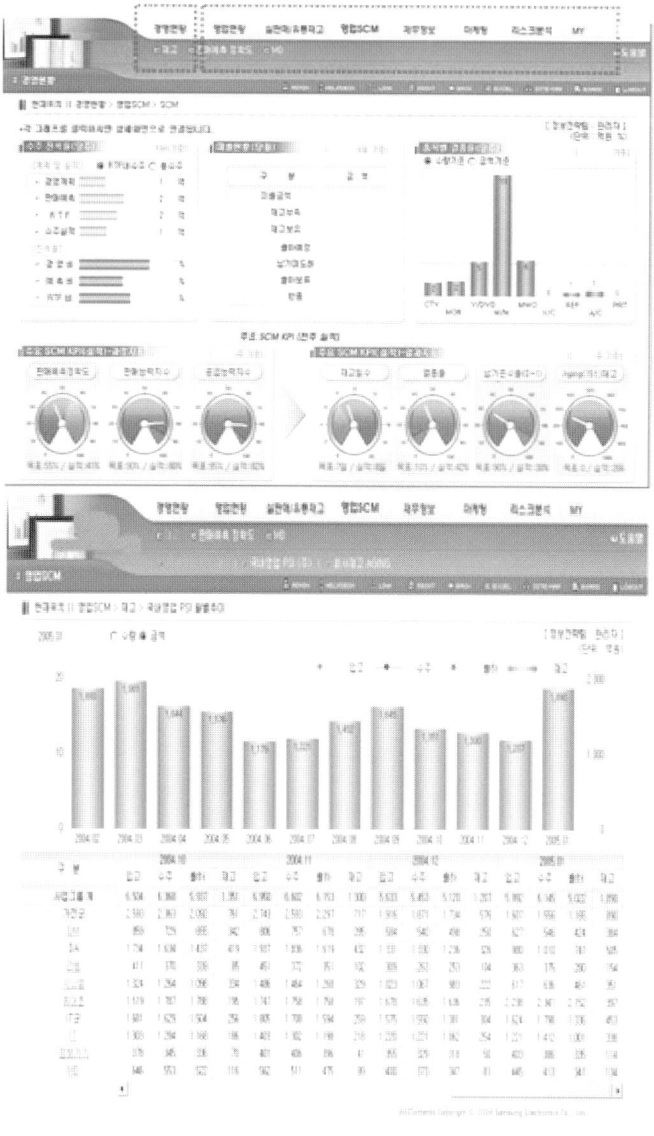

[그림 10-5] KPI 모니터링 시스템

2) 전략경영 및 경영계획 시스템

경영계획 수립부터 관리, 실적 평가까지, 회사의 전략과 연계된 KPI를 관리하고 있다.

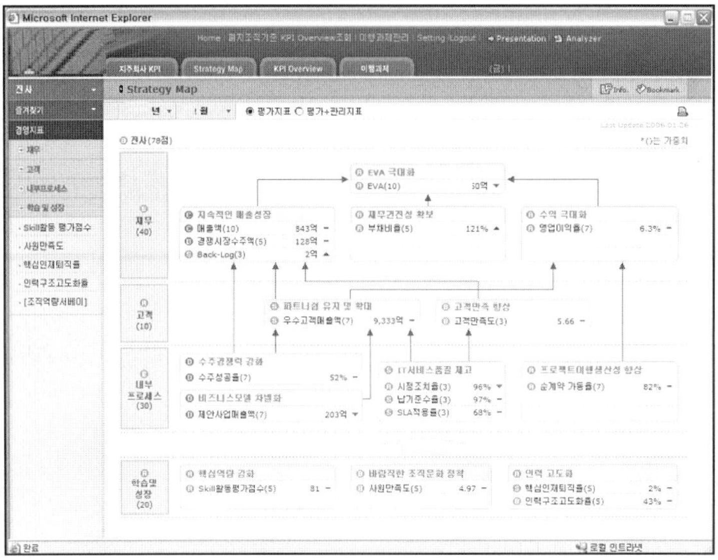

[그림 10-6] 경영전략 시스템

3) 조기경보시스템

평가지표에 대한 진척도, 투자계획에 대한 집행률, 동일한 유형의 소비자 불만이 반복 접수되는 경우 등 초기에 조기경보 리스트에 팝업하여 대형 사고를 사전에 예방 관리하고 있다.

[그림 10-7] 조기경보 시스템 구축

4) 외부정보 활용

다양하고 무제한적인 외부정보 가운데 관심항목을 선별하여 자동으로 연계할 수 있는 유·무료 데이터를 수집하고 주기적으로 올라오는 시장동향, 유관기관 정보를 수집하여 제공하고 있다.

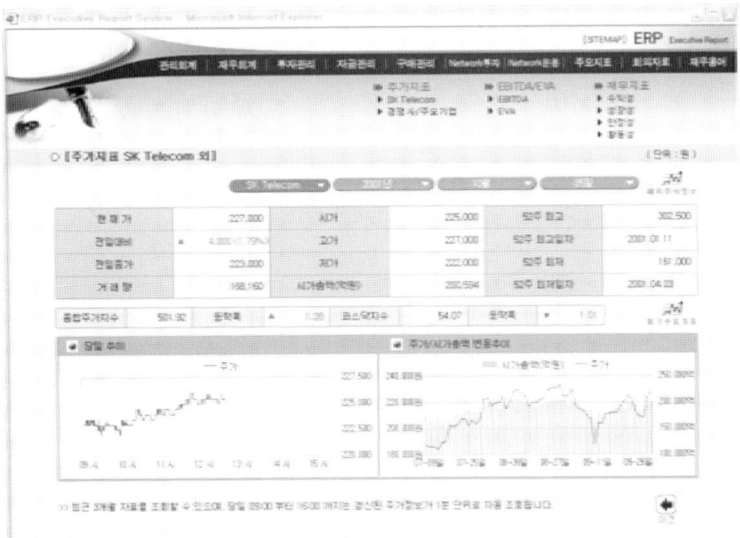

[그림 10-8] 외부정보 활용시스템

5) 통합정보시스템

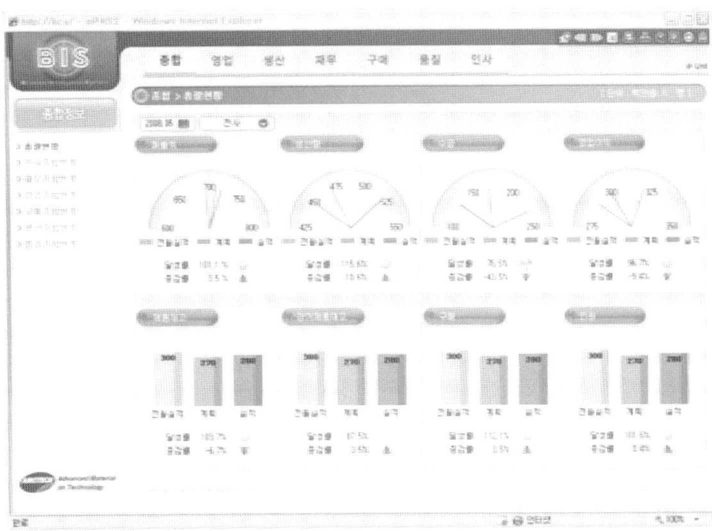

[그림 10-9] 종합정보-1

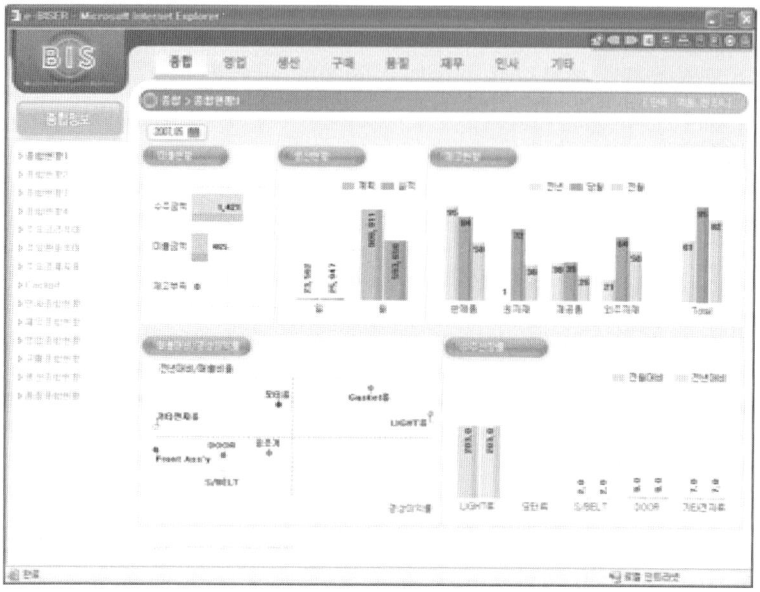

[그림 10-10] 종합정보-2

6) 인사정보

인력/인건비/노사 관련 업무인 인사부문 사례화면이다.

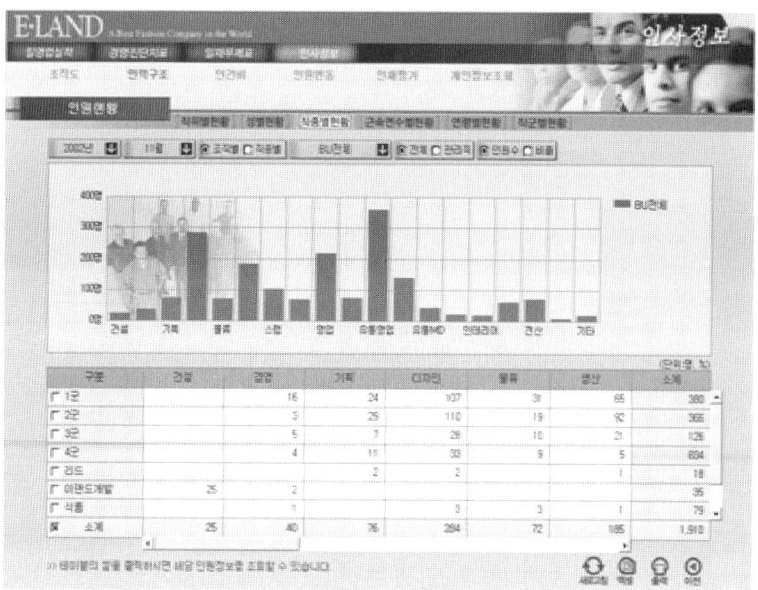

[그림 10-11] 인사정보 화면

7) 재무부문

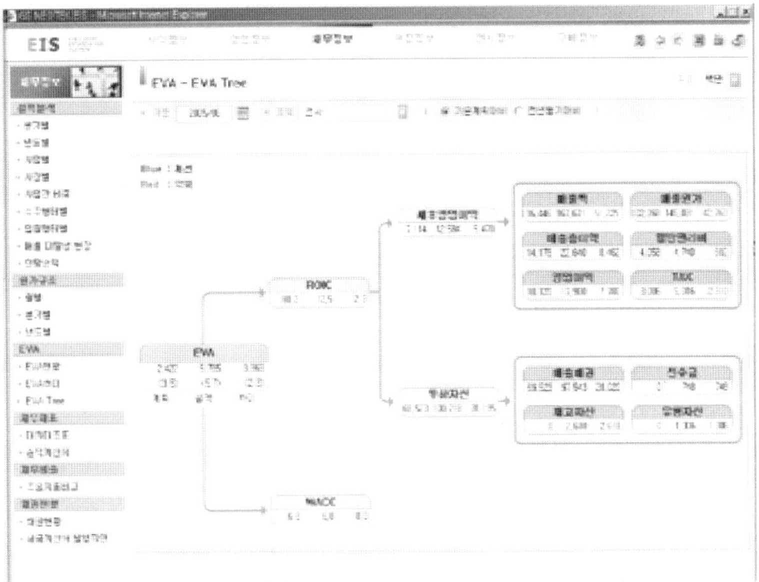

[그림 10-12] 재무부문정보 화면

8) 구매부분

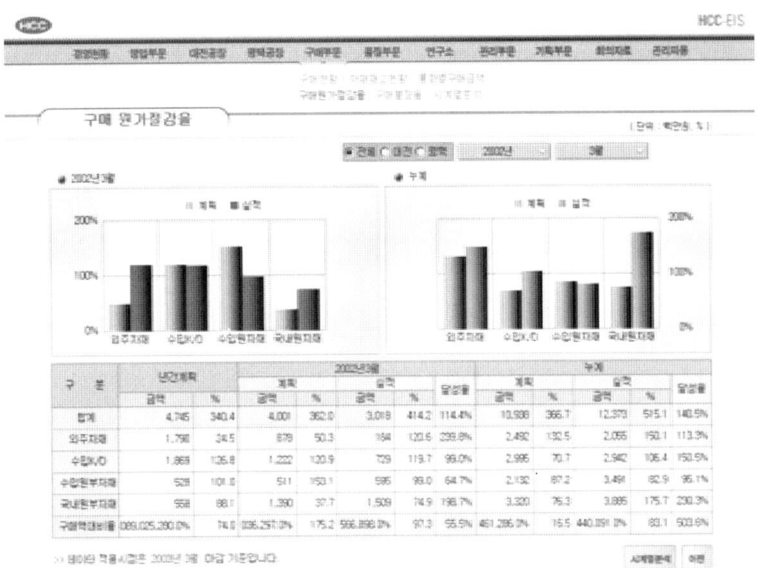

[그림 10-13] 구매부분 정보화면

연습문제

1. 전문가시스템의 필요성을 설명하십시오.
2. 전문가시스템의 특성을 논하여 보십시오.
3. 전문가시스템의 기능을 설명하십시오.
4. 전문가시스템의 구조를 설명하십시오.
5. 전문가시스템의 구축 절차를 체계적으로 설명하십시오.

Chapter 11

전략정보시스템

제1절 경영정보전략

제2절 고객관계관리시스템

제3절 공급망관리시스템

본 장에서는 경영정보 전략을 개발하고 이를 활용하는 방안에 대하여 연구하고자 하였다. 특히 정보전략 수립에 필요한 절차와 장애요인 해결방안 등을 논하였으며, 이와 같은 시스템을 고객관계관리시스템과 연계하는 과정의 연구와 공급망관리시스템 구축을 통하여 정보 전략의 활용방안을 연구하고자 하였다.

제1절 경영정보전략

1. 정보전략계획의 의의

정보전략계획(Information Strategy Planning)은 기업 등 각종 조직에서 정보시스템 계획의 필요성을 인식하기 시작한 이래 최근까지 그 개념이 지속적으로 변화 또는 진화되어 오면서 가장 폭넓게 사용되고 있는 용어이다. 원래 ISP는 1970년대에 처음 등장한 이래 1980년대까지만 해도 주로 '정보시스템계획(Information Systems Planning)'을 의미하는 용어로 사용되었는데, 1990년대 이후 경영전략과의 접목을 통한 정보시스템 구축의 중요성에 대한 인식이 크게 확산되기 시작하면서 정보전략계획(Information Strategy Planning)을 지칭하는 용어로 바뀌게 된 것이다. 이와 함께 전략적 정보시스템계획(Strategic Information Systems Planning: SISP)이라는 용어가 일부 학자들 사이에서 사용되기도 하였다.[1)]

오늘날 ISP는 보통 정보전략계획 또는 '정보전략계획을 수립하는 활동'을 지칭하며, 조직 전체의 전략과 연계되어 수행됨으로써 조직의 기획기능에 있어 중요한 위상을 차지하고 있다. 여기서 '정보전략계획'이란 전통적인 정보시스템 계획의 유형 중 전략계획과 중·장기계획을 포괄하는 개념으로서, 조직의 사업전략 및 계획과 연계된 장·단기적 정보요구를 지원할 수 있는 정보시스템 계획을 의미한다.

ISP는 "조직 내부에서 정보화를 일관성 있게 추진할 수 있도록 중·장기적인 안목으로 정보화 청사진을 작성하기 위해 필요하며, 이를 위해 현행 업무와 기존 시스템을 분석하고 이로부터 향후에 바람직한 정보시스템의 전체 모습을 마련하는 작업"으로 정의될 수 있다.[2)] 그리고 ISP의 기본목적으로는 사용자들과의 의사소통 향상, 최고경영층 자원의 증대, 자원할당과 자원 요구사항들에 대한 정확한 예측, 정보시스템 부서 활성화를 통한 비즈니스 기회의 획득, 컴퓨터 활용의 제고 등을 들 수 있다.[3)]

---

1) 자세한 내용은 김은홍·김화영, 『경영정보학 개론』, 다산출판사, 2006., pp. 272~286 참조
2) 문대원·장시영, 『정보시스템 감리』, 명경사, 1998.
3) O'Brien, J. A., "Management Information Systems : Managing Information Technology in the Networked Enterprise", McGraw-Hill Inc., 1996.

2. BSP(Business Systems Planning)의 개요 및 특성

1) BSP의 개요

BSP(Business Systems Planning) 또는 전사적 분석(Enterprise Analysis)이란 조직구조와 업무프로세스, 데이터, 응용시스템의 관점에서 조직의 장·단기 정보요구를 분석하고자 하는 구조적 기법으로서, 조직 내 데이터의 실체와 속성을 규명하는 데 매우 유용한 도구이다.[4] BSP에서는 먼저 조직구와 업무프로세스를 파악하고 나서 업무프로세스의 수행과정에서 발생·가공·저장·유통되는 데이터와 현재 조직이 보유하고 있는 응용시스템 현황을 파악·정리하게 된다. 그리고 이들 조직구조, 업무프로세스, 데이터, 응용시스템 사이의 상호관계를 사용해 정리한다.

이러한 자료의 수집 및 분석이 끝나면 주요 경영관리자들과의 심층 면담을 갖게 되는데, 이 과정에서 이미 수집 ·정리된 자료의 타당성을 점검하고 지금까지 밝혀지지 않은 문제점 및 정보요구들을 추가로 파악한다. 이 면담과정은 이와 같은 본래의 목적 이외에 각급 경영관리자를 교육하고 보다 적극적인 참여와 협조를 유도한다는 점에서도 그 중요성을 찾을 수 있다. 한편 면담은 가급적 하위직 관리자를 먼저, 상급 관리자를 나중에 하는 것이 그 내용을 종합하고 조정한다는 관점에서 바람직하다. 면담시에는 사전에 작성된 면담용 설문지를 활용하는 것이 바람직하며, 사전에 정리된 자료를 가능한 많이 활용하는 것이 의사소통의 효율성을 높이는 방법이 될 수 있다.

그밖에 관리자 면담과정에서 주의하여야 할 점이 두 가지 더 있다. 첫째, 경영관리자와의 면담을 통해 모든 문제가 발견되는 것은 결코 아니며, 경영관리자들이 지적하는 것들이 모두 진짜 문제는 아니라는 점이다. 즉 별도의 분석과정을 통해 관리자들이 제기한 문제점들의 타당성을 검토하고 관리자들이 지적하지 않은 문제점들을 찾아내야 할 필요성이 있다. 둘째, 면담의 결과는 가급적 공식화, 계량화, 객관화하여 정리하여야 한다는 점으로, 이를 위하여 특히 면담용 설문지의 설계에 각별한 신경을 써야 한다.

이상 면담결과는 관리자별, 기능부문별, 그리고 전사적 차원의 문제점 및 개선방향으로 나누고 또한 현재 시스템과 관련된 문제점, 미래의 시스템에 대한 요구사항, 정보시스템과 무관한 견해 등으로 분류한 후, 이를 다시 그 원인이 되는 업무프로세스별로 분류하게 된다. 이렇게 면담자료를 정리하고 나면 이를 토대로 어떤 정보기술을 어떻게 활용할 것인가 어떤 응용시스템들이 필요한가, 응용시스템들의 전체구조는 어떻게 구축되어야

4) Laudon, K. C. and Laudon, J. P., Management Information Systems: Managing the Digital Firm(8th ed)., Prentice-Hall, Upper Saddle River, 2004.

하는가, 응용시스템간 우선수위는 어떻게 되는가 등의 질문에 대한 결론을 내려야 한다. 그리고 이를 실행에 옮기기 위한 구체적인 추천사항 및 실행계획을 도출하고 나면 BSP를 통한 정보요구분석이 완료된다.

2) BSP의 특성

BSP의 장점은 크게 일반 경영관리자, 정보시스템, 정보시스템 관리자 등 세 가지 입장에서 논의될 수 있다. 우선 BSP 과정을 통하여 조직구조, 업무프로세스, 데이터, 응용시스템 등의 관점에서 조직 전반을 분석하고 이를 문서화한 다양한 산출물을 얻게 되는데, 최고 경영층 및 각 기능부문별 관리자들의 입장에서 볼 때 이들 산출물들은 조직을 보다 깊이 이해하고, 조직 내의 다양한 정보요구를 종합적으로 파악하는데 큰 도움이 된다.

정보시스템의 관점에서 BSP는 각 응용시스템이 조직에 미치는 영향정도와 우선순위 등을 고려한 정보시스템 개발계획을 수립할 수 있도록 해 주고, 이를 토대로 보다 사용자 중심의 시스템 구축이 가능해진다는 장점을 가지고 있다. 한편 정보시스템 관리자의 입장에서 볼 때 BSP는 최고경영층의 정보시스템에 대한 인식을 높일 수 있는 계기를 마련해 준다는 데서 가장 큰 의의를 갖는다. 또한 BSP를 통하여 정보자원에 대한 장기적인 투자계획 수립의 근거를 확보하고, 시스템개발 우선순위에 대한 전사적인 합의를 도출할 수 있으므로 확신을 가지고 업무를 처리할 수 있게 된다.

반면에 BSP 기법의 가장 큰 단점은 조직구조와 업무프로세스, 데이터, 응용시스템에 관한 방대한 자료를 수집하고 분석하는데 비용과 시간이 많이 든다는 것으로, BSP의 전 과정을 무리 없이 진행시키기 위해서는 평균적으로 6개월 이상의 장기간을 필요로 한다고 한다. 또한 이 기법이 근본적으로 미래보다는 현재 중심의 정보요구분석에 치중한 특성을 가지고 있다는 것도 단점으로 지적할 수 있다. 몰론 BSP도 미래의 정보요구에 대한 분석을 포함하고는 있지만 그것이 대부분 현재 경영관리자들의 인지를 바탕으로 도출된 것이라는 점에서 근본적인 한계를 가지고 있다.

3. CSF의 개요 및 특성

1) CSF의 개요

CSF(Critical Success Factors)또는 핵심성공요인은 "기업 간 경쟁에서 성공적 위치를 점할 수 있도록 보장해 주는 제한된 수의 요인 또는 활동영역"으로 정의된다.[5] 따라서

5) Rockart, J. F., "Chief Executives Define Their Own Data Needs", Harvard Business Review, Mar./Apr. 1979, pp. 81~91.

경쟁에서 성공하고자 하는 경영자라면 자신의 모든 의사결정과정에서 CSF를 하나의 전제조건으로 고려하고, 아울러 계속적으로 CSF와 관련된 성과를 측정하고 점검하지 않으면 안 된다.

이러한 CSF는 대개 산업, 기업, 사업부 또는 기능부문, 그리고 개인 등 네 수준에서 정의 하는 것이 보통이다. '산업 CSF'는 산업 특성이나 환경에 의해 결정되며 동종 산업 내 모든 기업에게 적용되는 성공요인이다. '기업 CSF' 또는 전사적 CSF는 기업의 특성이나 환경, 산업 CSF에 의해 결정되는 것으로, 개별 기업의 성공을 보장하는 요인을 의미한다. 또한 '기능 부문 CSF'는 전사적 CSF의 성공적 달성을 위해 각 기능부문에서 핵심적으로 고려해야 할 요인을, '개인 CSF'는 전사적 CSF 및 기능부문 CSF의 달성을 위한 각 구성원의 핵심적인 목표로 볼 수 있다.

ISO 도구로서의 CSF방법론은 하향식(top-down) 또는 규범적 접근에 의해 경영층의 정보요구를 파악하고자 하는 기법으로 볼 수 있다. 여기서는 무엇보다도 산업, 기억, 기능부문 및 개인 차원의 CSF를 도출하는 데 중점을 둔다. 이어서 이들 CSF의 성과를 지속적으로 점검하는 데 필요한 정보를 정의하고, 이러한 정보를 효과적으로 제공할 수 있는 정보시스템체계를 정의하게 된다. 또한 경영층의 경우 비정형적 정보에 대한 요구가 많음에 주목하여, BSP와는 달리 특별한 분석방법이나 절차 등의 형식에 구애받지 않고 요구정보를 파악한다는 점도 이 기법의 특징이다.

2) CSF 방법론의 기본과정

CSF 방법론은 기업이 속한 산업과 기업 고유의 특성 및 경영자 특성 등을 고려하여 CSF를 하향식으로 정의하고, 여기에 기업이 처한 환경적 요소와 현실적 요소를 감안함으로써 체계적인 정보의 창출과 활용이 가능하다는 기본가정에서 출발한다. CSF 도출을 통하여 정보시스템 계획을 수립하는 과정을 크게 나누어 보면 ① 조직 환경 및 목표 분석, ② 조직의 문제 및 요구사항 파악, ③ CSF 추출, ④ 평가항목 및 측정방안 도출, ⑤ 정보 및 정보시스템 요구분석, ⑥ 추진 우선순위 설정, ⑦ 실행계획 수립 등의 단계를 거치게 된다.[6]

먼저 CSF를 도출하기 위해서는 CSF 분석가 또는 분석팀이 조직 및 환경에 대한 깊은 이해를 가지고 있어야 한다. 왜냐하면 조직의 특성 및 환경, 그중에서도 특히 조직목표는 가장 중요한 CSF의 출처가 되기 때문이다. 좀 더 구체적으로 분석가는 조직의 목표, 구조 및 업무흐름, 각 부문별 목표 및 주요 업무 등에 대해 완전히 이해하고 있어야 한다.

이러한 조직에 대한 이해를 바탕으로 분석가는 먼저 조직이 직면하고 있는 주요 문제점 및 요구사항을 파악해야 한다. 즉 조직의 각 부문별 담당자나 간부들과의 면담 등을

6) Bullen, C. V., and Rockart, J. F., "A Primer on Critical Success Factors", CISR Working Paper, No. 69, Sloan School of Management, MIT, June 1984.

통하여 조직이 처한 문제점과 이에 대처하기 위해 요구되는 사항들을 미리 파악함으로써, 향후 구체적인 CSF 추출을 위한 자료조사 방식에 대한 계획수립이 가능해진다.

이어서 조직 내 각급 관리자들로부터 전사적, 기능부문 및 개인 CSF는 물론, 각 CSF별로 그 성과를 평가할 수 있는 지표 및 측정방법과 관련된 구체적인 내용에 관한 의견을 수렴해야 한다. 이때 의견수렴 방법에는 크게 면담과 설문조사의 두 가지 방식이 있다. 그런데 이 과정에서 특히 주의할 점은 면담이나 설문조사에 앞서 관련자들에 대해 CSF 개념 및 추출과정 등에 대한 충분한 교육을 실시해야 한다는 점이다. 그리고 CSF와 평가지표를 정의하는 과정에서 필요하다면 그 횟수에 구애받지 말고 보충면담이나 워크숍 등을 반복적으로 실시해야 한다.

이상의 과정을 거쳐 CSF와 평가지표가 정의되고 나면, 그로부터 필요한 정보 및 정보시스템에 대한 요구를 도출할 수 있게 된다. 이렇게 해서 CSF 성과의 평가와 통제를 위해 반드시 확보해야 할 응용시스템들의 목록을 작성하고, 이들 간의 개발 우선순위를 결정하게 된다. 마지막으로, 우선순위에 입각하여 구체적인 실행계획을 작성하게 되면 CSF 방법론의 모든 과정이 끝나는 것이다.

3) CSF방법론의 장단점

ISP 도구로서 CSF 방법론이 가지는 가장 큰 장점은 무엇보다도 비교적 조직의 현재 상황과 독립적인 정보요구를 도출함으로써 조직의 목표와 정보시스템을 직접적으로 연계시킬 수 있다는 데 있다. 조직의 구조 및 업무프로세스 분석, 관리자들의 인식 등을 출발점으로 하는 BSP와 비교해 볼 때, CSF 방법론의 장점을 쉽게 이해할 수 있을 것이다. 이러한 장점은 특히 사전에 조직목표 및 전략체계를 명확히 설정하고 있는 조직에서 더 크게 나타나지만, 설사 그렇지 않은 조직이라 할지라도 CSF 방법론을 적용함으로써 비교적 쉽게 조직목표와 정보시스템 구축을 연계시킬 수 있다고 한다.[7)]

또한 CSF 방법론은 경영층의 정보요구분석을 위한 목적 이외에 기존 또는 개발예정인 응용시스템의 평가를 위한 목적으로 활용할 수 있다는 장점도 있다. 즉, 각 응용시스템이 CSF의 성과를 측정·통제하는데 얼마나 많은 기여를 하느냐에 따라 시스템의 전략적 또는 경영관리적 가치를 평가할 수 있다는 것이다. 또한 특별히 정형화된 형식이나 절차에 구애받지 않고 비교적 손쉽게 적용할 수 있다는 점도 이 방법론이 가진 또 하나의 장점으로 지적할 수 있다.

반면에 CSF 방법론은 그 자체로서 완전한 정보시스템 계획수립 방법론이 아니고 다른

7) Earl, M. J., "Information Systems Strategy Formulation", in R. J. Boland, Jr. and R. Hirschheim(eds.), Critical Issues in information Systems Research, Wiley, New York, 1987.

① 프로젝트의 목적, 범위, 최종결과물 등의 명확한 정의
② 프로젝트에 적용할 방법론, 도구 등의 정의 및 확보
③ 프로젝트 전담팀의 구성 및 교육
④ 프로젝트 단계의 조정 및 관리방법의 결정
⑤ 자료수집을 위한 면담대상자 및 각 기능별·부서별 협조자 명단의 확정
⑥ 구체적인 프로젝트 일정, 역할 및 책임 분담, 중간성과물 등의 정의

이상과 같은 착수단계에서 특히 중요한 것은 조직구성원들, 특히 최고경영층에서 ISP의 필요성을 확실하게 인식시키는 것이다. 이는 최고경영층의 지원을 통해서만 ISP 프로젝트에 필요한 자원을 충분히 확보할 수 있을 뿐만 아니라, 계획을 수립하는 과정에서 최고경영층의 적극적 참여를 통한 방향제시가 필요하기 때문이다. 최고경영층 이외에도 각 기능부문의 책임자들의 역할도 매우 중요하므로, 착수단계에서 이들을 적극적으로 설득하여 자발적인 참여와 협조를 이끌어낼 수 있어야 한다.

2) 환경/전략 분석 단계

조직 내·외부의 경영 및 기술 환경에 대한 분석을 통하여 현재의 문제점과 향후 발전방향을 개괄적으로 파악하는 단계로, 이에 관해서는 이미 앞에서 ISP의 투입물이라는 관점에서 상세히 설명한 바 있다.

3) 업무요건 정의 단계

각종 문서나 컴퓨터 파일 등을 분석하거나 조직 내 각 부문의 경영자나 담당자들과의 면담을 통해서 업무상의 정보요구를 파악하고 우선순위를 결정하는 단계이다. 또한 이 단계는 현재 구축되어 있거나 구축예정인 정보시스템의 현황 및 문제점을 파악하는 과정을 포함하는데, 넓게 되면 이 과정은 바로 앞 단계의 내부 기술환경 분석에 포함시킬 수도 있을 것이다. 결론적으로 업무요건 정의 단계는 현행 시스템의 개선방향과 미래의 정보요구를 분석, 종합하여 바람직한 정보요구사항을 정의하고, 이들 간의 우선순위를 결정하는 단계이다.

4) 체계 정의 단계

여기서는 지금까지의 분석결과를 토대로 바람직한 조직의 정보체계, 업무(또는 정보)시스템 체계 및 정보기술체계를 정의하고 미래의 정보관리체계를 설계하게 된다. 이들은 모두 ISP의 핵심이 되는 산출물이다.

5) 이행계획 수립 단계

이전 단계에서 정의한 각종 체계들이 조직 내에 실제로 구현되기까지는 상당한 시일이 필요하다. 따라서 이들 체계로 이행하는 과정에 대한 보다 구체적인 계획이 필요하게 되는데, 이를 이행계획(migration plans) 또는 실행계획(implementation plans)이라고 한다. 이행계획은 보통 대략적인 소요예산이라든가 일정계획을 포함하며, 이들 계획을 바탕으로 수립되는 각종 자원의 조달계획 등이 포함된다. 특히 최근에는 이행계획의 수립에 있어서 아웃소싱을 자원확보의 중요한 대안의 하나로 고려하는 것이 바람직하다는 견해가 점차 설득력을 얻고 있다.

6) 완료단계

지금까지의 분석결과와 정의한 내용을 모두 포함하는 ISP 보고서를 작성하고 난 후, 조직구성원 전체가 그 내용을 공유할 수 있도록 해야 한다. 이를 위해서는 새로 작성된 ISP 보고서의 요약본을 구성원들에게 배포하고, 별도의 홍보 및 교육을 실시하는 것이 필요하다. 또한 중·장기적 관점을 기반으로 하는 ISP가 소기의 성과를 얻기 위해서는 특히 계획의 사후관리가 중요한데, 여기에는 사후점검과 유지보수가 포함된다. 사후점검이란 실제로 계획이 이행되고 있는지를 정기적으로 점검하여 필요한 조치를 취하는 것을 의미한다. 또한 계획기간이 비교적 장기인 경우 시간이 지나면서 당초 예상했던 것과는 다른 상황이 발생하는 경우가 많은데, 이때는 계획의 적절한 유지보수가 필요하게 된다. 이처럼 적절한 시기에 유지보수가 이루어지지 않는다면 그 계획은 이미 계획으로서의 가치를 상실하기 때문이다. 끝으로, 이상과 같은 계획의 사후점검과 유지보수를 제대로 수행하기 위해서는 그 책임과 권한을 명문화하여 조직 내 특정 부서나 인력에 부여하지 않으면 안 된다.

5. 정보전략계획의 장애요인 및 성공요인

지금까지 많은 조직에서 ISP 수행을 위하여 적지 않은 시간과 노력을 투자해 왔으나 이와 같은 투자가 항상 소기의 성과로 이어지는 것은 아니었다. 그 동안 실제 기업을 대상으로 ISP의 장애요인 또는 성공요인들을 조사한 다양한 연구결과를 보면, 조사에 따라 약간씩 다른 요인들이 제시되거나 요인별로 상대적 중요도가 다르게 평가되기도 하지만 대체로 유사한 결과를 보여주고 있다. 기존 문헌에서 효과적인 ISP 수행에 장애가 되는 것으로 지적되어 온 대표적인 요인들은 다음과 같다.[8)]

8) Lederer, A. and Mendelow, A. L., "Information Resource Planning : Overcomming Difficulties in Identifying Top Management's Objectives", MIS Quarterly, 11(3), 1987, pp.

① 최고경영층의 참여 및 지원 부족
② 효과측정의 어려움
③ 사업특성에 대한 적절한 대처능력의 부족
④ 적절한 능력을 갖춘 프로젝트 팀장 확보의 어려움
⑤ 전문 인력의 부족
⑥ 조직 내의 정치적 갈등
⑦ 정보기술 기반의 취약성

이상 요인들을 성공적인 ISP 수행을 위해 사전에 예방 또는 제거해야 할 요인으로 본다면 이들로부터 성공요인의 도출이 가능해진다. 또한 실제 기업을 대상으로 직접 ISP의 성공요인을 분석한 실증적 연구결과에서 조사된 ISP의 성공요인을 중요도가 높음 순으로 제시하면 다음과 같다.[9)]

① 최고경영층의 참여
② 최고경영층의 지원
③ 명확한 비즈니스전략의 설정
④ 기술보다 비즈니스 우선의 접근
⑤ 정보시스템 부서의 관리능력

389~399 : Lederer, A. L. and Sethi, V., "The Implementation of Strategic Information Systems Planning Methodologies", MIS Quarterly, 12(3), 1988, pp. 445~461.

9) Earl, M. J., "Experiences in Strategic Information Systems Planning", MIS Quarterly, 17(1), 1993.

제2절 고객관계관리시스템

1. 고객관계관리의 의의

그동안 기업은 상품 또는 서비스를 보다 더 저렴한 가격 또는 우수한 품질로 고객에게 제공함으로써 수익을 추구했다. 그러나 소비자의 요구가 다양해지고, 기업활동의 순환 사이클이 빨라지면서 기업은 더 이상 품질 또는 가격만으로는 차별화된 경쟁수단을 가질 수 없게 되었다. 기업은 고객별로 적합한 상품 또는 서비스를 보다 신속히 제공하여야 기업의 경쟁력을 가질 수 있으며, 고객의 요구사항을 정확히 이해함으로써 고객과의 관계를 지속적으로 유지하는 것이 중요하게 되었다.[10)]

CRM(Customer Relationship Management)은 기업이 획득한 고객을 지속적으로 유지하고, 기업에 대한 고객의 가치를 증진시키기 위해 기업과 고객 간의 상호 이익 관계를 형성·유지·강화하려는 기업의 일련의 마케팅과정으로 정의될 수 있다. 물론 CRM은 다양하고도 수많은 고객들의 정보를 기반으로 수행되기 때문에 고객 정보를 파악할 수 있는 시스템 기반을 필요로 하며, 생산과 상품의 전달경로, 마케팅, 그리고 의사결정 등의 경영 카테고리와 연관되어 있다.

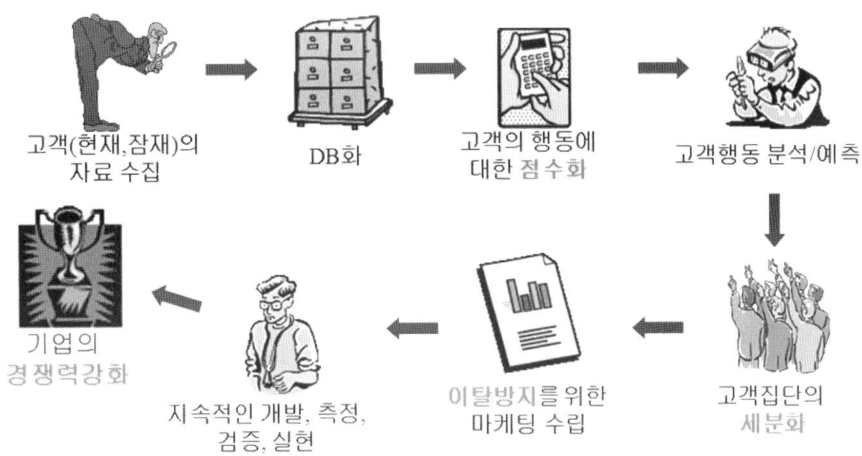

[그림 11-1] CRM 기본 개념도

10) 김의창·송유진·문태수, 『e-비즈니스시대의 정보관리론』, 학현사, 2005, pp. 317~326.

CRM을 위해서는 상품/서비스 중심으로 통합되어 있는 기업의 데이터를 고객 중심으로 통합을 한 뒤 여러 기법을 이용하여 기업 내/외부의 고객정보(인구통계정보, 거래이력 및 반응정보 등)를 분석하고 고객을 세분화한다. 이를 통해 고객은 우량고객 집단, 휴면고객 집단, 잠재고객 집단 등 여러 특성 집단으로 분류가 될 수 있고, 기업은 각 특성 집단별로 차별화된 마케팅믹스 전략을 수립할 수 있다. 각 고객 집단은 이렇게 기업이 실시한 마케팅에 어떤 반응을 보일 것이고, 기업은 다시 이 반응 정보들을 분석하여 다음의 고객 정보 수립에 반영하는 피드백을 수행한다. 이와 같은 CRM의 Closed-loop Cycle은 크게 4부분으로 분리되어 설명될 수 있다.

CRM프로세스에서 인식되어야 할 기본 사항들로는 크게 두 가지가 있다. 첫째, 고객과의 계속적인 Communication 및 관계지속을 통한 고객 이해가 필요하다. 둘째, 고객 확보/유지 및 고객의 LTV(Life Time Value)향상을 목표로 고객의 행동에 영향을 주기위한 반복적/전사적인 접근이 이루어져야 한다. 고객정보획득, 고객 세분화, 마케팅전략의 수립, 실행 및 평가에 이르기까지 일련의 과정을 피드백 관리함으로써 지속적 개선을 해야 한다.

전 세계적으로 CRM은 관심을 모으고 있는 이슈이지만 서로 다른 정의들이 많아 개념상의 혼란을 주는 경우가 많다. CRM은 기업이 수동적인 자세에서 벗어나 적극적으로 고객을 유치하고 고객과의 관계를 긴밀하게 이끌어가야 한다는 사업전략에서 비롯되었으며, 업무 프로세스 개선이 우선이다. CRM을 구현하기 위해서는 하드웨어, 소프트웨어, 네트워크 장비뿐만 아니라, 전산자원을 통합하는 작업과 컨설팅이 뒤따라야 하므로 CRM을 단순히 하드웨어나 데이터웨어하우스(Datdware house)의 연장선 또는 솔루션으로 파악해서는 안 된다.

CRM을 수행하기 위하여 데이터가 고객중심으로 통합되어 활용 가능한 시스템으로 구축이 되면, 여러 기준에 의해 고객을 세분화하고 고객의 특성을 발견하기 위한 여러 기법이 쓰이게 된다. 이러한 기법에는 정보요구자가 데이터웨어하우스에 직접 접근하여 다차원적인 질의를 통해 대화식으로 정보를 산출해 나가는 OLAP(On-Line Analytical Processing), 방대한 양의 정보로부터 쉽게 발견되지 않는 유용한 정보의 패턴을 구축하는 데이터마이닝(Data Mining) 등이 있다.

최근에는 인터넷 기업의 성장이 두드러지면서 외국기업 중에서 아마존, AOL (American On-Line) 등 선도기업을 중심으로 CRM을 통한 일대일 마케팅을 전개하고 있으며, 국내 인터넷 기업들도 대형포탈, 전문포탈, 전자상거래 기업들 위주로 CRM, DB마케팅 시스템을 구축 중이거나 도입을 준비 중이다.

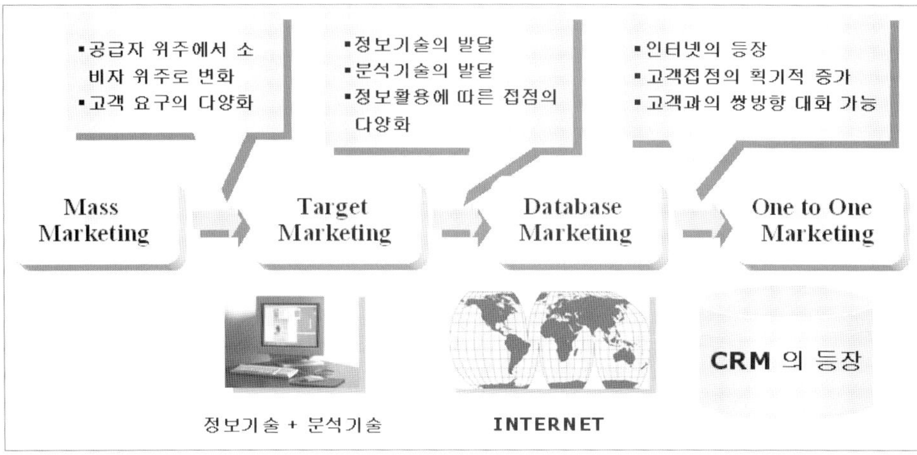

[그림 11-2] e-CRM의 등장배경

2. 고객관계관리시스템의 범위와 발전

1) 고객관계관리시스템의 범위

이러한 CRM의 범주는 아래의 도표에서 볼 수 있듯이 매우 포괄적이고 광범위하다고 할 수 있다.

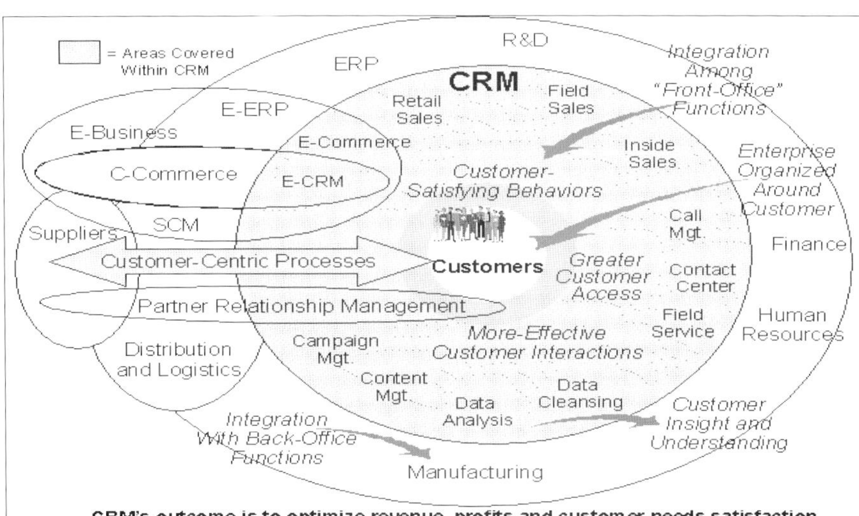

[그림 11-3] CRM의 범주

2) 고객관계관리시스템의 발전

1990년대 후반 들어 고객관리가 기업의 성과와 생존에 직접적 영향을 미치게 되어 CRM의 시대가 열렸다. 고객은 network의 능동적 참여자로 변화하였고, 과거에는 가치사슬이 공급자→판매활동→고객의 방향으로 형성되었으나 최근에는 고객→고객·기업간 채널→경영활동으로 가치사슬의 역류현상이 나타나, 일방향적이었던 DBM에서 기업과 고객이 쌍방향적 동반자로 변화하였다. 이에 따라, 전사적으로 고객 관리를 지향하는 CRM을 도입하였고, 이러한 CRM으로의 진화는 고객으로부터 '요청'의 변화와 정보기술의 혁신으로 인한 기업의 「수단」의 변화에 기인한다.

여기에 Internet의 확산이 e-CRM이라는 개념을 새롭게 탄생시키기에 이르렀으며, Internet과 이메일의 보편화로 기업은 더욱 다양해진 채널을 통해 고객정보를 수집하여 공격적으로 활용하고 있다.[11)]

e-CRM은 Internet을 통하여 e데이터웨어하우스[12)]로 모아진 고객과 관련된 데이터를 웹마이닝(Web mining)[13)]으로 분석하며, Internet과 인트라넷을 이용한 e-CRM은 고객층의 정교한 세분화와 개인 고객과의 1:1 관계 형성을 실현하고 있다.

〈표 11-2〉 CRM과 e-CRM의 비교

항 목	CRM	eCRM
중심 초점	기업, 고객 에이전트	고객
관계의 성격	단순, 정적	복잡, 동적
관계의 범위와 통제	기업의 특정 영역	확장된 기업의 영역
애플리케이션의 목적	고객 상호작용의 추적	고객관계 가치의 이해와 증진
고객 접촉 채널	영업원 방문, TM, DM 등 복수의 분산된 채널	Internet을 활용한 단일 통합채널
고객 요청 처리과정	복잡하고, 처리과정에 오류 개입 가능성	On-demand access로 단순한 절차와 실시간 처리
비용(Check)	신규고객 유치와 관리 비용이 상대적으로 높음	초기 Set-up 비용이 높은 반면 유지, 관리 비용은 무시할 수준
On-line 서비스 내용	주로 TM을 이용한 단순한 질의/응답	음성, 동화상 Multimedia, FAQ, 기타 고객 관심분야 정보제공
시간, 공간적 범위	제한된 영업시간, 지역적 한계 존재	하루 24시간, 전 세계를 대상으로 가능

11) The Forrester Research Report
12) 데이터웨어하우스는 방대한 고객 프로파일 데이터를 저장하는 정보창고와 같은 것이다.
13) 마이닝이란 데이터베이스에 숨어 있는 유용한 정보를 통계적 기법을 이용해 찾아내는 과정을 말한다.

3. 고객관계관리의 유형과 특징

CRM은 프론트오피스(front office) CRM과 e-CRM으로 구분할 수 있다.[14] 전통적인 CRM시스템을 지칭하는 프론트오피스 CRM은 콜센터 등의 오프라인 매체를 중심으로 고객관계관리의 활동을 지향하는 것을 의미한다. 반면에 e-CRM은 인터넷상에서 발생하는 고객의 상세한 정보를 획득하여 분석하고 이를 바탕으로 고객 개개인에게 맞춤화된 정보를 제공하며 그 성과를 검증·평가하여 결과를 피드백 해 줌으로서 고객 요구에 대한 신속한 대응과 고객행동의 예측을 통해 고객 점유율 증대를 도모하는 일련의 활동을 지원한다.

〈표 11-3〉 프론트오피스 CRM과 e-CRM의 비교

구분	프론트오피스 CRM	e-CRM
주요 활동대상	오프라인 기업	전자상거래 또는 e-Biz 수행기업
고객접점	콜센터, 우편 등 오프라인 중심	인터넷 중심
구성요소	판매, 고객서비스, 마케팅	e-판매, e-고객서비스, e-마케팅
판매관련요소	전화판매, 판매자동화	전자상거래(B2B 등)
고객서비스 관련 요소	기술지원, 현장서비스	셀프서비스, 이메일관리
마케팅 관련 요소	캠페인, 분석도구	e-마케팅, 개인별 서비스

자료 : 민승기, "CRM 기술동향", 「전자통신동향분석」, 16(5), 2001

그러나 이와 같이 프론트오피스 CRM과 e-CRM으로 구분하여 e-CRM을 인터넷 환경하에서의 고객관계관리로 한정하는 것에는 무리가 있을 수 있다. e-CRM을 과거 프론트오피스 CRM을 포함하여 광의로 해석하여 구분하는 형태도 있다. 즉 과거의 프론트오피스 CRM이 인터넷 기반에서 보다 고객 맞춤형 서비스가 가능해진 형태로 e-CRM으로 보는 것을 의미한다.

앞에서 CRM의 개념을 살펴보았지만 이를 좀 더 자세히 살펴보면 CRM의 특징은 다음과 같다.

첫째, CRM은 고객지향적이다. 고객에게 필요한 상품, 서비스는 물론 차별화된 보상 등 적절한 혜택을 제공하여 고객과의 관계 관리에 기업의 초점을 맞추는 고객중심적(Customer-Centric)인 경영방식이다.

둘째, CRM은 고객의 일생 전체에 걸쳐 관계를 구축하고 강화시켜 장기적인 이윤을 추구

14) 민승기, "CRM 기술동향", 「전자통신동향분석」, 16(5), 2001, pp. 67~76. : 김은홍·김화영, 『경영정보학 개론』, 다산출판사, 2006., p. 187.

연습문제

1. BSP의 특징을 살펴본다.
2. CSF의 성공요인과 특성을 설명하십시오.
3. 고객관계관리(CRM)에 대하여 논하십시오.
4. 고객관계관리(CRM)의 특성에 대하여 논하십시오.
5. 공급망관리의 특성에 대하여 논하십시오.

Chapter 12

정보보안

제1절 정보보호 및 보안

제2절 전자상거래의 보안기술 체계

제3절 시스템보안

제4절 방화벽

본 장에서는 기업의 방대한 경영 정보시스템 보호방법과 정보 보안시스템 개발방법에 대하여 논하였다. 이와 같은 정보 보안 시스템을 응용하여 전자상거래 시스템의 정보보안 방법과 기업의 시스템 보호방법에 대하여 기술하였다.

제1절 정보보호 및 보안

1. 보안의 개념

1) 보안의 정의

보안이란, 안전을 유지한다는 의미로서 전자상거래에서의 보안이란 기업이 가지고 있는 정보와 시스템 자산을 보호하기 위해서 고안된 것으로 사실 보안기술은 모든 사람이 공평무사하며, 정직하고, 아무도 속이지 않는다면 필요하지 않게 된다. 그러나 현실적으로는 다양한 규칙(rule)의 위반(attack)이 존재하기 때문에 보안기술이 필요하게 되었고, 이러한 연유로 보안기술은, 그것에 독립적인 목적이 있다기보다는 규칙의 위반이라는 부당한 공격에 대한 방어적 기술로서 발전하게 된 것이다.[1]

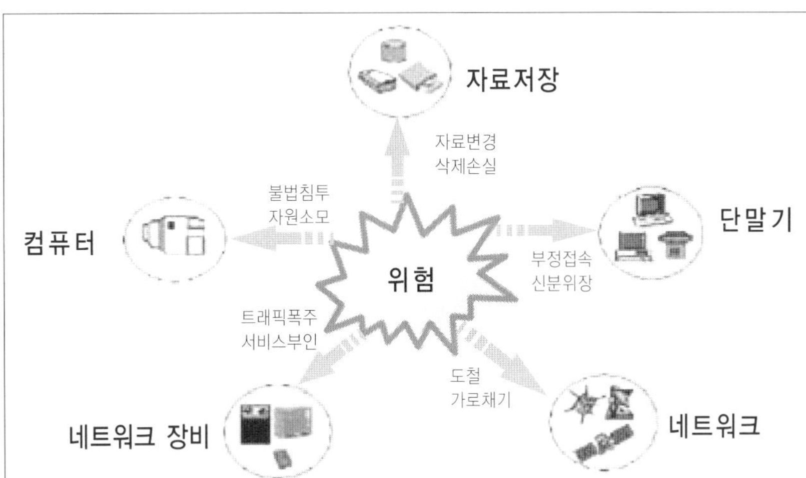

자료 : 삼성 SDS IT Review, 2001. 6.

[그림 12-1] 정보보호의 위협요소

초창기 컴퓨터 발명시에는 보안 문제는 단지 비인가자의 부정행위를 방지하기 위해 컴퓨터에 접근을 통제하는 물리적 보안(physical security) 즉, 컴퓨터에 저장되어 있는 파일이나 정보들을 보호할 수 있는 컴퓨터시스템보안(Computer System Security)이 필요했다.[2]

1) 권도균, "전자상거래 기반구조의 핵심 : Internet 보안기술", 「월간 인터네트」, 1997. 6. pp. 188~190.

하지만, 시분할 시스템(Time Sharing System), 데이터베이스 시스템(Data Base System) 등의 개발을 통해 여러 명의 사용자들이 한 개의 시스템을 공유하게 되었고, 모뎀 등을 통한 원격접속 및 컴퓨터 Network를 통한 데이터 교환 등 TCP/IP Protocol에 의해 동작하는 Internet이 등장하면서 보안의 문제는 Network를 통해 전송되는 데이터를 보호하는 것이 필요하게 되었는데 이를 네트워크 보안(Network Security)이라 한다.[3)]

[그림 12-2] 보안의 개념

이러한 Network 보안은 다시 ① 외부 해커의 침입(해킹)[4)]으로 인한 내부시스템 보호하는 Networking 보안, ② 내부사용자에 의한 정보 유출 방지를 위한 Server 보안, ③ Internet을 이용한 개인신상 정보 및 거래내역 보호를 위한 Transaction 보안으로 구분할 수 있다.

한편, 이러한 보안문제는 크게 ① 정보보안의 문제 ② 정보보호의 문제로 나눌 수 있는데, 정보보안(Information Security)의 문제는 정보 자체의 '진정성'과 '무결성'을 확보하려는 것인데 반해 정보보호(Information Protection)의 문제는 정보내용의 '비밀성(Privacy)'을 보장하려는 것이다.

---

2) 권도균, "전자상거래 기반구조의 핵심 : Internet 보안기술", 월간 「인터네트」, 1997. 6., pp. 188 - 190.

3) 박창섭, 「암호이론과 보안」, 대영사, 1999. 11. pp. 15 - 16. ; 이만영·김지홍·류재철·송유진·염흥열·이임영, 「전자상거래 보안 기술」, 생능출판사, 1999. 9. pp. 100 - 101.

4) 「The New Hacker's Dictionary」의 에릭 레이몬드는 해커를 '솜씨 좋은 프로그래머'로 정의하며, "good hack"이란 프로그래밍 문제에 대한 좋은 해결책을 의미하고, '해킹'은 그러한 해답을 구하는 행동이라고 말한다. 그러나 해킹이란 시스템의 관리자가 구축해 놓은 보안망을 어떤 목적에서건 무력화시켰을 경우 이에 따른 모든 행동을 해킹이라고 한다.

2) 정보보안의 분류

보안을 분류할 때는 크게 ① 시스템보안 ② 정보보안의 두 가지 단계로 나뉜다.

(1) 시스템보안

시스템보안이란 기업 스스로가 그들이 외부 즉, 해커, 바이러스, 자연재해에 의해 일어날 수 있는 피해와 내부의 공격 즉, 불만을 품음, 부정직한, 혹은 해고당한 종업원에 의해 일어날 수 있는 피해로부터 보유한 컴퓨터시스템, 기록, 그리고 다른 정보를 보호하는데 쓰이는 방법을 일컫는다. 시스템보안 방법은 권한이 있는 사용자들의 접근을 제한하도록 고안된 접근통제와 시스템에서의 활동을 감시하도록 고안된 감시통제를 포함한다.[5]

(2) 정보보안

정보보안이란 컴퓨터시스템을 보호하는 것이 아니라 정보자체를 보호하려는 것이다. 일단 디지털정보가 컴퓨터시스템을 떠나면 시스템 단계의 보안방법은 정보가 외부의 network를 통해 지나가거나 발송자의 통제 밖에 있는 컴퓨터시스템에 머무는 동안 그 정보를 보호하기 위해 아무 것도 하지 못한다.

따라서 가장 중요한 보안전략은 정보 자체를 보호하는 것이다. 정보(또는 메시지) 단계의 보안은 그것이 접근될 수 있을지라도, 디지털정보가 그것이 어디에 있든 간에 읽혀지고 복사되거나 수정될 수 없다는 보장을 제공할 수 있다.

정보보안은 이러한 연유로 여러 가지 측면에서 발달하고 있는데 특히, Internet을 활용한 산업별로 필요에 따라 여러 가지가 분류할 수 있다.

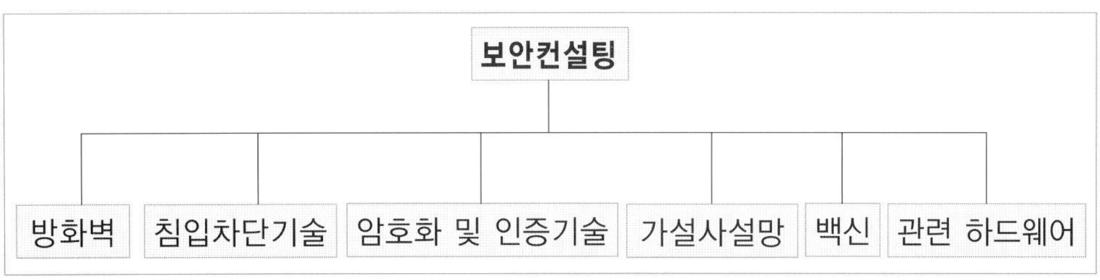

[그림 12-3] 정보보안(e-Security)의 분류

5) Thomas J. Smedinghoff, Online Law, pp. 34 - 36.

2. 정보보안 수단

1) 시스템보안 수단

(1) 패스워드(password)

패스워드는 시스템에 접근하려고 하는 자에 대해서 일정한 어구(phrases) 또는 기호나 번호(PINs : personal identification numbers)를 입력하게 하여 그가 정당한 접근권한이 있는 자인지를 확인하는 방법이다. 전통적으로 권한 없는 접근을 막기 위해 사용된 시스템보안 통제방법이다.[6]

(2) 생물학적 방법(Biometrics methodology)

생물학적방법은 지문(fingerprints)이나 망막(retinas)·홍채(irises)·손금(hand-prints)·목소리(voice prints) 등과 같은 개인의 생물학적 특성을 이용하여 그 동일성이 확인되는 자에 대해서만 시스템 접근을 허용하는 시스템보안방법이다.

(3) 방화벽(Firewall)

방화벽의 사전상의 의미는 건물에서 발생한 화재가 더 이상 번지는 것을 막는 것이지만 Internet에서는 network의 보안 사고나 위협이 더 이상 확대되지 않도록 막고 격리하는 것으로 사용되고 있다. 방화벽은 외부 network로부터의 침입에 대해 내부 network를 보호하기 위한 network 구성요소 중의 하나로서, 외부의 불법 사용자의 침입으로부터 내부의 전산 자원을 보호하기 위한 정책 및 이를 지원하는 하드웨어와 소프트웨어를 총칭한다.

이러한 방화벽은 외부 network와 연결된 유일한 창구(Gateway) 역할, 서비스 접속 및 거부, 사용자 인증, 내·외부 상호 접속된 network에 대한 트래픽 감시 및 기록, 중요한 트래픽에 대한 암호화 등의 역할을 수행한다.

2) 정보보안 방법

정보보안 방법으로는 암호화(Encryption), 전자서명(Electronic signature), 인증(authentication)과 인증기관(Trusted third parties), 응답과 도착확인(Replies and acknowledgments), 반복-회신도착확인(Repeat-back acknowledgments), 증명할

6) UNCITRAL(Thirty-first session), Report of the working group on electronic commerce on the work of its thirty-second session, Vienna, 19-30 January 1998, p.29. ; Thomas J. Smedinghoff, Online Law, p. 34.

수 있을 만큼 신뢰성 있는 문서를 만들어 내는 과정이나 시스템의 사용(The use of process or system that produces a demonstrably trustworthy document), 일자/시간 스템핑(Date/time stamping) 등이 제시되고 있다.[7)]

(1) 암호화(Encryption)

만약 발송자가 수신자에게 전자적 메시지를 보내고 싶고 그것을 기밀로 유지하기를 원한다면 발송자는 메시지를 암호화할 수 있다. 즉 암호화는 기밀성[8)]의 법적 요건을 충족한다.

(2) 전자서명(Electronic signature)

전자통신에서는 손으로 쓰여진 서명을 사용할 수 없지만, 메시지의 암호변환과 같은 전자서명은 사용할 수 있다. 전자서명이 확인될 수 있다면 수신자는 메시지가 발송자로부터 온 것과 메시지가 전송 이래로 변경되지 않았다는 것을 확신하게 된다. 결과적으로 발송자는 메시지를 보낸 것을 부인할 수 없다. 따라서 전자서명은 메시지의 원천을 알아내고 그것의 진정성과 무결성[9)]을 입증하며 발송자가 그 메시지를 부인하는 것을 방지하는 수단[10)]을 제공할 수 있다.

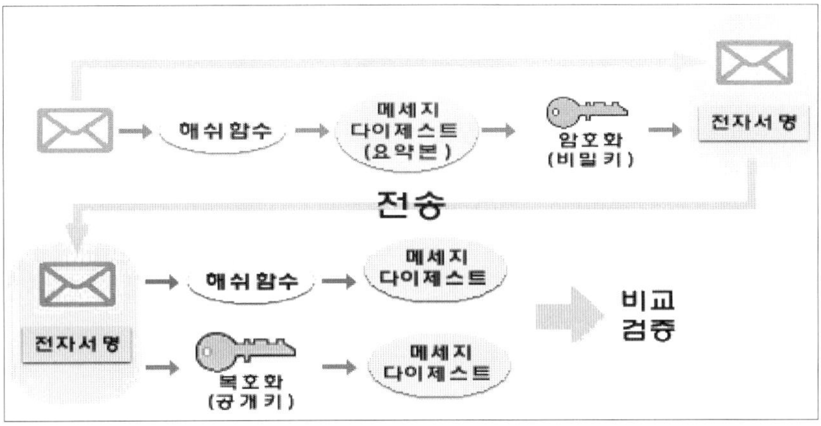

[그림 12-4] 전자서명의 생성과 검증과정

---

7) Thomas J. Smedinghoff, Online Law, pp. 35 - 37.

8) 기밀성(또는 비밀성)(confidentiality)이란, 정당한 사용자만이 메시지의 확인이 가능하고, 전달 내용을 제3자가 획득하지 못하도록 하는 것으로 이를 위해서는 암호화 기술이 요구된다.

9) 무결성(integrity)이란 정보가 고의로 혹은 악의로 변경되거나 파괴되지 않도록 보장하는 것으로 메시지의 진정성을 입증시키는 것으로 이를 위해서는 전자서명이 필수적이다.

10) 부인방지(non-repudiation)는 메시지의 작성 또는 송·수신에 대한 부인을 불가능하게 하는 것으로 이를 위해서 전자서명이 필요하다.

(3) 인증과 인증기관(authentication and TTP – Trusted Third Parties)

인증은 정당한 사용자임을 입증할 수 있는 사용자 인증과 메시지의 진정성을 확인할 수 있는 메시지 인증으로 구분할 수 있으며, 이를 위해서는 전자서명과 통신의 당사자들이 중립적이며, 신뢰할 수 있는 제3자가 필요하게 된다. 이를 통해 상대방의 신원 및 전자서명의 귀속관계를 확인함으로써 메시지의 진정성 및 무결성 부인봉쇄 등을 확보할 수 있다.

(4) 응답과 도착확인(Replies and acknowledgments)

컴퓨터시스템은 들어오는 정보를 화면에 나타내고 발송자에게 도착확인 회신을 보내는 데 특히 적합하다. 수신된 것, 확인된 발송자, 발송자에게 도착확인이 보내진 사실, 도착확인이 저지되지 않았다는 사실을 보여 주는 기록은 메시지의 원천을 입증하는 것을 도울 것이다. 그래서 메시지를 인증하는 능력은 그러한 도착확인을 부인하는 응답뿐만 아니라 도착확인의 기록을 보내고 유지하는 것에 의해 확인될 수 있다. 어떤 응답은 그것이 응답한 이전의 메시지와 비교됨으로써 그 응답을 - 적어도 그 원천은 아닐지라도 그 내용에 관하여 - 인증해 주는 경향이 있다.[11)]

(5) 반복–회신 도착확인메시지(Repeat–back acknowledgments)

전자적 메시지의 진정성을 확보하기 위한 도착확인(acknowledgment)발송 기술은 메시지의 무결성을 한층 더 강력하게 확보할 수 있게 한다. 전자통신에서 그것은 도착확인을 발송하는 것뿐만 아니라 발송자에게 그 통신 메시지의 모든 내용을 다시 반복하여 보내는 간단한 문제라 할 것이다.

만일 반복 - 회신 도착 확인메시지가 원래의 메시지와 다르면 발송자는 수신자에게 주의를 환기시켜줄 수 있다. 발송자는 발송된 메시지, 반복 - 회신 도착확인메시지, 그리고 그가 수신한 반복 - 회신 도착확인의 부인의 기록이나 아무도 수신하지 않았다는 기록을 확실히 만들고 유지하기를 원할 것이다.

(5) 과정 또는 시스템(Process or System)

전자메시지가 항상 종이 메시지와 같은 특성을 가지지는 못하기 때문에 전자메시지에 특별히 적합한 진정성을 확보하기 위한 방법을 제시해야 한다. 이러한 방법은 모두 자동

---

11) 예를 들면 구매자가 전자우편(e-mail)으로 3번 부품 500개를 1,500달러에 구입하고자 하는 주문서를 판매자에게 보내고 판매자는 3번 부품을 1,775달러에 판매할 용의가 있다고 응답하게 되면, 그 응답이 만일 판매자가 구매자의 청약에 응답하고 있지 않았다면 아마 알지 못했을 특정한 내용 - 예를 들면 부품이 5번 부품이 아니라 3번 부품이라는 것 - 을 포함하고 있기 때문에, 구매자의 전자우편 메시지의 진정성은 뒷받침된다. 통신의 이런 과정의 기록을 보존함으로써 각 전자우편 메시지가 인증되어질 수 있다.(Thomas J. Smedinghoff, Online Law, p. 35.)

기록보관 기능을 수행하는 컴퓨터시스템의 사용을 포함한다. 예를 들면 한 기업이 만들고 수신한 메시지의 전자기록 복사본을 컴퓨터를 이용하여 자동적으로 보관하게 만들면 이는 메시지의 기록들이 사실이라는 것을 입증하는데 도움이 될 것이다. 또한 보관된 기록들의 진정성을 높이기 위해서 보관된 기록들의 사용을 통제할 수 있는 보안 시스템을 활용한 기업은 자신이 보관하고 있는 기록들의 무결성을 증명하게 된다.

또 다른 방법은 수신되고 발송되는 메시지를 사용자의 컴퓨터 조작으로 계속 추적하면서 이러한 추적경로를 보관된 기록과 교차시켜 관계를 규명하는 것이다. 추적경로는 그 기록의 원천과 작성 또는 수신시간을 보여줄 수 있기 때문에 진정성을 한 단계 강화시킨다.

(6) 일자/시간 스템핑(Date/time stamping)

일자/시간 스템핑은 메시지가 변경되지 않았다는 것을 보여주는 수단으로서 일자/시간 스템핑은 메시지의 요약메시지(message digest)에 대하여 발급된다. 요약메시지란 메시지를 요약 또는 단축한 것으로서 이것의 크기는 고정되어 있으며, 수학함수를 사용하여 이해할 수 없게 만들어진 것이다. 요약메시지는 메시지로부터 도출된 것이기 때문에 이것은 그 메시지에만 독특하게 적용된다. 메시지에서 빈칸이나 쉼표 하나만이라도 바꾸게 되면 요약메시지도 바뀌게 된다. 일자/시간 스템핑이 요약메시지의 내용을 특정날짜에 고정시켜 준다. 메시지내용의 무결성을 입증하기 위해 또 다른 요약메시지가 만들어진다. 만일 그것이 일자/시간 스템핑된 요약메시지와 일치하면 그 메시지는 변경된 것이 아니다.

제2절 전자상거래의 보안기술 체계

1. 전자상거래에서 보안의 필요성

1) 전자상거래 보완의 중요성

전자상거래에서의 보안(Security)문제는 Internet을 기반으로 한 전자상거래에 특히 문제가 된다. 왜냐하면, EDI와 같은 폐쇄적 시스템(Closed Network System)에서의 전자상거래는 사용자가 직접 시스템에 통제를 할 수 있고, 사전에 인가된 절차에 따라 안전한 통신을 수행하며, 사용자와 시스템 운영 책임자간에 법적 의무사항 등이 명시됨에 따라 보안성과 안정성이 쉽게 확보될 수 있다.

그러나 정보의 공유와 개방을 목표로 개발된 웹과 Internet이 갖고 있는 기본적인 취약성[12] 때문에 거래의 불확실성과 위험이 크고 보안의 취약성이 크다고 할 수 있다. 즉, 거래 내용, 신용카드 정보, 계좌 번호, 혹은 관련 비밀 번호 등의 비밀 정보들이 쉽게 노출될 수 있다.

이러한 전자상거래를 Internet/웹을 기반으로 하는 정보기술 계층과 상거래를 성공적으로 수행하기 위해 필요한 여러 종류의 절차나 기술을 포함하는 응용계층으로 구분할 수 있다.

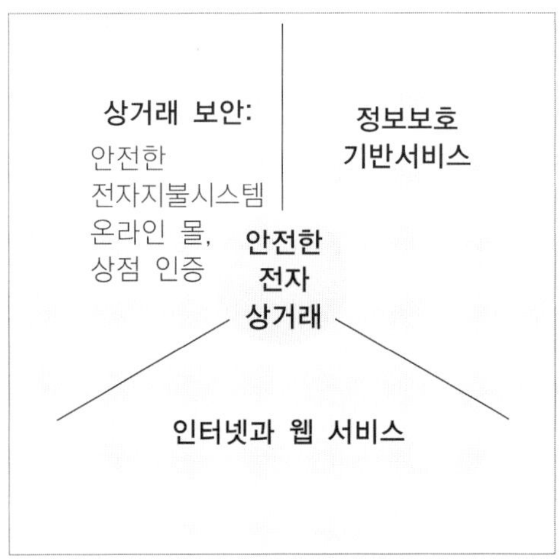

[그림 12-5] 안전한 전자상거래 구성요소

2) 전자상거래 보안의 위협 요인

전자상거래에서 요구되는 보안의 구체적 요구 사항은 다음과 같다.

---

12) Internet은 TCP/IP Network로서 IP packet 단위의 라우팅(routing)에 의한 무한 연쇄 구조(Benzene ring)로서 명백한 주소를 가지고 있으며, 무작위적인 경로를 취하므로 정보 전달 자체의 보완성이 결여되어 있다. 또한, WWW Protocol인 HTTP(Hyper Text Transfer Protocol)도 비연결형 서비스를 제공하므로 정보 전달의 안전성은 없다고 보는 것이 타당하다.(송영부·이기영, "전자상거래를 위한 사용자 인증 시스템 구현에 관한 연구", 「공학기술연구」 제13집 제2권, 인천대학교 공학기술연구소, 1999. p. 167.)

〈표 12-1〉 개방형 시스템의 문제점과 해결 과제

문 제 점	기술적 해결과제
외부 침입에 의한 정보의 훼손	정보보안의 필요성
외부 침입에 의한 정보누출의 문제	기밀성(프라이버시 보호)
외부 침입에 의한 위작(僞作), 도용(盜用)	진정성
무권한자의 변작(變作)	무결성
진정한 표의자에 의한 사후부인	부인봉쇄(부인 방지)

(1) 시스템 공격

일반적인 컴퓨터시스템 특히 network에 연결된 컴퓨터는 외부의 특정인이 이 시스템을 침입하여 부당하게 컴퓨터시스템을 사용하거나, 정보를 유출하거나, 정보를 파괴할 위험이 있다. 이러한 위험을 방지하기 위해 방화벽과 같은 시스템을 사용하기도 한다.

그러나 전자상거래는 불특정 다수인의 접근을 허용하는 응용시스템으로서 방화벽을 사용하는데 있어서 제약을 받을 수도 있다. 특히, 시스템을 불법적으로 사용하는 통계를 보면 외부에서의 침입보다는 내부 사용자의 불법적 사용이 더 많기 때문에 적절한 시스템의 운영지침과 내부 사용자에 대한 보안대책이 중요한 요소가 된다.

(2) 데이터 공격

전자상거래에 있어서 데이터의 공격은 전술한 바와 같이 두 가지로 구분해 볼 수 있다. 하나는 시스템 내에 저장된 데이터, 또 하나는 network 상에 흘러 다니는 데이터에 대한 공격이 있을 수 있다.

시스템에 저장된 데이터에 대한 공격은 앞에서 언급되었고, 데이터를 시스템에 저장할 때도 암호화를 해서 저장하는 것이 필요하다. network 상에 흘러 다니는 데이터에 대한 공격을 막기 위해서는 기밀성(Confidentiality), 자료의 무결성(Integrity) 등에 대한 보증이 필요하게 된다.

(3) 비즈니스 공격

전술한 시스템 공격과 데이터 공격은 모두 일반적인 컴퓨터시스템의 보안침해와 동일하다. 그러나 전자상거래에 있어서는 상거래라는 특징 때문에 발생하는 제3의 공격이 있을 수 있다. 이것을 통칭해 비즈니스 공격(Business Attack)이라 부른다. 상거래에만 일어날 수 있는 사기나 문서 위·변조 그리고 거래사실의 부인 등의 문제가 전자적 상거래에도 일어날 가능성이 있다. 이런 요소들을 전자적으로 막기 위한 보안 고려사항들 즉, 당사자의 신원확인(Authentication), 부인봉쇄(Nonrepudiation) 등이 추가적으로 필요하게 된다. 이 분야에서는 암호학 혹은 시스템으로만 모든 것을 다 해결할 수는 없기 때문에 제도적인 장치, 법적인 보장, 보험 등의 전자적 시스템 외적인 보완이 병행되어야 한다.[13)]

2. 전자상거래 보안기술체계

전자상거래의 보안기술 체계는 다음의 그림과 같다. 즉, 정보통신기술과 암호기술을 기반으로 한 정보보호기반기술과 전자상거래 시스템 및 network 보호기술 및 전자상거래 응용서비스 보호 기술로 구분할 수 있다.

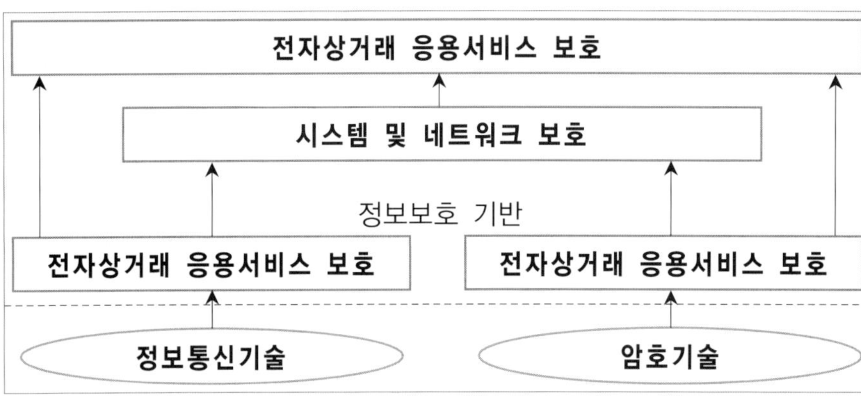

[그림 12-6] 전자상거래 보호를 위한 계층

1) 정보보호기반기술

이론적 암호학이나 정수론 등 암호기술에 정보처리 기술이 가미되어 암호 알고리즘, 암호 프로토콜 기술을 형성하고 있는 암호 관련 기술과 감사기록, 접근제어 등 정보처리 기술 및 라우팅 제어, 트래픽 제어 등 정보전송 기술에 기반을 둔 순수 시스템 관련 기술로 구분한다.

2) 전자상거래 시스템 및 네트워크 보호기술

전자상거래 시스템 및 Network 보호 기술은 Network 보호 및 일반 호스트에서 인가되지 않은 노출, 변경, 파괴로부터 정보시스템에서 처리 보관되는 정보를 보호하는 방법

13) 임신영·권도균, "전자상거래 보안", 「정보과학학회지」 제15권 제4호, 1997. 4, p. 46.

으로서 파일 시스템 보호, 데이터베이스 보호, 운용체계 보호, 개인용 컴퓨터 보호, 바이러스 방지 기술 등이 포함되는 컴퓨터 보호 기술로 구분할 수 있다.

Internet 기반 전자상거래는 웹 기술을 근간으로 클라이언트-서버 기술, 분산처리 기술, 실시간 데이터베이스 기술 등이 요구된다.

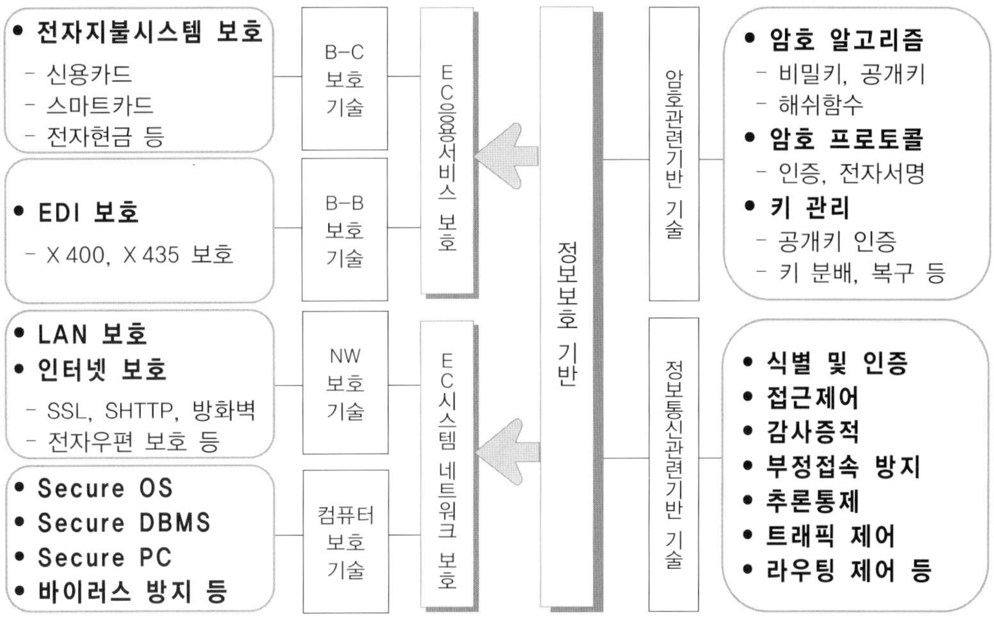

[그림 12-7] 전자상거래 보호기술 분류 요약

브라우저는 HTTP 프로토콜 외에 다른 프로토콜을 지원할 수 있으며 플러그 인 기법 등을 통해 지원되는 외부 응용 프로그램과의 연결은 다양한 형식의 정보를 처리할 수 있다는 장점을 제공하는 반면, 침입자에 의해 악용될 우려도 있다. 또한 내부 DB와의 연동으로 웹 서버 호스트가 공격당하면 내부 자료도 노출될 가능성이 많아지므로 더욱 웹 서버의 보안이 중요하다.

3) 전자상거래 응용서비스 보호기술

EC 응용서비스 보호기술은 정보보호 기반 및 EC 시스템/network 보호기술들을 활용하여 EC 서비스에 정보보호 기능을 제공하는 기술로 크게 B2C 서비스 보호와 B2B 서비스 보호로 구분할 수 있다. B2C 서비스를 보호하기 위해서 신용카드, 전자화폐, IC카드를 포함하는 전자지불서비스 보안이 가장 중요하며 B2B 서비스 보호를 위해서는 EDI 서비스의 보호가 포함되어 있다.

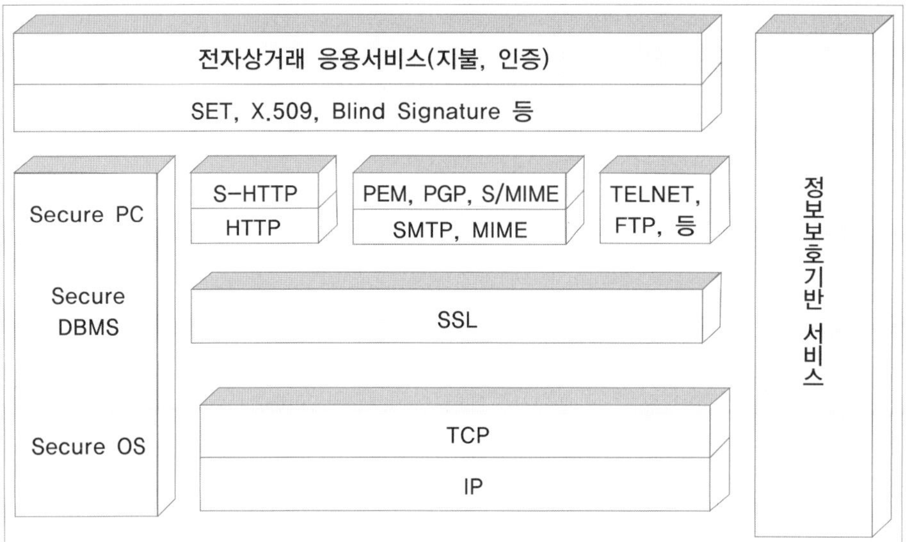

[그림 12-8] 전자상거래의 대표적 보호기술

3. 전자상거래의 신뢰성 증진 방안

1) 신뢰성 확인 개념

전자상거래의 신뢰성 증진과 관련하여 신뢰성 확인을 위한 개념은 다음과 같다.

(1) 위험의 감소

상거래 시스템의 기본 개념은 위험의 전가(transfer of risk)이다. 전자적이든 아니든 전체 상거래 시스템에 동일한 개념이 적용된다. 그리고 위험 전가 개념과 병행하여 책임이나 책임 가능성의 감소가 있다. 그 결과 공인된 표준이나 업계에서 많이 사용하는 수단을 채택하게 된다. 예를 들어, 판매자는 신용카드 발행자에게 지불 위험을 전가시키는데 대해서 일정 비용을 할인해준다.

(2) 신뢰할 수 있는 절차

인정을 받았거나 과거에 신뢰성이 있던 시스템이나 절차를 사용하는 경우 신뢰성이 증진된다. 예를 들어 누군가가 성공적으로 거래했거나 요금 지불 절차 및 어음교환을 성공적으로 마친 사람을 알고 있을 경우, 새로운 애플리케이션에 대한 신뢰성이 높아질 가능성이 크다.

(3) 확인 기능

신뢰성은 거래 요소들이 처음부터 끝까지 재확인 될 경우 높아진다. 따라서 문제, 모순, 기타 분쟁 등이 있을 경우 이것이 어느 시점에 발생한 문제인지 또는 누구에게 책임이 있는지 등을 확인할 수 있다(traceability). 영수증, 매출 전표, 카본지를 쓴 사본, 기타 복사본 등이 확인 기능을 가능케 하는 예이다.

(4) 중개자와 신뢰성 있는 제 삼자

은행과 같이 물품이나 서비스에 대한 지불을 하는 중개자(intermediaries)에 의해 신뢰성은 높아진다. 예를 들어, 은행은 전자적인 자금 이체를 촉진시키고 구매자의 신용을 확증하는 신용카드를 발행한다. 은행은 판매자에게 계약상의 지불 책임을 갖는 중개자 역할을 한다.

(5) 보증(endorsement)

정보기술 분야, 그 중에서도 보안 표준은 보증의 척도가 되는 경향이 있다. 또 다른 곳에서 사용하지 않더라도 연방정보처리표준(FIPS: Federal Information Processing Standard)이나 자료암호표준(DES: Data Encryption Standard)과 같이 정식 보증이 있는 경우 신뢰성을 확보할 수 있으며, 연방정보처리표준(FIPS)은 미국국립표준기술연구소(NIST)에서 제정한 기술 표준과 지침이며 상무부 장관의 승인을 받아 범정부적으로 사용되고 있다.

(6) 정식 검사 및 검정(certification)

전자상거래의 중요한 신뢰성 증진 요인은 구성요소, 제품, 시스템의 정식 검사 및 검정이다. 이들 절차는 구매자에게 품질, 신뢰도, 보안성 등을 확인할 수 있는 기준을 제시하며, 또 다른 중요한 점은 개발자로 하여금 목표 설정을 할 수 있게 한다는 것이다.

(7) 법적 토대 및 구제책

전자적이든 아니든 모든 상거래에서 가장 중요한 요소는 기본적인 상거래 법체계와 구제책으로서 이들 법이 제공하는 법적 안정성과 문제 발생시 대처할 수 있는 구제책을 강구할 수 있다.

2) 기술적 요구사항

(1) 신분확인과 인증

전자상거래가 Internet과 같은 개방된 Network에서 이루어지기 때문에 패스워드 등을 통한 방식 외에 스마트카드와 토큰, 생체인식법(biometrics) 등 신뢰성이 있고 취약성이 낮은 방식이 도입되고 있다.

① 스마트카드와 토큰

휴대가 용이하고 이를 인식하는 컴퓨터와 독립적으로 동작할 수 있지만 도난, 복제의 위험이 있고 집에 두고 다니기 쉽다는 단점이 있다.

② 생체인식법(biometrics)

생체인식법 가운데, 지문인식 기술이 저렴, 신속, 정확, 사용의 편이성으로 널리 사용될 전망이며, 신분확인과 인증을 위해 스마트카드와 실시간 지문인식 기술을 함께 사용하는 방식이 유망한 기술로 부각되고 있다.

(2) 접근제어

사용자가 접근허가를 받은 정보와 기능의 유형에 따라 시스템에서 정한 규칙을 적용하는 접근제어 메커니즘이 필요하며, 이 부문에서는 역할기반접근제어(RBAC : Role Based Access Control) 기술이 부각되고 있다.

여기서 역할기반접근제어(Role-Based Access Control)의 개념은 1970년대에 온라인 시스템 상에서 다중 사용자와 다중 응용으로부터 시작되었다. 이 메커니즘 하에서는 여러 기능이나 데이터에 대한 접근이 사용자의 신분에 의해서가 아니라 주어진 환경에 따른 사용자의 역할에 기반하여 제어된다. 예를 들면, 동일한 사람이 동시적이지는 않지만 때로는 구매자의 권한을 부여받고, 때로는 인가자의 권한을 갖는 것이다. 결국 확인기능과 개인적 책임부여를 위해 사용자의 신분이 유지되어야 하는 전자상거래 환경에 적합한 방식이다.

3) 안전한 전자상거래를 위한 보안서비스

안전한 전자상거래를 위해 요구되는 보안서비스는 다음의 표와 같다.

〈표 12-2〉 전자상거래와 보안서비스

기능/서비스 계층	기능 및 서비스	
	일반적	보안 관련
network	물리적 통신 기반(TCP/IP), 에이전트 관리	접근 제어, 방화벽, SSL
상거래 기반 서비스	디렉토리 서비스(X.500), 파일 전송(FTP), 하이퍼텍스트 전송(HTTP), 과금 및 지불 서비스, 전자문서교환(EDI)	사용자 인증(Authentication), 부인봉쇄(Non-Reputation, X.509)
애플리케이션	전자목록(Catalog), 전자양식(Form), 전자우편(E-mail), 전자게시판(BBS), 쇼핑몰(Mall)	메시지 기밀성(Confidentiality), 메시지 무결성(Integrity), 지불서비스(SEA, SET, S-HTTP)

4. 전자상거래 서버구축과 운용

1) 보안관련 표준

어떤 경우에도 HTTP 프로토콜을 사용해 지불 정보가 전달된다면 보안의 허점이 될 수 있다. 웹의 위험과 취약점을 살펴보면 다음의 표와 같다.

〈표 12-3〉 웹의 위협과 취약점

구분	무결성	기밀성(비밀성)	서비스 거부	인증
위협	- 사용자 데이터 변조 - 트로이목마 브라우저 - 메모리 훼손 - 전송 메시지 변조	- network에서의 도청 - 서버정보의 도난 - network구성 정보 유출	- 사용자 프로세스 정지시키기 - 부정요청으로 시스템 오버플로 - 디스크, 메모리 오버플로 - DNS공격으로 시스템 접속 이상 야기	- 정당한 사용자 사칭과 데이터 변조
결과	- 자료 손실 - 기계 손상 - 모든 다른 위협에 대한 취약성	- 정보의 손실 - 프라이버시 침해	- 정상 동작 및 서비스 방해	- 사용자 자료의 변조 - 잘못된 정보를 신뢰
대응책	- 암호화된 체크섬	- 암호화, 웹 프락시	- 방어 어렵다	- 암호 기술

최근 전자지불을 위하여 강구되고 있는 표준은 다음과 같은 것이 있다. PGP : 메일, PEM : 보안 메일, Kerberos : Authentication, SNMP v2 : network 관리, S-HTTP : WEB 문서 보안, SSL : Transport Layer Security

2) 웹 보안대책

(1) 접근제어, 패스워드 인증기능 사용

.htaccess, .htpasswd를 사용하여 주요 디렉토리에 사용자인증기능을 추가하여 운영한다. 이 기능만으로 부족할 경우에 보다 강화된 인증기법을 사용할 수도 있다.

(2) 로그강화

시스템로그(wtmp, utmp, sulog, pacct 등)와 www 로그를 수시로 백업하고 가능하다면 로그서버를 따로 운영하여 2중 관리하는 것도 바람직하다.

(3) 암호화 기능 이용

스니퍼링 방지 스니퍼링을 통한 정보유출을 막기 위하여 주요정보 송수신시 SSL, SHTTP등 암호화 기능을 사용한다.

(4) 웹 서버의 소요비용 대비 보안기능

웹 서버는 공개용일수록 보안의 허점이 널리 알려져 있고 상용서버일 경우 덜 한편이다. 특히 보안기능이 강화된 상용서버의 경우 가격은 일반적으로 높지만 보안성은 높다고 할 수 있다.

(5) 철저한 백업

수시로 정기적인 백업을 하여 해킹이나 재난으로 인한 사고에 대비한다.

(6) 원격관리

웹 서버의 관리는 콘솔에서 하는 것을 원칙으로 하고 원격접근시 해당 로그를 남기도록 한다.

(7) 침입탐지시 경고기능

침입탐지용 상용도구를 설치, 운영함으로서 임의의 사용자가 주요 관리 파일 접근시 관리자에게 알려주거나 network를 통한 침입 시도가 있을 경우 경고기능을 추가한다.

(8) 각종 보안도구의 설치/운영

공개용/상용 보안도구를 서비스의 특성에 맞게 설치, 운영한다. 시스템의 취약점을 점검해주는 도구 및 무결성 점검도구는 반드시 설치한다.

3) 사용자인증 방법

(1) IP Address Authentication

서버를 설치할 때 서버의 정보에 접근할 수 있는 브라우저의 IP 주소 혹은 도메인을 지정해서 설치할 수 있다. 이렇게 하면 등록된 IP 주소 혹은 도메인이 아니면 해당 정보에 접근할 수 없게 된다.

(2) Basic Authentication

Basic Authentication은 HTTP 1.0 사양으로서 대부분의 브라우저와 서버에서 채용 구현되어 있으며 '사용자명/패스워드'를 관리할 수 있도록 하며, 이 방식은 IP Address Authentication과 함께 결합하여 사용하기도 한다.

이 방법은 간단하다는 장점이 있지만 사용자에서 서버 측으로 전달되는 사용자명과 패스워드는 암호화가 되지 않는다. 즉 처음에 논의된 가로채기 등이 가능한 곳에서는 보호받을 수 없다.

또한 서버가 거대하고 복잡한 디렉토리 구조로 되어 있고 거기에 따라 허용될 사용자의 그룹이 서로 다르고 복잡하게 연결되어 있는 경우에는 운영하기가 매우 힘들다. 또한 결과로서 넘어가는 URL에 대응되는 문서는 보호받지 못하므로 Basic Authentication 외에 좀 더 강력한 보안 프로토콜이 필요하다.

(3) Message Digest Authentication

Basic Authentication에서는 패스워드가 거의 암호화 없이(unencode만으로) 서버에게 전달된다. 그래서 network 상에서 전송되는 패스워드를 가로채서, undecode만 하면 패스워드를 쉽게 알 수 있다.

이러한 약점을 보완하자는 생각에서 패스워드를 One-Way Hash(MD5)로 encoding 해서 서버에게 전달함으로써 network 상에서 이러한 정보를 가로채이더라도 이 정보를 가지고 패스워드를 해석할 수 없도록 하는 메커니즘이다. 서버 측에서도 로그인명/패스워드 등의 정보를 MD5로 인코딩해서 저장한다.

4) 웹 서버 해킹 대책

웹 서버에 대한 공격 방법과 이에 따른 대응 방안은 다음과 같다.

그 밖에 웹을 통한 홈페이지나 정보서비스는 웹 서버나 홈페이지를 잘못 구성하거나 관련 CGI 등의 잘못된 구현으로 여러 가지 보안취약점들을 보유하고 있어 대책이 필요하다.

〈표 12-4〉 웹 서버 공격방법 및 대책

해킹 방법	결 과	대 책
취약한 CGI이용	외부 사용자가 임의의 명령을 수행, 디렉토리내의 파일목록을 열람가능	/cgi-bin/에 취약한 cgi 프로그램을 삭제한다.
WWW서버 구현상 버그이용	각종 WWW서버의 버그 이용 임의의 명령을 수행, 서비스거부 공격 가능	최신버전으로 패치
SSI의 #exec 이용	SSI #exec 명령의 부주의 사용할 경우 외부에서 임의의 명령 수행 가능	WWW서버구축시 SSI를 사용하지 않는다.
입력 FORM 이용	FORM email주소 입력부에 임의 명령 추가, 외부에서 임의의 명령 수행	입력부에서 email주소만 접수하는 필터기능 추가
WWW서버 구성상 문제 이용	부적절한 구성으로 임의의 문서에 접근	WWW서버의 설치, 운영시 보안기능을 강화
/cgi-bin/ 인터프리터 이용	/cgi-bin/의 perl등의 인터프리터를 이용하여 외부에서 임의의 명령 수행 가능	/cgi-bin/에 perl, shell등 인터프리터를 삭제한다.
스푸핑	WWW서버의 network 트래픽을 감시하여 사용자의 비밀정보를 빼냄	암호화, 인증기능 강화된 WWW서버를 구축, 운영
서비스거부공격	SYN Flooding이나 IIS버그 등 서비스거부공격으로 WWW서비스를 방해	공격 탐지기술을 적용
일반적인 해킹	일반 호스트에 대한 원격공격, 시스템 루트권한 획득	일반호스트 서비스 기능 삭제, WWW서비스 수행

제3절 시스템보안

1. 암호시스템 및 분류체계

1) 암호화의 개념

암호화(encryption)는 network를 통해서 중요한 정보를 주고받을 때 다른 사람들이 읽거나 보지 못하도록 내용을 위장하는 것을 말하며, 이와 반대로 암호화된 자료를 가지고 원래의 내용을 알 수 있도록 암호문을 평문으로 복구하는 작업을 복호화(decryption)라고 하며 이때 일정한 규칙으로 사용되는 정보 변환 작업을 암호화 기법이라고 한다.

2) 암호학의 분류

암호학을 분류하면 암호화 기술과 암호 시스템으로 구분된다.

암호화 기술은 정수론 등 암호기술에 정보처리 기술이 가미된 암호 알고리즘, 암호 프로토콜, 키관리를 포함하고 있다. 암호는 고대 이집트 시대나 로마, 중국 등 인류의 역사를 이끌어 온 고대 국가시대부터 인류와 함께 해 왔다. 특히, 전쟁과 관련하여 중요한 정보를 적으로부터 보호하고 기밀을 유지시키는 보다 효과적인 작전 수행 방법으로써 많은 역할을 해왔다. 넓은 의미에서의 암호학(cryptology)은 평문(plain text)을 보호하기 위한 암호화 알고리즘을 연구하는 암호학(cryptography)과 평문을 해독하기 위하여 암호화 과정과 암호문(cipher text)을 연구하는 암호해독학(cryptoanalysis)으로 구분된다.

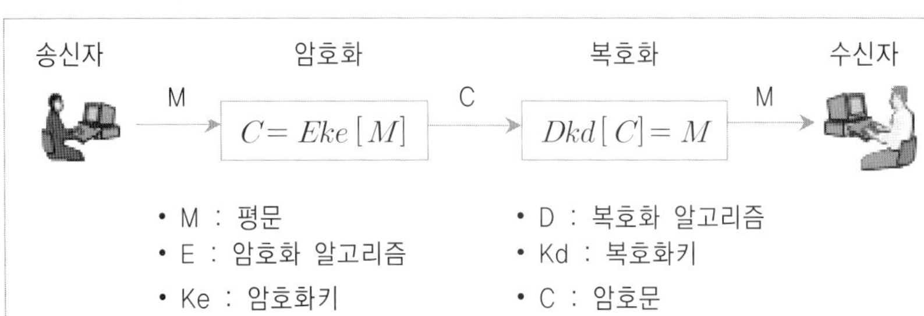

[그림 12-9] 암호화 / 복호화 과정

암호시스템은 감사기록, 접근제어 등 정보처리 기술 및 라우팅 제어, 트래픽 제어 등 정보전송 기술에 기반을 두고 있다. 즉, 암호화 되지 않은 상태의 평문을 암호문으로 만드는 암호화 과정(encryption, encoding), 역으로 암호문을 평문으로 변화시키는 복호화 과정

(decryption, decoding), 암호화와 복호화 과정에서 사용되는 암호화키(cryptographic key)와 키 관리 등 정보보호를 위한 일련의 프로세스를 암호시스템이라고 한다.

3) 암호화 기법

암호화는 전자서명(digital signature), 전자인증서(digital certificate), 전자지불(electronic payment) 등의 응용을 위한 기본 기술로서 사용된다. 암호화 기법은 크게 비밀키 암호화 기법과 공개키 암호화 기법으로 나누어진다.

(1) 비밀키 암호화 기법

비밀키 암호화 기법(대칭키 암호화 기법)은 Secret-Key Algorithm, Symmetric Algorithm, Single-Key Algorithm, One-Key Algorithm 등 다양한 이름으로 불리기도 하는데 이 기법은 암호화할 때 사용한 키와 암호를 해석(복호화)할 때 사용하는 키가 같은 암호화 방식을 말한다. 송신자와 수신자 둘 다가 같은 비밀키를 알고 있어 송신자가 비밀키를 사용하여 메시지를 암호화하고, 수신자는 비밀키를 사용하여 메시지를 복호화(해독)하는 방식(키는 별도의 보안채널〈전화 등〉을 이용하여 전송함)이다.[14) 비밀키 암호 알고리즘의 예로 DES(Data Encryption Standards), 3DES(Triple DES), IDEA(International Data Encryption Algorithm) 등이 있다.

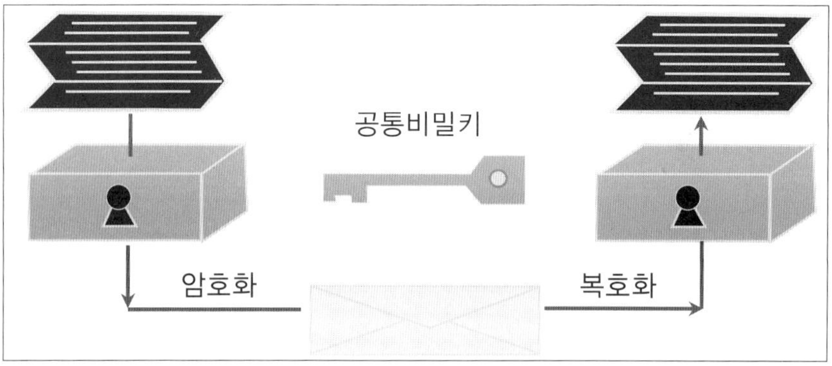

[그림 12-10] 대칭키 암호화 시스템

14) 예를 들어 A가 B에게 "love"라는 메시지를 보낼 경우, A와 B는 비밀키를 1로 가지고 있어서 암호화할 때는 보내는 내용물을 각각 하나씩 뒤로 밀고(가령 'L'은 'M'으로) 복호화할 때는 다시 하나씩 앞으로 당기는 형태가 될 수 있다.(가령 'M'은 'L'로) 따라서 "love"라는 단어를 암호화하기 위해 비밀키 1을 적용시키면 "mpwf"가 된다. 이럴 경우 데이터 전송도중에 누군가가 이것을 몰래 본다고 해도 그 내용을 이해할 수 없을 것이다.(물론 실제 비밀키는 이보다 훨씬 복잡하다) B는 전달받은 메시지 "mpwf"를 비밀키 1을 이용하여 다시 복호화하여 본래의 메시지인 "love"를 열어보게 된다.

(2) 공개키 암호화 기법

공개키 암호화 기법은 Public-Key Algorithm, Asymmetric Algorithm 등으로 불리기도 하는데 다른 말로 비대칭키방식이라고 하며 암호화할 때 사용한 키와 복호화할 때 사용하는 키가 다르며 암호화키로부터 복호화키를 알아낼 수도 없다. 공개키 암호화 기법이라 불리는 이유는 암호화키가 공개되기 때문이다. 이는 1976년 W. Diffie와 M. E. Hellman이 「New Directions in Crytography」이란 논문을 발표하면서 최초로 공개키 개념을 소개하였다. 이는 비밀키(대칭키) 암호알고리즘이 가지고 있는 키 분배 문제, 키관리 문제 및 서명 문제를 해결하는 대안으로 제시되었다. 이후 1978년 Rivest, Shamir와 Adleman에 의해 소인수분해의 어려움에 기반을 둔 공개키 암호알고리즘(RSA)이 개발되어 현재 세계적으로 가장 널리 사용되고 있으며, 실질적인 산업계 표준으로 인정되고 있다.

이 기법을 사용할 경우 각각의 참여자는 공개키(암호화키)와 비밀키(복호화키)를 생성하여 공개키는 공개적으로 발표하고 비밀키는 비밀로 자기만 알고 있다. 두 키는 한 쌍으로 사용되는데 공개키는 데이터 암호화에, 비밀키는 데이터 복호화에 사용된다. RSA 공개키 암호화 기법이 가장 널리 알려져 있다.[15] 미국의 암호화 표준인 DES와 현재 전세계적으로 인정받고 있는 IDEA, SSL에 사용되는 RC4 등이 있으며, 미국의 NSA(National Security Agency)에서 개발한 알고리즘이 공개되지 않은 Skipjack 알고리즘도 여기에 속한다.

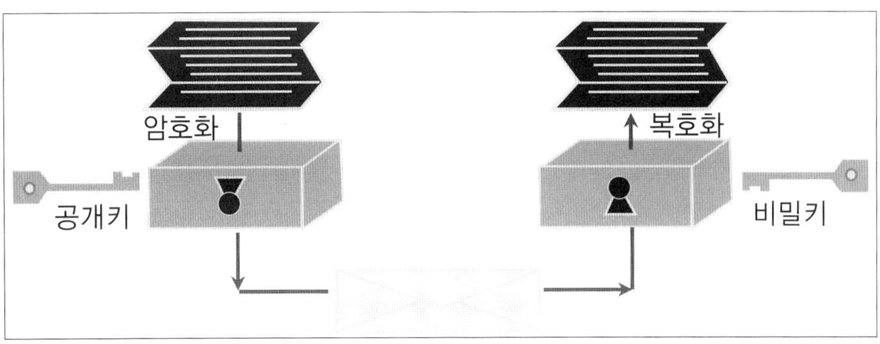

[그림 12-11] 비대칭키 암호화 시스템

15) 예를 들어 A가 B에게 전자우편을 보낸다고 하면, A는 B의 공개키를 확인하고 그 키를 사용하여 전자우편의 내용을 암호화한 다음 B에게 전송한다. 그러면 B는 전자우편을 받아 자기만 알고 있는 비밀키를 사용하여 암호화된 전자우편의 내용을 해독하여 메시지의 내용을 읽어볼 수 있게 된다.

2. 시스템보안

1) 시스템보안 개요

시스템보안의 목표는 다음과 같다. 첫째, 부적절한 노출을 방지함으로서 비밀성을 보장하고, 둘째, 부적절한 서비스를 거부시킴으로서 방지가용성을 확보하며, 셋째, 부적절한 변경방지를 통해 무결성을 확보하며, 넷째, 사용자의 식별과 인증을 확보하는 것이다.

여기서 식별이란 사용자의 신분을 시스템에 제공하는 방법이고, 인증은 신분의 유효성을 수립하는 방법인데, 컴퓨터는 메시지나 파일이 변경되지 않았음을 검증하거나 수신된 메시지가 특정인으로부터 발송되었다는 것을 검증하기 위해 인증을 사용하기도 한다.

2) 해커와 보안

(1) 보안 침해 행위의 유형

해커가 보안의 침해 행위의 유형에는 가로막기(Interruption), 가로채기(Interception), 수정(Modification), 위조(Fabrication) 등이 있다.

(2) 보안의 장애요소

해킹(Hacking)은 비인가자가 시스템에 침입해서 불법으로 조회, 수정, 삭제, 권한변경 등의 행위를 하는 것을 말한다. 과거에는 관리자의 실수나 OS에서 실수를 한 프로그램들을 악용해 관리자의 권한을 얻는 것이 고작이었지만, 이제는 network를 흘러다니는 정보의 기본단위인 패킷(packet : network 상에 정보를 송수신할 때 가장 기본이 되는 정보단위)을 하나하나 조작해 해킹을 하게 됐다. 이러한 해킹은 다음과 같은 3단계로 이루어진다.

① 1단계

목표로 한 호스트 내부에 잠입을 하여 쉘(shell)을 사용할 수 있는 유저의 권한을 얻어내는 것이다. 이를 실행하기 위해 유저의 패스워드를 알아야 하는데, 스니프(sniff)를 이용하는 고급 방법에서부터, 'finger -l @targethost'를 해 알아낸 사용자들의 패스워드를 추측해 로그인하는 저급한 방법까지 아주 다양한 방법이 있다. 보통의 해커라면 외부에서 목표로 한 호스트의 패스워드 파일을 빼와서 이를 이용해 목표로 한 호스트 내부 유저로 침입하는 것이 보통이다. 그리고 이 1단계를 방어하는 것이 바로 network 시큐리티이다. 일반적으로 한두 개의 패스워드가 없는 ID를 찾거나 pretty, angel 등 흔한 패스워드를 이용하여 침입을 시도한다.

② 2단계

목표로 했던 호스트 내부에 잠입을 했으면 목표 호스트의 관리자(root)의 권한을 획득하려고 시도할 것이다. 이는 호스트 내부의 OS 홀(hole)을 이용하는 경우가 많다. 또한 이 2단계를 방어하는 것이 바로 로컬 시큐리티이다.

③ 3단계

호스트 관리자(root)의 권한을 획득한 뒤 자신이 다음에 다시 침입할 경우에 편의를 기하기 위해 backdoor(뒷문)를 만들어 놓고 나가는 단계이다. 또는 다른 목표 시스템이 있는 경우 ID와 패스워드를 얻기 위해 스니퍼를 설치하여 network를 감청한다. 매번 목표로 한 호스트에 잠입하기 위해 번번이 해킹을 시도한다면 증거를 언젠가 남기게 마련이고 '꼬리가 길어져서' 결국은 잡히게 마련이다. 자신만이 사용할 수 있는 내부 버그(트로이 목마)를 남겨 놓고 가는 것이 침입할 때 증거를 남기지 않는 좋은 방법이기 때문에 해커들은 이를 애용하고 있다. 마지막으로 자신의 침입 흔적을 지우기 위해 log를 지우게 된다.

(3) 보안의 위협 요소

① 패킷 스니핑(packet sniffing)

패킷들은 인터넷 케이블을 타고 전송이 된다. 이 패킷들은 어떤 유저가 어느 호스트에 로그인 했다는 정보 따위를 가지고 있는데, 인터넷 디바이스를 컨트롤해 흘러가는 패킷에서 원하는 정보인 유저들의 패스워드를 알아내는 것이다. 즉, tcpdump, snoop, sniff 등과 같은 network 모니터링 툴을 이용해 network 내에 돌아다니는 패킷의 내용을 분석해 정보를 알아내는 것으로 network에 연동돼 있는 호스트뿐만 아니라 외부에서 내부 network로 접속하는 모든 호스트가 그 대상이 된다. 요즘 가장 심각한 문제가 되는 해킹 기술로 최근 해커들의 공격에 대해 통계를 낸 자료를 보면 스니핑에 의한 공격이 가장 많은 것으로 나타나고 있다.

② IP 스푸핑(IP Spoofing: IP 사기치기)

spoof란 단어는 '속이다, 사기 치다'라는 뜻으로 해커가 머물러 있는, 또는 단순히 악용하고자 하는 호스트의 IP 어드레스를 바꾸어서 이를 통해 해킹을 하는 것이다. 즉, Internet 프로토콜인 TCP/IP의 구조적 결함이라 할 수 있는 TCP 시퀀스 번호, 소스라우터의 소스 주소를 이용한 인증 메커니즘 등을 이용하는 것이다. 인증 기능을 가지고 있는 시스템을 침입하기 위해 해당 시스템 호스트로 위장하는 방법으로 자신이 그 컴퓨터의 호스트인 것처럼 가장하는 것으로 현재까지의 해킹유형 중 최상의 방법이다. 그 유명한 미트닉이 이방면의 대가다.

③ NFS(Network File System) file handle guessing

NFS는 컴퓨터 사용자가 원격지의 컴퓨터에 있는 파일을 마치 자신의 컴퓨터에 있는 것처럼 검색하고, 마음대로 저장하거나 수정하도록 해주는 클라이언트/서버형 응용프로그램으로 모든 NFS의 동작은 파일이나 디렉토리를 지정하는 파일 handle들을 이용하여 이루어지게 된다. 이 파일 handle들은 허가 받은 클라이언트가 서버와의 동작을 위하여 알고 있는 것이다. 그런데 허가 받지 않은 해커가 NFS에 잠입하여 이 파일 handle들의 값을 알아내고 NFS 서비스를 받을 수 있게 만드는 것이다.

④ DNS server cache poisoning

네임 서버(IP 에 일대일 매치되는 네임 어드레스를 관리하는 호스트)에 잠입해 가짜 호스트들을 만들고 나오는 것을 말한다.

⑤ 바이러스

바이러스는 파일을 지우거나 엉망으로 만들고, 하드디스크에 손상을 주거나 시스템을 파괴하는 것으로, 전 세계적으로 매월 100개 이상의 새로운 바이러스가 만들어지고 있다고 한다. network 바이러스는 Internet에서 가장 많이 이용되고 있는 서비스인 전자우편과 웹을 통한 컴퓨터 바이러스의 감염은 Internet 보안의 또 다른 문제점으로 등장하고 있다.

⑥ 버그 벌레(Worm)

웜(Worm)은 network를 통해 자신을 복제 전파할 수 있는 프로그램을 의미하는 것으로 시스템에서 시스템으로 증식하고 때때로 시스템의 성능을 떨어뜨리며, network를 이용하여 퍼져나가는 등 바이러스가 디스크를 이용하는 것과 같은 방법이다.[16] 특히, Internet 웜은 빠른 전파력을 가지고 있고, 감염된 시스템을 거점으로 피해시스템이 기하급수적으로 증가하게 하는 등 최근에 가장 큰 문제를 야기하는 해킹방법이다.

16) Worm이 처음으로 알려지게 된 것은 1988년 11월 2일에 발생한 Morris Worm 사건부터인데, Cornell 대학에서 전산학을 전공하는 대학원생인 Robert T. Morris는 유닉스 시스템의 sendmail과 fingerd의 버그와 rsh/rexec를 이용하여 자기 복제 및 자체적인 network 전파 기능을 갖는 UNIX Worm을 개발하여 Internet을 통해 유포하여 6200대 이상의 서버 시스템을 정지시키는 혼란을 야기했으며, 거의 100만 달러의 피해를 입혀 며칠 후 컴퓨터 관련 법안(The Computer Fraud and Abuse Act : Title 18)에 의거 유죄 판정을 받아, 3년의 집행유예와 400시간의 공공 봉사, $10,500의 벌금형을 선고받았다.

⑦ 트로이목마

트로이목마(Trojan Horse)는 상대방이 눈치 채지 못하게 몰래 숨어드는 것으로 정상적인 프로그램에 부정 루틴이나 명령어를 삽입해 정상적인 작업을 수행하는 과정에서 부정 결과를 얻어낸 후에 즉시 부정 루틴을 삭제하기 때문에 발견이 어렵게 된다. 시스템 프로그래머, 프로그램 담당 관리자, 오퍼레이터, 외부 프로그램 용역자가 저지르며 시스템 로그인 테이프와 운용 기록이 있는 프로그램 리스트를 확보한 후 정상적인 프로그램 실행 결과와 의심스런 프로그램 결과를 비교하는 일이 예방책이다.

⑧ Scavenging

Scavenging은 컴퓨터실에서 작업하면서 쓰레기통에 버린 프로그램 리스트, 데이터 리스트, 카피자료를 얻는 지저분한 방법이다.

⑨ 논리폭탄

논리폭탄(Logic Bomb)은 프로그램에 어떤 조건을 넣어주고 그 조건이 만족되면 자동으로 불법 결과가 나타나게 하는 것으로 트로이 목마와 유사한 면을 가지고 있다.

⑩ 자료 바꿔치기

자료 바꿔치기(Data Diddling)는 원시 서류 자체를 변조, 위조해 끼워 넣거나 바꿔치기 하는 수법으로 자기 테이프나 디스크 속에 엑스트라 바이트를 만들어 두었다가 데이터를 추가하는 수법으로 원시 자료 준비자, 자료 운반자, 자료 용역처리자 데이터와 접근이 가능한 내부인이 주로 사용하는 방법이다.

⑪ Super Zapping

컴퓨터가 고장으로 가동이 불가능할 때 비상용으로 쓰이는 프로그램이다. 패스워드나 각종 보안 장치 기능을 상실시켜 컴퓨터의 기억장치에 수록된 모든 파일에 접근해 자료를 복사해 가는 수법이다.

⑫ Trap Door

운용체계나 대형 응용프로그램을 개발하면서 전체 시험실행을 할 때 발견되는 오류를 정비나 유지보수를 핑계 삼아 컴퓨터 내부의 자료를 뽑아가는 수법이다.

⑬ Asynchronous Attacks

미리 작성해둔 침투 프로그램으로 시스템 운영자를 속인 채 해킹을 하는 방법이다. 즉, 컴퓨터 중앙처리장치 속도와 입 · 출력 장치 속도가 다른 점을 이용해 멀티

프로그래밍을 할 때 체크 포인트를 써서 자료를 입수하는 것으로 사용하기 쉬우면서도 효과적인 해킹방법이다.

[그림 12-12] 해커의 보안침해 행위

3) 시스템보안 대책

(1) 보안정책

Internet에 연결할 때 우선적으로 고려해야 할 사항으로 "Network 보안"을 들 수 있다. 그러나 이러한 보안은 Internet을 통한 원활한 정보의 흐름과 자유로운 접속이라는 측면에서 제한 요소로 작용할 수 있으며, Internet에 접속하고자 하는 단체는 내부적으로 보호해야 할 정보와 외부에 공개할 정보에 대한 명확한 구분을 바탕으로 적절한 보안 정책(Security Policy)을 우선 세워야 한다.

이와 같이 ① 보안 정책 수립, ② 보안 시스템 구축, ③ 이용자 교육은 Internet 보안을 위한 기본적인 3요소이며, 보안관련 제도로는 형법에 처벌규정을 두고 있다.

(2) 시스템보안도구

여기에서 말하는 보안은 주로 비인가자의 접근 제어 측면의 보안을 말한다. 시스템이 갖고 있는 보안의 취약점을 정기적으로 점검하거나 보안을 강화하기 위한 다양한 도구들이 많이 제공되고 있다.

Network 모니터링 도구로는 TCPDUMP, ARGUS, ARPWATCH, NFSWATCH, CPM, NetLog 등이 있다. 여기서 NetLog란 로그 분석이 가능한 모든 TCP 및 UDP 통신 내용을 기록한다.

Auditing 도구로는 Tripwire, ps, CP Wrapper, SWATCH(Simple Watcher), Chkacct 등이 있다.

① Tripwire는 시스템 내의 파일과 디렉토리의 무결성(Integrity)을 검사하는 보안 도구이다. 즉, 이전에 만들어 둔 데이터베이스의 정보와 현재 존재하는 파일 및 디렉토리를 비교한 다음, 서로 다른 점들을 모두 알려 주게 되는데, 이를 통하여 중요 파일 및 디렉토리의 변조 여부를 확인할 수 있다.

② CP Wrapper는 Network 서비스들의 요청이 있는 경우 해당 정보들을 기록하여 주는 시스템이다.

③ Swatch (Simple Watcher)는 시스템 로그 분석이 가능한 감사기능 툴을 말한다.

(3) UNIX 패스워드 및 로그인 도구

UNIX 패스워드 및 로그인 도구로는 CRACK, CRACKLIB, NPASSWD, PASSWD+, S/KEY 등이 있다.

① Crack은 보안이 취약한 UNIX 시스템의 패스워드를 알아내는 도구로서 비슷한 기능을 갖는 툴로서 Npasswd, Passwd+ 등이 있다. 기능상으로는 다르지만 보안을 위해 패스워드를 감추어 주기 위한 Shadow라는 툴이 있다.

② npasswd는 텍사스 Austin 대학의 Clyde Hoover에 의해 UNIX passwd를 대체하기 위해 만든 프로그램으로서, 지원하는 기능은 다음과 같다.

- 최소한의 패스워드 길이를 조정할 수 있다.
- 사용자에게 대소문자, 숫자, 마침점 등의 사용을 강요할 수 있다.
- 단순한 패스워드를 체크해 낼 수 있다.
- 호스트 이름, 호스트 정보 등을 체크할 수 있다.
- 로그인 이름, 성명 등을 체크할 수 있다.
- 시스템 사전을 비롯하여, 여러 사전의 단어를 체크할 수 있다.

(4) 보안 취약점 점검 도구

보안 취약점 점검 도구로는 SATAN, TIGER, COPS, ISS, GABRIEL, SCAN-DETECTOR 등이 있다.

① SATAN (System Administrator Tool for Analyzing Networks)SATAN은 Internet의 특정 시스템의 보안 상태를 점검할 수 있는 Perl 언어로 개발된 보안 프로그램이다. SATAN은 해당 시스템의 sendmail, FTP/ TFTP, NFS/NIS, r-shell 등의 보안 취약점 등을 점검하여 해당 시스템이 갖고 있는 보안 취약점을 알려 주고, 해당 문제점의 해결 방안 등을 제시해 준다. SATAN은 다른 툴과 마찬가지로 해커에 의해 새로운 해킹을 위한 툴로 이용될 수도 있는 문제점이 있다.

② Tiger란 UNIX 시스템의 전반적인 보안 점검을 실행해 주는 도구이다. 주요 점검 사항으로는 이용자들의 .rhosts, .cshrc, .netrc 파일 점검, 패스워드 문제 점검, 시스템 파일들의 접근 권한 문제 점검, NIS/NFS 점검, setuid 상태의 변화 점검 등이다. 유사한 툴로 COPS (Computer Oracle and Password System)가 있다.

③ ISS(Internet Security Scanner)는 Internet을 통한 자신의 호스트 공격을 가정하여 취약점을 점검하기 위한 툴로서 자신의 시스템에 계정이 없는 사람이 자신의 시스템을 공격하는 경우를 가정하여 사용자나 관리자의 실수로 잘못 설정된 중요 설정 파일들을 조사하여 그 이상 여부를 알려 주는 보안 도구이다. ISS를 이용하면, guest와 같이 특별한 목적이 없으면서 보안상 문제를 야기할 수 있는 계정의 존재 유무, 각종 프로그램의 알려진 버그의 존재 여부, 취약한 파일 시스템 세팅, 현재 사용 중인 사용자들의 목록 등을 확인할 수 있다.

제4절 방화벽

1. 방화벽의 의의

1) 방화벽의 정의

원래 방화벽(Fire wall)이란 건물에서 화재가 발생한 경우에 일정 부분 이외의 장소로 불이 번지는 것을 막기 위해 설치하는 벽을 의미하는데, Network의 보안 사고나 위협이 더 이상 확대되지 않도록 막고 격리하는 것으로 시스템의 접근 제어에서도 마찬가지 개념을 적용하여 방화벽 외부는 마음대로 이용하게 하고 방화벽 내부에는 권한자만 접근할 수 있도록 구성한 보안 시스템을 의미한다.

2) 방화벽의 필요성

방화벽의 원리는 내부 Network를 Internet으로부터 분리하여 Internet에서 내부 Network로 연결하려는 모든 시도를 강력히 방어하기 위해 단일 지점에서 검열(Screening), 차단(Filtering)하는 것이다.

기업 Network 내의 호스트들은 서로를 신뢰한다는 가정 하에 시스템이 구축되기 때문에 내부 Network 자체의 보안 요구사항은 외부 사용자가 내부 Network에 접근하려 할 때의 보안 요구사항과는 다르다는 사실이 문제를 복잡하게 만든다. 이러한 문제를 해결하기 위해 내부 시스템과 외부 시스템을 구분함으로써 보안성을 부여하는 시스템이 바로 방화벽(Firewall)이다.

방화벽의 장점은 내부 Network 자체의 보안 조치와 Internet 외부사용자 보안과 분명히 차별적용 할 수 있다는 점에 있다. 그뿐 아니라 방화벽은 단일 지점에서 그 기능을 제공하므로 보다 관리가 쉽고, 안전한 완충지대 역할을 수행한다.

즉, 외부 Network로부터의 침입에 대해 내부 Network를 보호하기 위한 Network 구성요소로서 하드웨어와 소프트웨어를 총칭하는 것으로 외부 Network와 연결된 유일한 창구(Gateway) 역할, 서비스 접속 및 거부, 사용자 인증, 내·외부 상호 접속된 Network에 대한 트래픽 감시 및 기록, 중요한 트래픽에 대한 암호화 등의 역할을 수행하게 된다.

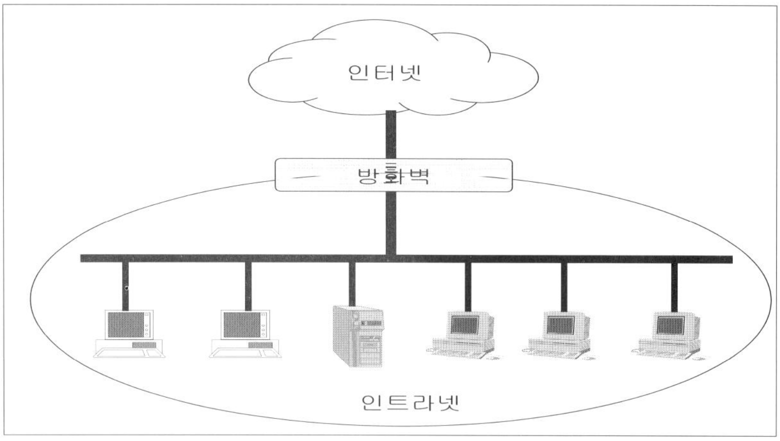

[그림 12-13] 방화벽의 원리

2. 방화벽의 구성

1) 방화벽의 원리

방화벽의 원리는 내부 Network를 Internet으로부터 분리하여 Internet에서 내부 Network로 연결하려는 모든 시도를 단일 지점에서 검열(Screening), 차단(Filtering)하는 것이다. 이러한 방화벽은 하드웨어와 소프트웨어로 구성된다.

하드웨어 측면에서 방화벽은 대부분 라우터와 유닉스 호스트의 조합으로 이루어지는데, 소프트웨어는 라우터 내의 소프트웨어(Access Lists)와 유닉스 호스트상의 소프트웨어(Packet Screensm, Proxies, Mail 및 News Forwarders)의 결합이다.

또한, 방화벽은 내·외향 연결(Incoming and Outgoing Connection)과 트래픽을 검열하고 차단해야 하고, 또 방화벽은 클라이언트들을 가지면서 이 클라이언트들에게 어떤 일정한 조건하에서 서비스를 제공해야 한다. 여기서 클라이언트는 Network 상에서 서비스를 이용하는 사용자의 단말기나 소프트웨어를 의미하며 Network의 호스트일 수도 있고 또 내부 서버에 연결하려고 하는 Internet상의 클라이언트일 수도 있다. 그리고 여기에서의 서비스는 Internet과 내부 Network간의 방화벽에 의해 제공되는 서비스에는 Telnet, FTP, Gopher, HTTP, Mail 및 News Forwarding, X11 등이 있을 수 있다. 방화벽에서 서비스를 제공하기 위해서 클라이언트의 신원 확인(Identity)이 매우 중요할 뿐 아니라, 연결하고자 하는 서버, 시간, 트래픽의 암호화 필요성 여부, 클라이언트/서버 Protocol에 대한 제한(예를 들어, 파일의 Export는 허용하지 않고 Import만 허용) 등이 조건이 될 수도 있다.

2) 방화벽의 형태

방화벽에는 주로 두 가지 형태가 사용되고 있는데, 하나는 패킷 필터 방식의 방화벽이고 다른 하나는 프록시 서버 방식의 방화벽이다.

(1) 패킷 필터(Packet Filter) 방식

이 방식은 외부로부터 데이터 패킷이 들어오면 방화벽은 (발신지와 도착지 주소를 가지고 있는) IP 패킷의 헤더를 검출하여 이들의 정보와 사전 정의된 접속제어목록(필터링 규칙)을 비교한 후 패킷을 수용하여 목적지로 보내거나 제거하는 방식이다.

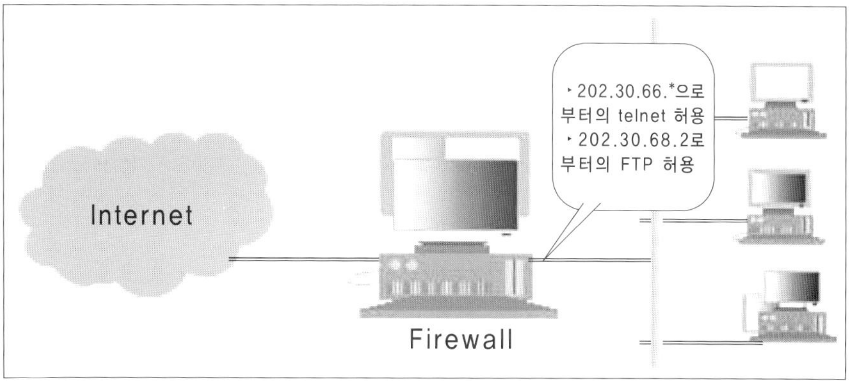

[그림 12-14] 패킷 필터 방식 방화벽

(2) 프록시 서버(Proxy Server) 방식

이 방식은 Internet 접속 프로토콜을 프록시 서버 상에서 실행시킴으로서 내부에서 외부로 나가는 패킷이 직접적으로 노출되지 않도록 하는 방식이다.

여기서 프록시는 사용자 시스템과 실제 서버 사이에서 데이터를 전송함으로써 내부의 사용자와 방화벽 시스템이 클라이언트/서버 관계가 되고, 방화벽과 시스템과 실제 서버가 또 하나의 클라이언트/서버 관계를 유지하게 된다. 방화벽 시스템 내의 telnet, ftp, http 등의 porxy는 접속을 거부하거나 허용에 대한 로그 기록을 남기게 된다.[17]

17) 한국전산원, "방화벽 시스템의 구축과 응용 : 방화벽 실무 지침서", 1996.

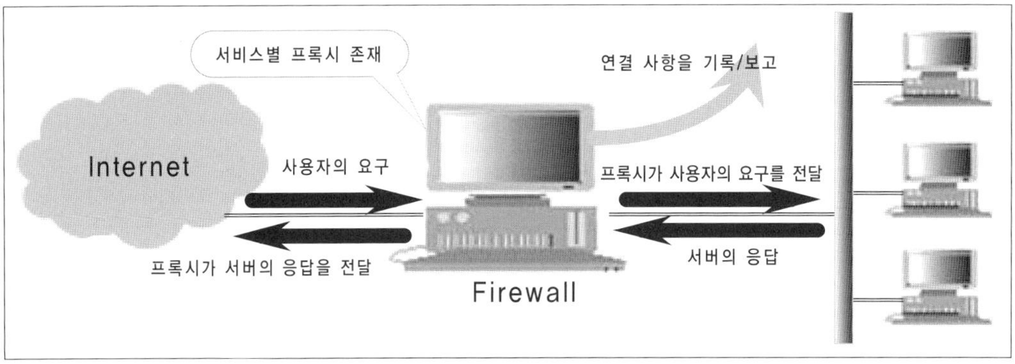

[그림 12-15] 프록시 서버 방식 방화벽

3) 방화벽의 기능

방화벽을 설치하는데 따른 장점으로는 프라이버시보호, 서비스의 취약점 보호, 보안기능의 집중화된다는 측면이 있지만, 서비스의 제한, 처리속도의 저하, 백도어의 위협, 내부사용자에 의한 보안 침해 등의 단점이 있다.

① 접근 제어(Access Control)방화벽 시스템은 내부 Network에 대한 접근 제어 기능을 제공한다. 메일서버나 공개 정보 서버와 같은 특징 호스트를 제외하고는 외부에서 내부 호스트에 접속하는 것을 금지하는 기능이 있어야 한다.

② 사용자 인증은 사용자가 자신의 패스워드를 사용하는데 신중을 기하더라도 Network상에서 패스워드가 평문(Plan text)그대로 전송되기 때문에 침입자들이 사용자의 패스워드를 모니터링 할 위협은 항상 존재한다. 또한 패스워드는 재사용(reusing)하는 방법을 사용하기 때문에 이러한 전통적인 패스워드 시스템의 취약점을 방어하기 위하여 스마트카드나 인증 토큰, 생체 특성 등의 강력한 인증 기법 등이 제시되고 있다.

③ 로깅 내부망과 외부망의 모든 접속이 방화벽 시스템을 통하여 이루어진다면 방화벽 시스템은 접속 정보와 Network 사용에 따른 유용한 통계정보들을 제공할 수 있는 로깅 기능이 필수적이다. 방화벽 시스템 로깅 기능은 방화벽 시스템에 대한 허가된 접근뿐만 아니라 허가되지 않은 접근이나 공격에 대한 정보도 로그 파일에 기록해 두어야 한다. 즉, 역추적 기능이 있어서 어떠한 Network 접근이라도 그 흔적을 찾아 역추적이 가능해야 한다.

④ 암호화방화벽 시스템은 또한 중요한 트래픽에 대한 암호화 기능을 제공할 수 있다. 일반적으로 트래픽의 암호화는 Network 프로토콜의 각 계층에서 가능하다. 암호화 기능의 장점은 트래픽을 보호하기 위한 다른 보안 기능과는 달리 데이터가 비록 외부 침입자에서 노출되어도 의미를 알 수 없으므로 비밀성이 보장된다는 점이다.

연습문제

1. 정보보안 수단과 방법에 대하여 논하십시오.
2. 전자상거래보안 기술에 대하여 논하십시오.
3. 암호화 기법에 대하여 논하십시오.
4. 해킹방지방법에 대하여 설명하십시오.
5. 시스템보안도구에 대하여 설명하십시오.
6. 방화벽에 대하여 논하십시오.

제 1 절 전자상거래

1. 전자상거래 발전

1) 전자상거래의 의의

전자상거래(Electronic Commerce : EC)는 기업, 정부기관과 같은 독립된 조직간 혹은 개인 간에 다양한 전자적인 매체를 이용하여 상품이나 서비스를 교환하는 방식으로 정의할 수 있다. 전자상거래라는 개념은 1989년 미국 국방성의 프로젝트를 수행하는 과정에서 처음으로 사용되었으며, 1993년 미국 연방정부의 구매 조달 프로그램에서 채택하면서 확산되기 시작하였다.

전자상거래가 인터넷의 등장으로 확산되게된 것은 인터넷이 별도의 소프트웨어를 구매하고 비싼 통신료를 지불해야 했던 기존의 사설 데이터시스템이나 부가가치통신망(Value Added Network : VAN)의 경우와 비교할 때 비용이 저렴하고 손쉽게 이용할 수 있기 때문이다. 따라서 일반적으로 전자상거래라고 말할 때에는 인터넷 전자상거래를 포함한 광의의 전자상거래를 의미하며, 이 경우 정형화된 데이터뿐만 아니라 이미지, 비디오, 음성 등과 같은 비정형적인 데이터를 비롯하여 CAD(Computer-aided design)/CAM(Computer-aided manufacturing)과 같은 생산 및 기술 데이터 등이 모두 포함된다.

전자상거래와 유사하게 사용되는 용어로 EDI와 CALS가 사용되기도 한다. 전자상거래는 EDI를 이용한 생산, 유통, 물류업체간 상거래 데이터의 전자적 교환은 물론 최근 인터넷의 활성화와 함께 최종 소비자와의 전자적인 상거래도 포함하고 있다. 따라서 전자상거래는 EDI보다 상위 개념으로 보는 것이 일반적이다.

한편, CALS는 1985년 '컴퓨터에 의한 병참지원(Computer Aided Logistic Support)'에서 출발하여 조달업무, 제품수명주기 관리, 기업통합 등의 개념이 추가되면서 1994년에는 '광속 상거래(Commerce At Light Speed)'로 확대 발전되어 왔다.

여기에서 EDI란 'Electronic Data Interchange'의 약어로써, 거래당사자가 인편이나 우편에 의존하는 종이서류 대신 컴퓨터가 읽을 수 있도록 표준화된 전자문서를 데이터 통신망을 통해 컴퓨터와 컴퓨터 간에 교환하여 재입력 과정 없이 업무에 직접 활용할 수 있도록 하는 새로운 정보 전달 방식이다. EDI는 CALS의 중요한 구성요소 중의 하나로써, 실제로 CALS 표준의 구성요소 중 상거래 비즈니스를 위한 표준으로 EDI 표준을 그대로 수용하고 있으며, 현재 기업들 간의 CALS 도입을 위한 전 단계로서 EDI 도입이 활발하게 이루어지고 있다. 따라서 EDI는 비즈니스 거래를 위한 CALS/EC의 핵심요소로서 여전히 중요한 위치를 차지하고 있다.

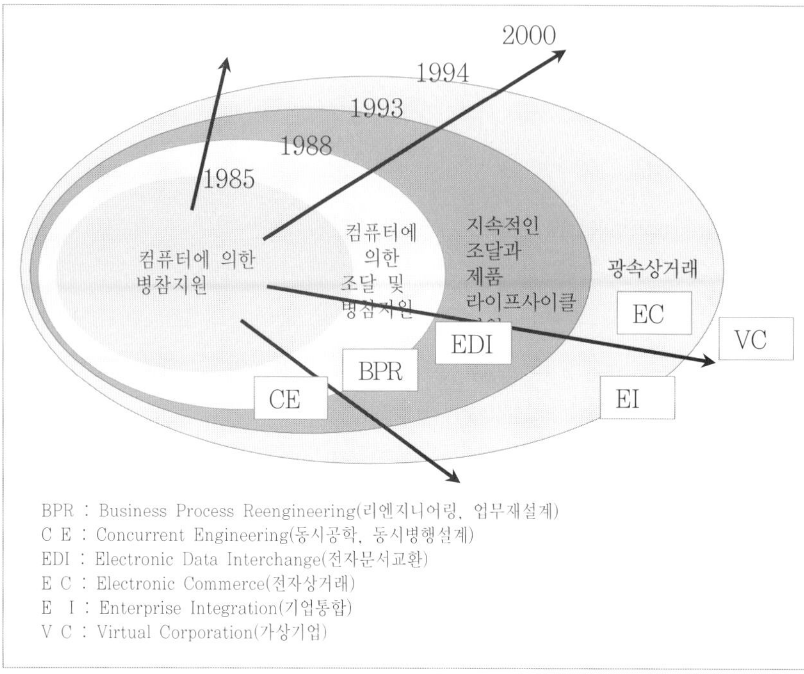

[그림 13-1] 전자상거래 용어의 범주

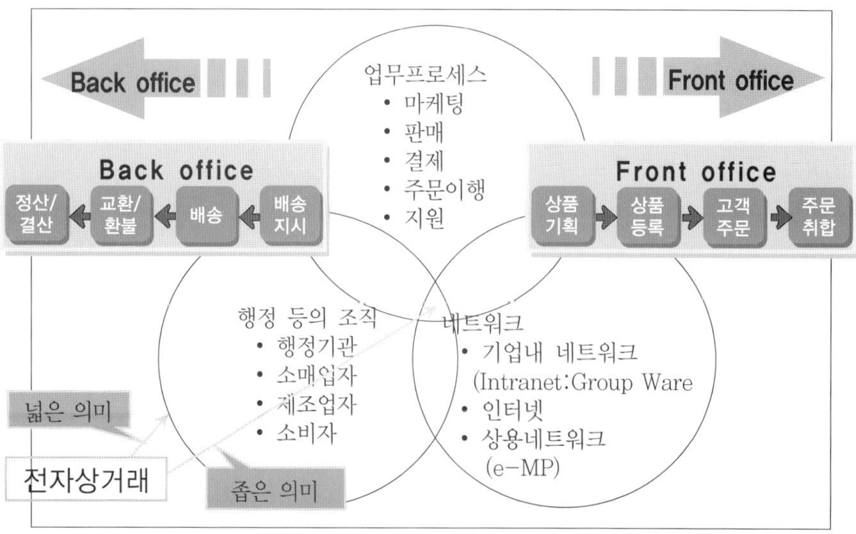

[그림 13-2] 전자상거래의 범주

〈표 13-1〉 전자상거래의 범위

영 역	내 용
계 약	잠재고객과 잠재기업간의 최초계약체결
정보교환	사전 및 사후판매지원
전자지불	전자자금이체(EFT), 신용카드, 전자수표, 전자캐쉬 등을 활용
유 통	유통관리, 제품출하 추적시스템 등
가상기업	독립된 기업들이 정보기술을 이용하여 기술, 비용, 정보를 공유
기업프로세스 공유	ERP, 기업과 협력회사가 기업프로세스를 공동으로 소유하고 운영
정보기술	전자우편, 팩스, EDI, EFT, CALS

2) 전자상거래의 특성

전자상거래는 다음과 같은 장점을 가지고 있다.

첫째, 유통채널이 짧다. 전자상거래는 컴퓨터 네트워크를 통해 공급자와 구매자를 연결하기 때문에 도매점, 소매점과 같은 중간 유통 채널이 필요하지 않다.

둘째, 시간과 공간의 제약을 초월한다. 전자상거래를 활용할 경우 기업활동에 있어 시간과 공간의 제약이 사라져 기업은 24시간 실시간으로 전세계 어디서나 상품의 매매가 가능해진다.

셋째, 판매거점이 필요 없다. 기존의 상거래는 상품전시, 영업, 고객접대 등을 위한 판매 공간이 필요하였지만, 전자상거래의 경우 네트워크상에서 매매가 형성되어 판매거점이 필요 없게 된다.

넷째, 고객정보를 수집하기가 용이하다. 전자상거래는 디지털통신을 통해 형성되어 마케팅 및 판매과정에서 수집된 고객정보를 별도의 가공 없이 자사의 데이터베이스에 저장하여 마케팅 활동에 사용할 수 있다.

다섯째, 마케팅 활동이 효율적이다. 축적된 데이터베이스를 통하여 상품에 관심이 있는 특정고객을 대상으로 일대일로 상호대화식으로 마케팅이 가능하다.

여섯째, 고객의 욕구에 즉각적인 대응을 할 수 있다. 컴퓨터 네트워크를 이용하면 실시간으로 서비스가 가능하여 고객의 불만사항 및 문의사항에 대하여 즉각적으로 대응할 수 있고, 고객의 욕구변화를 신속히 파악할 수 있기 때문에 고객욕구 만족이 가능하다.

일곱째, 소액자본으로도 사업을 전개할 수 있다. 인터넷을 이용한 가상공간에서의 사업은 토지 및 건물비용이 필요 없이 소자본으로도 사업영위가 가능하다.

위에서 언급한 장점 이외에 전자상거래는 다음과 같은 단점을 가지고 있다.

첫째, 거래에 대한 최초 소비자의 심리적 불안감을 야기 시킬 수 있다. 전자상거래의 경우 대면거래와 달리 소비자가 상품의 신뢰도나 선택에 있어 소비자의 심리적 불안을 야기 시켜 고액 상품의 취급이 곤란할 수 있으며, 특히 전자적 무체물의 경우를 제외하고는 운송중의 파손이나 선택제품과 실제 입수된 제품의 차이 등으로 인한 고객 불만이 발생될 수도 있다.

둘째, 거래의 안정성과 보안 문제가 선결되어야 한다. 전자상거래의 경우 거래의 특성으로 인하여 거래의 안정성과 보안 문제가 해결되지 않을 경우 고객이 거래를 진행하는 데 있어 불안감과 불편함을 수반하게 됨으로 이를 해결하기 위한 거래의 안전성 등이 확보되어야 한다.

〈표 13-2〉 전자상거래의 범위

구분	전자상거래	전통적인 상거래 방식
유통채널	기업 ↔ 소비자	기업 → 도매상 → 소매상 → 소비자
거래대상지역	전 세계	일부 지역
거래시간	24시간	제약된 영업시간
판매 거점 및 방법	cyberspace	판매 공간 필요
고객수요 파악	온라인으로 수시 획득 재입력이 필요 없는 digital data	영업사원이 획득 정보 재입력 필요
마케팅 활동	쌍방향 통신을 통한 1대1 interactive marketing	구매자의 의사에 상관없는 일방적인 마케팅
고객 대응	needs를 신속히 포착 즉시 대응	needs포착이 어렵고 대응 지연
소요자본	홈페이지 구축 등에 상대적으로 적은 비용 소요	토지·건물 등의 구입에 거액의 자금 필요

2. 전자상거래의 파급효과

전자상거래의 확산은 거래당사자인 공급자와 소비자의 거래형태에 대한 변화 이외에 거시 경제적인 국가경제의 총체적인 변화와 함께 개별경제, 사회, 문화, 가정, 개인 등 국가의 각 부문에서도 다양한 변화를 가져오고 있다.

또한 정보통신기술의 발전에 따른 새로운 정보통신기기 및 서비스는 인터넷 등 전자적인 매체에 의한 거래에 새롭고 편리한 기능을 거래당사자에게 제공하고 거래당사자 이외에도 시장 구성원간의 관계를 재구성하게 되었으며, 이는 기업간, 산업간, 국가간에 있어서도 새로운 환경을 전개하는 계기가 되고 있다.

1) 경제·사회에 미치는 영향

전자상거래의 발전은 기업, 개인뿐만 아니라 국가 차원의 경제 및 사회적인 측면에서도 많은 영향을 미치고 있다. 이와 같은 파급효과는 다음과 같다.

첫째, 전자상거래의 발전은 기업의 내부 업무절차와 조직을 변화시키고 있으며, 정보기술을 활용한 경영혁신 활동은 기업의 업무를 단순화하고 불필요한 인력을 줄여 경쟁력을 대폭 향상시킬 수 있다.

둘째, 전자상거래는 기업이 고객에게 새로운 방식으로 접근할 수 있도록 하며, 새로운 사업영역 및 사업기회를 제공하는 역할을 한다. 전자상거래를 통하여 새로운 사업 환경이 조성됨에 따라 이를 통한 새로운 사업영역과 기회가 발생한다.

셋째, 전자상거래는 국가적 차원에서 정보 인프라 구축을 앞당기는 역할을 할 수 있다. 전자상거래의 확대는 전자상거래 관련 법적 제도(전자거래기본법, 전자서명법, 전자상거래 등에서 소비자보호에 관한 법률 등) 뿐만 아니라 기술적 인프라(전자문서, 보안 및 인증, 전자금융거래 등의 기술 등)의 발전과 확산을 가져오게 된다.

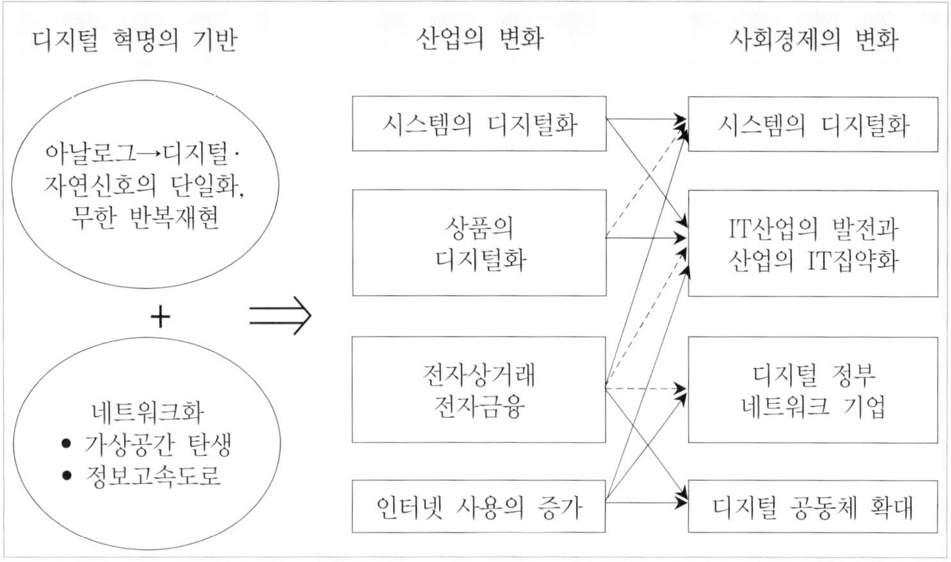

[그림 13-3] 전자상거래가 경제사회에 미치는 영향

2) 산업에 미치는 영향

전자상거래의 발전을 정보 자체가 하나의 경제재가 되며, 정보의 표준화 가능성에 따라 정보가 상품이 된다. 개별적인 활동을 조직 내부 및 외부에서 효율적으로 통합하고 조직간 국가 간 경제활동의 장에서 시간과 공간의 제약을 극복하는 수단을 제공하며, 이는 과거의 산업활동을 효율적으로 변화시킨다는 점 이외에 전자상거래 방식에 맞는 서비스 산업의 비중을 증대시키는 결정적인 촉매역할을 하게 됨을 의미한다.

서비스산업의 특성은 생산과 소비가 동시에 이루어진다는 점인데, 과거에는 정보, 지식, 아이디어가 상품에 체화되어 상품화되어야 하는 제약이 있었지만, 정보기술과 전자상거래의 발달로 정보와 지식을 중심으로 하는 서비스산업이 상품에 체화되는 과정이 없이도 경제재로 변화되어 이것이 상품으로서 거래되고 이를 통한 고부가가치를 실현할 수 있다.

3) 기업경영에 미치는 영향

인터넷은 기업 내부는 물론 외부와의 비즈니스 패러다임을 바꾸는 전략적인 중요성을 지니고 있으며, 기업의 상거래 활동과 조직 측면에서도 커다란 변화를 초래한다.

첫째, 시장 규모가 변화하고 있다. 즉 범세계적으로 경쟁이 심화되고 있다는 것이다. 전자상거래가 가지고 있는 개방적이고 범세계적인 특성 때문에 시장 구성원의 수와 규모 그리고 구성원들이 세계 시장에서 경쟁하는 방법적인 측면에서 시장의 규모와 구조는 변화하고 있다.

둘째, 경쟁우위 원천의 변화를 들 수 있다. 인터넷을 기반으로 한 전자상거래의 발달은 과거 기업의 경쟁력의 원천이 물리적 자산에 그 우위를 두고 있는 반면에 최근의 경쟁환경에서의 경쟁력의 원천은 정보 또는 협업의 관계 형성 등으로 주된 경쟁우위의 원천이 변화해가고 있다.

셋째, 구매비용의 감소이다. EDI를 활용할 경우 5~10%의 조달비용을 절약할 수 있고, 인터넷을 이용할 경우 감소폭 또한 확대 가능하다. GE의 사례를 살펴보면 온라인 구매시스템을 통해 구매부서의 인건비를 30%절감하고 원·부자재 비용을 20% 인하한 효과를 거두고 있는 것으로 나타나고 있다.

넷째, 재고 감소를 들 수 있다. 재고수준의 적정 운용으로 서비스 향상 및 운영비용 감소의 효과가 기대되고 있다. IBM의 사례를 살펴보면 부서 간 전자적인 정보교환과 신속한 처리로 재고회전율을 40%를 증대시키고 판매량을 30%로 증가시킨 예가 그것이다.

다섯째, 제품생산기간(cycle time)의 단축을 들 수 있다. 공급자와 수요자간의 정보교류 확대로 생산소요시간을 단축시킬 수 있다. 미국 자동차업계의 사례를 살펴보면 새로운 모델 개발에서 대량생산까지 1980년대에 4 ~ 6년 걸리던 것이 30개월로 단축되었다.

여섯째, 보다 효율적이고 효과적인 고객 서비스를 제공할 수 있다.

제품에 대한 설명, 기술적인 지원, 주문한 제품에 대한 진행 상황 등을 실시간으로 관리할 수 있으며, 이를 통하여 보다 적절한 주문제작(Customize)을 고객에게 제공할 수 있게 된다. Cisco의 사례를 살펴보면 고객서비스의 생산성을 200% 증가시키고 1억 2,500만 달러 이상의 고객서비스의 비용을 절감시켰다.

일곱째, 새로운 시장개척 및 판매기회 확대할 수 있다. 전자상거래 등을 통하여 기업의 입장에서 시장개척이나 판매기회에 대한 시간적·공간적인 제약을 극복할 수 있게 되고 이를 통하여 보다 용이하게 시장개척이나 거래처를 발굴할 수 있게 되었다. Dell의 사례를 살펴보면 Dell 고객 중 80%가 Dell의 web site를 이용하고 있었고 이전에는 Dell 제품을 구매한 경험이 없었던 것으로 조사되었다.

4) 소비자에게 미치는 영향

첫째, 선택의 다양성이 확대된다. 전자상거래는 지리적, 공간적인 제약을 극복할 수 있으며, 가상의 공간속에서 전 세계 정보와 기업, 제품, 서비스를 선택할 수 있는 선택의 다양성을 제공한다.

둘째, 편리성의 증대를 들 수 있다. 인터넷을 통해서 쇼핑하는 것은 시간을 절약할 수 있고, 소비자는 상점을 방문하거나 상점 영업시간에 맞춰서 다른 일정을 조정할 필요가 없게 된다.

셋째, 보다 풍부하고 다양한 정보를 제공받을 수 있다.

웹 소비자들은 풍부한 정보를 접할 수 있으며, 이러한 정보를 비교해서 정보의 질을 평가하고 선택할 수도 있다. 각종 쇼핑정보를 지능형 에이전트를 통해 비교하고 원하는 가격과 색상 등을 선택해서 구매 할 수도 있다. 그러나 웹 환경 하에서 정보의 양은 늘어났지만, 이에 대한 문제점으로 양질의 정보를 이용하는데 어려움이 발생하고 개인의 신상정보나 지적재산권에 대한 정보의 관리가 문제로 나타나고 있다.

넷째, 제품 가격이 점진적으로 인하되는 효과가 나타나고 있다. 전자상거래가 실물 경제가 지닌 지리적, 차별화 속성에 의한 시장의 구분이 사라지게 되고 전 세계적 경쟁체제가 도입되면서 업체 간의 가격경쟁이 심화되고 지속적인 비용인하 노력으로 가격은 지속적으로 하락될 것이며, 전자상거래에서는 실물경제에서 발생되는 각종 비용의 축소로 가격인하 가능성 또한 확대되고 있다.

다섯째, 주문형 제품 또는 다품종 소량생산시스템의 전환을 들 수 있다. 인터넷은 개별 고객들에게 주문형 제품을 제공할 수 있다. 웹을 기반으로 하는 기업, 그 중에서도 특히 방송사 및 신문사 등은 이미 각 고객의 요구를 만족시켜줄 수 있는 주문형 제품 즉, 컨텐츠 등을 제작하는 환경이 늘어나고 있으며, 기업의 입장에서도 고객의 요구사항을 수렴한 제품을 생산하는 체제로 전환하고 있는 추세이다.

3. 전자상거래의 발전과정

1) 전자상거래의 발전

정보통신기술의 발전과 더불어 전자상거래는 하나의 통일된 기술에 의존하기 보다는 다양한 기술을 통하여 기업경영에 있어 광범위하게 응용되고 있다.

이러한 전자상거래의 업무는 정형화된 업무 유형과 비정형화된 업무 유형으로 구분할 수 있는데, 정형화된 업무유형은 EDI 방식을 이용하여 진행되고 있으며, 비정형화된 업무 유형은 인터넷 등을 이용한 방법으로 진행되어 가고 있다.

최근에는 EDI 업무의 경우도 과거 폐쇄망 형태에서 개방형통신망인 인터넷 기반의 EDI로 변화되어 가고 있다. 이러한 EDI의 이용 변화는 과거에는 기존의 VAN을 이용한 EDI 문서 전송(구조화된 EDI)을 실행하여 왔으나, VAN을 이용한 EDI의 경우 비싼 통신망 이용료 등으로 기존의 EDI를 사용하는 기업이 인터넷을 이용하는 EDI로 전환하여 활용하고 있다.

〈표 13-3〉 전자상거래 관련 주요 기술

기 간	주요내용
1970년대	- 은행간 전자자금이체(EFT)의 출현 - 송금정보를 전자적으로 제공하는 전자지불 제시 - EFT수단(신용카드) 출현
1970년대 후반~ 1980년대 초반	- EDI, E-Mail 등 전자메세징기술 출현/확산 - 종이에 의한 작업 감소, 자동화 확산 결제, 구매요구서, 선적문서 등의 전자화 재고관리, 자금관리 등 업무의 전자적 처리
1980년대 중반	- EC관련 신기술(Online 서비스)의 확산 - 대화형(interaction) 통신기술의 등장 IRC, News group, FTP - Virtual Community의 창출, Global Village의 태동 - Internet사용에 의한 세계시장 확대
1980년대 후반~ 1990년대 초반	- 전자메세징기술의 Workflow 또는 Groupware 기술과 통합, ERP 확대
1990년대 이후	- WWW의 출현으로 Internet의 쉬운 사용법 제공 - EC 활용과 더불어 이를 통한 체계적인 수단과 다양한 기업응용 제공 - 범세계시장에서 동등한 경쟁력 제공

2) 인터넷라운드

인터넷라운드 정보통신 기술의 발달과 인터넷 이용의 증가에 따라 인터넷을 통하여 미국, EU등 선진국들이 주축이 되어 인터넷 전자상거래에 대한 기본틀(Framework)마련을 위해 새롭게 부상되는 무역 라운드를 말한다. 이에 따라 유엔국제무역거래법위원회(UNCITRAL)[1]에서는 1996년 6월 전자메시지의 효력 및 법적 구속력, 전자서명의 인정 및 법적 효력, 전자서명 인증기관 및 배상책임, 해상운송서류의 법적 문제 등에 관한 규정을 담은 "전자상거래에 관한 모델법"을 제정하기에 이르렀다.

국제기구에서의 전자상거래에 대한 논의는 OECD의 주도로 1994년 이후 본격화되었으나, 전자정보의 교환 등 개별이슈에 대한 기본적인 논의는 이미 1980년대부터 진행되었다.

인터넷라운드의 동향을 살펴보면, OECD의 경우 전자상거래에 대한 논의에서 초기에는 개인정보 보호와 정보이동의 자유 등에 중점을 두었으나, 이후 전자적 환경에서의 상업적 활동의 유용성 및 경제 질서에 미치는 영향에 대한 인식과 함께 무역, 경쟁, 정부조달, 조세 등 국제경제활동 측면에 대한 연구 분석과 논의가 점진적으로 증대되고 있다.

APEC의 경우 "민간부문의 인프라 투자촉진을 위한 기본 틀"을 채택하여 2001년까지 아·태 정보화사회 달성을 목표로 전자상거래 촉진을 위한 암호화, 안전장치 개발 및 인적자원개발을 추진 중에 있다.

UNCTAD는 유엔아태경제사회이사회(Economic and Social Commissional for Asia and Pacific: ESCAP)와 공동으로 1997년 5월 "아태 정보기술 및 전자상거래에 관한 회의"를 개최한 바 있으며, 향후 5년 안에 세계교역의 20% 이상이 인터넷을 통해 이뤄질 것으로 전망하였다.

개별 국가들의 인터넷 전자상거래 관련 정책을 살펴보면, 미국의 경우 클린턴 대통령이 직접 '지구촌 전자상거래 기본계획'을 발표하면서 인터넷상거래는 더 이상 강 건너 불이 아니라 모두가 관심을 갖고 적극 대처해야 할 것으로 정부에서 적극적인 육성정책을 추진하고 있다.

여기에서 "지구촌 전자상거래 기본계획(A framework for global electronic commerce)"이란 1997년 7월에는 클린턴 대통령이 발표한 계획인데, 인터넷상에서 이루어지는 전자상거래에 대해 세금 신설 금지, 소비자 권익 및 개인정보 보호, 무관세화 등과 관련한 국

1) 국제무역법위원회(United Nations Commission on International Trade Law: UNCITRAL)에서는 'UNCITRAL 전자상거래 모델법(UNCITRAL model law on electronic commerce)'은 1996. 6. 14. UNCITRAL의 제29차 회기에서 채택되고, UN총회 제51차 회기에서 통과되어 성립하였다. 모델법은 전문 17개조로 제1부(전자상거래 일반)와 제2부(특정분야에서의 전자상거래)로 구성되어 있다.

제적 통일규범 마련을 위해 세계 각국과 협정체결을 위한 협상의 발판을 만들었다는데 의의가 있다. 이 계획은 국경의 장벽이 없고 기술적 발전이 빠른 인터넷 공간의 특성상 민간의 자율적 경쟁만이 순발력 있게 대응할 수 있다는 것이며, 정부는 단지 관련된 최소한의 법률을 제정하여 공정한 게임을 벌일 수 있는 장만 만들면 된다는 주장이다.

유럽연합(EU)의 경우 1997년 7월 8일 즉각 '본 선언'을 통해 미국의 인터넷 자유무역지대 주장에 즉각 동조하고 나서면서, 가입국 전체에 적용될 전자거래법안을 마련하고 이와 관련된 국제표준을 선점하기 위한 다각적인 노력을 경주하고 있다.

일본의 경우 디지털사회 구현을 위하여 지속적으로 국가재정을 투입하고 있으며, 캐나다, 호주, 싱가포르 등의 나라도 인터넷 환경 하에서의 자국의 경쟁력 확보를 위한 다양한 노력을 경주하고 있다.

우리나라의 경우도 기업 간의 통합구도를 실현한다는 비전을 가지고, 정보통신부의 '인터넷 비즈니스 발전대책', 산업자원부의 '전자상거래 종합대책' 등을 통해 전자상거래에 대한 국제규범화에 대응하고 우리나라의 전자상거래를 위한 기반 구축, '전자거래기본법' 및 '전자서명법' 제정, 관련 제도 및 법규의 정비, 시설자금 및 핵심기반기술에 대한 지원 확대 등을 통한 전자상거래를 활성화하기 위한 다양한 정책을 추진하고 있다.

제2절 전자상거래 구현

1. 사이버쇼핑몰의 구성

1) 시스템의 구성

전자상거래 시스템 구성도는 다음과 같다.

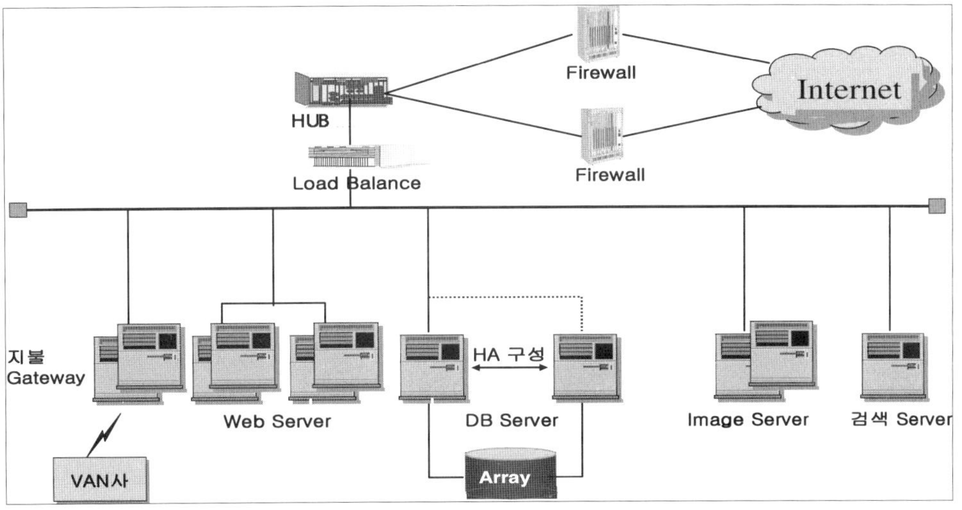

자료 : 김영덕, "전자상거래 쇼핑몰 구축 및 Back Office의 효율적 구성방안", 2000.

[그림 13-4] 전자상거래의 시스템 구성도

(1) 하드웨어

사이버쇼핑몰 구축 시 전자상거래 서비스를 운영할 수 있는 적절한 컴퓨터시스템은 필수적이다. Internet상에서 사업을 수행하기 위한 여러 가지 시스템 가운데 서버의 구성 및 선택은 대단히 중요한데, 현재 전자상거래의 활성화에 따라 이와 관련된 다양한 장비들이 시장에 출시되고 있는데 이들 가운데 운영자의 목적에 부합하는 제품의 선택과 구성은 신중할 필요가 있다.

기본적으로 서버의 선정은 서비스의 질과 비용이라는 두 마리 토끼를 다 잡을 수 있도록 적절한 규모의 서버를 선정하는 것이 중요하며, 이를 위해서는 다음의 요인을 고려하여야 한다.[2)]

첫째, 서비스의 규모에 적합한 장비의 선정이다. 구축하고자 하는 사이트는 그 특성에 따라서 사용자의 수와 빈도, 접속시간 및 이용시간별 차이가 있을 것이므로 이에 따라 발생하게 되는 트랜잭션[3] 이용량을 정확하게 예측하여 필요로 하는 Processor 처리 속도, Memory 및 Hard Disk Drive 용량 등 시스템 자원을 산출하여 관련 장비를 선택하여야 한다.

둘째, 서비스의 추가와 이용량 증대에 따른 확장성이 고려되어야 한다. 전자상거래를 시작하는 당사자들은 처음부터 막대한 금액의 투자를 하기 보다는 사업의 안정적 확대 측면을 고려하여 추가 투자를 전제로 하는 경우가 대부분이기 때문이다. 따라서 최초 시스템 도입 시 관련 장비의 확장성을 고려하여야 한다.

셋째, 서비스에 필요한 관련 소프트웨어를 고려하여야 한다. 시스템 구축에는 반드시 운영체계(OS : Operation System)에 따라 관련 Data Base, Web Server, Application S/W 등이 동작하지 않거나 연동에 문제가 발생하거나 최적의 성능을 발휘하지 못할 가능성이 있으므로 이를 고려하여야 한다.

하드웨어의 구성에 있어 전자상거래 시스템의 구축에는 Single 대용량 서버로 구축하는 방법과 Multi 분산서버 시스템으로 구성하는 방법이 있다.[4] 전자상거래 시스템에서 핵심적인 서버로는 Database Server, Web Server, Merchant Server 등이 있는데 서비스에 따라서는 Fax Server, Mail Server 등을 따로 구축하기도 한다. 이러한 Application Server를 운용하기 위한 방법으로 하나의 하드웨어 시스템에 모든 Application Server를 운용하는 단일의 고성능, 대용량 서버를 이용하는 방법과 소요되는 시스템 자원을 여러 대의 하드웨어로 분산시켜 운용하는 Multi 분산 서버 시스템을 이용하는 방법이 있다.

국내·외 대형 사이버쇼핑몰의 대부분은 분산서버 시스템을 채택하고 있는데, 만일 웹 서버에 많은 부하가 걸릴 경우 웹 서버의 시스템 자원을 늘리거나 별도의 웹 서버를 전체 시스템에 추가할 경우 서비스의 확장성, 유연성의 측면에서 유리하기 때문이다.

또한 시스템의 High Availability를 확보할 수 있도록 구성해야 한다. 보통 High Availability를 구성하기 위해서는 대용량 저상상치로 Disk Array를 이용하고 시스템을 이중화하여 'System Ⅰ'과 'System Ⅱ'중 하나의 시스템이 Down되어 운영 불가능한 상

---

2) 구본철, 「전자상거래」, 박영사, 2001. 3. pp. 571 - 572.

3) transaction이란 상점에서의 고객의 주문이나 판매, 은행에서의 예금주의 입금이나 출금과 같은 하나의 외부 거래를 기록하기 위하여 컴퓨터시스템 내부에서 완료되어야 하는 일련의 처리 동작. 트랜잭션에는 파일내용의 갱신, 수신응답(acknowledgement)의 통보 등이 포함된다. 트랜잭션 데이터가 단말기를 통해 입력되는 경우(teleprocessing), 하나의 트랜잭션은 단말기와 트랜잭션응용 프로그램을 작동시키는 컴퓨터시스템 간의 몇 번의 메시지 교환으로 이루어지기도 한다.

4) 구본철, 「전자상거래」, 박영사, 2001. 3. pp. 572 - 575.

태에 빠지더라도 다른 하나의 시스템이 Fail Over하여 서비스를 지속할 수 있게 된다.

그러나 이러한 형태의 구성은 상당히 많은 금액의 금전적 부담을 전제로 하기 때문에 신중할 필요가 있을 것이며, 쇼핑몰을 운영하는 사용자의 관점에서 최적의 대안을 도출해야 할 것이다.

(2) 소프트웨어

시스템 소프트웨어란 응용 소프트웨어의 실행이나 개발을 지원하지만, 응용 소프트웨어에 의존적이지 않은 독립적인 소프트웨어로서 컴퓨터의 운영 체계(OS), 컴파일러[5), 유틸리티 등이 있다. 전자상거래를 위해서 전제되어야 할 고려 요소는 다음과 같다.

첫째, 시스템 소프트웨어의 안정성이다. 전자상거래 서비스 운영을 위해서는 서비스의 변경, 시스템의 점검 등 일부 특수한 경우를 제외하고 24시간 365일 중단되어서는 안 되기 때문이다.

둘째, 경제성 측면으로 전체 쇼핑몰 시스템 구축시 제한된 예산 범위 내에서 관련 장비의 구매는 필연적이므로 비용과 효율성을 고려한 시스템 소프트웨어와 그 사양을 선택하는 것이 필요하다.

셋째, 응용소프트웨어 개발의 용이성 문제가 전제 되어야 한다. 일반적으로 응용소프트웨어 개발에는 많은 시간과 비용이 소요될 수밖에 없는데, 응용소프트웨어의 종류에 따라 그 차이가 존재하게 된다.

(3) 웹 서버

WWW는 TCP/IP에 기반한 Internet Protocol의 하나인 HTTP(Hyper Text Protocol)을 이용하는 서비스의 총체적인 개념이며, HTTP는 Web Server와 Client가 Hyper Text 문서를 송·수신하기 위해 사용하는 표준 Protocol이다. 모든 Web Server와 Client는 Hyper Media Document를 주고받기 위해서는 HTTP를 이용하여야 하며, HTTP Client와 HTTP Server 프로그램이 필요하다. 이와 같은 이유로 웹 서버는 HTTP

5) 고급언어로 쓰여진 프로그램이 컴퓨터에서 수행되기 위해서는 컴퓨터가 직접 이해할 수 있는 언어로 바꾸어 주어야 한다. 이러한 일을 하는 프로그램을 컴파일러라고 한다. 예를 들어 원시언어가 Pascal이나 코볼(Cobol)과 같은 고급언어이고 목적 언어가 어셈블리 언어나 기계어일 경우, 이를 번역해 주는 프로그램을 컴파일러라 한다.

서버라고 한다. 그리고 HTTP Client가 탑재되어 있는 S/W가 Web Browser이다.

이러한 Web Server에는 UNIX에 주로 설치하는 Apache Web Server와 Enterprise Web Server가 있으며, Windows 계열에 주로 설치하는 IIS(Internet Information Server)가 있다.

Apache Web Server는 기본적으로 NCSA[6] Server의 Source를 사용자의 요구에 맞게 개량한 형태로서 성능과 기능면에서 우수하며, 하나의 Port(default : 80)에서 일반 Web과 Proxy를 동시에 지원할 수 있고, 각 기능이 Module화 되었다. 또한, IIS(Internet Information Server)는 Windows NT 기반 시스템에 설치 할 수 있는 웹 서버로서 환경설정이 쉽고, 높은 성능을 보장하며, NT와 잘 통합된다는 장점을 가지고 있다.

(4) 데이터베이스 관리 시스템

현실세계의 사물과 사건을 문자, 수치, 기호, 음성 또는 그림 등의 형태로 표현한 기록을 데이터라 하며, 이러한 데이터는 종이, 필름, 디스크 등의 여러 가지 매체에 저장되고, 사용자에게 필요한 내용을 검색, 정렬 또는 요약 등의 처리작업을 수행함으로서 정보로 전환된다.

데이터베이스(DB)[7]는 조직 내외에서 발생하는 방대한 양의 데이터를 수집, 저장하고, 복잡한 구조와 의미를 지닌 현실세계를 표현함으로서 여러 사용자들이 다양한 정보요구를 원활히 충족시키기 위한 주요한 정보기술로서 정착되었다. 즉, 데이터베이스는 한 조직 안의 여러 응용 시스템들이 공용할 수 있도록 통합, 저장된 운영데이터의 집합이라고 정의할 수 있다.[8]

이러한 데이터베이스와 사용자의 중간에서 일종의 교량역할을 수행하는 소프트웨어 시스템을 데이터베이스 관리 시스템(DBMS : Data Base Management System)이라 한다. DBMS는 데이터를 효과적으로 이용할 수 있도록 정리, 보관하기 위한 기본 소프트웨어로

---

6) NCSA(National Center for Super computing Applications(미국 국립 슈퍼컴퓨터 활용센터) : 웹 서버의 원조라고 할 수 있는 NCSA 서버는 미국 일리노이 대학에서 만들어 졌다. GUI가 지원되는 최초의 Web Browser가 개발된 곳으로 이 브라우저의 개발자인 당시 22살의 마크 앤드레센은 후에 Netscape Browser의 탄생을 주도하였으며 그 회사의 설립자가 되었는데, 그 주요 기능은 다음과 같다. 시작할 때 미리 서버 프로세스의 수와 최대한 fork 할 수 있는 서버 프로세스의 수를 지정할 수 있다. SSI(Server Side Include)와 Multihome/Virtual Host를 지원한다. 이것은 하나의 서버에 다수의 이름과 IP address 가 있는 경우 필요한 기능이라 할 수 있다. 경로에 다른 이름을 줄 수 있으며 접근제한도 가능하다. 사용자 인증도 가능한데 이러한 기능은 더욱 발전한 Apache 웹 서버에서 계승되었다.

7) DB라는 용어는 정확히 언제부터 사용되었는지 그 출처를 알 수 없지만, 다만 1960년대에 미국의 시스템회사인 SDC, GE, IDC등이 데이터베이스 관리시스템을 만들었으며, 이는 현대적 개념의 데이터베이스 개념을 확립하는데 중추적인 역할을 하였다.

8) 최덕원·이동철, 「경영정보 데이터베이스 시스템」, 2000. 2. pp. 15-25.

서 DBMS는 데이터베이스를 관리하기 위해 필요한 수행 과정인 Data의 '추가', '변경', '삭제', '검색' 등의 기능을 집대성한 소프트웨어 Package이며, 데이터베이스를 저장, 관리하는 기관이나 기업의 정보시스템 구축에 필요한 소프트웨어로서 고유의 문법과 의미를 가진 DBMS언어를 제공하여 왔으며, 최근에는 이러한 언어가 SQL[9](structured query language)로 표준화되고 있다. 주로 계층형(tree)과 network형(network) 및 관계형(relational)으로 구분되는데, 최근에는 관계형이 주류를 이루고 있다.

상용DBMS는 방대한 양의 데이터를 체계적으로 관리하며, 일반 사용자의 정보요구를 적시에 충족시켜주기 위하여 사용자가 별도의 응용프로그램을 작성하지 않아도 DBMS가 스스로 최적의 실행대안을 선택할 수 있도록 되어있다. 또한 여러 사용자가 동시에 접근을 시도할 경우의 문제점이나 보안, 고장복구, 무결성, 보고서 작성, 그래픽 처리 등의 부가적인 기능도 제공한다. 이러한 상용 데이터베이스의 종류로는 Oracle, Infomix, Sybase, Ingres, DB2, dBASE, FoxPro, Access 등이 있으나, 모든 제품이 기능과 성능 그리고 가격 면에서 차이가 있으므로 용도에 따라 적절한 DBMS를 선택해야 한다. 현재 활용빈도가 높은 상용 소프트웨어로는 MS사의 MS-SQL, 오라클사의 Oricle, IBM의 DB2 등이 있다.

전자상거래나 기업정보시스템에서 정보의 생성, 저장, 가공 등은 필수적인 기반기술이며, 정보관리기술은 컴퓨터 하드웨어의 기술과 병행하여 왔다. 또한 데이터베이스 관리기술도 데이터 웨어하우스[10], 데이터마이닝기술, ERP, SCM, CRM 등 최신의 관리기술로 발전하고 있다. 이러한 정보산업의 핵심기반기술로서 데이터베이스는 그 중요성이 계속해서 지속될 것이다.

2) 전자상거래 서버

전자상거래 서버는 전자상거래 시스템의 핵심소프트웨어로서 전자상거래에 활용되는 서버를 구축하는 경우 사업자가 직접 구축하거나, SI업체에 수주를 주는 경우가 빈번하였으나, 전자상거래의 활성화와 함께 특정상용 프로그램을 활용하여 사이트를 구축하는 추세이다.

이러한 전자상거래 서버는 해당 사이트의 특성 즉, 쇼핑몰의 성격과 운영정책에 따라 다양한 업무관계들이 존재하며, 이에 따라 그 성격이나 강조점이 상이해 질 수 있으나, 백오피스(Back Office)와 프런트 오피스(Front Office)로 구분할 수 있다.

---

9) SQL은 현재 사용 중인 관계형 데이터 조작어 중 가장 중요한 언어로서 미국표준기구(ANSI)에서 데이터베이스를 조작하기 위한 언어로 선정되었고, DB2, Oracle, Ingres, dBASE, Access와 같은 많은 상용 DBMS제품들이 이를 데이터 접근어로 사용하고 있다.

10) 데이터 웨어하우스란 경영 및 정책 결정에 필요한 정보 처리기능을 효율적으로 지원하는 데이터베이스라 할 수 있다. 데이터웨어하우스는 단순히 데이터가 보관되어 있는 거대한 창고를 말하고, 웨어하우징은 처리과정의 측면을 고려한 아키텍처라 할 수 있다.(최덕원·이동철, 「경영정보 데이터베이스 시스템」, 기전연구사, 2000. 2. pp. 347-349)

(1) Front Office

Front Office란 웹 사이트를 통해 특정 제품을 구매하려는 사용자가 최초의 쇼핑몰 접속에서부터 상품 분류 페이지, 최종 상품 카탈로그 페이지, 주문 페이지, 결제 및 배송정보 입력 페이지, 주문 완료 페이지에 이르기까지의 기본적인 항해(Navigation)와 상품 검색, 회원 등록, 각종 이벤트 페이지, 주문확인 및 취소 페이지 등 다양한 부가기능이 쇼핑 몰 내에 특정한 메뉴로 구현되어 있는 전형적인 Front Office 구현시 전체적인 Navigating 구조와 흐름을 명확히 하는 것이 필요하다.[11]

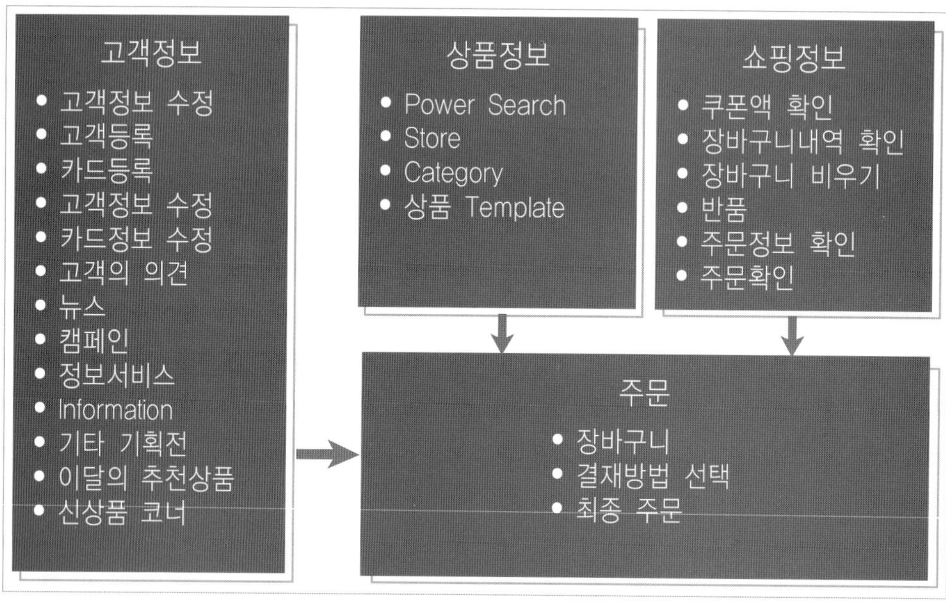

[그림 13-5] Front office의 구성

(2) Back Office

Back Office란 웹 사이트 통해 비즈니스가 전개되는 과정에서 웹 사이트의 뒤쪽에서 시스템적으로 충족되어야 하는 작업들을 관리하는 시스템이다. 즉, 전자상거래 사이트를 기획할 때 필요한 각종 의사 결정을 지원하기 위하여 웹 사이트의 뒤쪽에서 정보의 수집·가공·저장·배포하는 작업이며 또한 이들의 상호 연관된 요소의 집합을 의미한다. 이러한 흐름도는 해당 쇼핑몰에 따라 일부 상이해 질 수 있으나, 각각의 거래 주체들의 업무관계를 중심으로 살펴보면 다음과 같다.

11) 구본철, 「전자상거래」, 박영사, 2001. 3. p. 579. ; 김영덕, "전자상거래 쇼핑몰 구축 및 Back Office의 효율적 구성방안", 2000.

이벤트 신상품 정보, 이메일 발송, 고객의 주문 처리사항 제공, 배송 현황 확인, 감사 메일 발송 등 쇼핑몰 운영자가 고객에게 각종 정보를 제공하는 것을 포함하고 있다. 특히, 이러한 쇼핑몰과 고객과의 지속적인 관계 형성을 통한 마케팅은 사이버쇼핑몰 구축에 있어서 매우 중요한 영역을 차지하고 있다.

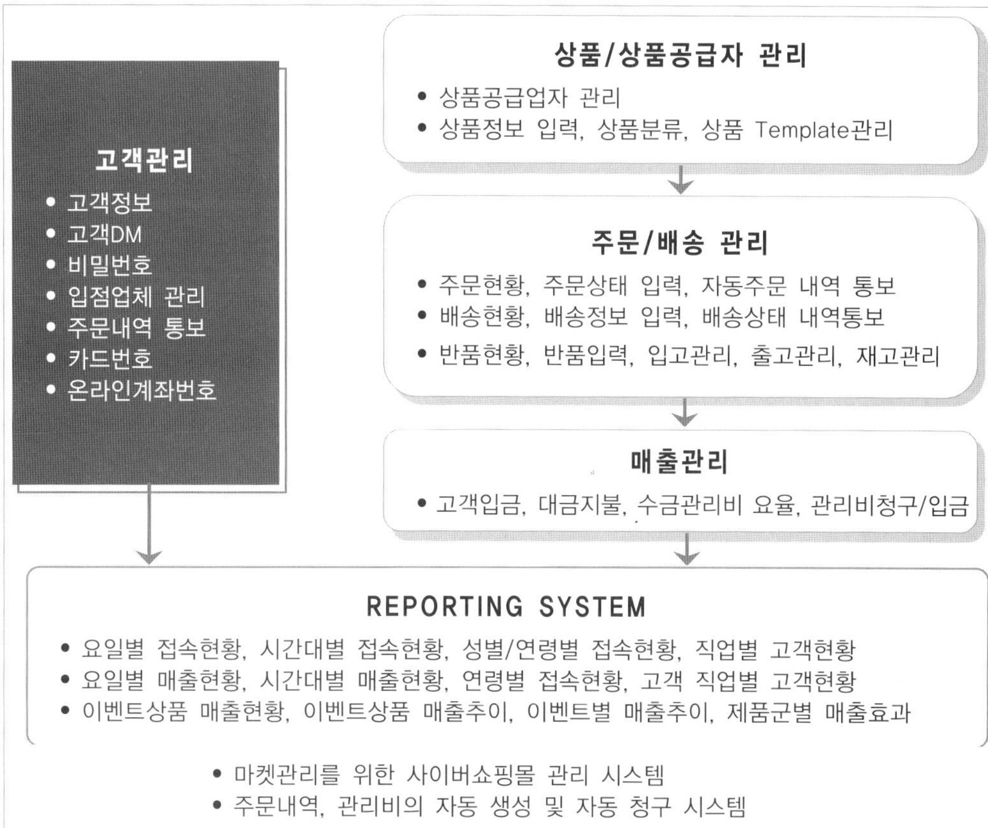

[그림 13-6] Back office 예시

앞에서 언급한 Front Office의 흐름을 제어하기 위해 전자상거래 서버를 중심으로 제반 업무를 적절히 처리할 수 있게 만드는 흐름을 의미한다. 즉, 쇼핑몰 운영 내부적인 업무, 취급하는 공급 업체에서 수·발주한 상품의 출하정보를 이메일 또는 팩시밀리를 통해서 전달하고 상품대금에 대한 정산을 월, 주 등 일정한 주기별로 수행해야 한다.

동시에 물류센터로 상품 배송에 대한 지시가 내려가야 하고, 전체 상품배송비에 대한 정산이 이루어져야 하며, 신용카드 등 결제와 관련된 승인 번호의 흐름 역시 제어되어야 한다.[12]

2. 회원관리 및 상품관리

1) 회원관리

대부분의 쇼핑몰은 회원제로 운영이 된다. 회원이 아닌 경우 기본적인 검색은 가능하지만 구매시에는 상품구입자의 전화번호, 지불방법, 카드번호 등을 입력해야 한다. 따라서 매번 구매할 때마다 입력하는 번거로운 일을 방지하기 위해 회원의 기본 사항을 등록하게 되는데, 회원정보는 쇼핑몰의 운영자가 어떻게 관리하느냐에 따라 쇼핑몰의 재산이 될 수 있는 정보이며 보안에 각별히 신경을 써야하는 요소이기도 하다.

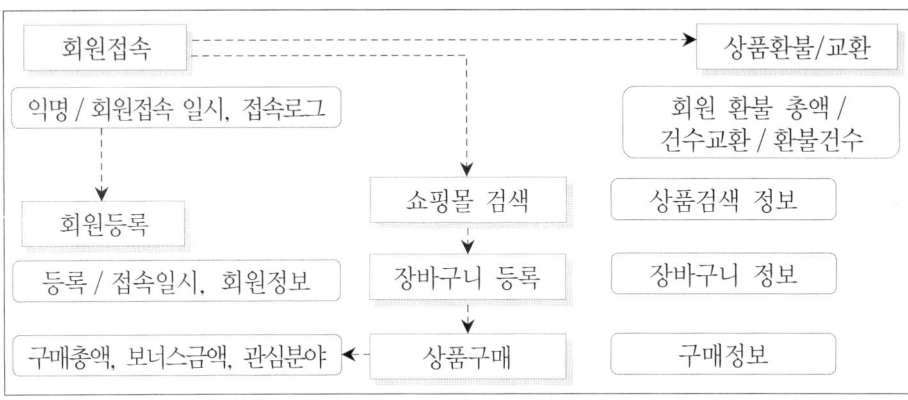

[그림 13-7] 회원정보와 쇼핑정보의 관계

2) 상품관리

상품정보의 관리에 있어 상품을 조회하고 관리하기 위한 상품코드는 상품의 현황 및 재고관리 등에도 매우 유용하게 사용되고 있다. 일반적인 쇼핑몰의 구성은 상품의 개요를 볼 수 있는 리스트 기능과 상세정보를 보여주는 부분으로 구분되어 제공되어야 한다.

상품정보 등록절차는 아래와 같이 정리할 수 있다.

ⓐ 자료 입수 (이미지 및 텍스트)
ⓑ 자료 분류 및 기록
ⓒ 자료 스캐닝 (이미지)
ⓓ 이미지와 자료 텍스트 링크 부여 (관리 대장 기록)
ⓔ 온라인 등록 등

12) 구본철, 「전자상거래」, 박영사, 2001. 3. p. 578.

일반적으로 쇼핑몰에서의 상품정보 등록은 판매 희망업체가 신청서와 자료를 제출하여 서비스업체 서버에 등록을 하는 경우와 인터넷 상에서 직접 등록하는 두 가지 방법이 있다.

주문을 처리하기 위해서는 본인 확인 절차와 주문 내역 및 결제 정보 입력의 절차를 거치게 된다. 쇼핑몰에 따라 상품 조회 완료 후 주문서를 작성할 경우 또는 최초 로그인 할 때 본인을 파악하는 절차를 거치게 되는데, 본인을 확인 방법은 아이디와 패스워드를 가장 많이 쓰고 주민등록 번호 등을 추가 입력하게 하는 방법도 병행해서 많이 사용되고 있다. 또는 전자 인증서를 이용하여 물리적인 시스템까지 확인하기도 한다.

3. 구매정보관리

구매 절차에 따른 운영관리단계를 크게 3가지로 구분할 수 있는데, 첫째 정보탐색 단계가 있다. 정보탐색단계(information phase)에서는 쇼핑몰 운영자는 사용자 입장에서 쇼핑몰에서 제공하는 상품과 관련된 정보와 이를 검색·항해하는데 참고할 수 있는 구조를 갖추어야 한다.

둘째, 협상·동의 단계이다. 협상·동의 단계(Agreement phase)에서는 고객이 상품을 구매하기 위해서 거치는 중간과정으로 지불, 배송이 이루어지기 직전까지와 관련된 내용을 평가하기 위한 항목으로, 상품주문관련 정보로 주문 절차 진행 정도를 알려주는 정보와 지불사항 기입 절차의 진행 정도를 알려주는 정보가 필요하다. 특히 협상·동의단계(Agreement phase)에서는 장바구니 기능 등 중간 버퍼가 이용된다는 것도 알아두어야 한다.

셋째, 확인단계로 확인단계 (Settlement phase)에서는 쇼핑몰에서 고객이 상품을 선택한 후에 주문서를 작성하고 배송이 이루어지는 단계가 구매관리 단계이다. 단순하게 무료로 서비스하는 사이트에서는 필요가 없지만 일반적인 쇼핑몰에서는 가장 중요한 부분이다. 확인단계에서 운영자 화면은 배송 관련 선택 옵션과 결제 방법 관련요소 등을 확인하는 화면으로 구성된다.

〈표 13-4〉 확인단계 사용자 화면 내용

구 분	항 목	내 역
지불관련 정보	지불수단 종류에 대한 정보	지불수단의 다양성
		온라인/오프라인 - 신용카드, 계좌이체 - 사이버머니, 각종 쿠폰 및 기타
		사용가능한 은행의 다양성
		지불정보관리
배송관련 정보	배송시간에 대한 정보	
	배송수단에 대한 정보	배송수단의 다양성
		배송수단의 종류 : 택배 및 우편 등
	배송상태에 대한 정보	
	배송가능지역에 대한 정보	배송지역의 다양성
		배송지역의 범위 - 인근, 전국, 도서지역, 외국 등
	배달가능조건에 대한 정보	무조건
		조건 - 구매액수나 수량에 제한
	배송료 책정기준 정보	건당, 구매물건당, 구매액당
사후 서비스	상품관련 문제발생시 대처방법에 대한 정보	주문취소방법 정보
		배송결함문제 해결정보
		환불관련정보
		상품자제결함문제 해결정보
		연락방법의 수
		연락방법의 종류 : 게시판, 이메일
	도우미 (contact point 정보)	불편사항 접수방법의 다양성
		불편사항 접수방법의 종류 - 게시판, 전화, 이메일 등
	몰에서 제공되지 않는 상품에 대한 주문가능여부	
	최저가격 보상제도 정보	

4. 홈페이지 운영

홈페이지 운영방법에는 자체운영과 외주위탁운영이 있는데 외주위탁운영방법도 두 가지가 있을 수 있다. 자체 시스템을 가지고 외주 위탁 운영할 수도 있고 외부의 시스템을 이용하여 운영할 수도 있는데, 이렇게 외부시스템을 이용하는 방법을 웹호스팅이라고 한다.

웹호스팅은 하나 이상의 웹사이트들을 위해 파일들의 저장 공간을 제공하고 유지해주는 사업을 말한다. 그러나 웹호스팅에서 파일의 저장 공간보다도 더 중요한 요소는 그 서버가 얼마나 빠른 속도로 인터넷에 접속되어 있느냐 하는 것이다. 이를 위해 대부분의 호스팅 서비스 업체들이 T-1 또는 T-3 등의 고속 회선을 갖추고 있는 것도 그 이유가 될 수 있을 것이다.

홈페이지 운영에 있어 유지보수 관리의 범위는 서비스되고 있는 홈페이지와 관련된 내용을 기본으로 하며 자체 내에서 웹 시스템 구축 시에는 하드웨어 시스템을 포함하고 있어야 한다.

유지보수는 현재 시스템의 효과적인 운영을 보장하고 지속적인 서비스가 가능하도록 해야 하고 홈페이지 구축 및 유지 보수에 필요한 인력을 배정해야 한다. 운영에 필요한 사항으로 사용빈도의 통계를 위해 로그파일을 별도로 수집하여 작업하여야 하며, 특히 가상도메인 설정을 통해 제공하는 경우 모두 로그파일을 분리하여 관리하여야 한다.

여기에서 로그파일이란 방문객의 호스트 이름, 요청 일자와 시간, 컴퓨터 Platform, URL 주소, 사용된 브라우저, 어느 페이지, 어느 파일이 요구되었는지에 대한 기록들이다. 이 Log 파일을 분석하여 어떤 페이지와 파일이 인기가 있는지, 방문객이 웹사이트 내에서 보내는 평균 시간이 얼마인지, 웹사이트를 이용하는 시간대별 분포 등 여러 가치 있는 데이터를 얻을 수 있다. 특히 Log 파일의 정보 중에 사용하는 브라우저나 컴퓨터 Platform에 대한 정보는 웹사이트 디자인을 할 때 반드시 고려해야 하며 많이 사용하는 브라우저나 버전, 컴퓨터 Platform에서 꼭 테스트를 해볼 필요가 있다.

〈표 13-5〉 홈페이지 유지보수 대상 및 범위

구 분	내 용
주요 소프트웨어	- 정기적인 예방점검 실시 - 체계적인 유지보수 작업지침 수립 및 시행 - 장애이력사항 유지 및 분석 - 장애유형별 분류를 통한 유지보수 표준화 및 장애처리 교육실시
유지보수 대상	- 개발 프로그램 대상
홈페이지 및 서버 유지보수	- 일괄정비 보수계약에 의거 버전 업그레이드 및 장애 발생 시 유지보수되어야 함
하자보증기간	- 무상하자보증기간은 보통 설치 검수완료일로부터 1년간이며 무상기간 완료 후에는 별도의 유지보수 계약에 의거 실시

제3절 전자상거래 성공 전략

1. 전자상거래와 성공적 마케팅전략

1) STP전략의 개념과 단계

STP전략은 소비자의 욕구를 정확히 파악하고 그 유형들을 분류하여 그들의 욕구에 따라 적절한 제품을 제공하는 기업만이 살아남게 되는 시장여건의 변화에 따라 도입된 마케팅 전략이다. 즉, 내가 진입하고자 하는 시장을 몇 개의 기준을 이용하여 가치가 있는 다수의 시장으로 분류하고(Segmenting), 세분화된 여러 시장 중에서 자사의 능력과 경쟁 등을 고려하여 표적 시장을 선택한 다음(Targeting), 그 시장에서 제품 속성이나 다양한 마케팅 믹스 요인을 이용하여 자사 제품을 소비자의 마음속에 심어주는(Positioning) 전략이다.

이러한 STP 전략을 실행하기 위해서는 ① 시장 세분화 기준의 수립 ⇒ ②시장 세분화의 실행과 세분 시장에 대한 분석 단계 ⇒ ③진입 가능한 표적시장을 선택 ⇒ ④표적시장에서 달성해야 할 마케팅 목표와 전략의 수립 단계 ⇒ ⑤경쟁 우위분석과 제품 포지셔닝의 결정 단계 ⇒ ⑥포지셔닝의 성과분석과 재포지셔닝 단계를 거치게 된다.

(1) 시장 세분화 기준의 수립단계

시장 세분화의 기준으로 사용되는 변수가 마케팅 목표를 달성하기 위한 중요한 변수가 되어야 한다. Internet에서의 고객 세분화 변수로 주로 사용되는 요소는 다음과 같다.

첫째, 인구 통계적 세분화 변수 : 연령, 성별, 소득수준, 직업, 학력, 국적
둘째, 심리적 세분화 변수 : 사회계층, 생활양식, 개성
셋째, 행동적 세분화 변수 : 추구 편익, 사용자 상태, 제품에 대한 태도
넷째, 지리적 세분화 변수 : 지역

(2) 시장 세분화의 실행과 세분 시장에 대한 분석 단계

전 단계에서 결정된 시장 세분화 변수들을 이용하여 시장을 세분화하고, 각 세분화 시장에 대해서 필요한 세분 시장 profile을 작성한다.

(3) 표적시장 선택 및 마케팅 목표와 전략 수립 단계

시장을 선택하기 위해 각 세분 시장의 매력도를 평가한다. 선택된 표적 시장은 기업

이나 브랜드 별 표적시장을 달리하여야 한다.

(4) 경쟁 우위의 분석과 제품 포지셔닝 결정 단계

선택된 표적 시장에서의 자사 브랜드를 위한 효율적인 위치를 결정한다.

(5) 포지셔닝 성과 분석과 재포지셔닝 단계

기존의 포지셔닝이 표적 시장에서의 마케팅 목표를 달성하는 데 도움을 주고 있는지를 평가하여 도움이 되지 않으면 재포지셔닝을 해야 한다.

2) 4P 마케팅 전략

4P란, 마케팅의 4요소인 제품(Product), 가격(Price), 유통(Place), 촉진(Promotion) 등의 요소를 가지고 기업이 표적시장을 대상으로 하여 원하는 반응을 얻을 수 있도록 통제 가능한 마케팅 변수를 말하는 것으로 이 요소들을 잘 배합하는 것을 마케팅 믹스(Marketing Mix)라고 한다.[13)]

(1) 제품전략

제품이란, 소비자의 기본적인 필요와 욕구를 만족시켜줄 수 있는 재화나 서비스를 포함하는 개념이다. 이러한 제품들은 핵심제품(Core Product), 실제제품(Actual Product), 확장제품(Augment Product)의 3가지 차원으로 살펴볼 수 있다.

핵심제품(Core Product)이란 제품을 구매함으로써 소비자가 얻게 되는 이익이나 혜택을 주는 개념이며, 실제제품(Actual Product)은 핵심 제품의 개념이 형상화되어 구체적인 모습으로 만들어진 것으로 우리가 일반적으로 제품이라고 하는 것이고, 확장제품(Augment Product)은 두 가지차원의 제품이 구체적으로 구매되기 위해서 지원되는 모든 서비스를 의미한다.[14)]

① 전자상거래 대상 제품의 범위

Internet에서는 앞서 얘기한 세 가지 제품 중에서 확장제품의 개념이 매우 중요하다. 그 이유는 Internet은 손으로 직접 만지고 눈으로 확인할 수 없으므로 제품의 개념 중 실제 제품이 존재하지 않기 때문이다. 제품의 전통적인 개념에 Internet이 접목됨으로써 기업은 제품을 좀 더 넓은 관점에서 이해해야 한다. Internet 활용 초기단계에서는 Internet이라는 가상공간이 갖는 본질적인 문제로 Internet에서 거래

13) 이두희 · 한영주, 「Internet마케팅」, 영진출판사, 1996.
14) 아이비즈넷(주), 「Internet 비즈니스」, 21세기 북스, 1997.

되는 제품이나 서비스는 일부분에 한정되었지만, Internet 사용자가 다양화되면서 Internet에서 거래되는 제품의 종류도 다양해지고 있다.

② BtoC 전자상거래 제품의 유형

Internet 제품들은 소형이거나, 제품이나 서비스를 직접 눈으로 보거나 만져보지 않아도 그 품질이나 내용을 확인할 수 있는 것, 혹은 무형의 제품들이 대부분이며, 특히 품질이 표준화되어 있는 제품이 많다. 책, 컴퓨터 소프트웨어, 컴퓨터관련 하드웨어, 음악, 캐주얼 옷, 영화 또는 비디오, 가전제품, 연극이나 공연 예매 등이 대표적인 Internet 제품이다.

③ 전자상거래에 적합한 제품

이러한 Internet에서 인기 있는 제품들은 정보중심적(Infocentric Product)이며, 품질에 대해 신뢰확인이 가능해야 하며(Highly Reliable Product), 컴퓨터 관련 제품(Computer Related Product), 디지털화된 제품(Digitalized Product), 만기가 있는 제품(Time-limited Product)이라는 특징이 발견된다.

- 정보중심적 제품(Inform Center Product)

Internet에서 활발히 거래되는 제품들은 거의 모두가 제품의 구매에 있어서 정보가 중요한 요소로 작용하는 것들로서 소비자가 제품을 구매하기로 의사 결정을 내릴 때까지 소비자는 제품이 제공하는 기능에 중점을 두고 행동한다. Internet에서 거래되는 제품들이 정보중심적인 것은 Internet의 기본적인 속성이 정보를 주고받는 매체라는 데에서 기인한다.

- 품질에 대한 신뢰확인이 가능한 제품(Highly Reliable Product)

온라인을 통해 구매하려는 사람들은 Internet 쇼핑몰에 대한 신뢰성부터 의심하게 되는데, 이는 소비자가 제품을 직접 확인하지 않고 정보에 의해 제품을 구매하므로 그 품질에 대한 신뢰가 형성되기 어렵기 때문이다.

- 컴퓨터 관련 제품(Computer Related Product)

Internet을 이용하여 제품을 구매하기 위해서는 컴퓨터를 사용해야 하고, 또한 컴퓨터의 이용이 많은 사람들이기 때문에 Internet에서 컴퓨터 관련 제품의 거래가 활발한 것은 당연한 일이다.

- 디지털화된 제품(Digitalized Product)

실물 세계의 거래에서와 마찬가지로 가상공간에서의 거래에서도 유통은 큰 관심거리 중의 하나이다. Internet에서 물류를 줄이는 가장 좋은 방법은 온라인상에서 제품을 공급해주는 방법이므로 디지털화된 제품의 거래가 활발하다.

소비자가 제품을 선택 할 때에 간단하면서 강력한 기준의 하나는 브랜드이다. 따라서 제품전략을 세울 때는 브랜드네임과 도메인네임간 연계성이 필요하다. 즉, 시제품을 출시할 때 상품권의 등록, 도메인 네임의 사전 확보 등을 통해 온라인에서 다양한 권리를 확보하고 온라인 고객과의 신뢰를 쌓기 위한 적극적인 프로모션을 전개해야 한다.

고객의 정보를 바탕으로 자사의 고객에게 맞는 특화된 상품과 서비스를 제공하여 고객을 만족시킨다. 비슷한 관심사를 가진 사람들을 모아 대화방을 개설해 주거나 서적이나 CD에 대한 검색을 용이하게 해준다. 소규모 기업들은 Internet 관련 기술이나 Internet에 독특한 고유 상표를 새로이 창출하는 전략이 필요하다. 브랜드 인지도를 높이기 위해 전통적 전달 매체인 TV나 신문, 잡지 등에서의 인식을 높이기 위해 노력한다.

(2) 가격전략

가격이란, 기업이 제공한 재화나 서비스로부터 얻게 되는 이익에 대해 소비자가 지불하는 대가를 말한다. 기업의 입장에서 가격은 마케팅 믹스 요소 중 유일하게 수익을 창출하는 요소이다. 이 가격을 어떻게 정하느냐는 기업의 미래를 결정하는 기준이기도 하다.

Internet에서의 가격은 매우 탄력적이다. 즉, 가격의 변화에 따라 수요량의 변화가 매우 크다. 그런데, Internet에서의 가격은 현실세계에서와 많은 차이를 발생시키고 있다. 이는 다음과 같은 요인들에 기인한다. ① 물리적인 매장이 필요 없기 때문에 장소를 구입 또는 임대하기 위한 비용이 절감된다. ② 매장의 유지비용이 매우 저렴하다. ③ 판매시 발생되는 모든 서류작업을 자동화하여 비용이 절감된다. ④ 중간상의 개입이 없으므로 유통비가 대폭 절감된다.

Internet에서의 가격전략의 유형은 저가화 전략(저가화, 무료화, 역가격화, 무가화)과 고가화 전략(유료화, 고급화, 고가화, 패키지(Package)화, 머천다이징(Merchandising) 전략)으로 구분된다.

(3) 유통전략

유통은 논리적인 개념으로 유통경로와 물리적인 개념으로서 물류에 대한 관리로 나누어 볼 수 있다. 여기서 유통경로란 어떤 제품이나 서비스가 생산자로부터 소비자로 옮겨지는 과정에 참여하는 여러 단계의 조직들의 집합이며, 물적 유통이란 생산자로부터 소비자까지 최종제품의 물적 흐름을 계획하고 집행하고 통제하는 것을 말한다.

Internet의 등장으로 기업과 소비자는 직접 컴퓨터를 통해서 거래를 하기 때문에 판매되는 제품은 다르지만 판매되는 경로는 비슷하다고 할 수 있다. 다시 말해, Internet에서는 유통이라는 개념을 물리적 개념, 즉 물류로서보다는 유통경로로서 이해하는 것이 바람직하다고 보여 진다.

중개 기능 측면에서 온라인을 통한 접속으로 매장의 개념은 외형적 공간, 즉 실제공간의 개념에서 가상상점으로 확대 인식되고 있으며, 물류 체계는 중간 유통과정 없이 물류센터에서 고객에게 직접 연결되어 유통 경로는 제품에 따른 경로에서 가상 공동체(Virtual Community)로 변화하고 있다.

① 유통단계의 축소

Internet에서는 기업(생산자)에서 소비자로의 직접적인 접근이 가능하며, 이로 인해 유통단계별로 부가되는 비용을 줄일 수 있다.

② 정보의 흐름 강조

소비자들은 Internet상에서 제품을 구매해야하기 때문에 양질의 정보를 원하고, 따라서 정보의 흐름이 중요하게 작용한다. 이러한 환경 하에 과거에는 존재하지 않았던 정보중간상(Informedary)이 등장하게 된다.

③ 간접판매형태의 등장

기업으로부터 제품이나 서비스를 제공받아 이를 고객에게 판매하는 형태로서 수수료를 받는 간접판매 형태가 등장했다.

④ 타 사이트와의 협력

Internet의 웹 공간에서는 한 번의 클릭으로 사이트를 옮겨 다닐 수 있으며, 정보를 주고받을 수 있다는 특징이 있으므로 자기가 갖지 못한 정보를 제공하는 사이트와 협력함으로써 강력한 유통채널을 확보할 수 있다.

(4) 촉진전략

촉진(Promotion)이란 제품이나 서비스의 효용성을 다양한 채널을 통해 고객이 그것을 구매하도록 설득하는 과정이다. 소비자의 욕구에 맞는 제품을 개발하고, 소비자가 쉽게 접근할 수 있는 유통경로를 통해 적당한 가격으로 시장에 진입한다고 해도 촉진활동이 없으면 판매가 이루어지지 않는다.

기업의 촉진활동에는 광고(advertising), 인적판매(personal sales), 판매촉진(sales promotion), 기업홍보(PR-Public Relation) 등이 있다. 여기서 광고(advertising)란 판매증대, 고객 확보 등을 위하여 기업이 자신의 제품, 아이디어를 알리는 활동이며, 인적판매(personal selling)는 판매원이 고객을 직접 만나서 판매하는 활동을 의미한다. 또한, 판매촉진(sales promotion)은 단기적으로 매출을 확대시키기 위하여 각종 행사를 전개해 나아가는 활동이고, 기업홍보(PR-Public Relation)는 특정 기업에 대하여 우호적인 분위기와 특정한 이미지를 심기 위한 활동을 말한다.

다양한 고객에게 기업에 관한 각종 정보를 신속 · 정확하게 제공하여 기업의 홍보매체로 활용하여, 상품이나 서비스에 관한 정보 등 볼거리를 제공하여 판매를 유도하는 광고도구로 활용한다.

〈표 13-6〉 Internet과 타 매체를 이용한 촉진전략

구분	타매체	Internet
정보전달방식	일방적 정보전달	쌍방향 정보전달
효과측정	효과측정이 어려움	효과측정이 용이함
시·공간적 제약	시 · 공간적 제약이 있음	시 · 공간적 제약이 없음
정보의 양	전달되는 정보의 양이 적고, 메시지가 표준화	정보의 양이 방대하고, 메시지 다양
비용	비용부담이 큼	비용이 적게 들어 중소기업에 유리

촉진의 범위는 단순한 제품광고 뿐만 아니라 마케팅 전략에 따른 각종 정보 제공, 또는 시장조사도 가능하다. 또한 그 활용 측면에서 고객만족을 위한 경영도구로서 활용될 뿐만 아니라, 기업 내부의 커뮤니케이션용으로 사용한다.

3) 4A 마케팅 전략

4A 전략이란, '가능한 모든 제품을 언제 어디서나 모든 방법을 동원하여 마케팅 활동을 하는 것'을 의미한다. 이것은 각각 방법(Any Way), 제품(Any Product), 시간(Ant Time), 그리고 장소(Any Where)를 의미하는 것으로 이 4A 전략에서는 "사용자" 또는 "소비자"가 중심이 된다.

(1) 방법전략

방법 전략은 소비자(사용자)들로 하여금 자사의 웹 사이트를 찾아오게 만들고, 찾아온 소비자(사용자)들을 어떻게 유지하고, 또 관리할 것인가에 대한 전략이다.

① 검색엔진 등록

첫 번째 해야 할 것은 자사가 구축해 놓은 사이트를 검색엔진에 등록하는 일이다. 이는 소비자(사용자)들이 자사의 주소와 특징을 검색엔진의 검색어를 통해서 자사의 홈페이지로 찾아오도록 하 것이다.

② 마켓 플레이스 등록

마켓 플레이스는 특정하게 집단화(grouping)된 상품 관련 국내·외 전문 사이트로서, 일반적으로 해당 상품의 구매 및 판매에 관심 있는 관련 당사자들이 많이 보고 정보를 찾아가는 곳이기 때문에 사용자들의 사이트 방문을 유도한다.

③ 전자메일(E-mail)의 발송

전자메일은 일대일 마케팅의 핵심이라고 할 수 있다. 이는 가장 적극적인 마케팅 방법으로 Internet을 이용하여 대상(target)층을 선정하고 이렇게 선정된 타깃에게 전자 메일을 보내는 것이다.

④ 유즈넷에 등록 및 게재

유즈넷은 pc통신의 토론 광장이나 동호회 모임과 유사한 개념으로 서로 같은 분야에 관심이 있는 사람들이 모여 만든 곳으로, 여러 가지 주제로 많은 사람들이 참가하고 있는 모임이다. 따라서 이곳에 메일을 보내면 관계하고 있는 모든 사람들이 메일을 읽어볼 수 있다.

⑤ 메일링 리스트 등록과 개제

메일링 리스트는 특정주제에 관하여 정기적으로 정보를 받고자 하는 사람들의 주소를 모아놓은 것으로, 정기구독 신청을 하여 Internet상에서 관심이 있는 분야에 대해 지속적으로 정보를 얻을 수 있다.[15)]

⑥ 기타 국외 유명 사이트에서의 배너광고를 들 수 있다.

(2) 제품 전략

Internet은 경쟁자, 특허, 고객, 그리고 신제품을 소개하고, 자사에게 유용한 정보를 수집하는데 매우 유용한 수단이다.

---

15) 메일링 리스트와 유즈넷은 다른데, 메시지 전달방법으로 메일링 리스트는 토론 내용이 전자메일로 게시되는데 반하여, 유즈넷은 BBS스타일을 이용하고 있으며, 메일링 리스트는 가입 신청을 해야만 하고 가입자에 한하여 내용이 공개되는 반면, 유즈넷은 특별한 가입 신청이 필요없고 등록된 내용이 모든 사람에게 공개된다.

① Internet을 이용한 신제품 소개

자사의 웹 사이트를 이용하여 신제품을 소개하게 되면 기업 자체의 홍보뿐만 아니라, 자사 제품에 대한 광고 측면에서도 매우 효과적이라 할 수 있다.

② Internet 상표

기업은 자사제품의 독특하고 강렬한 이미지의 상표를 개발하는데 많은 시간과 비용, 노력을 투자하게 된다. 이때 Internet에 기억하기 쉽고 강한 상표를 개발하면 회사의 상표를 소비자들이 쉽게 찾아볼 수 있다.

③ 도메인 주소의 상표화

최근 기업들은 회사 이름을 사용한 주소뿐만 아니라, 명칭을 주소로 삼아 사용자들 에게 기억하기 쉬운 도메인 명을 선점함으로써 자연스럽게 자사의 홈페이지로 끌어들이고 있다.

④ Internet 제품으로 유리한 품목

Internet에서는 주로 모니터를 통해 그래픽 · 문자정보를 제공한다. Internet에서 제품으로 유리한 품목은 제품의 크기가 소형이거나, 특별히 제품이나 서비스를 눈으로 보거나 만져보지 않아도 그 품질이나 내용을 확인 할 수 있는 제품이라 할 수 있다.

(3) 시간 전략

① 웹으로의 접속

소비자(사용자)들에게 보다 빠르고 정확한 정보의 제공을 위해서 빠른 웹 접속 속도는 필수적인 요소가 되고 있다.

② 자동 응답 서비스

Internet을 이용한 마케팅의 강점은 쌍방향성이라고 할 수 있다. 따라서 데이터베이스의 기초라 할 수 있는 자동 응답 서비스는 자사의 웹 사이트에 방문하여 관심있는 사항에 대해서 웹 마스터에게 질문한 경우 곧바로 자신의 전자 메일로 해당 질문에 관하여 답을 들을 수 있다면, 사용자는 그 사이트를 다시 찾아갈 것이다. 이 역할을 하는 것이 바로 자동 응답 서비스이다.

③ 회원정보 데이터베이스(DB Marketing)

자동 응답 서비스를 제공하지 못하는 경우에도 자신의 웹 사이트에 관해서 흥미를 가지고 질문을 하는 사용자가 있는 경우에 어떠한 질문이라도 빠르고 즉각적으로 반응해야 하며, 질문자는 자사의 좋은 고객이 될 수 있으므로 데이터베이스화해야 한다. 다시 말해, 데이터베이스 마케팅이란 정교한 고객 데이터베이스를 활용하여 고객 개개인과의 장기적 관계를 구축해 나가는 것이다. 이로 인해 고객의 이탈율을 최소화하고 이들의 반복 구매를 촉진시켜 거래 관계를 심화시켜 나감으로써 기업의 이익을 극대화시킬 수 있게 된다.

④ Internet 폰, 팩스의 이용

Internet 폰을 이용함으로써 장소와 비용의 제약에서 이루어지고 있던 상거래를 국내에서 거래하는 것처럼 상거래 자체를 자유롭게 하는 전환점이 생기는 것이다. 이것이 최근에는 팩스와 결합하여 고객 지원 등 다양한 분야로의 활용이 모색되고 있다. 이렇게 함으로써 Internet상에서 필요한 정보를 검색하는 도중에 바로 전화로 실무자와 직접 통화를 할 수 있으며, 도중에 팩스를 보낼 수도 있다.

(4) 장소 전략

Internet은 시간과 공간을 극복하여 존재하는 가상공간이다. 장소 전략은 특정 지역의 한계를 벗어나 전 세계를 상대로 제품에 대한 판매와 서비스를 제공하는 것을 말한다. 이 장소 전략은 마케팅 믹스(4P) 전략에서의 유통전략의 확대로 생각하면 이해하기 쉽다.

① Internet을 이용한 물류 체계의 도입

고객은 원하는 장소에서 짧은 시간 내에 정확하고 안전하게 상품을 전달받고자 한다. 따라서 주문 사이클의 단축이 기업 경쟁력에 있어서 성공의 열쇠가 된다.

② Internet 쇼핑몰

Internet 쇼핑몰은 장소전략의 대표적인 응용사례이다. 소비자는 Internet 쇼핑몰을 통해 전 세계 어느 곳에서든지 원하는 물건을 주문할 수 있고, 주문할 물건을 원하는 장소에까지 배달 받을 수 있다. 이는 또한 시간적 제약이 없다는 장점도 갖고 있다.

4) 6C 마케팅전략

온라인상의 마케팅을 효율적으로 전개하기 위해서는 '포탈(Portal)'의 개념을 이해하고 그 구성요소라 할 수 있는 Cs의 개념을 통한 접근 방법을 고려할 필요가 있다.

포탈(Portal)의 개념은 미국에서 1998년 3월경에 나온 것으로 알려져 있으며 우리나라에서는 그 해 10월경에 소개가 되기 시작했다. 기본적으로 포탈이란 웹 브라우저를 열고 가장 먼저 접하게 되는 관문사이트 혹은 Internet 이용자가 웹을 접속했을 때 반드시 한

번씩 들리게 되는 사이트를 말한다.[16] 이러한 포탈화는 현재의 '기업-소비자(Business to Customer)'간의 영역뿐만 아니라 '기업-기업(Business to Business)'간 혹은 '기업-정부(Business to Government)'의 관계에서도 향후 영향을 더해갈 것으로 판단된다.

자사의 서비스를 포털화 시키기 위해서는 다양한 서비스를 소비자들에게 제공해야 한다. 기업이 앞에서 언급한 '포털'이나 '포털' 비즈니스를 추진할 때는 4C, 또는 6C의 전략들을 기반으로 전개해 나가는 것이 중요하다.

포탈의 요소들로서는 컨텐츠(contents), 커뮤니티(community), 상거래(commerce), 연결관계(connection), 커뮤니케이션(communication), 고객화(customization)가 있다.

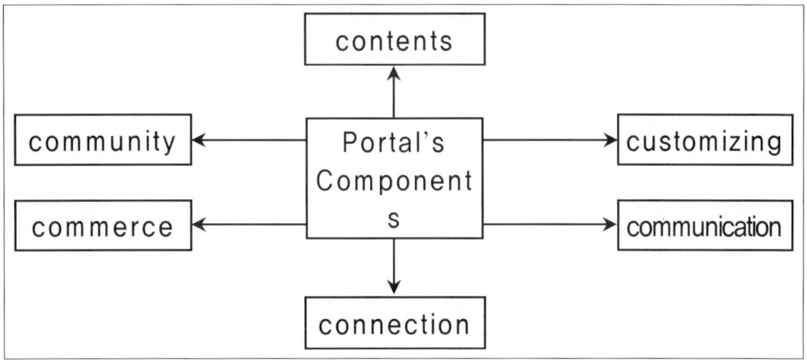

[그림 13-8] 포탈의 요소들

(1) 컨텐츠전략

컨텐츠는 고객이 컴퓨터화면을 통해 만나게 되는 첫 접점이며, Internet상에서 고객은 컨텐츠를 만나는 것이라 할 수 있다. 어떤 사이트에는 그 사이트를 채워 넣을 컨텐츠가 있어야 하며, 이 컨텐츠의 경쟁력에 따라 소비자들을 얼마나 모으고 유지할 수 있는가가 결정된다.

컨텐츠는 Internet을 정보고속도로(Information Highway)라고 표현을 하는데, 이러한 정보고속도로를 가설하는 영역은 인프라(Infrastructure)사업의 영역이라 할 수 있으며, 정보고속도로에서는 차량의 통행이 있어야 하며 차체는 하드웨어(Hardware)로서, 그리고 차를 움직일 수 있게 하는 기름은 소프트웨어(Software)로 비유할 수 있을 것이다.

16) Portal과 함께 등장한 개념으로서 다음과 같은 것이 있다. ① Vortal : 수직이라는 의미의 "Vertical"과 "Portal"의 합성어. ② Pertal : 개개인의 니즈(needs)에 맞춘 맞춤형 포탈. 포탈은 폭넓은 사용자층을 대상으로 일반적인 정보전달에 초점을 맞추고 있다면, 보털은 수직적으로 특정 사용자 집단을 위한 전문적인 정보제공이나 실질적인 상거래를 강조하고 있다고 보아야 할 것이다.

따라서 컨텐츠란, 정보의 내용과 홈페이지의 디자인과 상호 작용을 뒷받침해 줄 수 있는 기술로 구성된 것이다. 한편, 광의의 Contents를 정의한다면, 내용(협의의 Contents)과 홈페이지의 디자인(Design)과 상호작용을 뒷받침해 줄 수 있는 기술(Technology)로 구성 등 이 3가지 개념을 통틀어서 말하는 것이다.

〈표 13-7〉 컨텐츠의 유형

컨텐츠의 종류	관련 컨텐츠의 예
교육(education)	가상교육, 원격 교육 분야
정보(information)	디지털 컨텐츠 등을 기반으로 한 뉴스레터, 검색엔진 서비스
오락(entertainment)	사이버 캐릭터, 음악, 영화 등
비즈니스(business)	Internet 쇼핑, Internet 광고, 사이버 경매 등

이러한 컨텐츠는 멀티미디어와 인간의 창의성을 기반으로 하고 있어야 한다. 예를 들어, 나모 웹에디터나, 한글 프로그램은 소프트웨어이고, 이 소프트웨어를 이용해 나오는 창의적인 결과물이 컨텐츠인 것이다.

컨텐츠는 각각의 영역을 구분한다기보다는 영역의 믹스를 통해서 새로운 기회를 만들어 낼 수 있다.

(2) 커뮤니티전략

자신의 관심 영역과 동질적인 집단에 대한 소속감과 공유의식을 사이버 공간에서 얻고자하는 소비자의 욕구가 강해지고 있다. 이에 따라 마케팅의 개념을 '매스마케팅, 타깃 마케팅, 원투원 마케팅'의 흐름으로 보는 것이 아니라, '매스마케팅 + 타깃마케팅 + 원투원마케팅'의 결합으로 보아야 한다.

가상공간을 활용한 공동체는 기존의 물리적 세계에서의 공동체와 동질성 및 차별성을 갖게 된다. 다시 말해, 가상 공동체는 공동체가 지닌 본질을 벗어나지 않지만, 그것이 Internet 및 디지털에 기인한다고 볼 때 차별성을 갖게 되는 것이다.

사이버공간을 바탕으로 형성된 커뮤니티, 즉 사이버커뮤니티는 다음과 같은 특징을 가지고 있다.

① 공간적 한계를 극복하고 보다 여타 소속집단에 비해 강한 충성도를 가지는 형태이다.
② 데이터베이스의 축적/검색성과 대중 고객화(mass customization)의 활용이다.
③ 기반을 전제로 한다.
④ 소속된 집단에 대한 연대감이 매우 강하며, 비대면성(non face to face)의 요소를 지닌다.

(3) 커머스전략

Internet은 기업의 수익 창출수단으로 활용되고 있다. 기존의 대형 유통업체나 제조업체들도 각자가 지니고 있는 여러 가지 특징과 장점을 살려 Internet에서의 시장 확대를 모색하는 노력을 엿볼 수 있다. 이는 전자상거래의 경쟁이 점점 치열해 짐에 따라 기업은 Internet을 통해 얻어지는 수익을 어떠한 방법으로 극대화 할 것인지에 대한 수익모델을 명확히 규정해야 한다.

① 광고수입

다양한 서비스를 무료로 제공하는 대신 광고주로부터 광고를 함으로써 얻어지는 수입을 획득한다.

② 컨텐츠의 유료화

Internet 사용자의 무료 지향적인 특성 및 기업들의 경쟁으로 무료 제공의 기회가 다양해짐에 따라 광고수입을 추구하는 기업들과 비교했을 때, 그 규모는 미미하므로 회원제 프리미엄 서비스를 제공하면서 무료와 유료화 수입을 병행해 가는 모델을 구축해야 한다.

③ 직접적 상품 판매

고객들의 Internet 쇼핑몰에 대한 관심이 확산되고, 쇼핑에이전트의 발달로 가격비교가 쉬워져 보다 고객지향적인 서비스를 제공하고 있다. 또한 택배비용, 유통 수수료 등 가격 결정 요인의 인하를 위한 노력으로 기존의 쇼핑 품목들이 Internet으로 전환하게 된다.

④ 제휴 프로그램

자사의 웹 사이트에서 직접 상품을 판매하지 않고 제휴를 맺어 상품 판매액에 대한 수수료를 목적으로 하는 형태를 취한다.

⑤ DB 응용

기존에 확보해 놓은 데이터베이스를 활용하여 고객을 위한 충분한 보상 체계를 수립함으로써 고객의 참여를 유도한다.

⑥ 오프라인(off-line)

Internet에서의 수익을 위해서 오프라인도 하나의 자원으로 고려한다. 컨설팅 사업, 세미나-컨퍼런스-전시회, 관련 교육사업 등이 예가 된다.

(4) 커넥션전략

포털서비스를 위해 다양한 서비스나 컨텐츠를 고객에게 제공하기 위해서는 동종 또는 이종간의 적극적인 공동 마케팅 전략이 필요하다.

공동마케팅 추진의 목적은 ① 상거래 등의 프로세스적인 역량 강화를 통한 시장 확대 및 공동이익 추구, ② 자사의 부족한 역량을 강화하고 강점 역량을 제공함으로써 노력 및 비용 절감, ③ 공동 전선 구축을 위한 경쟁자의 진입 장벽 형성 및 강화, ④ 신규시장 진입의 위험요인 감소 및 비용 절감, ⑤ 마케팅 비용을 적게 들이면서 상호간의 회원을 교환함으로써 회원 증대 추구 등이다.

(5) 커스터마이징전략

Internet 마케팅은 데이터베이스를 근거로 하여 보다 개인화된 마케팅, 즉 1:1마케팅을 할 수 있다. 고객들의 성향이 다양화, 개성화, 차별화되어 감에 따라 기업은 개개인의 니즈에 적합한 제품, 서비스, 아이디어를 제공하는 것에 관심을 가져야 하며, 개개인과의 관계를 창출하고 유지/관리하기 위한 새로운 방법이 모색되어야 한다.

(6) 커뮤니케이션전략

Internet 마케팅은 정보기술(IT : Information Technology)을 바탕으로 전개되므로 기술을 매개체로 한 마케팅의 효율성을 추구해야 하며, 고객과의 커뮤니케이션을 증대시키기 위한 다양한 기술과 방법을 적절히 적용시켜야 한다.

2. 전자상거래와 경영전략

전자상거래의 궁극적인 목적은 조직간 및 조직 내에서 정보 및 정보유통의 효율적인 관리를 통하여 경영상의 효율성 및 효과성 증진을 추구하는 것이라고 볼 수 있다. 전자상거래는 경영전략을 실현할 수 있는 기반으로서 그 역할이 증대되고 있으며, 이를 구현하기 위한 수단이 되고 있다.

전자상거래는 네트워크에 바탕을 둔 디지털정보의 효율적인 교환과 공유를 통해 고객의 요구에 신속하게 대응하고 새로운 기회를 창출할 수 있다는 점에서 중요성을 띠고 있다. 따라서 전자상거래는 특정 정보기술이나 틀을 말하는 것이 아니라 기술과 어플리케이션, 업무처리절차, 경영전략이 결합된 것으로서, 정보기술을 수용한 업무처리 절차의 변화를 통해 기업의 재고비용 감소, 사이클타임 단축, 인건비 감소 등 운용의 효율성을 높일 수 있는 새로운 시도인 것이다.

인터넷 전자상거래 시스템의 구축단계는 5단계로 구분할 수 있다.

제1단계: 웹사이트 구축은 가장 기본적인 단계로 인터넷 접속에 초점이 맞추어져 있다. 인터넷 접속과 기업 홍보 및 상품 광고를 위한 홈페이지를 개설하는 것부터 시작하는데, 이러한 홍보 및 광고를 위해서는 기업 내부의 네트워크 백본이 구축되어 있을 경우에는 내부의 네트워크상에 웹 서버를 두고 신규 서버나 기존 서버에는 소프트웨어를 설치함으로써 간단히 구성할 수 있다.

제2단계: 정보공유는 일방적으로 정보를 제공하는 형태의 웹 서버에서 발전하여 단순한 형태이기는 하지만 외부와 정보 공유를 실현하는 단계이다. 사이버 쇼핑 공간에서의 상품 선택, 해외 지사에서 인터넷을 통한 부분적인 정보 조회, 메일 시스템을 인터넷으로 확장하는 것 등이 대표적인 예라고 볼 수 있다.

제3단계: 인트라넷 정보기술로의 전환이다. 이 단계에서는 정보시스템을 정보공유를 위해 체계적으로 정비하고 인터넷 표준기술을 활용한 기업 내부의 정보교류에 초점이 맞추어진다. 이를 위하여 네트워크와 같은 개념의 새로운 인프라가 갖추어지고, 외부와의 정보교류를 위한 융통성 있는 정보기술 전환 작업이 이루어진다.

제4단계: 인터넷을 통한 전자상거래의 확산이다. 기업 외부적으로는 사이버 쇼핑공간에서 실제 상품의 구매와 대금 지불, 사이버 뱅킹 서비스를 통한 은행업무의 처리, 기업 내부적으로는 각 지사와 인터넷을 통한 전자상거래를 적극적으로 처리하는 단계이다.

〈표 13-8〉 전자상거래 구현기술

구 분	관련 기술
메시징 기술	SMTP, MIME, X.400, Fax-서버, E-mail
전자문서교환	EDIFACT(인터넷EDI)
저작도구 및 언어	HTML, JAVA, ASP, SGML, VRML, XML
전자지불시스템	전자현금, 지불브로커
데이터베이스 기술	CGI, ODBC, E-Form
보안기술	SSL, S-HTTP, S-MIME, Firewalls
전자자금이체	국제적인 은행간 자금이체, ATM, 은행간, 은행과 고객간 자금이체시스템
지능형 에이전트	감시, 학습, 쇼핑, 정보추출 에이전트
머천트시스템	상품 전시 및 검색(전자상점 구성, 쇼핑몰 관리, 전자지불 등)
네트워크 기반기술	VAN, B-ISDN, ATM
Metering 기술	미디어 공간 가격결정, 1:1 마케팅, 성과피드백, 가상자산보호 등

제5단계: 인트라넷[17]을 이용한 비즈니스 창출이다. 이전 단계까지는 인트라넷을 통한 기업과 고객과의 비즈니스 거래를 위한 단계라고 한다면, 이 단계부터는 기업과 기업의 비즈니스, 즉 기업의 내부 네트워크와 다른 기업의 네트워크를 서로 연결하는 엑스트라넷[18]을 구현함으로써 이루어진다. 이때 암호화된 데이터의 교환과 강화된 사용자 인증이 필요로 한다.

3. 전자상거래의 성공요건

전자상거래는 소비자 수요와 시장동향에 맞는 제품과 서비스를 개발, 생산하여 홍보 및 마케팅을 통해 주문을 받고 운송수단을 통해 배달한 후 대금결제를 거쳐 사후지원이라고 하는 일련의 상거래 사이클을 모두 포함하고 있다. 따라서 이러한 전자상거래에서의 성공을 위해서는 정보기술의 통합적 활용이 요구된다.

성공적인 전자상거래를 위해서는 비정형화된 형태로 이루어지는 고객과의 BtoC 업무와 정형화된 업무절차, 서류 중심으로 이루어지는 외부 협력기업과의 BtoB 업무를 모두 포함하는 상거래 사이클을 전자적으로 처리할 수 있는 시스템의 구축과 새로운 업무절차의 구축이 필요하다.

전자상거래 시스템의 구축과 관련하여 홈페이지, 전자카탈로그, 사이버쇼핑몰, 온라인 주문, 신용카드 결제 등을 가능하게 하는 인터넷은 주로 BtoB(Front-end) 업무처리에 효과적으로 활용이 되는데, 발주와 납품·운송지시·대금청구 등 서류 중심으로 이루어지는 BtoB(Back-office) 업무처리에는 전자문서교환(EDI), 전자자금이체(EFT), 광속상거래(CALS), 공급사슬관리(SCM) 등의 정보기술이 보다 많이 활용된다.

두 번째로 전자상거래의 효율성과 효과성을 최대한 발휘할 수 있는 운영관리가 필요하다. 전자상거래는 과거의 거래형태에서 일대 혁신으로 자리잡고 눈부신 성장을 지속하고 있다.

이는 전자상거래가 가지는 편리성과 효율성이 매우 높은 것을 반증하는 것인데, 이러한 효율성과 편리성이 얼마만큼의 효과성을 나타내는지에 대하여 분석하고 효과 극대화를 위한 운영관리에 대한 전략 수립이 제대로 갖추어지지 않는다면 전자상거래를 성공적으로 만들기 어려울 것이다.

세 번째로 인터넷 쇼핑몰의 경우 상품을 구매하고 결제하는 절차가 매우 효과적으로 이루

17) 영문명은 'Intranet'으로써, 인터넷의 월드와이드웹(WWW) 기술을 그대로 기업의 정보시스템에 이용한 것으로 사내 정보의 공유를 목적으로 하며, 조직 내부의 모든 업무를 인터넷 관련 기술로 처리하는 새로운 개념의 네트워크 환경을 말한다. 또한 인터넷이 불특정 다수인 일반 대중들 간의 통신채널이고, 인트라넷이 내부 사용자간의 정보공유에 초점이 맞추어져 있다.

18) 영문명은 'Extranet'으로써, 엑스트라넷은 공통된 관심과 이익, 사업을 전개하는 데 있어 협동하는 특정 집단의 통신채널이다.

어져야 하며, 특히 고객의 신상정보와 금융정보 등에 대해서는 철저한 보안이 이루어져야 신뢰할 수 있는 인터넷 쇼핑몰의 운영이 가능하다. 이는 전자상거래에 있어 절차상 또는 운영상의 보안의 문제가 해결되어야 성공적인 전자상거래를 구현할 수 있다.

4. 전자상거래의 해결과제

향후 전자상거래, 특히 인터넷 쇼핑몰 등을 통한 일반 소비자 대상의 BtoC 전자상거래가 활성화되기 위해서는 다음과 같은 몇 가지 문제점의 해결이 필요하다.

첫째, 초고속 인터넷망 보급이다. 기존의 전화선 접속 등을 통해서는 다양한 멀티미디어 정보로 구축되어 있는 인터넷 쇼핑몰에서 만족스런 쇼핑을 하기가 어렵다. 최근 CATV, ADSL 등 빠른 속도의 인터넷 접속 서비스가 제공되고 있기는 하지만, 아직 만족스러운 수준이 아니다.

둘째, 풍성한 상품정보의 제공이다. 전자카탈로그 부족 및 중복제작으로 제품정보의 제한과 동영상이 제작되었을 때 속도와 관계되기 때문에 문제가 될 수 있다.

셋째, 상품의 품질보증 강화이다. 중소기업뿐만 아니라 어느 누구도 제품을 가지고 있으면 인터넷상점을 개설할 수 있다. 인터넷상에서 판매와 주문의 경우 공신력 및 품질보증이 필요하지만, 아직도 인터넷 쇼핑몰에 올라온 제품들은 품질보증의 문제를 안고 있다. 그러므로 공신력 있는 유통회사를 활용하거나, 품질보증마크 획득, 애프터서비스 차원에서 문제시 보험료 지급, 환급 등의 소비자보호 방법 등을 강구해야 한다.

넷째, 안전한 대금결제환경의 구축이다. 인터넷 상에서도 현실세계와 마찬가지로 물건의 구매와 함께 바로 대금지불이 이루어져야 한다. 즉 주문-결제-배달의 원스톱 쇼핑이 이루어져야 한다는 것이다. 일반적으로 현실세계에서는 대금지불 방법으로 현금과 신용카드가 많이 사용되는데, 전자상거래에서는 전자현금, 인터넷 신용카드, 전자수표, 전자이체 등의 방법이 거론되고 있다. 이 중 인터넷 신용카드가 많이 사용되고 있는데, 카드번호 도용 가능성 등으로 인해 아직도 많은 고객들이 안전면에서 자주 사용하지 않고 무통장 입금 형태로 결제를 많이 하고 있다.

다섯째, 효과적인 물류체계의 확립이다. 고객이 원하는 날짜와 시간에 상품을 배송하기 위해서는 직접 배송시스템을 구축하거나 전문 택배업체 등과의 제휴가 필요하다. 수도권은 대체로 배송에 대한 확약이 가능하지만, 지방의 경우 확약이 곤란하고 인터넷 쇼핑몰 운영자가 아닌 상품공급업체가 배달할 때에도 확약이 곤란한 것이 현실이다.

연습문제

1. 전자상거래의 특징에 대하여 논하십시오.
2. 전자상거래의 효과에 대하여 논하십시오.
3. 전자상거래 구현 방법에 대하여 논하십시오.
4. 전자상거래 성공전략에 대하여 논하십시오.
5. 전자상거래 해결과제에 대하여 논하십시오.

Chapter 14

지식경영 구축

제1절 지식의 힘

제2절 지식경영과 혁신

제3절 신지식인의 이해

기업의 성공요인 중 하나는 지식의 힘이다. 따라서 본장에서는 경영정보시스템을 활용한 지식경영 시스템 구축과 지식경영을 통한 경영혁신 전략과 지식경영의 방향에 대하여 연구하고자 하였다. 또한 이와 같은 지식경영을 통한 신지식의 이해와 기업이 요구하는 신지식인에 대하여 연구하고자 하였다.

제1절 지식의 힘

1. 지식과 정보의 힘

1) 정보의 힘

자신의 정보는 인간을 움직이게 하는 기본적인 힘이다. 예를 들어 과장은 과장이라는 직책을 받았기 때문에 리드할 수 있는 것이 아니라 부하직원 보다 폭 넓고 빠른 판단력을 지녔기 때문이다. 즉 실질적인 권한은 정보량에 따라 결정된다.

자신감이 없는 간부는 이 점을 악 이용하여 사내의 일반정보를 부하직원에게 세밀하게 전달해 주지 않는다. 그런 안일한 방법으로 자신의 권위를 보존하려 한다.

2) 지식경영의 개념

오늘날 정보경제 사회에서 지식은 점차 조직의 핵심자산이 되어가고 있다. 차별화된 제품과 서비스를 생산할 수 있는 능력, 제품과 서비스를 다른 기업보다 낮은 가격에 생산할 수 있는 능력, 바로 이러한 능력이 기업의 핵심자산이다. 이러한 핵심자산에는 생산과정에 대한 높은 지식과 제품과 서비스에 대한 뛰어난 설계, 즉 지식이 밑바탕을 이루고 있으며 기업 이익의 주요한 원천이 되고 있다.[1)]

현재 미국 근로자 가운데 70%가 지식근로자이고, 재무, 출판 등의 지식과 정보 부문이 미국 국내총생산(GDP)의 75%를 차지한다고 한다.[2)] 월마트와 같이 지난 수십 년 동안 계속 성장해온 전통적 업체들은 대개의 경우 지식과 정보를 중심으로 자신의 모습을 재조직해 왔으며, 이를 통해 생존·번영 할 수 있었다. 또한 컴퓨터 회사, 소프트웨어회사, 정보시스템 설치운영 회사 등의 지식관련 산업들은 업계의 중요한 위치를 차지하게 되었다. 정보통신 분야에서의 패러다임 이동을 살펴볼 때, 1945~1965년 사이의 기간을 데이터 프로세싱 시대, 1966~1995년 사이의 기간을 정보관리 시대라 하면, 앞으로는 지식관리 시대라 할 수 있을 것이다.

지식에 대한 정의는 시대와 지역, 관점에 따라 다양하게 변화·정의 되고 있다.[3)] 가령,

1) 자세한 내용은 안중호, 『경영을 위한 정보시스템』, 홍문사, 2000, pp. 207~221. 참조.
2) *U.S. Department of Commerce, Bureau of the Census,* Statistical Abstract of the United States, 1994, *Table 644* and Historical Statistics of the United States, Colonial Times to 1970, *Vol. 1, Series D 182–232*

전통적으로 지식은 일반화된 지식을 의미했으며, 오늘날에 와서는 매우 전문화된 지식을 의미하고 있다.[4] 일반적으로 지식(knowledge)은 상황에 따라 필요한 의사결정과 행동을 이끌어내는 본능, 사상, 법칙, 절차 등의 집합체로서 데이터가 정보로 전환되는 과정에서 이를 여과하고 수정하는 역할을 한다.[5] 조직적 차원에서 살펴볼 때 지식은 유용하고 강력하게 처리된 정보로서 행동의 바탕이 되는 재능, 기술, 통찰력, 이해력, 판단력 등과 관련되어 있다. 개인적 차원에서 볼 때 지식은 각 개개인의 두뇌나 근육에 체현(體現)되어 있다.[6] 집단적 · 조직적 차원에서 볼 때 지식은 조직의 프로세스, 문서, 제품, 서비스, 설비, 시스템에 코드화되어 저장되어 있다. 지식은 개별적으로 획득되어 개인의 능력이 되고, 함께 공유되어 기업의 자산이 되며, 활용되어 효과적이고 가치 창출적인 조직을 만든다. 이러한 지식은 학습의 결과로 생성되며 기업에 지속적인 경쟁우위를 제공해 주며, 새로운 환경에 적응할 수 있는 능력을 제공해 준다.

3) 지식의 특성

지식의 의미를 보다 명확히 이해하기 위해 기업활동의 차원에서 지식의 몇 가지 특징을 살펴보면 다음과 같다.

첫째, 지식에는 명시적 지식과 묵시적 지식이 있다. 명시적(explicit) 지식은 공식 언어로 표현되어 개인들 사이에 전달될 수 있는 지식인 반면, 묵시적(tacit) 지식은 개인적 경험을 통해 체현되며, 개인적 신념, 관점, 가치 등과 같은 무형의 요소를 포함하는 지식이다. 묵시적 지식은 개인적 능력 차원을 넘어 조직의 자원이 되려면 기록되고 공식화되어 명시적 지식으로 전환되어야 한다.

둘째, 지식의 주요 특징은 추상화(abstraction)이다. 업무를 성공적으로 수행하려면 상세한 내용의 기록된 정보가 있어야 한다. 추상화는 이러한 상세한 정보를 적정 수준으로 요약하고, 세부내용 속에 존재하는 패턴을 추출해내는 역할을 한다. 추상화는 사람들이 다양한 상황에서 판단하는 것을 도와주고 일반화하는 것을 도와준다.

셋째, 지식은 권위가 있어야 한다. 먼저 지식은 최신의 자료로 시기적절성을 유지해야 하며, 지식은 관련 전문가에 의해 검증되어야 하며, 또한 지식은 문제해결에 유

---

3) 지식에 대한 정의는 소크라테스(Socrates, 470-399 B.C.)는 자기 자신을 아는 것으로, 프로타코라스(Protagoras, 483-414 B.C) 는 논리·문법·수사학으로, 도가에서는 깨달음과 지혜에 이르는 길로, 그리고 산업혁명 이후에는 실용성을 지니며 사회적 지위가 경제적 성과를 얻을 수 있는 수단으로 다양하게 정의되고 있다.

4) Peter F. Drucker 저, 이재규 역, 「자본주의 이후의 사회」, 한국경제신문사, 1993, p.83.

5) 이러한 정의는 의사결정 관점에서 내린 것으로, 다른 관점에서 볼 때는 다르게 정의될 수도 있다.

6) 윤석철, 「과학과 기술의 경영학」, 경문사, p.175.

용한 해결책으로 받아들여져야 한다. 또한, 정보와 달리 지식은 믿음과 헌신적 요소를 포함하며 지식 간에 상호 모순이 있어서는 안 된다.

지식과 관련되어 조직은 지식 병목현상, 집단적 망각, 의사결정의 부문 최적화, 지식의 낭비 등의 문제들을 겪고 있다. 지식 병목현상은 어떤 지식은 공급이 부족하여 경영활동을 제약하는 반면, 어떤 지식은 많이 축적되어 있음에도 불구하고 잘 사용되지 않는다. 집단적 망각은 가령, 조직 구성원이 자리를 옮기거나 그만두게 되면 조직은 과거에 획득한 지식과 교훈을 더 이상 유지하지 못하게 되는 경우가 많다. 의사결정의 부문최적화로, 지식이 제대로 활용되지 않아 최적의 의사결정을 내릴 수 없게 된다. 지식의 낭비란 조직은 자산이 어떤 지식자원을 가지고 있는지를 파악하지 못하고 있기 때문에 가치있는 지식을 낭비하는 결과를 낳을 수도 있다.

조직이 이러한 지식과 관련된 문제들을 해결하고 경쟁우위를 유지해 나가기 위해서는 지식은 적절히 관리될 필요가 있다.

지식을 전달하는 방식으로서 얼굴을 마주보고 하는 대면회의나 개인적 접촉은 오늘날에도 여전히 존재하고 있으며, 지식을 종이매체에 담는 프린터기도 또한 존재하고 있다. 그러나 정보나 지식을 전달하는 방식으로서 이러한 전통적인 방식이나 매체는 컴퓨터에 의해 대체되거나 보완되고 있으며, 지식 자원을 창출·기록·공급·활용하는 방식을 크게 변화시키고 있다.

전통적 지식경영 모델은 출판모델(publishing model)로, 특정 정보나 지식을 필요로 하는 사람들에게 관련된 커다란 정보덩어리를 던져주면 정보 탐색자가 많은 시간과 노력을 들여 이러한 정보뭉치에서 지식을 뽑아 쓰는 방식이었다. 그러나 이러한 전통적 지식경영 모델은 유기적 모델로 변화해가고 있다.

유기적 모델(organic model)은 지식 탐색자가 대화방식(interactive)으로 원하는 정보에 즉각적으로 접근하여 지식을 습득·활용하는 방식이다. 이는 사람과 정보에 실시간·온라인으로 접근가능하게 하는 정보통신기술의 기술적 압박과 작업환경의 복잡성과 급속한 변화 등의 환경적 견인이라는 수요와 공급요인에 의해 발전하게 되었다.

오늘날 제반 조직에는 지식과 관련되어 많은 변화들이 일고 있다. 가령, 정보의 전달매체인 종이문서와 전자문서의 비율이 급격히 변화하고 있으며, 문자·그래픽·차트·스프레드시트·소리·동화상 등의 통합 멀티미디어 정보를 조직의 모든 수준에서 접할 수 있게 되었다. 지식경영은 기업의 생산성을 향상시키고, 그렇게 함으로써 궁극적으로 사원들의 행복과 만족감을 향상 시킬 수 있다. 기업이 지식을 효과적으로 관리하기 위해서는 이러한 기술적 변화의 방향과 이러한 변화가 기업에 제공해주는 기회에 대해 관심을 기울여야 할 것이다.

2. 경영정보와 지식경영

1) 지식경영의 발견

지식경영(knowledge management)은 정보기술의 데이터·정보 가공능력과 인간의 창조적이고 혁신적인 능력을 통합해 기업의 지적자산과 구성원 개개인의 지식 및 노하우를 발굴·공유·전파함으로써 기업의 가치창조 활동을 극대화하는 과정이라 볼 수 있다. 지식은 마치 샘물과도 같다. 샘물은 끊임없이 샘솟아야 하고, 믿을 수 있어야 하며, 깨끗해야 한다. 마찬가지로 기업의 지식도 끊임없이 축적·갱신되어 기업 곳곳으로 흘러야 한다. 이를 위해경영자들은 올바른 지식의 원천을 탐색하고, 지식에 대한 접근 및 보급에 힘써야 하며, 조직의 지적자산이 부패하지 않도록 보호해야 한다. 또한 지식경영은 조직의 지적자산이 부패하지 않도록 보호하고, 정보추가, 가치향상 등을 통해 의사결정·제품·서비스의 질을 향상시킬 기회를 탐색하는 것이며, TQM, 비즈니스 리엔지니어링, 조직학습 등이 지니는 경영기법의 허점을 보완하고 향상시키는 것이다. 경영자나 관리자, 컨설턴트들에게 이러한 지식경영 개념은 다소 생소하게 들릴 수 있으나 컴퓨터 등장 이후로 지식을 창출하고, 관리하고, 이전하는 역할을 담당했던 사람들, 예컨대 커뮤니케이션 전문가나 교육훈련 전문가, 정보학 전문가, 시스템 분석가들에게는 그다지 낯선 개념은 아니다.

지식경영의 주요 내용은 지식과 관련된 욕구, 자산, 문제, 기회 등을 확인하는 것과 지식경영 전략과 해결책을 설계·개발·실행하는 것이다. 여기서 지식경영 전략과 해결책은 인적 측면, 과정적 측면, 기술적 측면으로 이루어져 있다. 먼저, 인적 측면은 채용, 훈련, 개발, 동기부여, 조직화, 직무설계, 문화적 변화 등을 포함하며, 과정적 측면은 점진적 개선(TQM), 리엔지니어링(BPR), 조직학습 등을 포함한다. 그리고 기술적 측면은 기존의 정보시스템 외에도 인터넷, 인트라넷, 그룹웨어, 데이터웨어하우스(data warehouse), 데이터마이닝(data mining) 등의 웹, DB 기술 등을 포함하는데 이는 기업에 새로운 가능성을 제시해 주고 있다. 가령, 고객지원에 사용되는 전문가시스템, 컨설팅 분야에 사용되는 모범사례공유시스템, 기업의 생산 및 마케팅에 활용되는 실시간 지식공유시스템, 문서관리에 초점을 둔 지식관리시스템 등이 그것이다. 이러한 각종 기술과 도구들은 지식을 공유하고 재사용하고 관리할 수 있도록 도와주며 팀 간 네트워킹을 가능하게 해주고 있다.

2) 지식경영 사례

오늘날 업계 및 학계에서 진행되고 있는 지식경영을 위한 노력들은 지식저장소의 구축, 지식접근성의 증대, 지식환경의 조성, 자본으로서의 지식관리라는 네 가지 차원에서 살펴볼 수 있다.

(1) 지식저장소의 구축

기업의 지식경영을 위한 첫 번째 사례로 지식저장소의 구축을 들 수 있다. 지식경영에 투자하는 노력 중 상당 부분은 연구 자료나 보고서, 논문 등에 담겨있는 지식들을 수집·저장하는 것으로 이는 다음과 같은 세 가지 방식으로 진행되고 있다.

첫째가 구조화된 내부지식 저장소를 구축하는 것이다. 기업은 연구보고서, 제품의 마케팅 자료·기법·방법론 등 구조화된 기업 내부의 지식을 지식저장소에 축적할 수 있다. 일반적으로 지식저장소에는 데이터보다는 어느 정도 지식을 담고 있는 문서정보가 저장된다. 가령 HP는 "Electronic Sales Partner"라는 구조화된 내부지식 저장소를 구축하고 있다. 여기에는 제품기술정보, 판매 프리젠테이션, 마케팅 기법, 고객정보 등이 저장되는데 판매원들은 이를 활용하여 판매성과를 향상시키고 있다.

둘째가 비구조화된 기업 내부지식 저장소를 구축하는 것이다. 기업에는 구조화된 지식 외에도 사람들의 손끝이나 두뇌에 들어 있는 비구조화된 지식이 있다. 사람들은 이를 흔히 묵시적 지식(명시적 지식의 반대)이라 부르는데, 이러한 지식을 저장소에 축적하기 위해서 기업조직은 일명 공동체기반 전자토의시스템을 사용한다. 가령, HP 교육담당부서 직원은 각자가 교육현장에서 터득한 비법이나 경험, 통찰력 등을 DB에 저장한다. 기업 곳곳에 흩어져 있는 약 2,000명의 트레이너와 교육자들은 전자토의시스템을 통해 이러한 지식을 접할 수 있다. 이와 같은 지식저장소는 전통적으로 신입사원 오리엔테이션, 문화적 의식, 조직적 관행 등을 통해 이루어지고 있는 지식공유 활동을 가속화하고 넓혀나가고 있다.

셋째가 기업 외부지식 저장소를 구축하는 것이다. 기업환경이나 경쟁사 등의 외부지식을 다루는 경쟁정보시스템은 지식경영시스템으로서는 다소 간과되는 경향이 있는데, 이는 외부 환경에 대한 정보를 여과·체계화·추가함으로써 기업에 더 나은 가치를 제공할 수 있다. 가령, 미국의 한 자동차 제조업체는 경쟁사에 대한 외부지식저장소를 보유하고 있다. 여기에는 경쟁사에 대한 시장조사 결과나 보고자료 등이 들어 있는데, 지식관리자는 지식관리시스템을 이용하여 정보에 상황설정 및 체계화 등의 과정을 통해 지식을 축적·갱신하고 기업 내 필요한 사람들에게 제공한다.

(2) 지식경영환경 구축

기업조직에 지속적으로 지식을 공급하고 이를 활용할 수 있는 분위기를 조성하기 위해서는 정보기술 인프라를 구축하는 것 외에도 지식경영에 대한 인식의 확대, 지식공유 문화의 창출, 지식관리 프로세스의 개선 등 지식경영을 위한 보다 효과적인 환경을 조성하는 것이 중요하다.

가력, IBM은 지속적으로 지식경영에 대한 성과측정을 개발하고 있는데 여기에는 회사의 지적자산 축적에 기여한 직원들에게 특별보너스를 주는 방법이 활용되고 있다. 또한 한 컨설팅회사는 컨설팅 서비스의 제공자에게 관리지식의 창조·분배자로 종업원의 직업에 대한 인식을 변화시켜 나가고 있으며 이를 정착시키기 위해 기업의 구조화된 지식베이스에 대한 공헌을 보상의 결정요인으로 삼고 있다. 인센티브나 성과측정지표를 개발하는 것 외에 기업은 지식 경영을 담당하는 직책을 마련할 수도 있다. 가령, Ernst & Young은 기업의 지식관리활동을 총 책임지는 CKO(chief knowledge officer)를 두고 있는데 이들은 조직에 숨어있는 지식을 발굴 전파하여 기업의 자산으로 전환함으로써 효과적이고 가치창출적인 조직을 만들어가고 있다.

(3) 지식자원의 관리

지식경영을 위한 또 다른 사례로 고객과의 관계, 업무지식·노하우·특허 등의 조직지식, 조직의 혁신능력 등 비재무적인 지표들을 자금, 건물 토지 등의 재무적 지표와 마찬가지로 관리하는 것을 들 수 있다.

스웨덴 금융회사인 스칸디아(Skandia)는 재무제표는 물론 인적자본 및 조직에 체화된 지적자본을 측정하고 이를 중심으로 기업발전을 유도해나가고 있다. 이 회사는 지식자본의 가치를 주주들에게 인식시키고 지적자본의 효과적인 사용을 증가시키기 위해 매년 지적자본 가치를 연차회계보고에 포함하여 주주들에게 발표하고 있는데 여기에는 회사의 임직원, 고객, 정보인프라, 업무프로세스 등에 대한 정보가 들어 있다. 또한 다우케미컬(Dow Chemical)은 가치창출의 원천인 현금자산과 고정자산 뿐만 아니라 지적자산의 효율적인 운용이 중요함을 인식하고 특허, 기술, 노하우 등 지적자산관리를 효과적으로 추진함으로써 프로그램 시작 1년 만에 4백만 달러를 절약했다.

위에서 언급한 지식경영 사례는 설명의 편의상 구분 지어본 것으로 실제의 기업현장에서 그 어느 하나만 독자적으로 존재하는 경우는 드물다. 가령, 한 직접마케팅 회사에서는 CKO가 공식·비공식 지식이전 프로그램을 추진하여 지식접근성을 향상시키면서 동시에 지식 친화적인 문화를 조성해나가고 있다. 또한 컨설팅회사의 경우는 기업 내부의 문서저장소를 구축하거나 경험 등의 비구조화된 지식베이스의 구축함으로써 구조적·비구조적 지식을 축적하면서 전문가 네트워크와 개발 등으로 지식접근성을 향상시키고 있다.

3. 지식경영책임자

지난 몇 년 동안 기업의 CIO(chief information officer)들은 기업경영에 정보통신기술을 활용함으로써 이익을 창출하고 경쟁우위를 확보하는 데에 많은 영향을 미쳐왔다. 그러나 최근 들어 지식의 발견, 창출, 전파, 활용하는 것과 관련된 지식경영 활동의 중요성이 부각되면서부터 CIO에 대한 명칭이나 조직상의 역할에 대한 변화의 움직임이 서서히 일고 있다. 이와 관련되어 경영계에서 일고 있는 논의의 핵심은, 기업의 전 세계적으로 경쟁하기 위해서는 전통적인 CIO의 역할은 어느 정도 변화할 필요가 있다는 것이다. 즉, CIO는 CKO로 진화·발전함으로써 개인용 컴퓨터나 데이터웨어하우즈에 들어 있는 정보를 행동으로 옮길 수 있는 지식으로 변환시킬 수 있어야 한다는 것이다.

1) 지식경영책임자의 정의

미국 등지에서 지식경영 총책임자(CKO: chief knowledge officer)란 용어가 등장하기 시작한 것은 비교적 최근에 일이다. 따라서 CKO가 무엇인지 명확히 정의되지 않은 채 회자되고는 있지만, 지식관련 활동을 담당하는 총책임자 정도로 생각해 볼 수 있다. 앞서, 지식에는 명시적 지식과 묵시적 지식이 있고, 이러한 묵시적 지식은 개인적 능력 차원을 넘어 조직의 자원이 되어야 하며, 이렇게 되기 위해서는 기록되고 공식화되어 명시적 지식으로 전환되어야 한다고 살펴보았다. 바로 이러한 역할을 담당하는 직책이 CKO라고 볼 수 있다. CKO는 기업의 여기저기에 숨어있는 지식을 발굴·전파하여 기업의 자산으로 전환함으로써 효과적이고 가치 창출적인 조직으로 만드는 사람이다. 이러한 역할을 효과적으로 담당하기 위해 CKO는 저널리스트와 같은 재능을 보유하고 있어야 한다고 주장되고 있다.

가령, 전국(또는 전 세계)에 지사를 두고 운송업을 경영하고 있는 기업이 있고, 부산(또는 워싱턴) 지사에 있는 총책임자가 제품운송을 효율적으로 수행할 수 있는 지식을 보유하고 있다고 하자. 이 때 이러한 지식을 입수하여 다른 지사에도 전파·활용할 수 있다면 그 기업의 경영 효율성을 그만큼 향상될 수 있을 것이다. 이처럼 기업은 지식을 소유하고 있는 사람들로부터 이를 끌어내어, 일반 사람들이 사용할 수 있는 형식으로 재조직하고, 그러한 지식을 주기적으로 갱신하고 수정할 수 있어야 한다.

한 연구에 따르면, CKO는 조직이 지식과 학습을 획득·배분하는 데 요구되는 전략적 정책을 수립하는 사람으로서 다른 어떤 중역들보다도 조직에 있는 사람들의 생산성과 모티베이션에 보다 큰 영향을 미칠 수 있다고 한다. 기업의 지식경영을 담당할 상위 직책으로서 CKO(chief knowledge officer)와 CLO (chief learning officer)를 제안하고 있는데, CKO는 정보기술을 활용하여 구조화된 지식을 획득하고 활용하는 책임을 지며, CLO는 정보기술 보다는 학습과정을 통해서 조직구성원들이 지식을 획득 할 수 있도록 지원해주는 인사관리 기능을 담당한다. 기업이 지식경영업무를 효과적으로 수행하려면 이러한 기업에 직책을 담당할 사람을 마련해 두어야 한다고 한다. 이러한 CKO나 CLO는 전통적인 CIO의 역할에서 진화·발전된 것이라 볼 수 있는데 이는 인터넷, 인트라넷, HTML, 데이터웨어하우징 등의 지식창출 및 전파와 관련된 정보기술의 발전에 많은 영향을 받았다.

2) 지식경영책임자와 관련 용어

기존의 기업에 위치하고 있는 CIO와 최근 등장하고 있는 CKO가 어떻게 다른가에 대해 살펴보도록 하자. CIO는 기술 지향적이라 볼 수 있다. CIO는 전형적으로 어떻게 하면 정보기술을 활용하여 정보를 잘 처리할 수 있을까 하는 데에 중점을 두는 반면, CKO는 기술보다는 기술을 통해 구현 될 수 있는 지식의 전략적 측면에 보다 많은 초점을 둔다. 따라서 CKO는 기술적 용어와는 거리가 멀고 오히려 사람이나 사람의 아이디어 등을 다루는 일종의 경영기술과 관련되어 있다고 볼 수 있다. 즉, 우리가 무엇을 알고 있는가, 우리가 이를 어떻게 왜 알고 있는가, 그리고 우리가 이를 입수할 때 언제 알게 되는가 하는 것을 확인하고 이해하는 데에 초점을 둔다. 아울러 CKO는 지식이전을 책임지며, 정보를 수집하는데 있어서 무엇이 중요한가, 기업을 구축하고 경쟁우위를 획득하는 데 어떠한 정보가 필요한가 하는 데에 관심이 있다.

3) 지식경영과 정보기술의 활용

지식경영을 위한 정보시스템은 지식경영에 있어 기업으로 하여금 정보의 흐름을 최적화하고, 지식 기반을 축적하도록 도와줌으로써 가치 있는 역할을 수행하고 있다. 지식경영에 유용한 정보시스템으로 사무정보시스템, 지식작업시스템, 그룹협력시스템, 인공지능시스템 등을 들 수 있다.[7] 이 시스템들은 지식작업을 지원하고 조직의 지식베이스를 정의하고 포착하는 데에 주로 초점을 맞춰져 있다.

사무정보시스템(office information system)은 조직에 정보를 확산시키고 정보의 흐름을 조정한다. 여기에는 워드프로세싱, 탁상출판, 이미지처리, 전자 캘린더, 데이터베이스 등이 포함된다.

지식작업시스템(knowledge work system)은 숙련된 지식근로자와 전문가들의 지식 창출 활동을 지원한다. 여기에는 CAD, 가상현실시스템, 포트폴리오 관리자의 재무활동을 지원해주는 투자 워크스테이션 등이 있다.

그룹협력시스템(group collaboration system)은 그룹으로 작업하는 사람들의 지식 창출 및 공유 활동을 지원하며 여기에는 그룹 의사결정지원시스템, 전자회의실, 그룹웨어, 인트라넷, 인터넷 등이 있다.

인공지능시스템(artificial intelligence system)은 조직 또는 개별 관리자들에게 코드화된 지식을 제공함으로써 조직 내의 다른 사람들이 이를 재활용할 수 있게 해준다. 여기에는 전문가시스템, 신경망, 퍼지이론, 유전자 알고리즘이 있다.

---

7) Laudon, Kenneth C., and Jane P. Laudon, "*Essentials of Information Management system,*" Prentice-Hall, 1997, pp.370-379.

제2절 지식경영과 혁신

1. 지식경영과 혁신의 관계

1) 경영혁신의 의의

20세기를 마감하는 마지막 10년간 전 세계의 기업계에서 경영혁신(business innovation)만큼 자주 사용된 용어도 드물 것이다. 또한 세기의 마감으로 경영혁신의 역할이 종료된 것도 아니다. 사실, 경영혁신은 마이클 해머가 비즈니스 리엔지니어링을, 그리고 같은 시기에 토마스 데이븐 포트가 프로세스 이노베이션을 주장하면서, 그 이전의 어떤 경영관련 용어보다 경영혁신은 관심의 대상이 되었다. 우리는 경영혁신을 Z이론, OR이론, 기업문화, 컨베이어시스템, JIT시스템, 대량생산방식, 과학적 관리법 등과 같이 오직 기업경영과 관련된 용어로 생각하고 있지만, 사실 경영혁신의 이론적 원류는 경제학자 조셉 슘페터(Joseph A. Sehumpeter, 1883~1950)이다. 전통적으로 경제학은 산업사회의 생산요소를 노동과 자본으로 보았으나 슘페터는 혁신을 이윤창출을 위한 내생변수로 보았다. 고전 경제학에서는, 투입되는 자본과 노동의 양을 확대하여 기업을 성장·존속시킨다고 생각했으나, 슘페터는 1926년 「경제발전의 이론」에서 새로운 원료의 조달, 새로운 제품의 생산, 새로운 시장의 발견, 새로운 생산방식의 도입, 그리고 새로운 조직방법의 채용으로 기존의 방식을 「창조적으로 파괴」하여 이익을 창출한다고 주장했다.

슘페터가 경제학적으로 혁신을 접근했다면, 슘페터의 이론을 순수한 의미에서 경영학분야에 적용한 것은 피터 드러커이다. 드러커는 여러 저서와 논문에서 경영혁신의 이론과 방법을 제시했고, 이를 1985년 「경영혁신과 기업가정신」(Innovation and Entrepreneur)이라는 책에서 총정리했다.

경영혁신은 기업가가 실천한다. 그리고 경영혁신이란 기업가 정신의 발휘를 위한 특유의 수단이다. 경영혁신은 어떤 인적·물적·지적 자원에다 부(富)를 만들어내는 새로운 능력을 부여해주는 경영활동이라고 할 수 있다.

2) 가치창조의 핵심요소와 변천

18세기 중반 산업혁명이 도래하기 이전까지의 시대에 부를 창출하는 핵심요소는 토지였다. 토지로부터 산출되는 천연자원이 가치창조의 주된 원천이었다. 그러나 산업혁명이 시작되면서 가치를 창출하는 과정에 있어서 자본의 중요성이 점차 커지게 되었다. 단순히 토지를 경작하며 얻어내는 농산물이나 천연자원들의 획득에 더 큰 도구나 설비들이 필요하였고, 그러한 도구나 설비들을 만들어 내는 데에는 무엇보다도 자본의 축적이 필요했다.

산업혁명 이후 철과 석탄의 사용, 증기기관과 철도 등 운송수단의 발달, 동력과 기계의 발명 등 18세기 중반이후의 기술혁명은 대량생산이 가능한 공장들의 설립으로 이어졌다. 공장에서의 대량생산은 생산원가를 낮추고, 제품가격의 하락을 가져왔으며, 시장의 규모를 확장시키는 성장의 순환고리(positive feedback loops)로 연계되었다. 더욱 커진 시장은 더 많은 기계들과 노동력의 활용을 위해 필요한 자본을 구할 수 있는 공급처로 활용되었다. 아담 스미스의 "분업의 원리(division of labor)"는 생산과정에 있어서 노동의 역할을 새롭게 정착시켰으며, 동시에 전문화되고 분업화된 노동력을 지휘하고 조정하는 새로운 장치를 낳게 하는 계기가 되었다. 이와 같이 산업화의 순환과정에서 새롭게 등장한 것이 바로 "공장시스템"이었으며, 소위 "기계화시대(The Age of Machine)"의 출발이 되었다. 이러한 기계화 시대의 출현은 토지, 자본, 노동 등 생산의 3대 요소에 새로운 생산요소로서의 경영(management)을 낳게 하는 계기가 되었고, 기계와 유사한 형태의 공장조직을 탄생시키게 되었다. 이처럼 생산의 도구와 설비가 커지고 노동력의 증대가 요구되면서 이들을 확보하기 위하여 더욱 많은 자본이 필요해졌고, 따라서 자본이 가치와 부를 창출하는 핵심요소가 되었다.

산업혁명이 시작된 이후 약 250여 년 동안 가치 창출의 핵심기반이 자본이었음을 부인하는 사람은 아무도 없을 것이다. 그러나 20세기 중반부터 시작된 정보기술과 통신기술의 발전은 부의 창출과정에서 자본의 중요성을 반감시키는 계기가 된다. 희소했기 때문에 가치가 있었던 토지와 자본이 부를 창출하는 핵심요소로서의 위상에서 퇴조하는 반면, 새로운 아이디어나 지식이 엄청난 가치를 창출하는 예를 들어, 컴퓨터 산업이나 생명공학 분야뿐만 아니라 금융이나 서비스산업에서도 흔히 볼 수 있게 되었다.

2. 지식경영의 사회적 배경

1) 경영정보를 활용한 지식경영의 탄생

OECD가 1996년에 지식기반경제의 도래를 공식적으로 천명하여 이를 기존의 산업기반경제를 대체하는 패러다임이라고 선언한 바 있다. 그러나 지식경영이라는 용어가 사용되기는 이보다 훨씬 전으로, 1986년 국제노동기구(ILO)가 후원하는 유럽 경영 컨퍼런스에서 「지식경영: 새로운 기회와 전망」이라는 주제를 다루었다. 또한 1970년대 말에서 1980년대 중반에 이르기까지 미국과 유럽의 기업들에서 유사한 개념들(예컨대, 핵심역량, skills 등)을 사용해 오고 있었으며, 1989년 MIT의 Sloan Management Review에 지식경영관련 논문이 게재되기도 하였다.

그러나 보다 많은 관심을 끌게 된 이정표적인 논문은 1991년 이꾸지로 노나카 교수가 Harvard Business Review에 게재한 「지식창조기업」(Knowledge Creativity Company)이라고 주장하는데 무리가 없을 것이다. 그리고 노나카 교수의 이러한 업적을 기념하기 위하여 1997년에 버클리 대학교 하스(Haas) 경영대학원 창립 100주년과 California Management Review 창간 40주년을 기하여 「지식과 기업」을 주제로 한 심포지엄과 18편의 논문을 발표하였으며, 이를 계기로 지식경영에 대한 본격적인 논의가 진행되기 시작했다고 하겠다.

경영학 분야에서 논의하고 있는 지식경영의 영역은 크게 세 가지로 구분된다. 첫째로 노나카의 관점과 유사한 조직론적 접근에서 논의하고 있는 지식창조경영의 영역이다. 즉, 조직구조의 설계와 운영을 통해 창조성의 우위를 확립하려는 시도이다. 둘째로, 지식의 관리적인 차원을 중심으로 기존의 정보와 경험 또는 지식을 공유할 수 있도록 축적할 수 있는 수단과 시스템을 개발하고, 이를 통해 새로운 지식을 가공하려는 지식 공학적 접근을 취하는 IT(Information Technology) 중심의 노력이다. 셋째로, 기업 내의 개인, 집단, 또는 조직이 지니고 있는 모든 지식을 자산화하여 이를 측정하고, 이를 통해 기업의 가치를 산출하려는 회계적 관점에서의 노력을 들 수 있다.

이상의 세 영역에서 논의되고 있는 지식경영에 관련된 주제들이 개별적으로는 매우 광범위하게 제시되고 있지만, 서로 연계되고 통합된 주제들을 논의하거나 연구의 관심영역으로 다루려는 노력들은 아직 미흡한 단계라고 본다. 앞으로 지식경영과 관련된 모든 영역들이 종합화되고 체계화되도록 학제간의 교류와 연구가 있어야 하겠지만, 본 논문에서는 첫 번째 논의의 영역인 조직론적 관점에서 지식경영의 내용을 개괄해 보고자 한다.

노나카의 지식경영은 1980년대 일본식 경영에 대한 반성에서 비롯된다고 고백하고 있다(노나카, 1998). 그는 일본기업들이 자만에 빠진 나머지, 미국기업들과 경쟁을 하며 자신들의 핵심역량인 지력(知力)을 소홀히 한 채, 지나치게 효율성 중심의 경영을 해온 것이 오늘날 일본기업들의 경쟁력을 상실하게 되는 계기가 되었다고 지적한다. 그렇다고 일본기업들이 자신들이 지켜온 종신고용제나 연공서열제와 같은 일본의 묵시적 사회적 계약(Social Contracts)을 깨면서 미국식의 BPR이나 M&A 또는 리스트럭츄어링을 통해 기업의 경쟁력을 회복하려는 것에 대해서 깊은 우려와 경계를 표명하고 있다.

이에 대한 대안으로 기업이 자신의 생존 기반이 되는 조직의 핵심역량을 찾는 노력을 기울여야 한다고 주장한다. 자사의 엣센스(본질)를 인식하고, 지(知)의 측면에서 조직의 기반능력을 재발견하는 것이 일본기업들의 새로운 출발점이라고 강조한다. 특히, 일본기업들의 지력(知力) 경영의 원동력은 전통적인 집단지와 문화적인 암묵지의 성찰과 재발견에서 이루어 질 수 있다고 대안을 제시하면서, 지식의 관리라는 측면보다 지식창조가 핵심개념임을 분명히 하고 있다.

노나카가 주장하는 지식경영의 새로운 사고틀은 효율성 우위 사고의 틀에서 탈피하여 조직능력을 토대로 한 근본적인 혁신을 추구하는 것이며 이러한 과정을 통하여 창조 우위를 확립할 수 있다는 것이다. 이는 조직의 잠재능력을 파악하여 경쟁우위와 관계를 명확히 하고 그러한 잠재능력을 만들어 낼 수 있는 조직을 설계하며 지력을 지원하고 강화할 정보 · 지식환경을 형성해야 한다. 결국 조직혁신을 수행하는데 있어서 너무 정보기술만을 강조하지 말아야 한다는' 주장을 제시하고 있다.

노나카는 지식의 유형을 암묵지와 형식지의 두 가지 유형으로 구분하고 있으며, 암묵지를 형식지로 또는 형식지를 암묵지로 전환시키는 과정을 다음의 그림과 같은 지식변환 과정 모형을 통해 제시하고 있다.

노나카의 지식변환 모형에 대한 연구들이 광범위하게 추진되고 있으며(Nonaka, 1995 ; Nonaka & Noboru, 1998), 국내에서도 신제품개발 전략이나 지식공유 시스템개발 등에 적용하려는 실증연구와 사례연구들이 늘어나고 있다.

이와 같은 노나카의 지식창조경영이 주목을 받고 있는 이유를 추론해 보면 다음과 같다. 오우치는 「Z이론」에서 일본기업의 경쟁력을 문화의 차원에서 설명하고 있다. 이러한 문화적 차원이 서구식 기업과 일본 기업의 차이를 밝혀주는 듯 했다. 그러나 문화의 개념이 블랙박스와 같은 모호성을 띄고 있기 때문에 서구의 경영자들이나 경영학자들이 동양의 문화와 기업을 이해하는데 상당한 어려움을 겪고 있을 뿐만 아니라, 이를 객관화, 형식화하는 데에도 한계를 느끼고 있던 차였다. 이런 상황에서 노나카는 동양과 서양의 문화적 차이를 지식의 공유와 창출형태에서 분명한 차이점이 있으며, 이것이 동양의 경영과 서구식 경영의 근본적 차이를 보이는 근간이라는 점을 명백하게 밝혀준 것이다. 노나카는 서구의 경영자들에게 동양을 이해하고 문화의 개념을 더욱 이해 할 수 있는 길을 제공해 주었으며, 기업의 새로운 가치창출 메커니즘을 연구하는 단서를 제공해 준 공헌 때문에 많은 주목을 받게 된 것으로 평가된다.

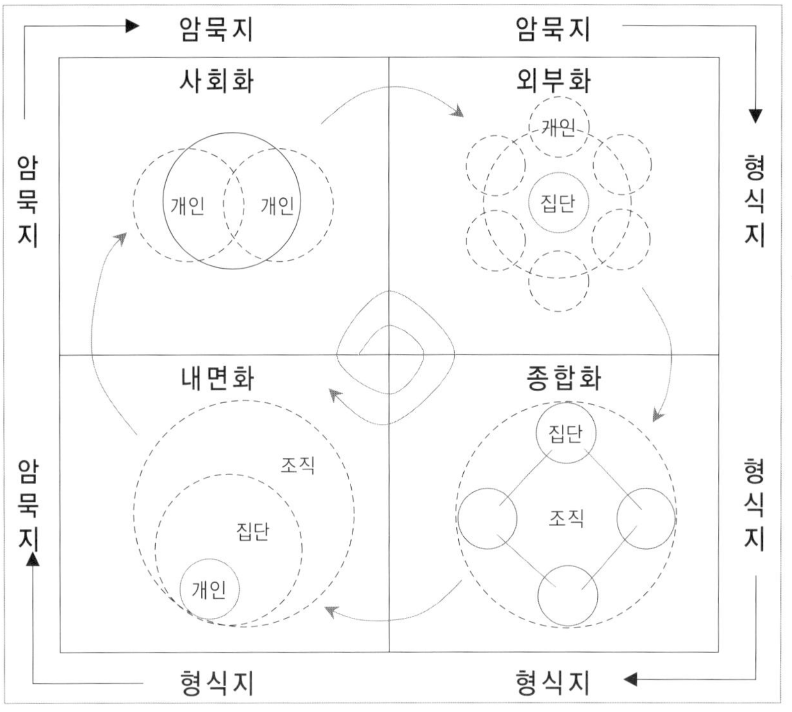

[그림 14-4] 지식변화과정

2) 정보혁신의 관심사

우리의 기업들도 1960년대 이후 산업화 과정을 거치면서 1980년대에는 재벌기업 중심의 규모의 경제와 효율성 극대화의 양적 성장을 지속해 왔다. 생산과 조직 관리에 있어서 1920년대의 테일러식 과학적 관리방식에서 제시하는 효율성과 합리성의 원칙조차 채 소화하지도 못한 상태에서 대규모 계층적 조직구조의 운영과 관리 원칙들을 시행착오적(trial & error)으로 습득하여 왔다. 현대적 기업경영의 이론과 조직관리 기법들이 도입된 것도 1970년 중반 이후로 보아야 할 것이며, 우리 기업들이 국제시장에서 주목의 대상이 된(미국 시장에 현대자동차가 처음 진출한) 1980년대 중반에 이르기까지 저임금 노동력을 중심으로 한 생산기반기술의 축적이 급속히 이루어진 시기였다. 그러나 이때까지도 대부분의 경영방식은 일본기업을 대상으로 한 모방학습(imitating learning)의 단계에 머물러 있었다고 해도 지나친 말이 아닐 것이다.

그 이후 에드가 샤인(1985)의 조직문화에 대한 논의와 호프스테드(1980)의 비교 문화적 시각에서의 기업문화 연구는 전통적인 계층제적 조직구조의 합리성과 효율성 추구에 대해

깊은 성찰과 의문(reflection and inquiry)을 제기하게 되었다. 기업을 구성하고 있는 당사자들의 공유가치와 기본전제들을 강조하면서, 기업의 생존이 고객에 의해서 결정되며 "사람을 통한 생산성"이 핵심원리라는 시각이 제시된 것이다(피터스와 워터만, 1982)

이러한 기업문화의 패러다임이 강조되던 시기에 우리기업들은 정치적 민주화의 환경변화에 따라 심각한 노사분규를 경험하게 되었다. 1987년부터 시작되어 1990년대 초까지의 격심한 노사분규 과정에서 파생된 기업내부의 불신과 갈등을 해결하기 위한 방법으로 동원된 것이 기업 문화적인 접근방법이었다. 인간존중의 경영, 고객가치의 창출, 협력적 노사관계 정립 등과 같은 가치와 신념의 통합 메커니즘 구축을 통해 기업의 생산성을 향상시키려는 노력들이 1980년대 말까지 지속되었다.

1990년대 중반 이후 우리 기업들은 더욱 많은 문제점을 노출하기 시작하였다. 권위주의 · 관료주의에 의한 리더십의 위기 초래, 외형성장과 능률지상주의에 의한 기업의 공룡화, 기득권주의와 탐욕주의에 의한 사회적 갈등 야기, 특히 IMF 이후 대량감원과 구조조정으로 인한 종업원들의 소외감과 좌절감은 더 이상 종업원들이 열심히 일할 수 있는 의욕을 상실하게 만들었다. 이러한 원인들은 바로 한국 기업의 병인 변화에 대한 불감증에서 기인하며, 기존의 경제적 성장에 대한 오만과 냉소로 새로운 지식의 창출이나 습득 할 수 있는 학습능력의 결여에서 비롯된 것이라고 해도 과언이 아니다.

그런데 최근 지식경영을 논의하는 우리의 기업현실은 매우 우려할 만한 상황으로 전개되고 있다. 많은 경영학자들이나 실무자들 사이에서 지식경영이 하나의 유행(a fad)인가 아니면 견고한(robust) 이론체계인가 라는 논란이다. 1990년대 초 BPR이 소개되면서 많은 기업들이 이를 도입하려고 노력하였으나, 이에 따른 후유증이 매우 큰 것으로 나타났다. 이는 학습조직이 1995년 전후에 소개될 때에도 비슷하게 전개되었던 양상이었다. 이제 지식경영이 경영혁신의 화두로 논의되고 있는데 이마저 유행으로 전락해 버리고 말 것인가?

우리의 지식경영 논의는 분명 일본과 미국의 경영계보다 더 빠르게 진행되고 있는 듯하다. 특히 지식경영에 관련된 과열된(?) 논의가 학계에서 시작 되었다기 보다는 신문사 등의 저널리즘과 컨설팅 기업들의 커머셜리즘에서 비롯된 점이다. 지금까지 우리 기업들이 도입하여 활용해 온 많은 경영혁신의 기법들이 미국과 일본 기업들의 것을 들여오는 모방학습(또는 벤치마킹)의 과정을 통해 정착되었다. 짧은 기업의 연륜 속에서도 수많은 경영혁신의 기법들과 이론들을 신속하게 도입하여 우리 것으로 정착시켜 오는 노력을 경주해 왔다. 그러나 과연 한국기업들이 지금 이 시점에서 지식경영을 받아들일 준비가 되어 있는가라는 질문을 제기하고 싶다.

과연 한국기업들의 핵심역량은 무엇인가? 어떠한 지력(知力)에서 핵심역량을 찾을 것인가? 아직도 효율성 우위의 사고에서 벗어나지 못한 경영 현실에서 창조성을 중시하는 경영철학이 쉽게 정립될 수 있을 것인가? 또한 우리의 학습역량이나 학습방법에 대해 반성할 점은 없는가? 1990년대 초반부터 지금까지 회자되어온 많은 경영혁신의 기법들(예컨대, BPR, TQM, 임파워먼트, 지식경영, 학습조직…)이 우리 현실에서 검증되고 변환되어 우리의 핵심역량으로 키워가야 할 만큼 인내하고 노력하고 있는가? 왜 이렇게 너무 빨리 시작해서 너무 빨리 포기하는 학습태도를 버리지 못하는가? 온고이지신(溫故而知新)을 자각하고 우리의 암묵지와 전통적인 지식을 형식지로 전환시켜 공유하고 재창출할 수 있는 학습과 지식창조경영의 시스템을 구축할 수 있는 길은 요원하기만 한 것인가?

제3절 신지식인의 이해

1. 신지식인의 배경

1) 신지식인의 의의

새로운 지식이 비즈니스와 일상생활에 적용되어야만 새로운 서비스와 제품의 생산을 통해 혁신이 이뤄질 수 있다.

지식은 학습과 경험을 통해 얻어진다. 이 같은 지식은 쉽게 기억에서 사라진다. 때문에 인류는 획득한 지식을 저장하고 문제해결에 활용하며 공유하는 과정을 거쳐 왔다. 이를 통해 역사가 창조되고 오늘날 문명사회가 구축된 것이다. 이 과정에서 다른 사람의 가치 창조를 돕고 개인의 지식 또한 한 단계 고도화 된다. 진정한 지식인은 지식의 내용뿐만 아니라 지식의 공유에서 생성까지를 지속적으로 반복하면서 가치를 창조하고 지식을 고도화하는 사람을 말한다.

2) 신지식인의 조건

지식산업의 급신장은 노동의 양식에 변화를 초래하였을 뿐만 아니라 노동의 가상화도 촉진하였다. 지식근로자는 이제 근로자의 생존전략 뿐만 아니라 기업과 국가산업의 경쟁력 차원에서 고려해야 할 중요한 쟁점으로 떠오르고 있다.

기본적으로 모든 지식근로자가 갖춰야할 기본지식이 있다. 21세기 지식경제사회에 필요한 자질은 다음과 같다.

(1) 유연성

평생직장을 찾는 다는 개념에서 벗어나 평생직업을 구한다는 생각을 가져야 한다. 즉 어느 기업에 속한다는 기업의 로열티에서 어느 직종의 전문성을 갖추고 있다는 전문성 로열티로 직업에 대한 개념을 바꿔야 한다.

(2) 어학능력

세계화된 시장에서 활동하려면 외국어, 특히 영어를 능숙하게 구사할 수 있는 능력이 기본이다. 세계 최고의 선진지식을 남보다 한 발 앞서 효과적으로 습득하기 위해서는 독해, 회화, 작문 등 전반적인 외국어 구사능력은 필수적이다. 영어를 능숙하게 구사한다는 것은 자신의 일자리를 국내에서 구할 수도 있지만 해외에서도 구할 수 있다는 것을 의미한다.

(3) 컴퓨터 활용능력

문서작성 뿐만 아니라 인터넷, 통계분석 등 컴퓨터를 활용할 수 있는 능력도 필요하다. 지식기반 경제에서 컴맹은 문맹만큼이나 개인과 국가의 발전 속도를 가늠하는 중요한 척도가 될 것이다.

컴퓨터와 친구가 되는 것이다. 고객에 대한 신속한 대응은 기업의 정보화 기반시설 구축을 가속화하였고, 그에 따라 자료정리와 정보가공의 주요 수단인 컴퓨터에 대한 소양은 근로자의 필수적인 기술 가운데 하나가 되었다.

(4) 문제 해결능력

주어진 일을 수동적으로 처리하는 것이 아니라 창조적인 사고와 적극적인 자세로 문제를 해결하는 능력을 키워야 한다. 지식근로자의 관심은 자신의 일을 어떻게 하면 잘할 수 있는가에 그치지 않고 왜 이 일을 해야 하는가에 대한 근본적인 문제인식도 염두에 둔다.

(5) 서비스 정신

자신의 업무에 대한 고객을 파악하고 고객의 요구를 최대한 충족시킨다는 자세가 필요하다. 제조업에 종사하는 사람이라도 항상 고객을 생각하고 고객이 있기에 자신의 일자리가 존재한다는 자세를 가진다.

(6) 강력한 대인관계 기술 겸비

오늘날 근로자들은 자신이 속한 조직은 물론이고 다양한 계층의 외부 인사들과 지식을 교류해야 할 필요성이 높아졌다. 즉, 대인관계를 통해 다른 사람들의 지식을 전수받거나 정보를 획득하는 일은 매우 중요한 수단이 되고 있다는 것이다. 또한 모든 작업활동과 사회활동에서의 조직형태는 팀제로 운영되는 추세인데 이러한 환경에서 팀 속에서 자기의 능력을 극대화해 나가야 하기 때문에 대인관계 기술은 그 중요성이 나날이 더해지고 있다.

(7) 기업가 정신

지식근로자는 "사장도 아닌 내가 왜"라는 변명대신 "어떻게 하면 고객을 만족시킬 수 있는가"를 스스로 반문해야 한다. 지식근로자는 노사 간의 관계 속에 국한된 근로자가 아니라 고객에 대응하는 기업의 대표로서 주인정신을 가져야 한다.

(8) 개선개발과 새로운 기량에 대한 의지

산업사회가 급속히 변하면서 이제는 작업장에서 드릴작업이나 절삭작업만 잘하면 되던 시대는 지났다. 다양한 분야의 포괄적인 능력을 터득하면서 자신이 맡은 일에 대해 새로운 능력을 습득하고자 하는 의지가 더욱 중요해 졌다.

3) 지식인의 십계명

① 지식은 누구나 창출할 수 있다는 신념을 가져야 한다. 많이 배운 사람이 지식인이라는 생각을 탈피해야 한다.

② 당신이 소유한 지식을 측량하고 지식을 나름대로 세분화시켜 분류하고 제목을 달아두면 관련정보를 보다 효율적으로 입수 할 수 있을 것이다. 조직 전체에서 그러한 자료를 구축하면 곧 지식경영의 첫 걸음이 된다.

③ 자신만이 공헌할 수 있는 분야에서 지식을 찾아야 한다. 사람은 누구나 어떤 분야에 있든 자기만의 노하우가 있다. 자기가 하고 있는 일을 되돌아보고 잘 살펴야 한다.

④ 경험을 반드시 기록한다. 기록은 지식창출의 첫걸음이다. 기록을 토대로 아이디어가 생긴다. 가능한 한 현재의 아이디어를 시각화하고 컬러로 도색하여야 한다.

⑤ 여러 분야의 사람과 교류하여야 한다. 그러면 지식이 증가한다. 사람은 모두가 정보단위체이다. 내가 모르는 것을 상대방이 알 수 있고 도움을 받을 수 있다. 교류하다보면 자신의 지식이나 정보가 더욱 유용하게 변할 수 있으며 때로는 시간을 단축할 수도 있고 새로운 아이디어를 찾을 수 있다.

⑥ 지식을 분양하여야 한다. 사람은 누구든 주기는 싫어하고 받기는 좋아 한다. 그러나 줄 수 있어야 한다. 남과 공유한다는 것은 지식을 분양해서 더 크는 하나의 성장과 정의 수단인 셈이다.

⑦ 지식을 찾겠다고 하는 분명한 목표를 갖고 자료를 바라보아야 한다. 지식(정보)을 얻을 때는 항상 분명한 목표를 가져야 한다. 신문 하나를 보아도 어떤 자료를 찾겠다고 하는 목표를 갖고 찾는 것과 그냥 보는 것과는 엄청난 차이가 있다.

⑧ 창출한 지식은 계속 진화시켜야 한다. 지식은 변화한다. 지식은 언제든지 다른 진보된 지식으로 교체된다는 것을 잊지 말아야 한다.

⑨ 주기적으로 자신의 지식역량을 평가하여야 한다. 자신이 지식확보에 있어서 주기적으로 평가하는 기회를 가져야 한다. 그러기 위해서는 이제까지 이룬 모든 일(지식관련 자료)에 대해 목록장을 만들어 두는 것이 좋다. 또 과거에 비해 향상되고 있는지 자신 스스로 평가해 보아야 한다.

⑩ 지속적인 지식창출에 끊임없는 열정을 가져야 한다. 이를 위해 평소에 정서가 풍부

한 사람이 되도록 하여야 한다. 누구에게도 감동을 주고 가슴을 설레게 하고 공감을 불러일으키는 방법을 배워야 한다.

2. 신지식인의 특성

1) 정신자세

신지식인이 되기 위해서는 짧은 시간이라도 소중히 여기고 잘 활용하는 정신자세와 전체를 꿰뚫는 안목으로 문제해결 방안을 찾아내는 정신자세를 갖추고 있어야 한다. 또한 과감하게 수행하는 마음가짐을 가지고 있어 남보다 많은 경험을 하게 되고 그에 따라 자신을 더욱 발전시켜 나가는 자세가 필요하다.

2) 습관

약속 시간을 준수하고 잉여 시간을 활용함으로써 시간을 효율적으로 활용하는 습관과 떠오르는 착상이나 사용한 자료를 뒷날 알아볼 수 있도록 생각나면 바로 기록하는 습관이 중요하다. 또한 자신의 현재 상태에 만족하지 않고 습관적으로 독서를 하거나 인터넷을 항해하는 등 자기개발을 위한 노력을 게을리 하지 말아야 한다.

3) 기본능력

지식을 만들어 내기 위해서는 지적 호기심에 바탕을 둔 관찰능력과 인과관계 추론 능력이 있어야 한다. 이는 다른 사람의 몸에 배어 있는 지식을 습득하는 게 중요하다.

학습과 경험을 통해 생성된 지식을 장기적으로 활용하기 위해서는 적절한 형태로 저장해야 한다. 따라서 지식을 분석하고 변별하는 능력과 사고를 논리적으로 전개하고 개념화할 수 있도록 구성력 및 추상화 능력을 갖추고 있어야 한다.

연습문제

1. 지식경영의 개념에 대하여 논하십시오.
2. 지식경영의 특성에 대하여 논하십시오.
3. 지식경영의 책임자의 행동에 대하여 논하십시오.
4. 지식경영과 경영혁신과의 관계에 대하여 논하십시오.
5. 신지식인에 대하여 논하십시오.

Chapter 15

정보시스템 평가 및 윤리경영

제1절 경영정보시스템의 관리
제2절 경영정보와 기업윤리경영

정보시스템 구축이 완료되면 정보시스템에 대한 품질을 보증하고 지속적인 개선을 요구한다. 이와 같은 정보시스템을 평가하기 위한 평가도구를 소개하였으며, 최근 정보시스템을 이용한 범죄행위가 자주 나타나고 있다. 따라서 본장에서는 정보시스템을 평가하고 정보사회의 기업윤리에 대하여 논하였다.

제1절 경영정보시스템의 관리

1. 경영정보시스템 평가

1) 경영정보시스템 평가의 의의

경영정보시스템의 평가는 시스템 개발계획에 따라 시스템이 개발되고 운영되는가를 평가하는 단계이다. 정보시스템의 평가는 도입계획의 성과 목표와 도입 후 조직전체의 목표에 얼마나 기여하는가를 평가하는 것이다.

2) 경영정보시스템 평가의 유형

정보시스템 평가유형으로는 평가주체, 영역, 방법 등으로 분류할 수 있다.

〈표 15-1〉 정보시스템의 평가 유형

평가관점	평가유형
평가목적	품질보증 검토, 경영감사, 예산편성과 통제, 생산성, 서비스수준, 사용자 태도 등
평가영역	비용, 효과
평가주체	사용자, 전산부서, 감사부서, 외부전문가
평가시기	사전평가, 사후평가
평가범위	단위 시스템, 부문 시스템, 전체 시스템
평가방법	주관적 분석, 객관적 분석, 과정중심 분석, 결과 중심 분석

출처 : 정경수 외(2004), 경영정보시스템, 이프레스, p.569.

2. 세부평가 유형

1) 평가목적의 유형

품질보증은 시스템의 기술적 수준 및 업그레이드 가능성, 성능 그리고 사용자 만족 등을 평가한다. 경영감사는 시스템의 데이터 처리 능력, 안전성, 통제성, 정확성 등을 평가하며, 예산편성과 통제는 정보시스템 운영을 위한 예산편성 및 집행의 효율성을 평가 한다.

생산성은 프로그래머의 단위당 프로그램 능력, 교육시간, 자료입력 단위당 시간 등을 평가하며, 서비스 수준은 시스템의 응답시간, 오류율 등을 평가한다. 사용자 태도는 정보의 정확성, 의사소통 등을 평가한다.

2) 평가영역의 유형

비용의 평가는 경영정보시스템을 화폐가치로 평가하는 방법으로 재무적 효과, 원가절감 등을 평가하며, 효과는 정보시스템 개발에 투자한 비용과 얻어지는 결과를 계량적으로 비교분석하여 평가한다.

3) 평가주체

정보시스템 사용자에 의한 평가로서 사용의 적합성, 신뢰성, 적시성 등을 평가하며, 전산부서의 평가는 자원 가동률, 기술력, 새로운 시스템에 대한 수행능력 등을 평가한다.

4) 평가시기

사전평가는 시스템 설계와 타당성 조사 과정에서 평가하며, 사후평가는 정보시스템을 개발 후 설계 조건과 비교 평가하여 만족도를 평가 한다.

5) 평가 유형

단위 시스템 평가는 정보시스템의 모듈 단위별 구현되는 시스템을 평가하며, 부분 시스템 평가는 정보시스템의 기능별로 평가한다. 전체 시스템의 평가는 전체 업무를 대상으로 평가한다.

6) 평가 방법

주관적 평가는 정보시스템을 사용 후 만족도를 평가하는 방법으로 사용자의 태도 등을 평가 하며, 객관적 분석은 시스템의 사용 빈도, 비용, 효과 등을 수치화하여 평가 한다.

〈표 15-2〉 정보시스템 인증심사 체크리스트

구분	체크리스트	필요문서
일반 요구사항	조직이 규격의 요구사항에 부합되게 정보화 경영체계를 수립하여 실행, 유지 및 지속적으로 개선하고 있는가?	조직도, 이행 관련 주요문서 및 기록물들의 체계
문서화 요구사항	정보화 경영체계 규격의 요구사항을 이행하기에 적합하며 적절한 수준의 문서화된 절차가 수립되었는가?	정보화경영체계 매뉴얼 필수 절차서
정보화 방침	정보화 방침이 명확하며 조직원에게 전달이 가능한가?	정보화 방침

목표	정보화 목표가 실행 가능하며 구체화 되었는가?	정보화 목표
	정보화 목표는 적절한 측정지표에 의해 성과측정이 가능하며 성과 데이터가 통제되고 있는가?	정보화 목표의 측정방법
추진계획	정보화방침, 정보화 목표와 일관성이 있으며 전략 계획은 적절한가?	정보화 추진계획서(정보시스템 운영개선 계획서 포함)
	주요 정보화 프로젝트 목표, 일정계획, 소요자원 및 실행방법이 포함되어 이행이 가능한가?	
자원, 역할, 책임과 권한	조직은 정보화를 효과적으로 추진하기 위하여 관련 조직을 구성하고 CEO를 임명한 후, 구성원에 대한 역할, 권한 및 책임을 적절하게 명시하고 이행하고 있는가?	사규 또는 관련 문서
교육훈련	정보화 경영체계의 이행과 관련한 교육훈련 프로그램이 적절하게 개발되어 이행되고 있는가?	교육훈련계획서
	교육 훈련에 대한 성과평가 지표가 적정하며 평가결과가 차기 교육훈련 계획수립에 활용되고 있는가?	평가계획서/평가결과
프로젝트 관리	정보화 추진계획에 명시된 개별 프로젝트에 대한 프로젝트 계획수립 내용이 적절하며 실행가능한가?	정보화 프로젝트 추진계획서
	프로젝트 추진계획에 따라 범위관리, 일정관리, 품질관리, 비용관리, 위험관리 등이 이행되고 있는가?	정보화 프로젝트 추진계획서 프로젝트 이행 기록
업무분석	조직은 업무분석을 실시하여 업무프로세스를 명확하게 정의하고 있으며 핵심 업무프로세스를 도출하였는가?	업무 프로세스 설명서
	업무프로세스 재설계는 적절하게 수행되었으며 정보화 추진과제가 도출되었는가?	업무 개선 프로세스 설명서
공급자 선정	정보시스템의 도입 및 확장을 위한 계약 및 구매와 관련한 규격의 요구사항을 반영한 계약 및 구매계획을 이행하고 있는가?	제안요구서 제안서 및 평가관리 정보시스템 구매 계약서
	정보시스템 제공자의 선정을 위한 적절한 제안요구사항의 작성 및 배포, 제안서 접수 등이 이행되고 있는가?	
개발	정보시스템의 자체 개발 또는 용역개발 과정에서 제반 개발활동이 적절하게 이루어지고 산출물이 적절하게 제시되고 있는가?	개발절차서 제안서에 명시된 개발관련 산출물

검수	정보시스템의 검수를 위한 운영시험 및 인수 등에 대한 적절한 문서화된 계획수립과 이행(시험별 시나리오 작성, 시험결과 기록)이 이루어졌는가?	검수절차서 시험 시나리오에 명시된 개발관련 산출물
의사소통	정보화 경영체계 운영을 위하여 조직 내의 여러 기능과 계층 간의 의사소통이 원활하며 중요 의사소통에 대한 기록이 유지되고 있는가?	회의록 등 의사소통 관련 기록물
문서 및 기록관리	체계적인 관리를 위해 문서화된 절차 및 문서의 최신성이 유지되고 손실로부터 안전하게 보호되는가?	문서 및 기록관리 절차서
운영관리	정보화 방침 및 목표를 달성하기 위해 조직 내 정보화경영체계에 대한 체계적이고 일관성 있는 세부운영절차가 존재하며, 목표달성을 위해 주기적으로 운영관리에 대한 결과의 기록 및 유지가 이루어지고 있는가?	운영관리 절차서 운영관련기록 정보시스템 사용자 만족도 조사/결과서
유지보수	정보시스템의 안정된 운영을 위하여 정기적 예방점검 및 문제에 대한 복구조치를 실시하며, 유지보수 요청에 대한 일관된 처리절차를 가지고 운영 자료를 지속적으로 백업하고 있는가?	유지보수절차서 유지보수계약서 유지보수 관련기록
보안 및 대응	외부로부터 각종 위험과 위험으로부터 정보시스템을 보호하기 위한 보안 및 비상조치 대책의 수립 및 운영하고 있는가?	보안/비상사태에 관한 문서 및 기록
측정 및 내부 심사	정보화 경영체계를 지속적으로 개선하기 위하여 운영상태 및 정보화성과를 측정하고 그 결과에 대한 기록을 유지하는가?	측정 및 내부심사절차서 관련 기록물
	정보화경영체계 운영에 대한 성과측정 결과 정보화 경영성과 목표에 얼마나 달성되었는가?	정보화목표 달성 정도 관련 문서
	부적합사항을 조사하고 이에 따른 시정조치 및 개선활동을 하고 있는가?	부적합사항 조사 및 시정조치 관련 기록물
	정기적인 정보화경영체계 내부 심사를 위하여 문서화된 절차를 수립하고 이행하는가?	내부 심사 관련 기록물
경영검토	최고경영자가 정기적으로 정보화경영체계의 이행 수준과 성과를 검토하고 그 결과를 문서화하며 개선하는가?	경영검토 관련 기록물

제2절 경영정보와 기업윤리경영

1. 기업윤리 경영의 환경 변화

1) 기업윤리 환경

경제성장에 따라 소비자는 보다 향상된 삶의 질을 추구하며, 소비자가 요구하는 윤리적 가치 수준도 높아 가고 있다. 그동안 기업의 대형사고(성수대교 붕괴, 아파트 붕괴 등)가 사회적 신뢰에 많은 영향을 미쳤다. 따라서 이와 같은 사회적 신뢰성을 회복하기 위하여 기업의 윤리경영을 요구하고 있다.

또한 과거 기업의 관행으로 여겨왔던 뇌물사건들이 최근에는 기업의 윤리성으로 대두되고 기업의 신뢰성 하락의 주요 역할을 하고 있다. 그리고 기업의 지배구조 또한 부정적인 인식을 나타내고 있다.

2) 국제환경의 변화

국제화 시대에 돌입하면서 국제경쟁력의 하나로 부패방지에 대한 국제적 불공정 거래도 대두되고 있다.

이와 같은 국제적 윤리 경영은 뇌물, 탈세, 환경오염, 허위과대광고 등 비윤리적 기업의 제품이나 서비스가 국제적 불공정거래에 해당되어 국제적 규제를 하고자 윤리라운드가 제정되었다.

따라서 1995년 미국정부는 '기업이 지켜야 할 원칙'(Model Business Principle)을 발표하였고 민간차원에서는 '기업의 사회적 책임'(Social Accountability, www.saintl.org)을 중심으로 윤리경영표준인 'SA 8000'인증제도가 1998년도부터 실시되고 있다.

또한 국제표준화기구는 사회적 책임 경영의 국제표준인 ISO 26000을 2010년 하반기에 공표할 전망이다. 유럽연합 등에서도 환경이슈와 관련해 규제를 강화하고 있으며 한국에서도 2009년 한국거래소가 SRI(Socially Responsible Investment) 지수를 발표했다. 즉, 기존의 재무적 성과와 함께 윤리경영 및 환경보호 등 비재무적 특성도 함께 고려하여 사회적 책임을 제대로 준수하는 기업들을 편입시켜 지수화 한다.

2. 기업의 사회적 책임과 윤리

1) 기업의 사회적 책임

기업의 사회적 책임(Corporate Social Responsibility)이란, 기업이 생산 및 영업활동을 하면서 환경경영, 윤리경영, 사회공헌과 노동자를 비롯한 지역사회 등 사회 전체에 이익을 동시에 추구하며, 그에 따라 의사 결정 및 활동을 하는 것을 말한다. 이와 같은 기업의 사회적 책임의 목적은 다음과 같다.

① 취약계층에 일자리 및 사회서비스 제공 등 사회적 목적 추구
② 영업활동 수행 및 수익의 사회적 목적 재투자
③ 영업활동을 통해 창출되는 이익을 사업자체나 지역공동체에 투자, 사회적 목적으로 사용

이와 같은 목적을 통하여 기업은 경제, 환경, 사회 측면에서 지속적인 성과를 창출하여 지속가능한 기업의 가치를 증진하여야 한다.

2) 기업윤리

기업윤리란 도덕적 기준에서 선(善)을 먼저 추구해야하며, 경영자의 의사결정에 있어서 윤리적 기준을 정하고 경영의사 결정을 요구하는 것으로 기업 활동에서 있어서 선(善)과 악(惡)을 구분할 수 있는 기준을 기업윤리라고 할 수 있다.

3) 경영윤리

기업은 혼자만으로 존재 할 수 없다. 기업의 존재는 고객이 있기 때문이다. 이는 기업의 성장은 사회 즉, 고객과 함께 성장하는 것이다. 따라서 경영자는 의사 결정할 때 자기이익모델이 집중하게 된다. 자기이익모델이란 기업의 이기적 활동으로 가장 많은 고객에게 가장 큰 혜택을 주려고 하는 것과 기업 활동 목표를 이익극대화로 설정하는 것 그리고 법규와 그동안의 기업의 관행에 따른 행동과 능률적으로 행동하는 것을 말한다. 그러나 기업은 개인의 소유가 아니고 고객과 함께하는 사회적 존재로서 기업이 존속하고 성장하려면 사회이익모델을 활용하여야 한다. 여기서 사회이익모델은 기업은 고객 또는 사회가 요구하는 제품과 서비스를 제공하여야 하며, 사회가 필요로 하는 가치를 창조하고 이와 같은 대가로 이익을 받아야 하며, 사회와 함께 지속가능경영을 추구하여야 한다. 그러나 기업은 경제적 가치를 추구하는 조직으로 적당한 수익을 창출하는 것이 사회이익 모델의 필수조건이다.

〈표 15-3〉 기업윤리의 자기이익 모델과 사회이익 모델

구분	자기이익 모델	사회이익 모델
목적	이익의 극대화	가치의 창조
시간영역	단기적	장기적
행동준칙	법규와 업계의 관행대로	봉사에 대한 적절한 보수 기대
기본가정	기업의 자기이익 추구가 최대다수에게 최대이익	사회가 필요로 하는 가치의 제공
수단	가급적 능률적 방법	지속되는 관계유지

출처 : 이종영(2009), 기업윤리, 삼영사, P.32.

4) 기업윤리의 논의 대상

기업윤리의 문제는 특정국가에 한정된 것이 아니라 전 세계적으로 공통적으로 적용되어야 한다. 기업윤리에서 다루어야 할 문제들을 가치이념중심으로 분류하면 공정한 경쟁관계, 고객에 대한 성실성, 공평한 투자, 종업원에 대한 인간중심의 존엄성, 지역사회에는 기업시민으로서 역할 추구, 엄정한 정부와의 관계 유지, 국제거래에서의 공정성, 지구환경문제 함께 참여 등을 기업이 추구하는 가치 이념의 대상으로 논하여야 한다.

〈표 15-4〉 기업윤리의 자기이익 모델과 사회이익 모델

이해관계자	추구하는 가치이념	가치이념과 문제들
경쟁자	공정한 경쟁	불공정 경쟁(카르텔, 담합), 거래선 제한, 거래선 차별, 덤핑, 지적 재산권 침해, 기업비밀 침해, 뇌물 등
고객	성실과 신의	유행상품, 결함상품, 허위/과대광고, 정보은폐, 가짜상표, 허위/과대 효능/성분 표시 등
투자자	공평과 형평	내부자 거래, 인위적 시장조작, 시세조작, 이전거래, 분식결산, 기업지배행위 등
종업원	인간존엄성	고용차별(국적, 인종, 성별, 장애자 등), 성차별, 프라이버시, 작업장의 안전, 단결권, 회사이익의 우선 등
지역사회	기업시민	산업재해(화재, 유해물질 침출), 산업공해(소음, 매연, 전파), 산업폐기물 불법처리, 공장 폐쇄 등
정부	엄정한 책무	탈세, 뇌물, 부정 정치헌금, 보고의무 위반, 허위보고, 검사방해 등
외국정부, 기업	공정한 협조	탈세, 돈 세탁, 뇌물, 덤핑, 정치개입, 문화파괴, 법규악용(유해물 수출, 공해방지 시설 미비) 등
지구환경	공생관계모색	환경오염, 자연파괴, 산업폐기물 수출입, 지구환경 관련 규정위반 등

출처 : 이종영(2009), 기업윤리, 삼영사, P.32.

5) 기업의 사회적 책임

기업은 사회발전과 일류의 삶의 질을 향상시키는 조직으로 다음과 같은 사회적 책임이 있다.

첫째, 지구를 보호할 책임
둘째, 정당한 이익을 창출하여야 할 책임
셋째, 삶의 질을 향상 시킬 사회적 책임

(1) 경제적 책임

기업은 장기적으로 존재하여야 하며 장기적 성장을 위하여 정당한 이익을 창출하여야 한다. 이와 같은 이익을 창출하지 못하면 종업원, 주주 등 이해관계자들의 필요를 충족하지 못하여 기업의 존재가치가 없다.

(2) 사회적 책임

사회발전을 위하여 공정한 노동정책을 펼치고 인권을 침해하여서는 안 되며, 지역사회에 공헌하여야 하며, 인간의 존엄성을 지킬 책임이 있다.

(3) 환경보호 책임

지구의 지속적인 유지를 위하여 기업은 환경공해를 줄이고 친환경경영으로 지구를 보호하고 지속가능경영을 추구하여야 한다.

(4) 경제적 책임

기업 활동에 필요한 경영전략, 경영혁신, 인사전략 등 경영에 필요한 전략들이 기업 이익을 위한 윤리적 기준을 준수하여야 한다.

(5) 법적 책임

기업의 법적책임은 사회 가치관의 최저수준으로서 뇌물, 가격담합, 폐수방류 등이 이에 속한다. 이는 합법적으로 기업경영 활동을 추구하여야 한다는 사회적 책임을 의미한다.

(6) 윤리적 책임

기업윤리에서 다루는 모든 문제들이 이 범주에 속한다. 이 책임은 사회의 보편적 가치관에 합당하게 기업경영을 하기를 원하는 사회가 기대하는 것으로 이를 지키지 않으면 기업이미지 손상에 많은 영향을 미친다.

3. 경영실무 윤리

1) 인사윤리

종업원이 정당하게 일할 권리는 부여받는 권리로서 일할 권리는 부당한 해고, 부당한 승진 등이 없어야 함을 의미한다. 또한 정당한 보수를 받을 권리로서 정당한 보수는 물론 공평한 평가 대우 등이 이에 속한다. 그리고 프라이버시 권리로서 근로자들의 정치활동, 사회활동, 취미활동, 교육 등을 보장하여주어야 한다.

안전의 보장으로는 안전한 작업장을 요구할 권리와 기업은 종업원의 건강에 해가 없는 작업장을 제공할 의무를 말한다. 그리고 좋은 직장을 만들어 종업원이 직장에서의 보람과 긍지를 느낄 수 있도록 종업원 만족을 추구하여야 한다.

2) 마케팅 윤리

제품안정의 문제로서 고객의 안전에 해를 끼칠 제품을 생산하여서는 안되며, 모조제품을 또는 상표모방, 원산지 허위 표기, 사회적으로 해로운 제품 생산(예, 무기 등), 공해를 유발하는 제품, 혐오제품 등을 판매하여서는 안 된다.

또한 가격윤리로서 지진이나 전쟁 등의 피해로 물품공급이 어려운 상황에서 높은 가격을 사용하여서는 안 된다는 윤리이다. 유통의 윤리에서는 시장 지배적 지위의 남용을 금지하고 기업결합, 지주회사 제한 등과 부당한 공동 행위 금지 불공정 거래행위 등이 이 범주에 속한다.

3) 회계윤리

회계윤리는 재무적 성격을 갖는 거래나 사상을 일정한 윤리적 기준에 따라 화폐액으로 기록하고 분류 및 요약하여 그 결과를 올바르게 해석하는 기술이다. 따라서 회계윤리는 회계책임을 이행하는 것이며, 회계보고서에 정확하게 정리하고 회계적 사실을 윤리적, 도덕적 기준에 따라 반영하는 것이라 정의 한다. 회계윤리는 정보의 이용자가 합리적 판단이나 윤리적 의사결정을 행할 수 있도록 경제적인 정보를 인식하고 측정하고 전달하는 과정에 부정이 개입되어서는 안 된다는 철학이다. 따라서 회계윤리는 회계목적의 정확성을 인식하여 회계에 윤리적 기능을 보완해야 한다. 회계윤리의 목적은 보고목적의 윤리성, 관리목적의 도덕성, 사회정의를 실현하는 목적도 갖고 있어야 한다. 그리고 회계적 기능이 회계책임의 이행을 명시하는 회계공시와 기업 회계기준 그리고 공인회계사의 윤리성이 바로 정립되고 난 다음에 경제적인 자료를 분류 측정하여 정리하는 기능과 이해관계자들에게 전달하는 기능에서 바르게 시행되어야 한다(김성수, 2010).

4) 정보윤리

정보윤리는 정보사회에서 우리가 삶을 유지하여 살 수 있도록 규범을 제시하지는 못하고 있다. 정보윤리는 정보통신 기술이 만들어 낸 새로운 공간에서 우리가 행동해야 할 지침으로 다음과 같은 일반적 원칙을 제시하고자 한다.

첫째, 존중과 존경

존중은 사람이나 사물이 지닌 고귀한 가치를 뜻하는 것으로 자신의 존중에서 출발한다. 이와 같이 정보사회의 존중은 다른 사람의 지적 재산권, 사생활, 다양성 등을 인정하고 대우하여야 한다는 것이다. 사이버 공간에서 상대방을 볼 수 없다는 특성 때문에 특히 상대방의 절대적 존중이 요구되고 있다. 이와 같은 사이버 공간에서의 존중이 무너지면 투쟁의 장으로 변하게 된다.

둘째, 책임과 권한

사이버 공간에서는 나의 부적절한 행동으로 인하여 수많은 사람 또는 기업이 피해를 입을 수 있다. 예로 메일에 바이러스를 첨부하는 행동 등은 다른 사람에게 피해를 주는 정보화 사회가 창출한 문화를 파괴하는 행동이다. 따라서 정보화 사회에서 나의 행동이 다른 사람에게 어떠한 피해를 주는지 신중하게 판단하여야 한다.

셋째, 정의

정보사회에서 정의의 원리에 따라서 참되고 공정한 정보를 교환하여야 한다. 타인의 권리를 함부로 침해해서는 안 된다.

넷째, 악의적 행동 금지

사이버 공간에서 폭력행사, 크래킹, 바이러스 배포, 기업 정보 유출 등과 같은 악의적 행동을 금하여야 한다.

이와 같이 정보사회가 창조한 사이버 공간은 사회적 실재감을 저하시킴으로써 자아도취를 부추기는 속성을 지니고 있다. 이는 현실 공간에서 보다 강한 자기 통제력을 요구한다.

〈표 15-5〉 정보윤리 행동규칙

구분	행동규칙
존중	- 불법 소프트웨어 복제 금지 - 통신예의 말과 글 사용
책임	- 바이러스 생성 및 배포금지 - 개인정보 남용 및 오용금지
정의	- 불건전한 정보 생성 금지 - 정확하지 않은 정보 배포 금지
악의적 행동 금지	- 크래킹 금지 - 바이러스 유포금지

3. 정보범죄

1) 컴퓨터 범죄

컴퓨터 범죄로 첫째, 자금절도로서 외부에서 회사의 전산망에 접근하여 자금을 절도하는 범죄와 내부인이 불법으로 회사전산망에 접근하여 회사 돈을 빼내는 범죄로서 이와 같은 사건이 일어나면 회사에서는 가급적 외부에 알리려 하지 않으려 한다. 이와 같은 범죄는 범인이 현장에 없고, 폭력이나 무기가 없으며, 서로 얼굴을 보지 않는다는 점이다.

둘째, 정보절도로서 기업의 영업비밀 및 기업의 노하우, 설계도면 등을 빼내는 범죄이다. 이와 같은 범죄는 기업은 물론 국가 경쟁력에 나쁜 영향을 미친다.

셋째, 시간절도로서 회사의 정보망을 사적인 목적으로 활용하는 범죄이다. 예로 근무시간에 회사에서 주식거래를 한다거나 게임을 하는 행위는 회사의 시간을 절도하는 행위이다.

2) 해킹

해킹을 다양한 유형이 있으나 자주 나타는 범죄만을 살펴보면 다음과 같다.

(1) 시스템서비스 설정의 취약점을 이용한 공격

이 공격은 시스템과 시스템에서 제공하는 각종서비스 설정과 관련된 취약점을 이용하는 것이다. 시스템에 존재하는 취약점은 일반 시스템 분석 도구를 이용하여 찾을 수 있으며, 해킹 하는데 특별한 소스코딩 작업 등 고난이도의 기술이 필요하지 않기 때문에 비교적 쉽게 공격 할 수 있다. 주로 파일 시스템의 쓰기 권한 취약점을 이용하는 경우와 파일 공유의 설정에 대한 취약점을 이용하는 경우, 기타 환경변수를 이용하는 경우가 많다. 시스템 명령어를 알고 이를 이용하여 시스템 설정을 확인할 수 있는 경우에는 좀 더 쉽게 공격할 수 있다.

(2) 프로그램의 취약점을 이용한 공격

프로그램의 오류는 무척 다양하다. 여기서 프로그램이란 운영체제 자체도 나타내기도 하지만 보통은 운영체제에 설치되는 여러 가지 프로그램을 나타내는 것으로 이러한 프로그램의 취약점을 이용하여 공격할 수 있다. 기술이 발전할수록 많은 프로그램이 생겨나고, 또 그만큼 많은 취약점이 생겨난다. 전통적인 버퍼 오버플로우 포맷스트일 공격 이외에도 최근에는 웹에서 수많은 취약점이 발견되고 있으며, 구체적인 공격유형으로는 다음과 같은 것들이 있다.

- CGI/자바스크립트의 취약점을 이용한 공격
- ASP, PHP스크립트의 취약점을 이용한 공격
- 버퍼오버플로우 공격
- 힙오버플로우 공격
- 레이스 컨디셔닝 공격
- 포맷스트링 공격

각종 스크립트 언어의 취약점을 이용한 공격을 하기 위해서는 기본적인 소스파일의 내용을 해석할 수 있어야 하며 스크립트 자체만의 해킹으로 이루어지기 보다는 다른 해킹 기법과 연동하여 이루어지는 경우가 많다.

(3) 프로토콜의 취약점을 이용한 공격

이 공격은 각종 프로토콜의 설계상 취약점을 이용한 방법으로서 이러한 공격을 하려면 프로토콜에 대한 많은 이해가 필요하다 공격 유형으로는 다음과 같은 것들이 있다.

- DoS와 DDoS
- 스니핑
- 세션 하이재킹
- 스푸핑
- NetBIOS크래킹

이중에서 스니핑은 네트워크에서 다른 호스트로 전송되는 패킷을 수집하여 확인하며 세션하이재킹은 통신하고자 하는 시스템의 시퀀스 넘버를 추측하는 기술이 필요하다.

(4) 악성코드

악성코드는 바이러스, 트로이안, 백도어 웜 등을 이용한 공격이다. 특히 백도어 웜은 시스템을 해킹하고 자기를 복제하는 공격으로, 최근에 가장 많이 사용되고 있다. 트로이안이나 백도어 웜은 매우 다양한 형태로 나타나고 있으며, 최근에는 전문가가 아니어도 사용할 수 있도록 쉬운 인터페이스를 사용한 프로그램도 나왔다. 백도어 웜을 이용한 공격을 하려면 운영체제나 응용프로그램의 취약점에 대한 이해와 프로그램 제작 능력을 갖추고 있어야 한다. 최근에 나타난 윈도우 시스템을 강제로 종료키는 블라스터 웜 같은 경우도 이러한 예이다.

연습문제

1. 정보시스템 평가 유형에 대하여 설명하십시오.
2. 정보시스템 인증심사 체크리스트를 가지고 사례 시스템을 평가하여 보십시오.
3. 윤리경영의 필요성에 대하여 논하십시오.
4. 기업의 사회적 책임에 대하여 논하십시오.
5. 정보윤리에 대하여 논하십시오.

Appendix

부록 : 정보시스템 프로세스 사례

3.1.1 : Item 생산정보관리

Description	생산정보 및 Item Category 정보 신규/수정 Process				
Developed by		Reviewed by		Last update	2010.04.25

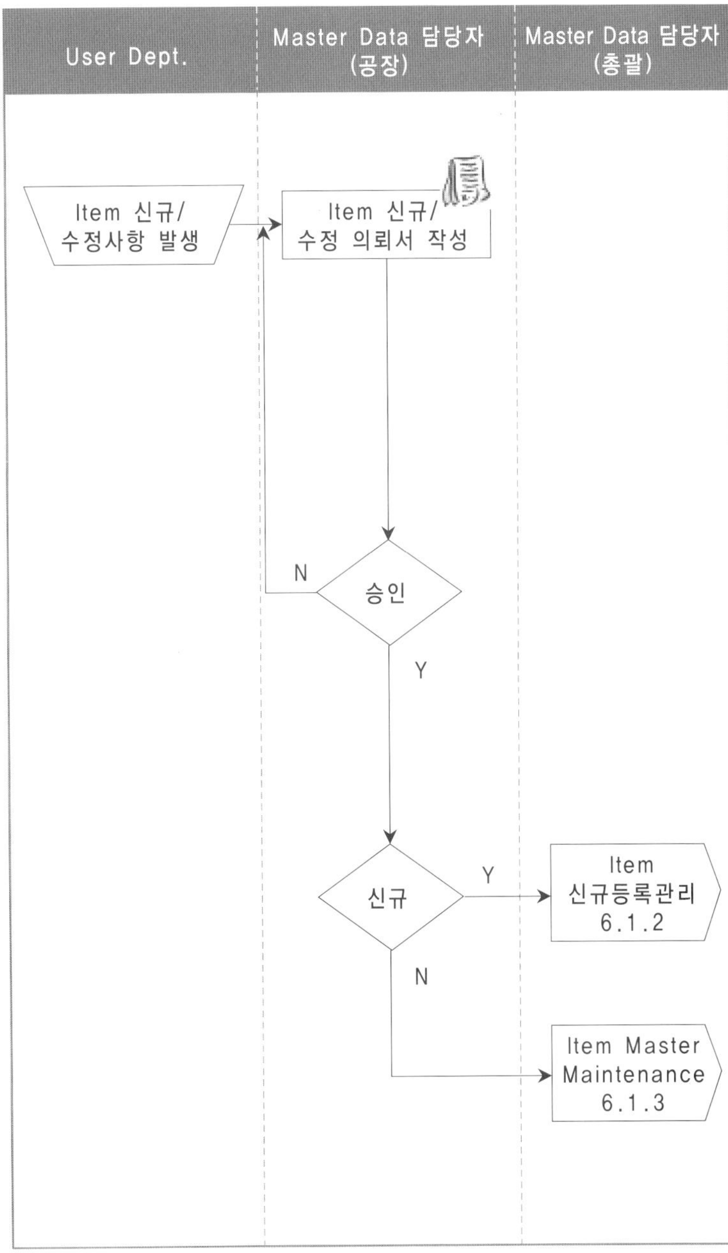

Rules

❖ Item 신규/수정 의뢰서

- 제품 및 원부자재의 생산정보를 처리하는 Process
- 발생모듈: 변경의뢰서를 Master Data 담당에게 송부
- Master 담당:
  1) 관련 모듈 담당자에 신규/수정 의뢰서를 배부하여 확인 요청후 재접수
  2) 신규/수정 의뢰서를 확인하고 시스템을 수정

- Additional(production) Data : Lead time, Planning Fence Rule, Planning code.

3.1.2.1 : BOM 관리

Description	표준 BOM(Recipe)의 신규 등록 및 수정				
Developed by		Reviewed by		Last update	2010.04.25

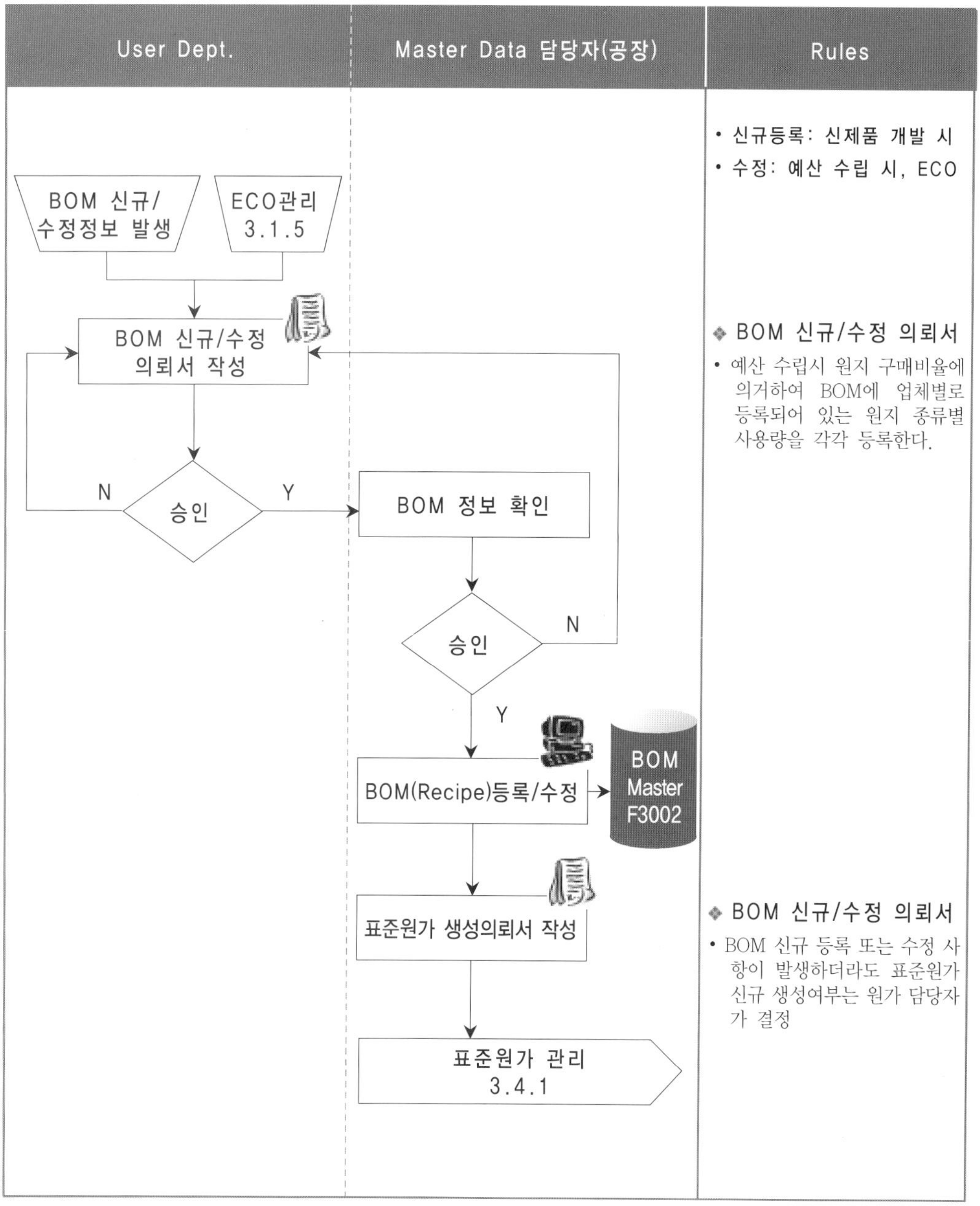

3.1.2.2 : 대체품 관리

Description	원부재료의 대체품을 BOM정보에 등록 및 수정하는 Process				
Developed by		Reviewed by		Last update	2010.04.25

User Dept.	Master Data 담당자(공장)	Rules

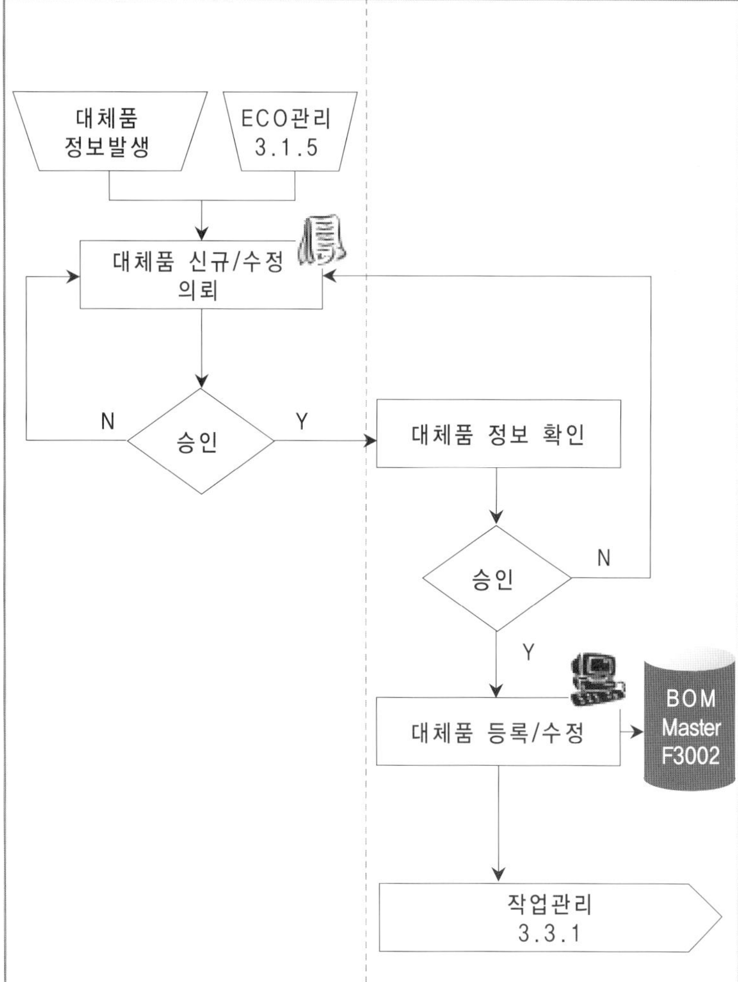

- **대체품의 정의**: 기존 품목과 동일한 성능을 갖는 품목을 대체하여 사용할 수 있는 품목(결품, 장기재고 소진, ECO로 인한 기존품목 재고 소진

❖ 대체품 신규/수정 의뢰서

3.1.3 : W/C 관리

Description	Work Center(작업장) 정보에 대한 신규 등록 및 수정				
Developed by		Reviewed by		Last update	2010.04.25

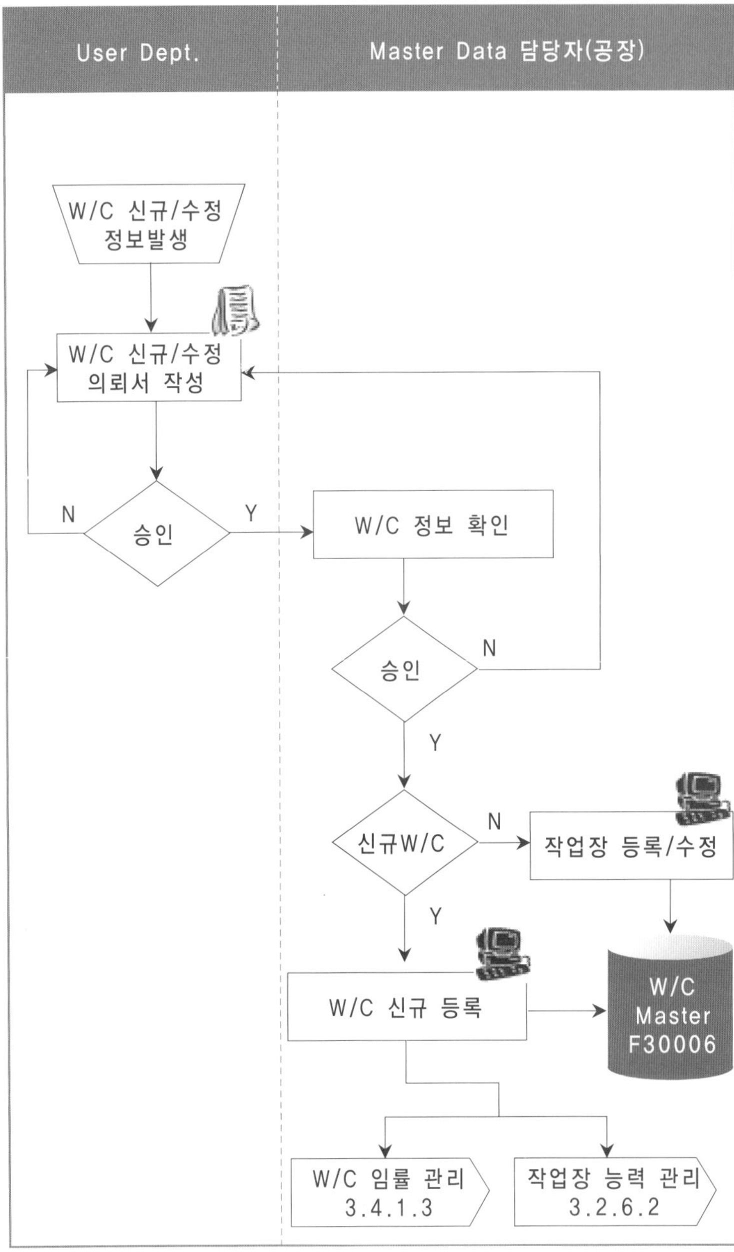

Rules

- Work Center: 생산라인에서 제품을 생산하기 위하여 자원(인원, 기계)을 투입하는 최소 원가 단위

❖ W/C 신규/수정 의뢰서

- Work Center는 Capacity & Load 산정의 기준이 됨

- Work Center 수정: 주 부하코드가 바뀌었을 경우나(기계, 노무시간), 작업장에서 근무하는 작업인원 변동 또는 작업장별 효율이 바뀌었을 경우

3.1.4 : Routing 관리

Description	Routing(공정) 정보에 대한 신규 등록 및 수정				
Developed by		Reviewed by		Last update	2010.04.25

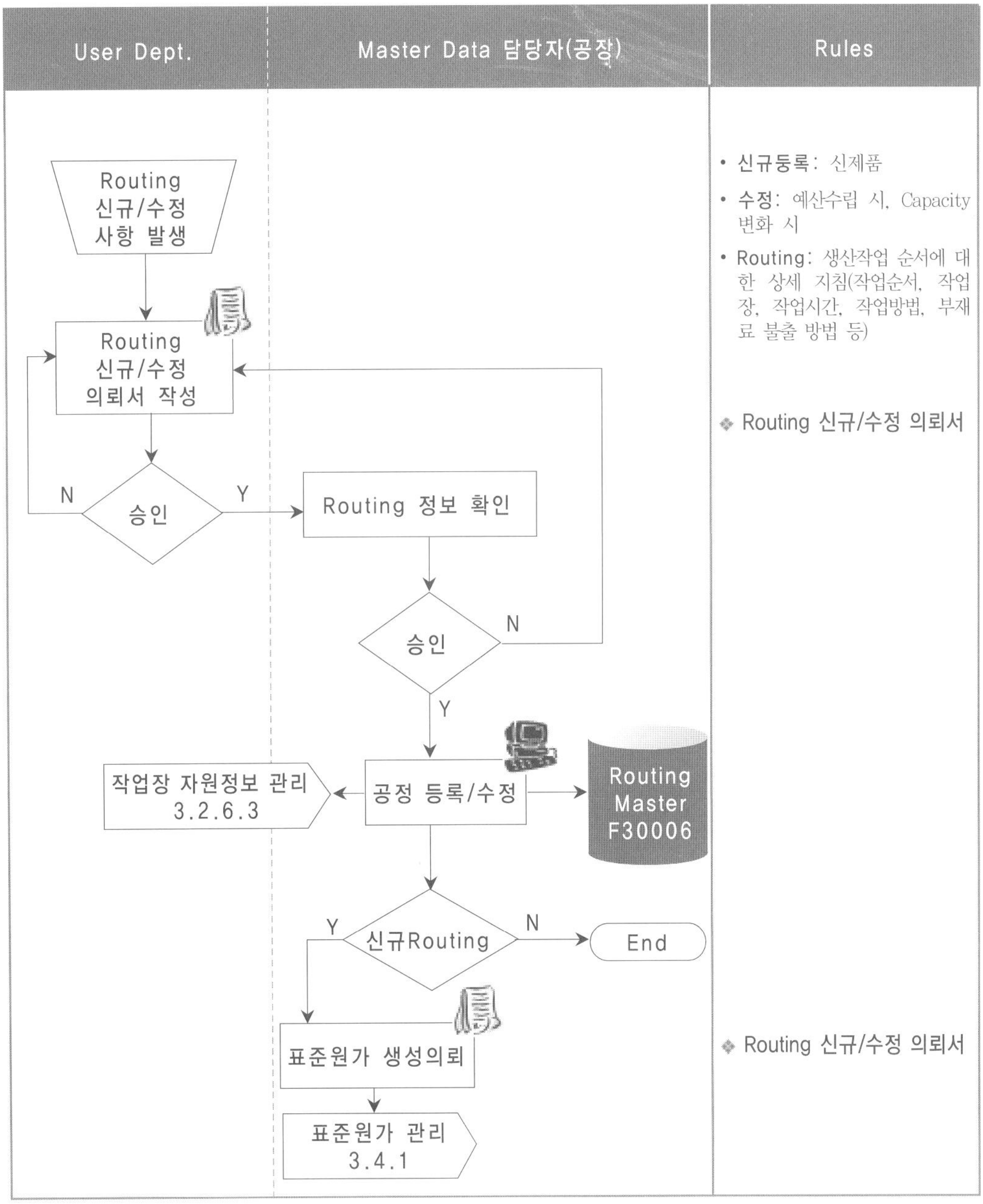

3.1.5.1 : ECO(Manual)

Description	유상 신규 원부재료의 ECO관리				
Developed by		Reviewed by		Last update	2010.04.25

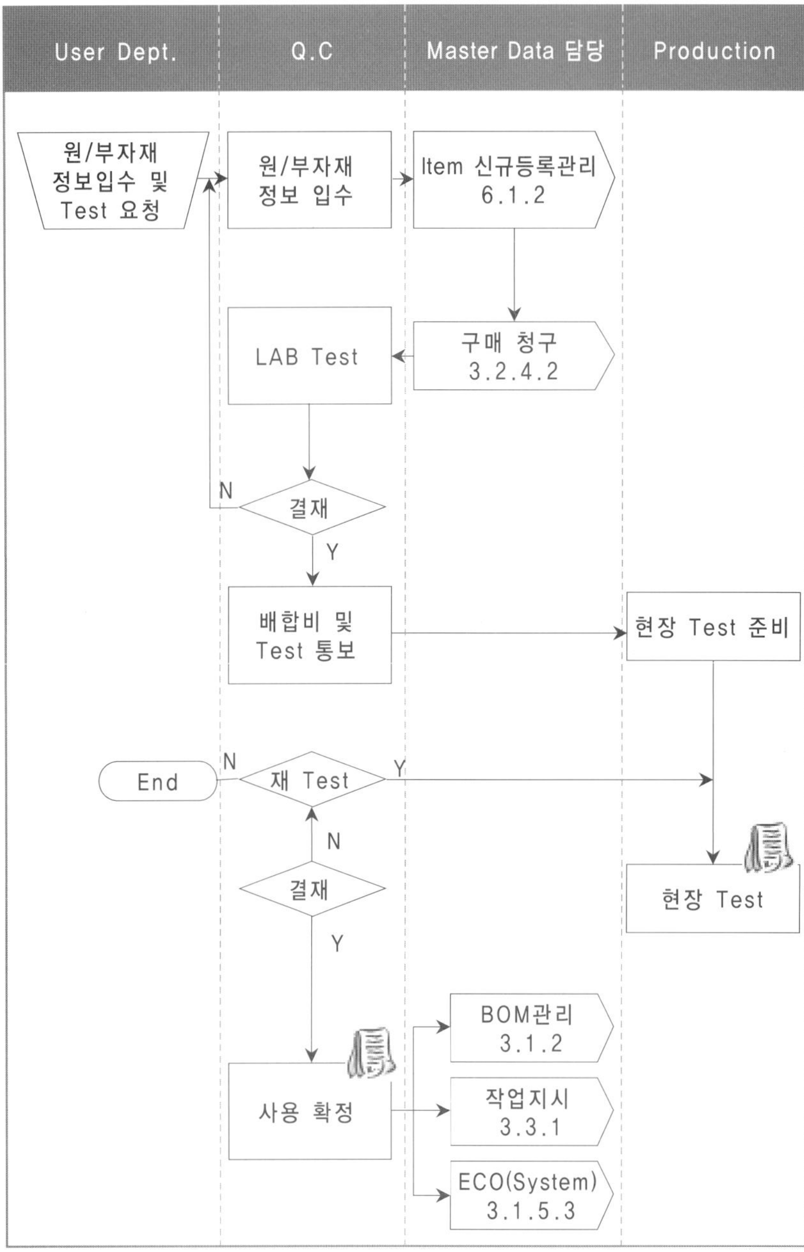

Rules

- ECO를 적용하는 유상 원부재료는 사전에 Item 정보를 구축하고 정상적인 구매를 통하여 입고한다.
- 유상 ECO 품목에 대해서는 작업지시의 Parts List에서 해당 품목을 변경하여 실제 사용품목을 작업지시에 사용하도록 한다.
- 무상 품목인 경우에는 사용확정 후에 Item정보 및 BOM 정보를 등록한다.
- 무상 ECO 품목 중 구매에서 입고를 한 경우에는 유상 ECO품목과 동일하게 작업지시의 Part List에서 해당 품목을 변경하여 실제 사용품목을 작업지시에 사용하도록 한다.

❖ 테스트 리포트

❖ BOM관리: 공장 Master Data 담당자

3.1.5.2 : ECO승인자 관리

Description	ECO를 시스템에 적용하기 위하여 승인자를 관리하는 Process				
Developed by		Reviewed by		Last update	2010.04.25

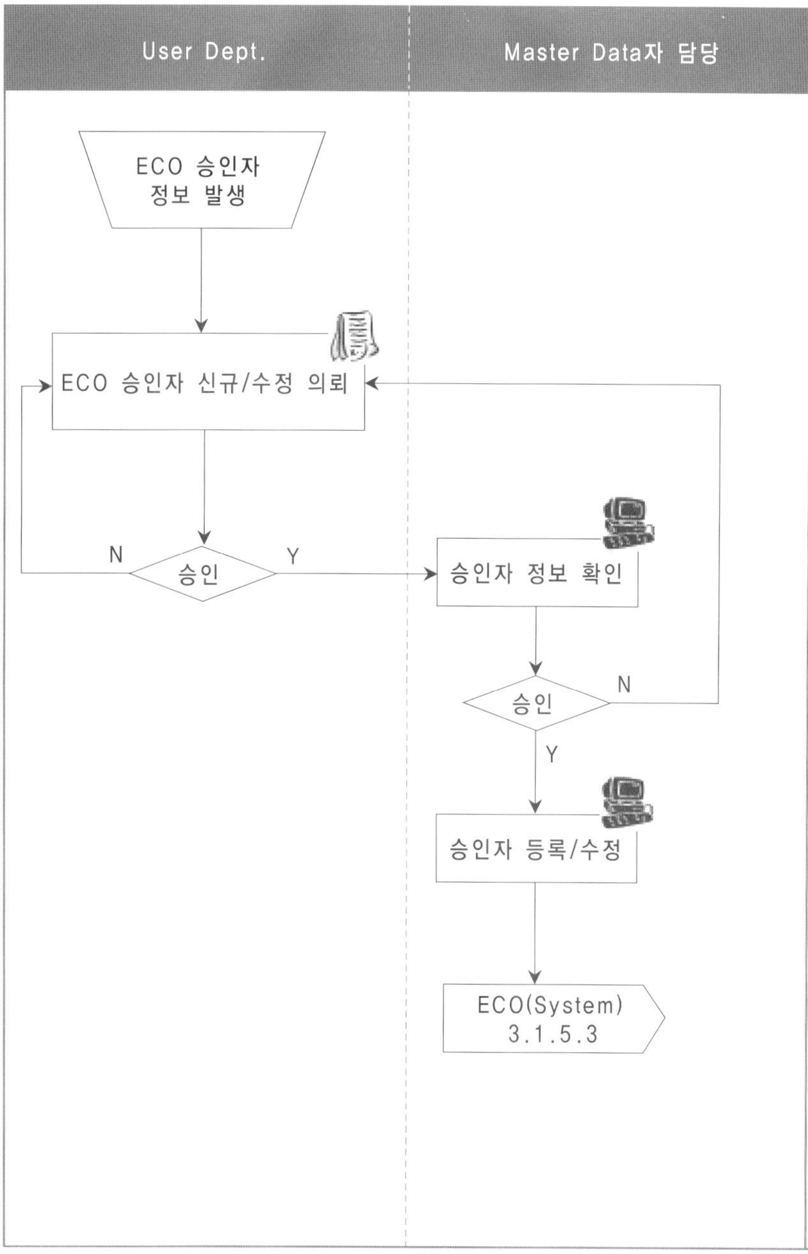

Rules

- ECO승인자: 설계변경을 승인하는 절차에 따라 부문별로 그룹화하여 승인경로별로 승인자를 지정할 때 사용한다.

❖ ECO승인자 신규/수정 의뢰서

3.1.5.3 : ECO(System)

Description	ECO를 시스템에 적용하기 위한 Process				
Developed by		Reviewed by		Last update	2010.04.25

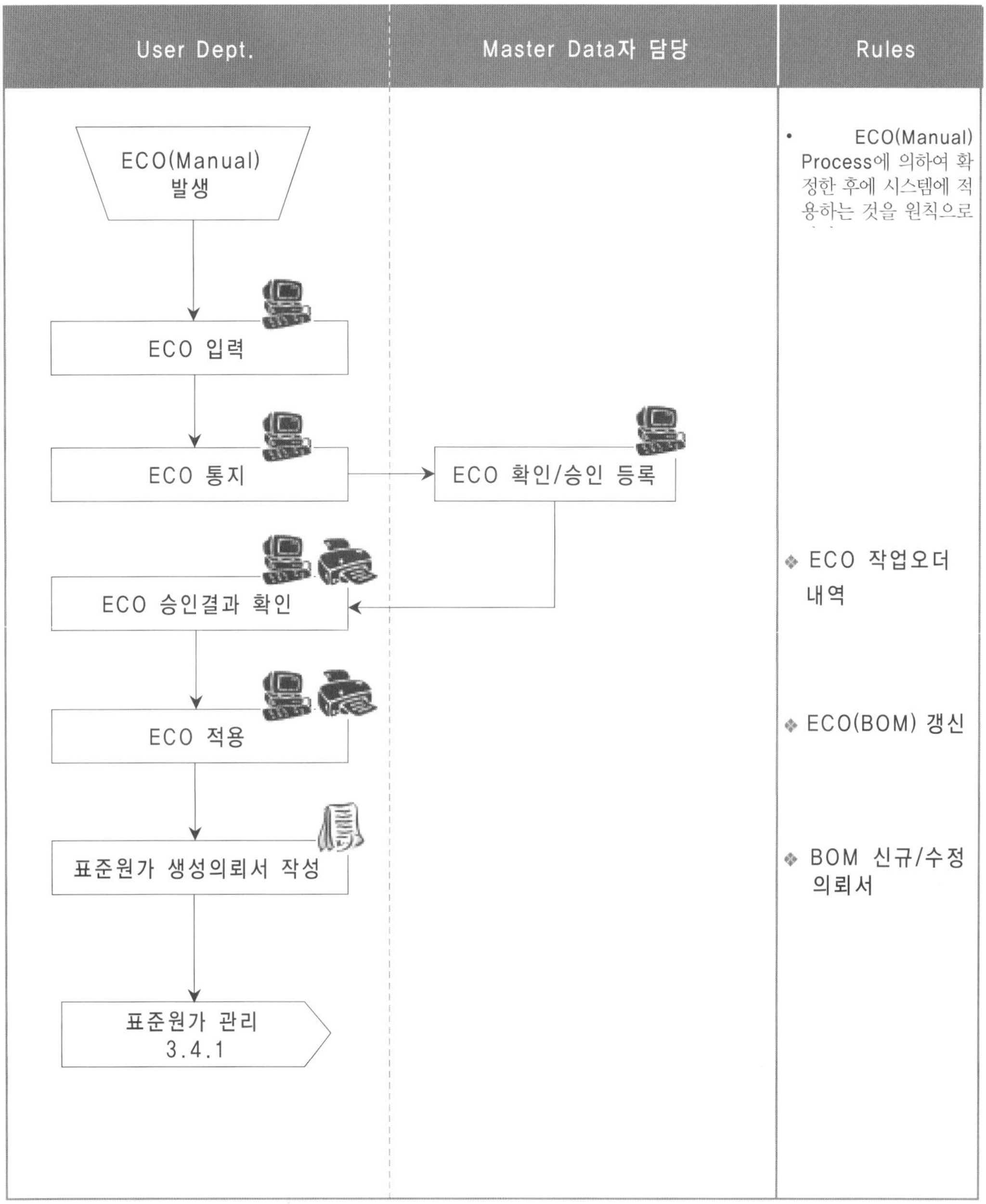

3.2.1 : Forecast관리

Description	년간 생산계획 수립(Budget)을 위한 Forecast와 기준생산계획(MPS)을 위한 Forecast - ①				
Developed by		Reviewed by		Last update	2010.04.25

Sales & Marketing	Rules

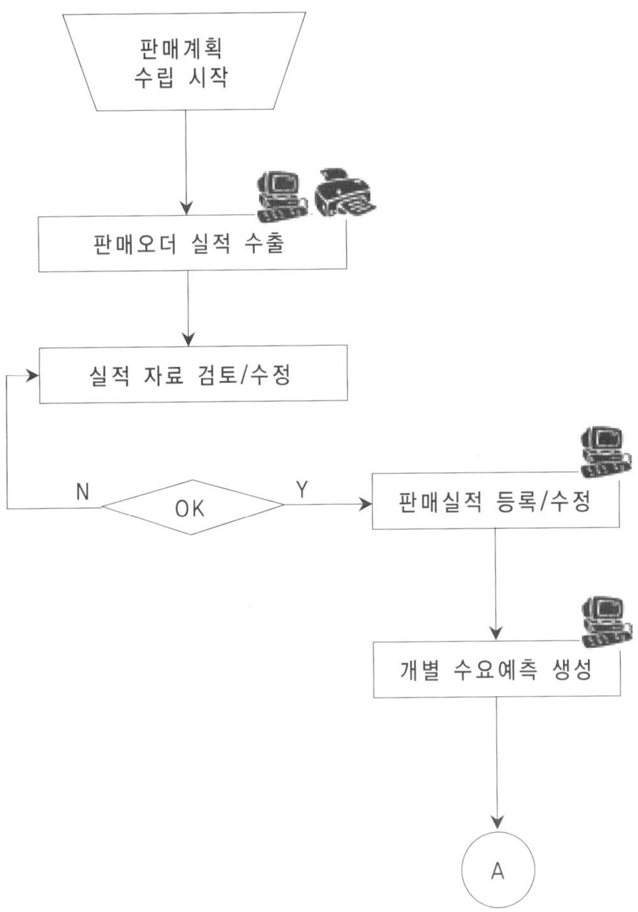

• Budget을 위한 수요예측은 생성시점 기준으로 12개월간의 자료를 월 단위로 생성하고 Best fit forecast type은 BF로 사용하여 생성한다.

❖ 과거 판매실적

• MPS를 위한 수요예측은 생성시점 기준으로 3개월간의 자료를 주단위로 12주 생성하되 Best fit forecast type은 MP를 사용하여 생성하고 매월 이 type을 사용하여 수요 예측한다.

• forecast 및 Summary code

구분	Best Fit	Summary code
년 판매계획	SV	SV
년 생산계획	PP	PP
월 실행계획	MP	MP

3.2.1 : Forecast관리

Description	년간 생산계획 수립(Budget)을 위한 Forecast와 기준생산계획(MPS)을 위한 Forecast - ②				
Developed by		Reviewed by		Last update	2010.04.25

Sales & Marketing

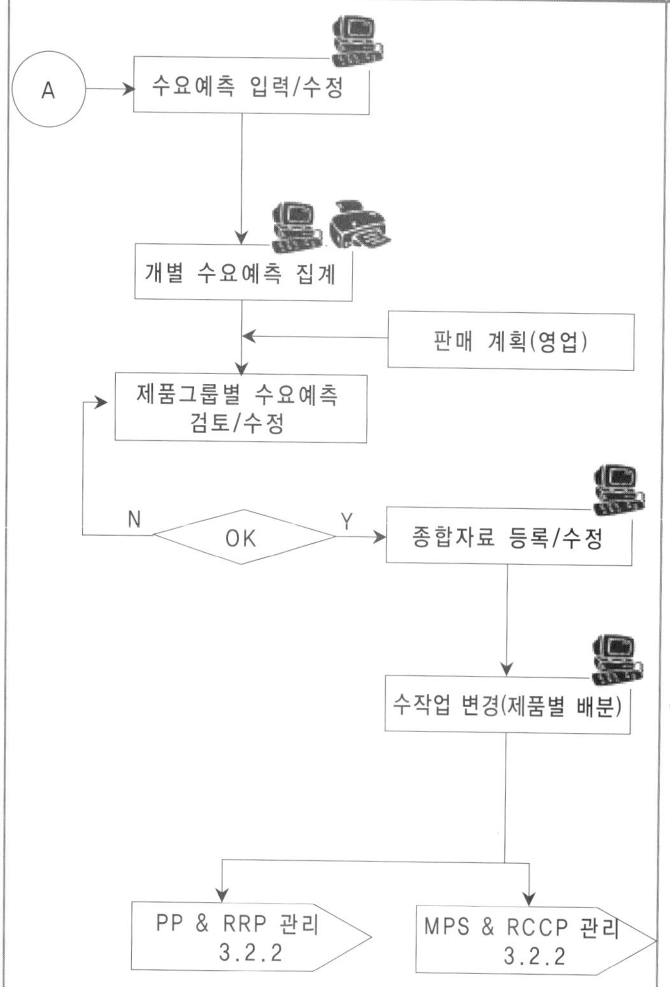

Rules

- MPS를 위한 수요예측시 차주에 확실시 되는 특수품목도 수요예측에 포함시킨다.

❖ **제품그룹별 수요예측**: End Item별로 작성된 수요예측 자료를 설정된 집계코드별로 집계한다.

- 그룹별로 집계된 수요예측량을 영업에서 작성된 판매계획과 비교하여 수정할 필요가 있을시 그룹별 총량을 수정한다.
- 그룹별로 수정된 수요예측량을 End Item별로 수정하는 작업

❖ **제품별 수요예측**

3.2.2 : PP & RRP 관리

Description	년간 수요예측 결과에 의한 생산 및 자원소요계획(RRP) 수립				
Developed by		Reviewed by		Last update	2010.04.25

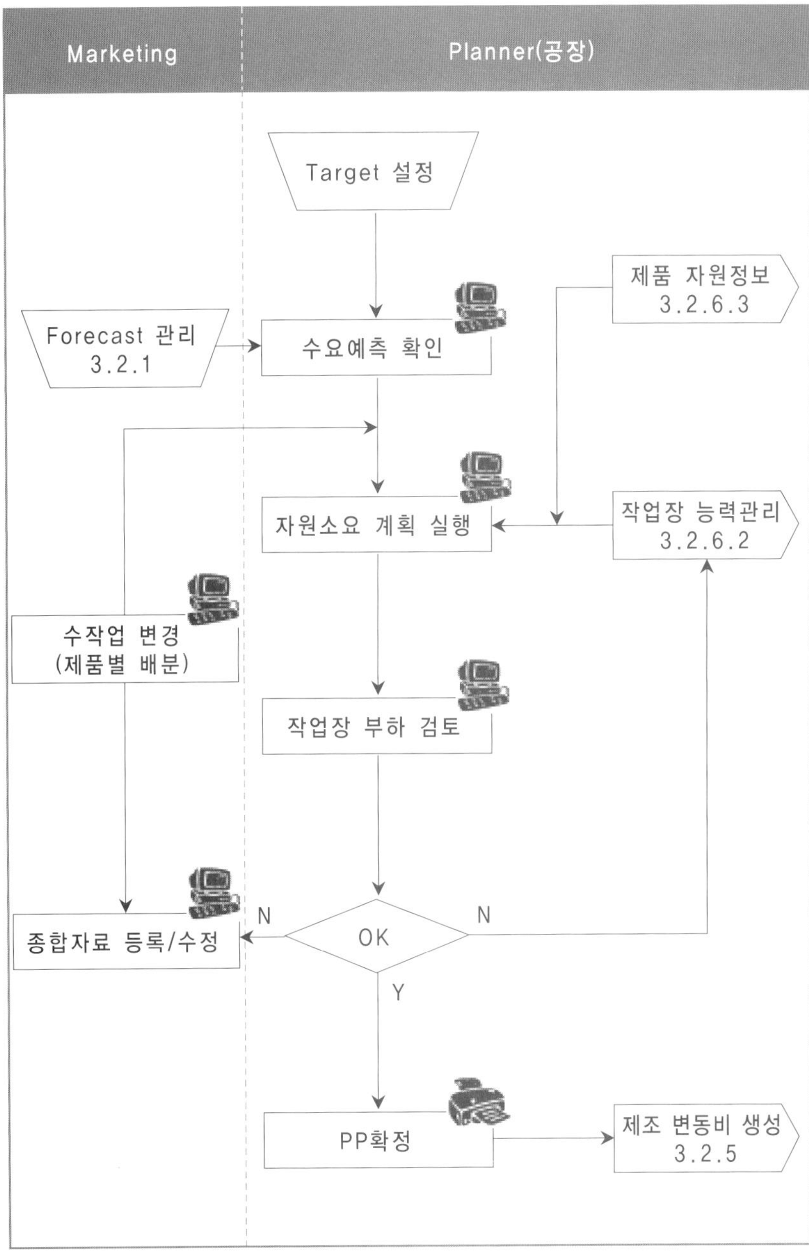

Rules

- Target: 정품율, ME, Speed 등 설정
- 년간 판매계획(집계코드 SV)을 기준으로 RRP를 실행한다.
- RRP (Resource Requirements Planning)기능을 이용하여 공장의 가동계획을 능력/부하 시간으로 비교한다.
- RRP 결과 제조자원이 가능한 것으로 판명되면 년 생산계획(Production Plan)를 확정한다.

❖ 년간 생산계획(제품별, 제품그룹

3.2.3 : MRS & RCCP 관리

Description	기준생산계획 수립(주간단위)				
Developed by		Reviewed by		Last update	2010.04.25

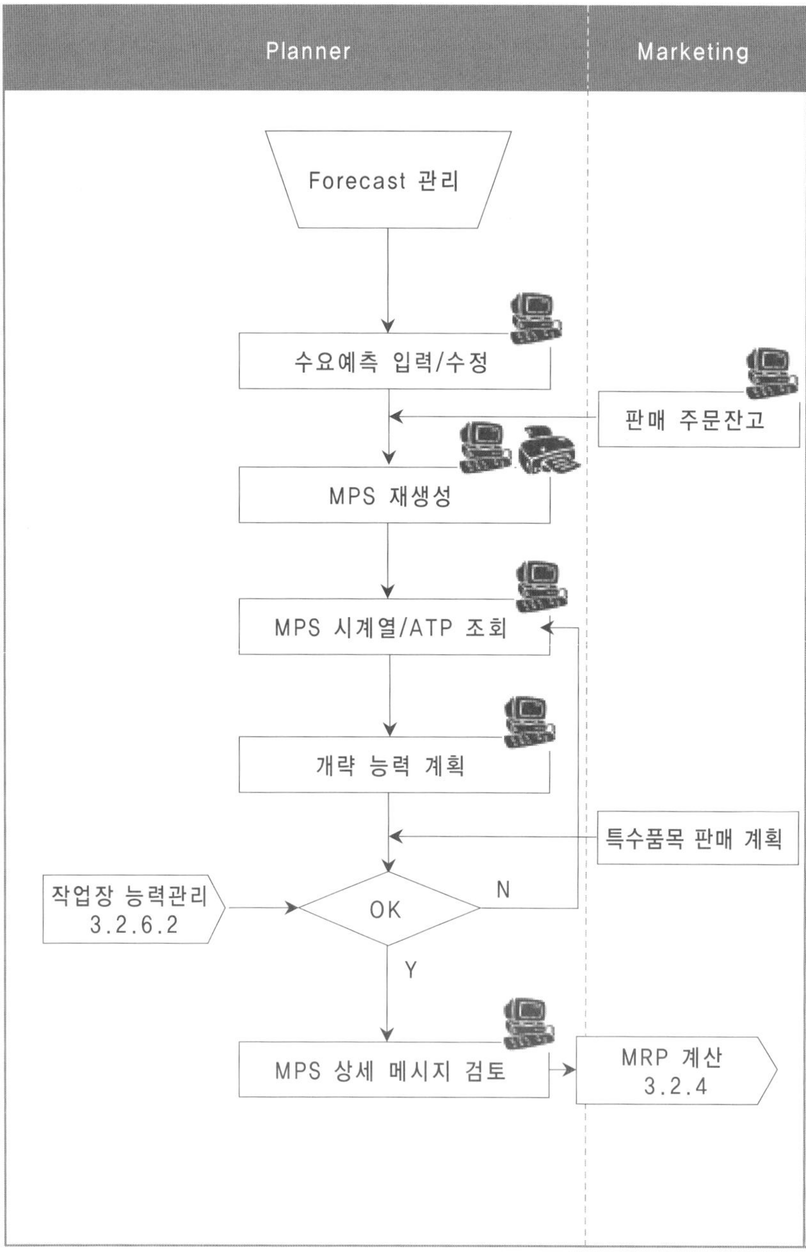

Rules

- MPS는 월 1회 생성하고 주별 변경사항은 MPS 메시지 정보를 수정한다.
- MPS용 Best fit forecast type(MP)를 사용하여 MPS를 실행한다.
- 수요(Demand) 정보 및 Min-Max 수량을 이용하여 MPS 생성
- MPS를 생성한 후에 Production group 별로 List up되어 나타나는 자료를 이용하여 생산일정을 조정한다.
- MPS는 매주 금요일마다 신규 생성한다.
- **메시지**: 계획 오더 및 기존 오더의 예외 사항에 대한 처리 방법을 권고하는 System Message

3.2.4 : MRP계산

Description	자재 소요량 계산				
Developed by		Reviewed by		Last update	2010.04.25

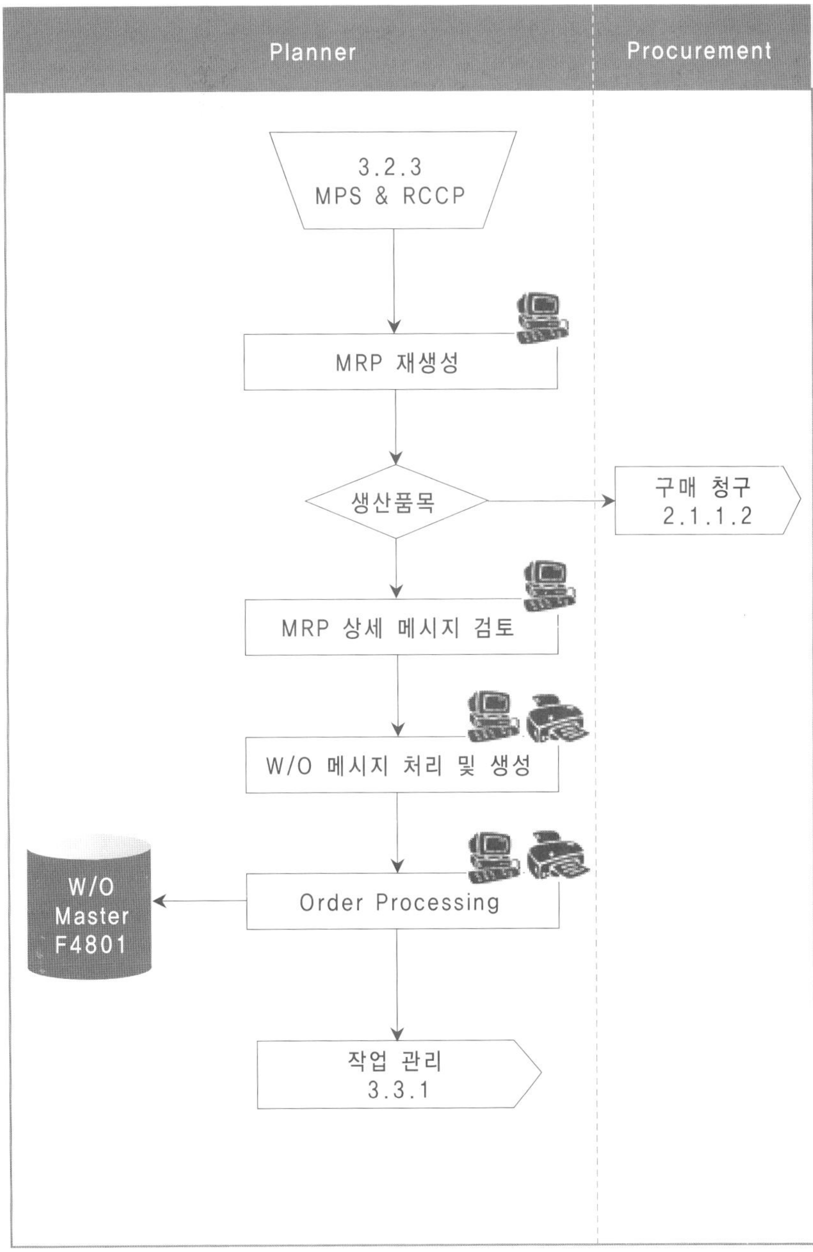

Rules

- **생산품목**: 보드, 본드, Stucco 등 자체 생산
- **계획구매 품목**: 원부재료 및 상품
- W/O list는 주간 단위로 생성되고 일일 단위의 주간 생산 계획은 PC로 작업한다.
- **메시지**: 계획 오더 및 기존 오더의 예외 사항에 대한 처리 방법을 권고하는 System Message

❖ Work Order List:

Production Group으로 sorting 되어 지고 이를 토대로 Planner는 주간에 생산할 Item을 선정한

- Parts list/Routing Instruction
- W/O list는 Production Group으로 sorting 되어 Reporting된다.

3.2.5 : 제조변동비 생성

Description	Budget 생성 및 자료 발행				
Developed by		Reviewed by		Last update	2010.04.25

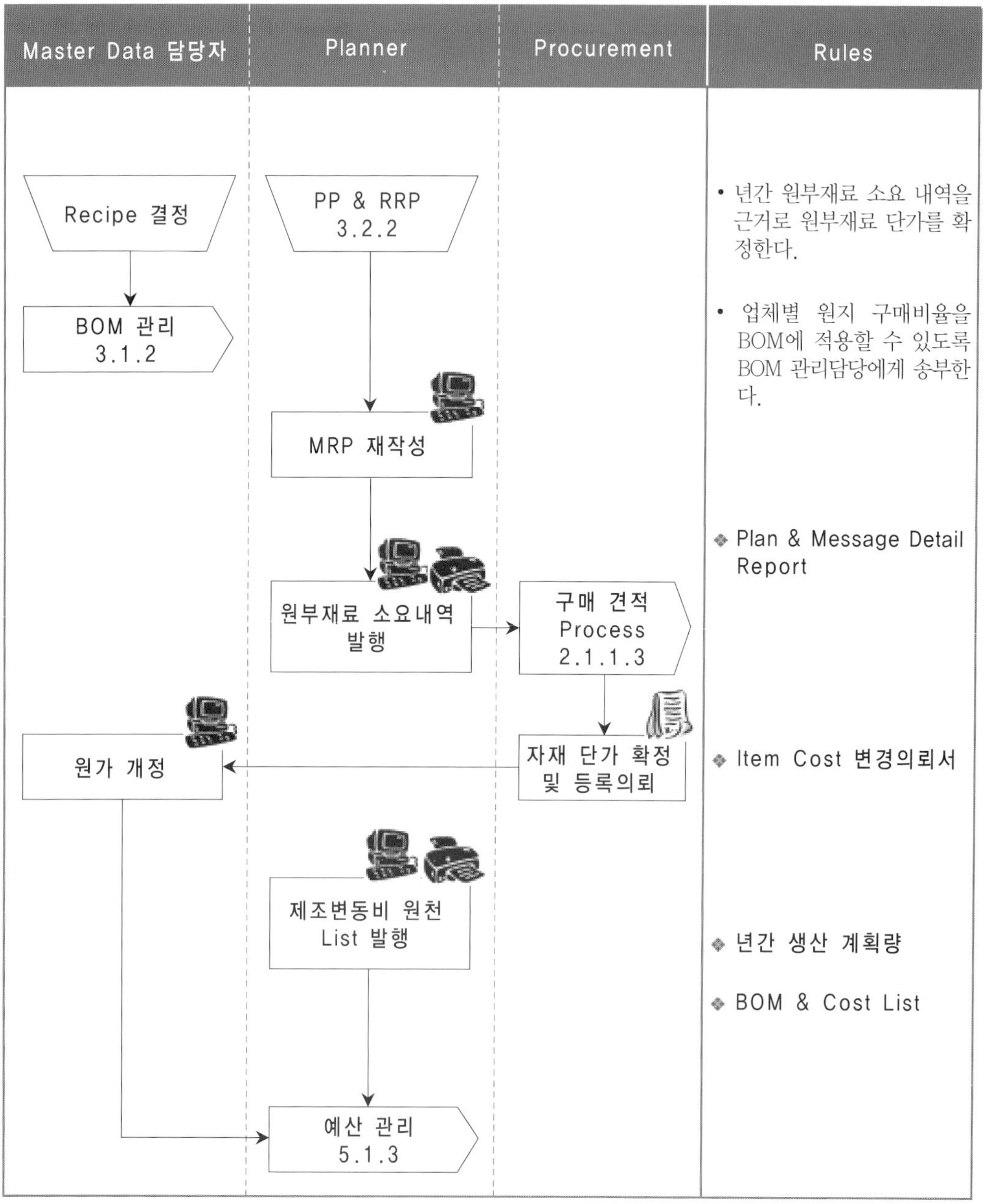

3.2.6.1 : 생산 달력 관리

Description	공장달력 생성 및 유지보수				
Developed by		Reviewed by		Last update	2010.04.25

Planner

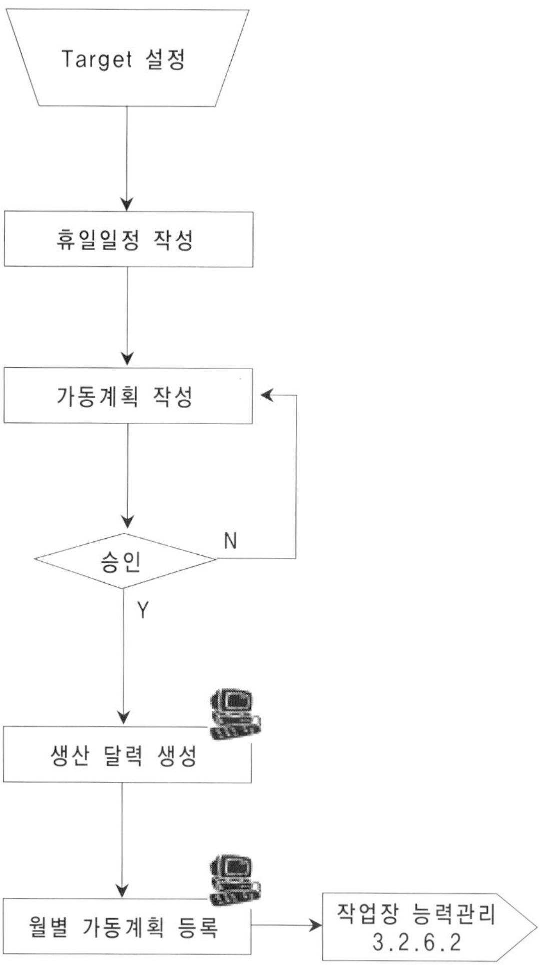

Rules

- Budget작성시점에서 익년도 월별 가동 계획을 기준으로 생산달력의 일별, Shift별 가동계획을 등록한다.
- 생산달력은 현재년도를 기준으로 향후 1년 6개월간의 정보를 등록한다.
- Forecasting을 실행하기 위해서는 이전 3년간의 Fiscal date pattern(주별, 월별)이 지정되어 있어야 한다.

3.2.6.2 : 작업장 능력 관리

Description	작업장의 가용능력을 계산하여 능력/부하 계획에 사용한다.				
Developed by		Reviewed by		Last update	2010.04.25

Planner

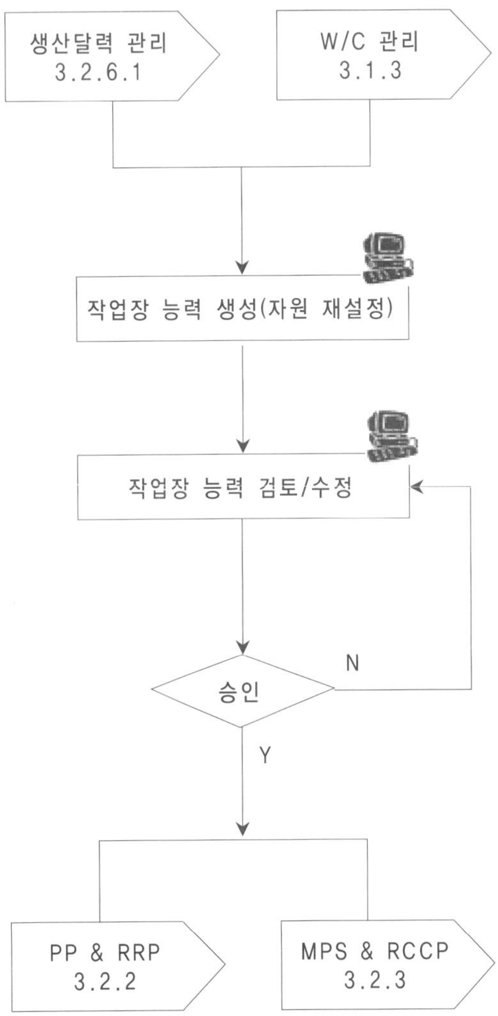

Rules

- 생산달력에 가동계획을 등록한 후에 작업장별로 일별, Shift별로 가용능력을 산정하는 Process이다.
- 능력/부하 계획을 하기 전에 반드시 작업장 능력관리 Process를 수행하여야 한다.

3.2.6.3 : 제품 자원정보 관리

Description	최종제품 1개를 생산하기 위하여 각 작업장별로 필요한 소요자원을 생성하여 제조자원계획에서 사용한다.				
Developed by		Reviewed by		Last update	2010.04.25

Planner	Rules
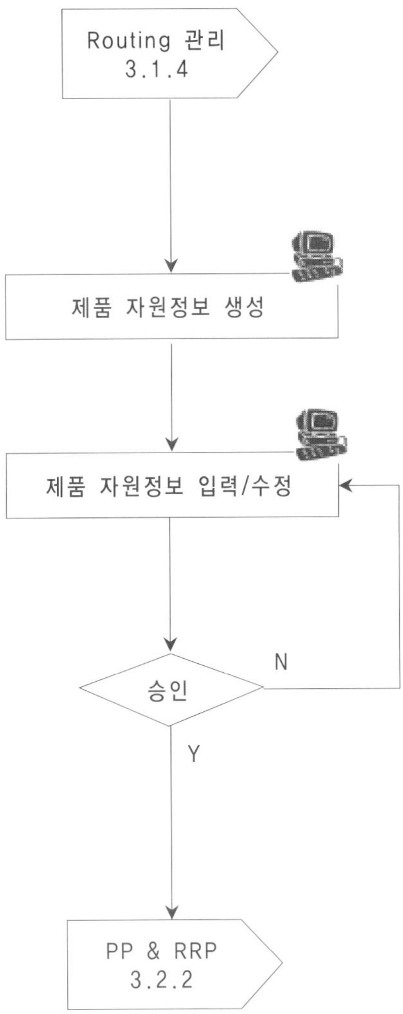	• Budget 수립단계에서 제품 작업공정(Routing) 정보가 추가/수정되면 제품 자원정보를 재생성하여야 한다.

3.3.1.1 : 비계획 W/O 관리

Description	MPS 및 MRP로 생성(계획 오더)되지 않은 작업지시 처리				
Developed by		Reviewed by		Last update	2010.04.25

Planner(Production)

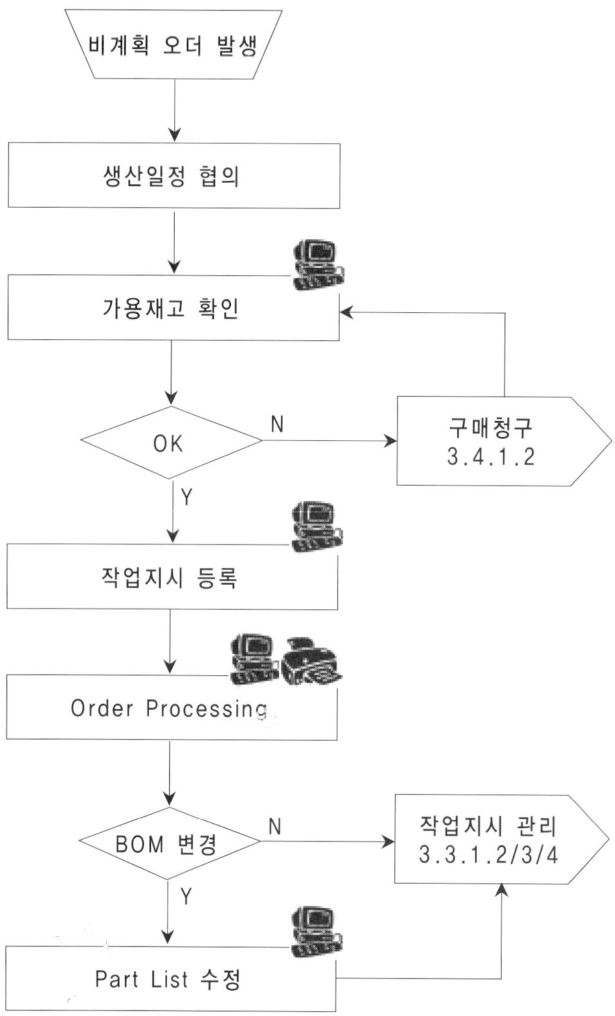

Rules

- MPS & MRP에서 계획오더를 생성하지 않은 작업지시를 처리한다.
(신제품, 긴급오더, ECO, Stucco, 본드, FPP)

- 본드 및 Stucco는 1주간 생산량을 생산팀에서 작업지시 한다.

- ECO로 인한 신규 원부재료를 사용하는 경우 작업지시의 Part list를 신규 자재로 수정한다.

❖ Parts List/Routing

3.3.1.2 : 소성 W/O

Description	소석고 생산 작업지시				
Developed by		Reviewed by		Last update	2010.04.25

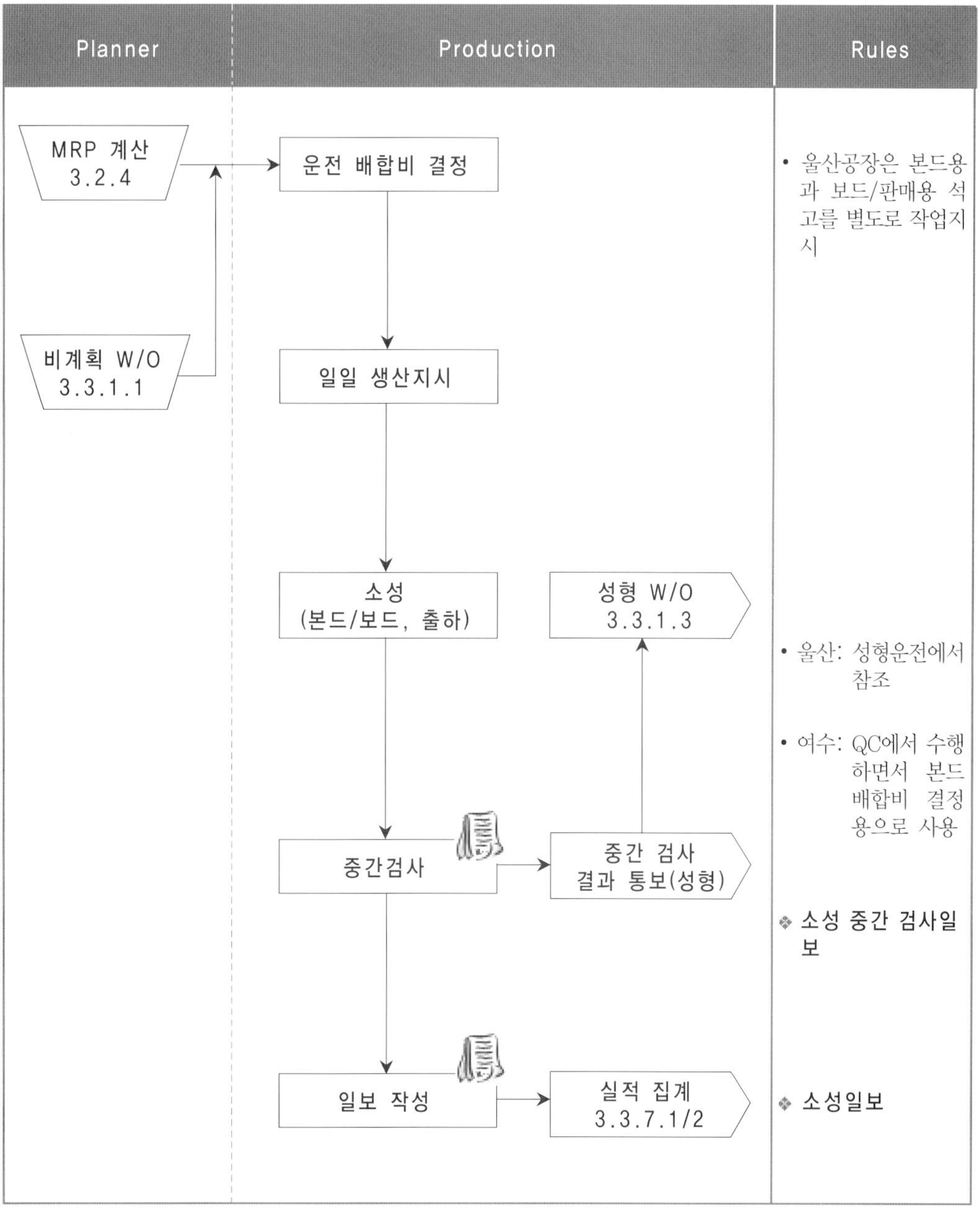

3.3.1.3 : 성형 W/O

Description	보드 생산 작업지시				
Developed by		Reviewed by		Last update	2010.04.25

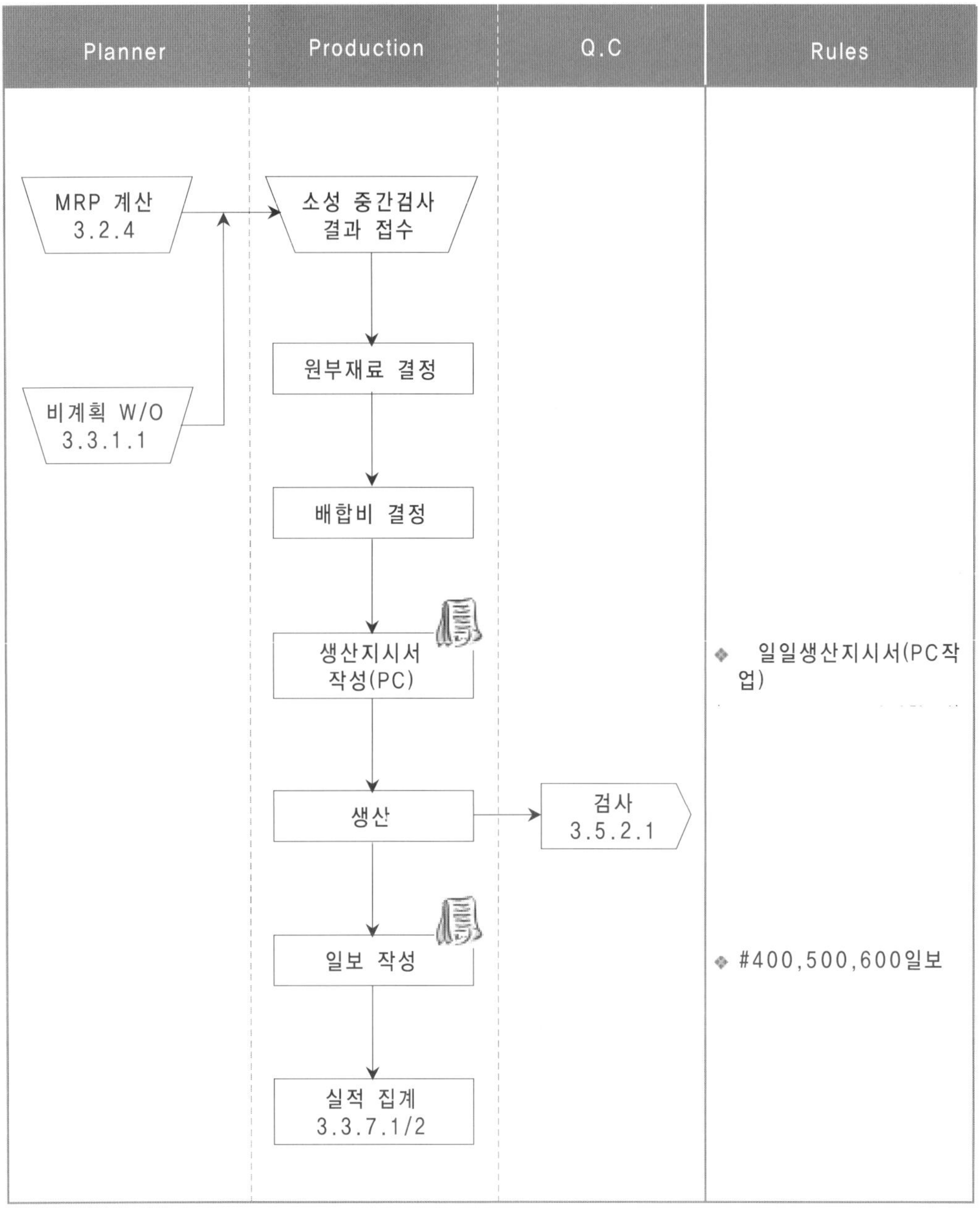

3.3.1.4 : 본드 W/O

Description	보드 생산 작업지시				
Developed by		Reviewed by		Last update	2010.04.25

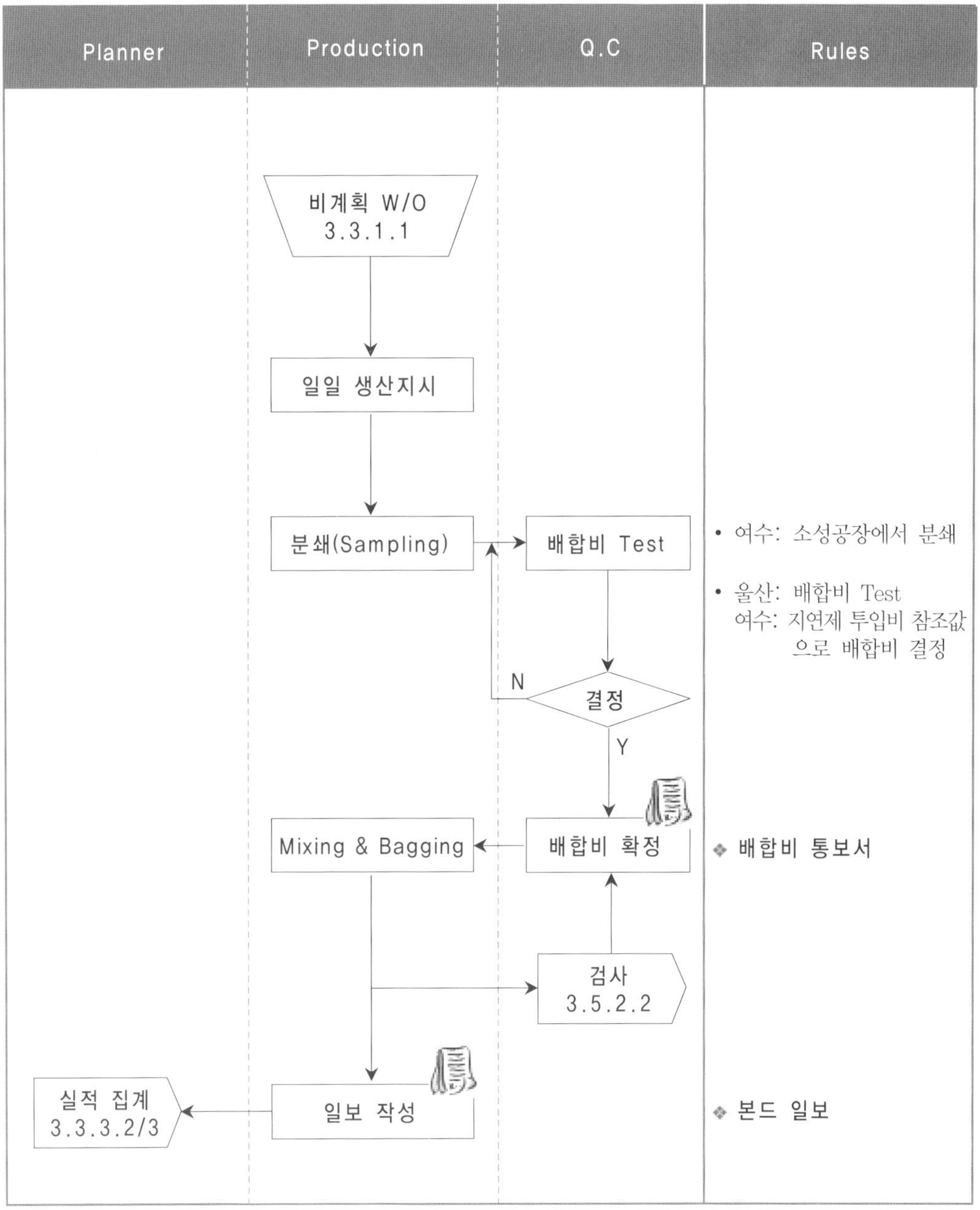

3.3.1.5 : FPP W/O

Description	FPP 생산 작업지시				
Developed by		Reviewed by		Last update	2010.04.25

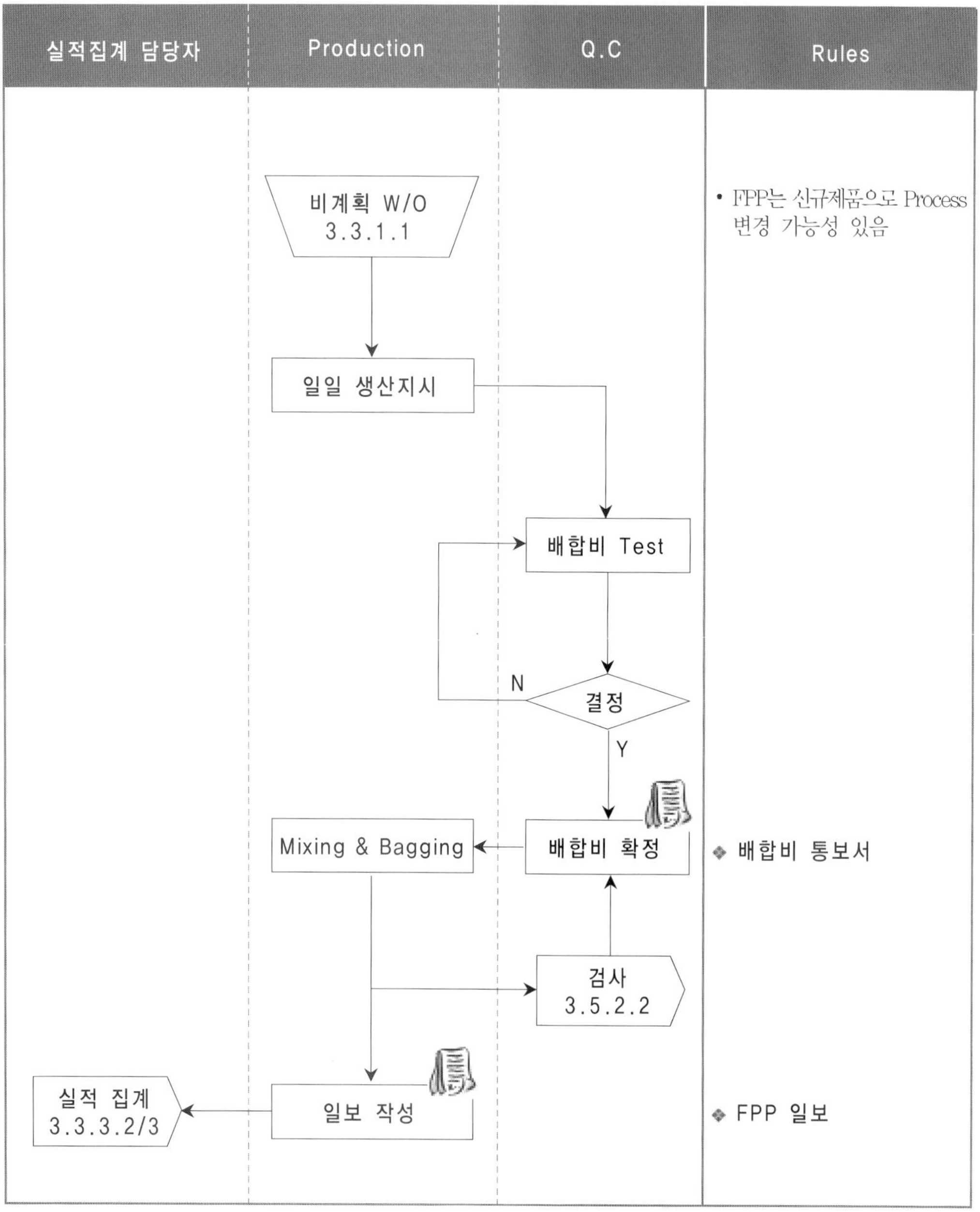

3.3.1.6 : BMA W/O

Description	BMA 작업지시 및 완료 처리 Process				
Developed by		Reviewed by		Last update	2010.04.25

Production	Rules
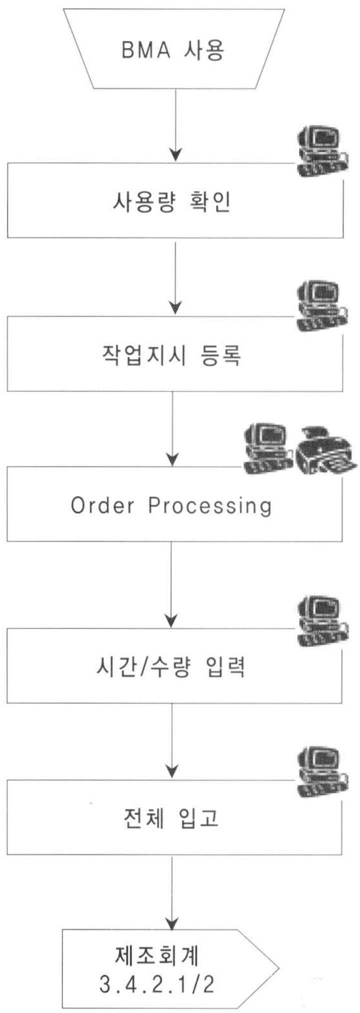	• BMA는 월마감 전에 월간 사용량을 확인하여 작업지시를 한다. (월말 재고는 항상 Zero로 한다.) • 작업지시량에 따라 필요한 원부재료를 사전에 자동출고(Preflush)한다. • 실제원가 계산을 위하여 시간/수량 입력 화면에서 시간은 입력하지 않고 수량만 입력하도록 한다. ❖ Parts List/Routing

3.3.1.7 : 재절단 W/O

Description	재절단 작업지시				
Developed by		Reviewed by		Last update	2010.04.25

Sales &	Operation	Q.C	Rules

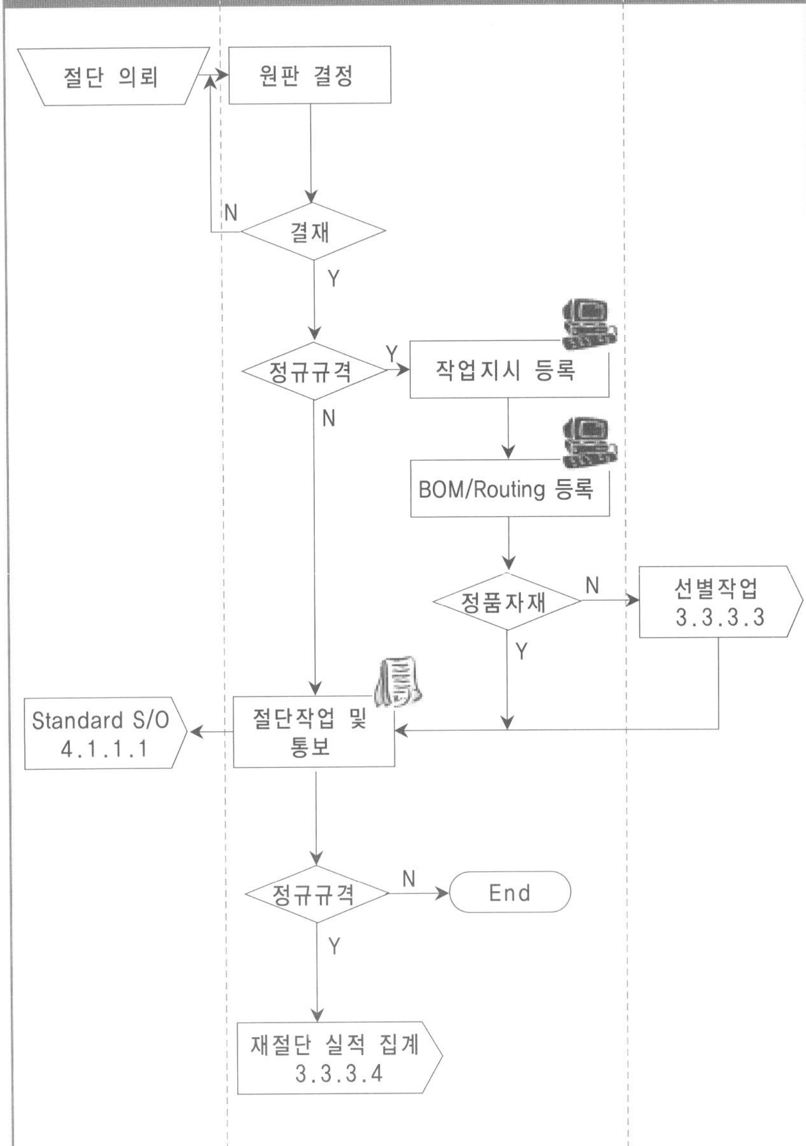

- 비규격 절단은 현행과 같이 정규규격의 제품코드를 사용하여 Sales order를 발행하고 절단실적은 집계하지 않는다.
- 비규격에 대한 Sales order 발행시 원판 규격이 1개 이상인 경우에는 모든 원판을 등록한다.
- 정규규격에 대한 절단 작업지시의 경우 BOM은 원판을 자품목으로 등록한다.
- Sales Order시 절단 후 규격을 Attachment에 첨부하여 통보한다.

❖ 재절단 작업일보

3.3.2 : 공정실적 집계

Description	End Item별 작업시간 배분 및 총생산량 집계 Process				
Developed by		Reviewed by		Last update	2010.04.25

User Dept.	Production	Rules

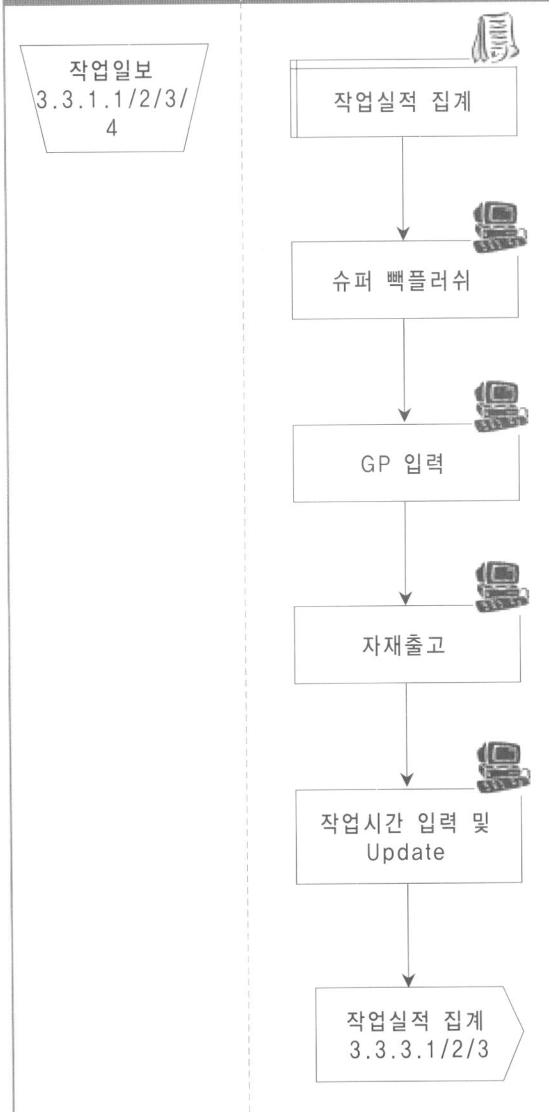

Rules

• **보드 공정실적 집계**

1) 시간배분: 보드 Group별 생산시간을 End Item(길이 포함)별로 구분하여 생산시간을 배분한다.
2) 성형 W/C의 공정수량에는 당일 GP량을 계산하여 입력한다.
3) 수량 산정기준
   - GP량: 매수×End Trim Factor
   - 불량수량: GP−(검사정품+미선별)

• **본드 공정실적 집계**

1) 본드 W/C의 작업시간은 일일 총 작업시간을 입력한다.
2) 본드 W/C의 공정수량은 일일 총 생산량을 입력한다.

• **소성 공정실적 집계**

1) 보드용 및 본드용 작업지시별로 실적 집계한다.
2) 석고 사용량 집계시 습식(수분포함)량을 기준으로 산정한다.

• **자재출고**

1) 원지 및 원료석고 자재출고시 실제 사용된 원지 Lot No 및 원료석고 종류별로 Manual로 자재출고 한다.

❖ 제품별 작업시간 현황

3.3.3.1 : Stucco 완료 실적 집계

Description	Stucco W/O 부분 및 전체완료에 대한 실적집계 Process				
Developed by		Reviewed by		Last update	2010.04.25

Production	Rules
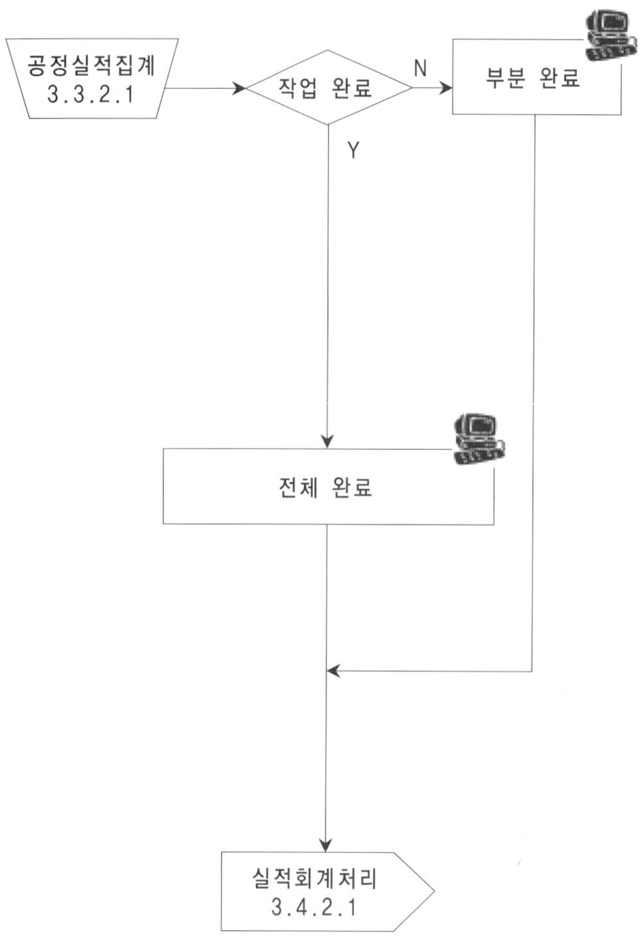	• 주간 W/O에 대해 작업이 미결되었을 경우(주중)에는 일별 작업실적을 부분완료 프로그램으로 입력하고 월말 마감시에도 미결된 작업지시에 대해서는 부분완료 후 재공 회계처리를 하여 마감한다. • 이전 주의 작업지시에 대한 작업이 완료되었을 때는 전체 완료 프로그램을 실행하여 해당 작업지시의 Transaction을 완료 시킨다. 완료 후에는 완료 회계 처리 및 Variance 회계처리를 실시하여 마감한다.

3.3.3.2 : 본드, FPP, 보드 완료 실적 집계

Description	본드, FPP, 보드 작업에 대한 부분, 전체완료 실적집계 Process				
Developed by		Reviewed by		Last update	2010.04.25

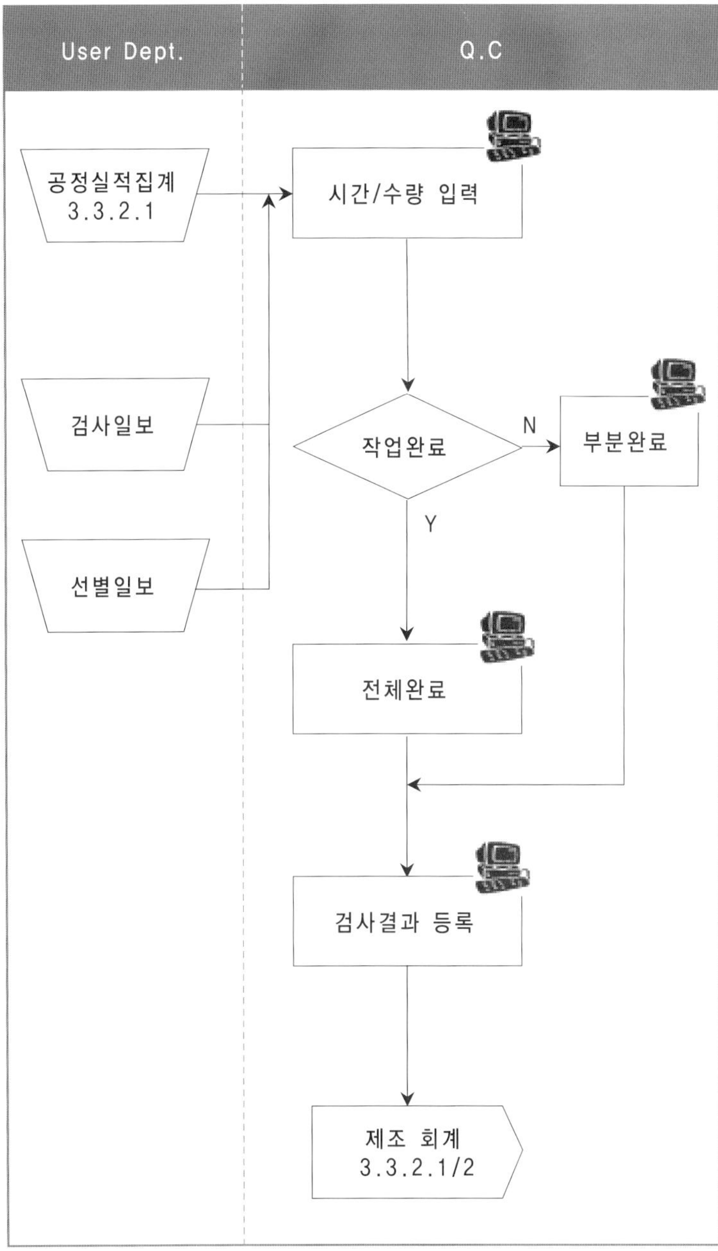

Rules

- Operation Sequence 20번(검사공정)에 대한 수량을 공정수량 및 선별수량, 정품 및 불량으로 구분하여 일간 검사 실적을 입력한다.
- 주간 W/O에 대해 작업이 미결되었을 경우(주중)에는 일별 작업 실적을 부분완료 프로그램으로 입력하고 월말 마감 시에도 미결된 작업지시에 대해서는 부분완료 후 재공 회계처리를 하여 마감한다.
- 이전 주의 작업지시에 대한 작업이 완료되었을 때는 전체 완료 프로그램을 실행하여 해당 작업지시의 Transaction을 완료 시킨다. 완료 후에는 완료 회계 처리 및 Variance 회계처리를 실시하여 마감한다.

3.3.3.3 : 선별 실적

Description	선별 실시 후 정품/불량품 실적집계				
Developed by		Reviewed by		Last update	2010.04.25

Q.C

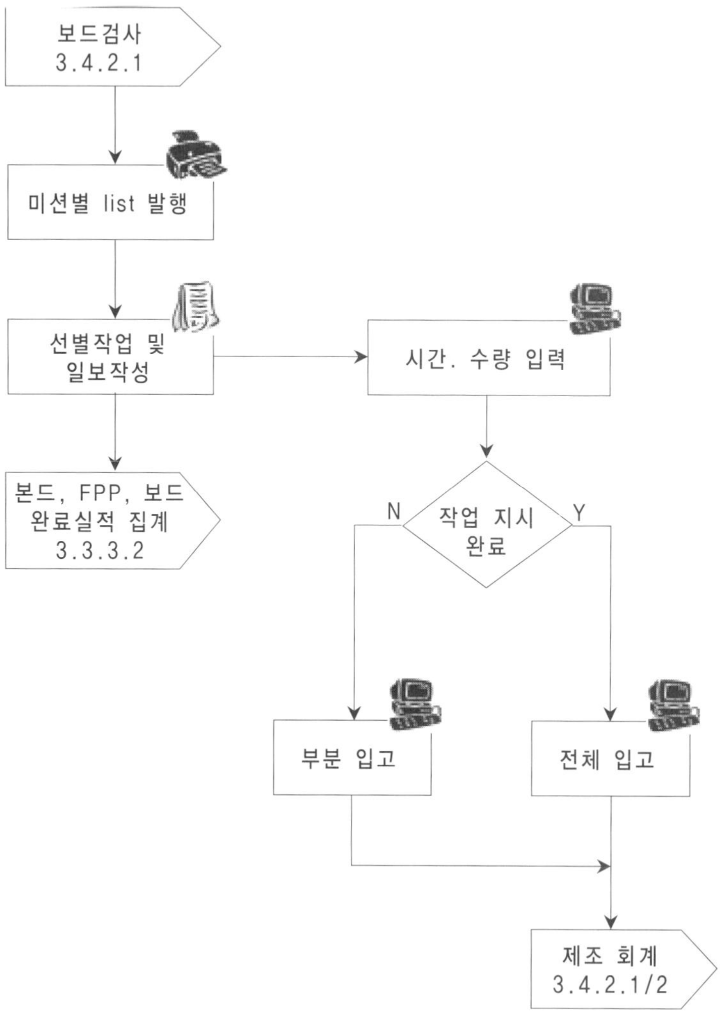

Rules

- 작업지시별 선별 등록 시 선 발생 작업지시부터 처리한다.
- 작업지시별 미선별 List
- 전일 선별 실적을 해당 작업지시 번호별로 정품 및 불량으로 입력한다.
- 선별일보
- 선별 작업 후 Lot No 부여 기준은 생산 연월일+5로 한다.

3.3.3.4 : 재절단 실적

Description	재절단 작업 실적 집계 Process				
Developed by		Reviewed by		Last update	2010.04.25

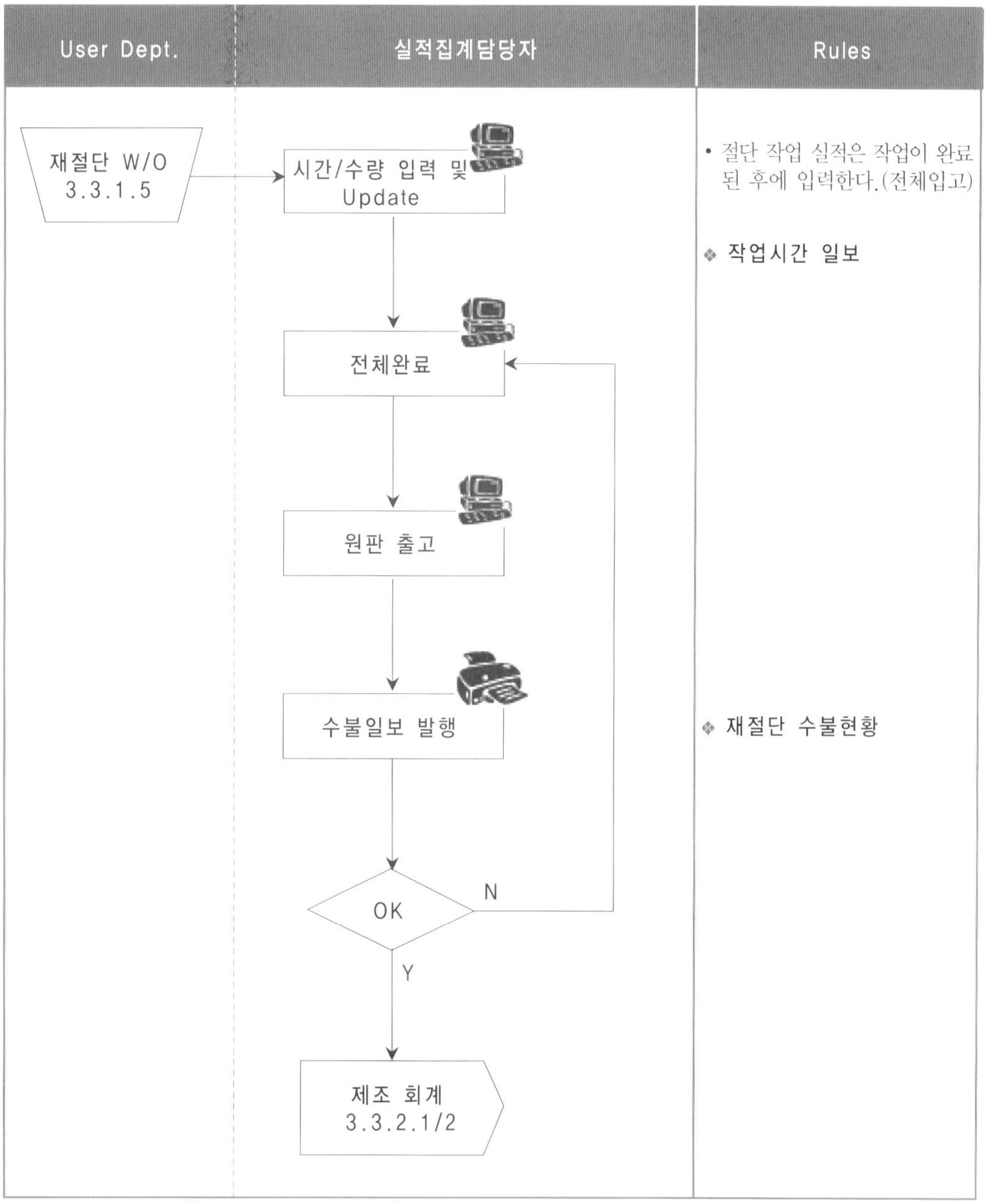

3.4.1.2 : 표준원가 갱신

Description	표준원가를 갱신 시 업무 Process				
Developed by		Reviewed by		Last update	2010.04.25

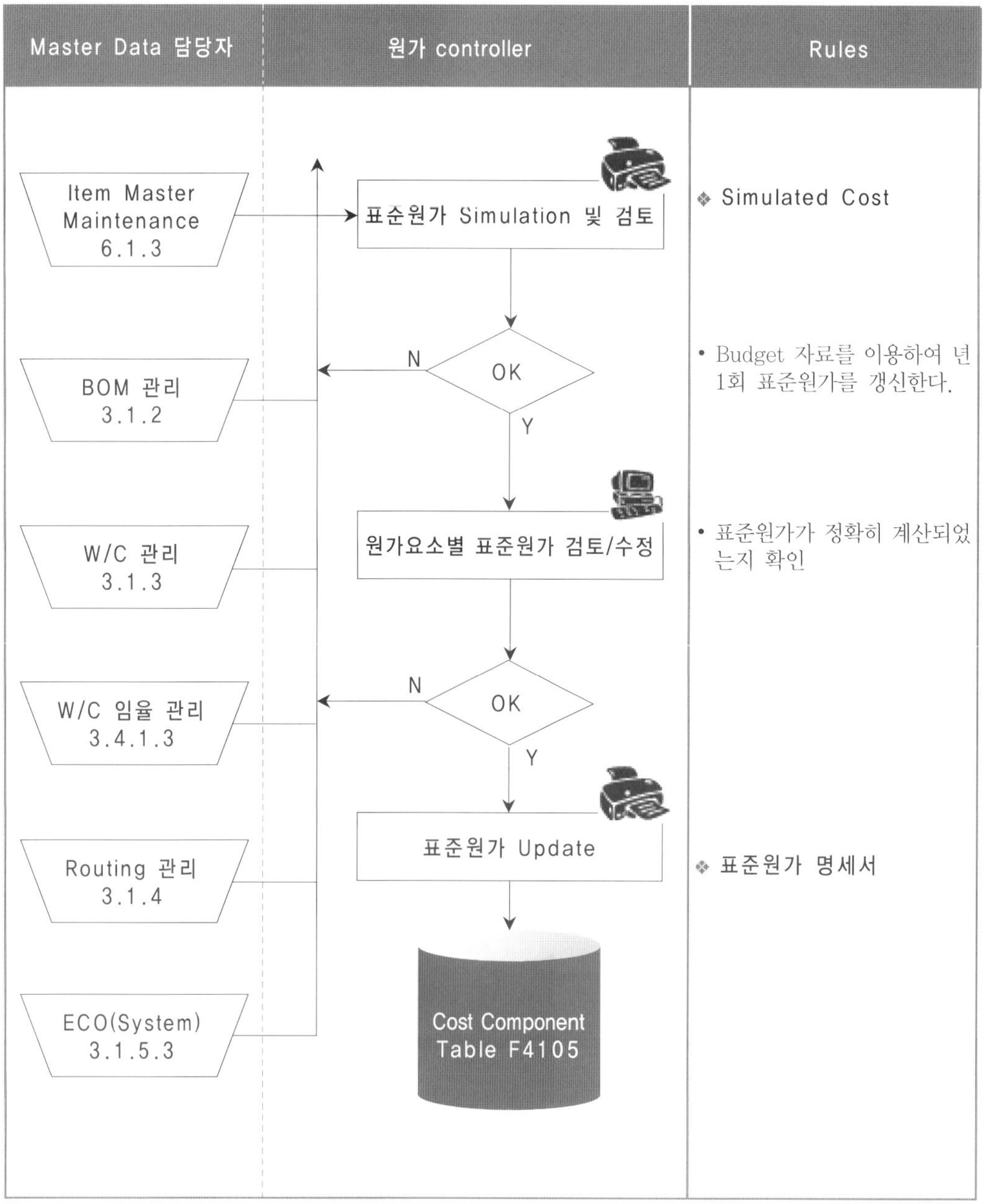

3.4.1.3 : W/C 임률 관리

Description	Work Center Rate 신규등록 및 변경하는 Process				
Developed by		Reviewed by		Last update	2010.04.25

User Dept.	Master Data 담당자(공장)	Rules

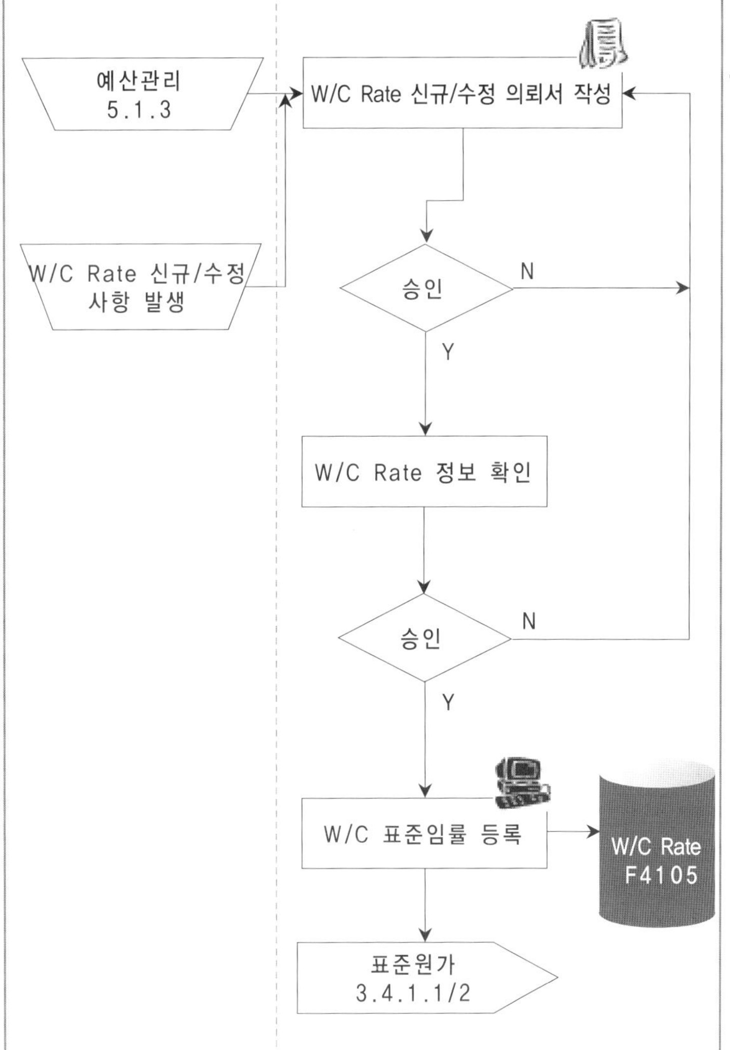

❖ W/C rate 신규/수정 의뢰

• Budget 자료를 이용하여 년 1회 W/C의 표준임률을 갱신한다.

• 신규 생산라인이 발생하는 경우 W/C 및 임률을 등록한다.

3.4.2.1 : 실적 회계처리

Description	일별 생산실적 회계처리 업무 Process				
Developed by		Reviewed by		Last update	2010.04.25

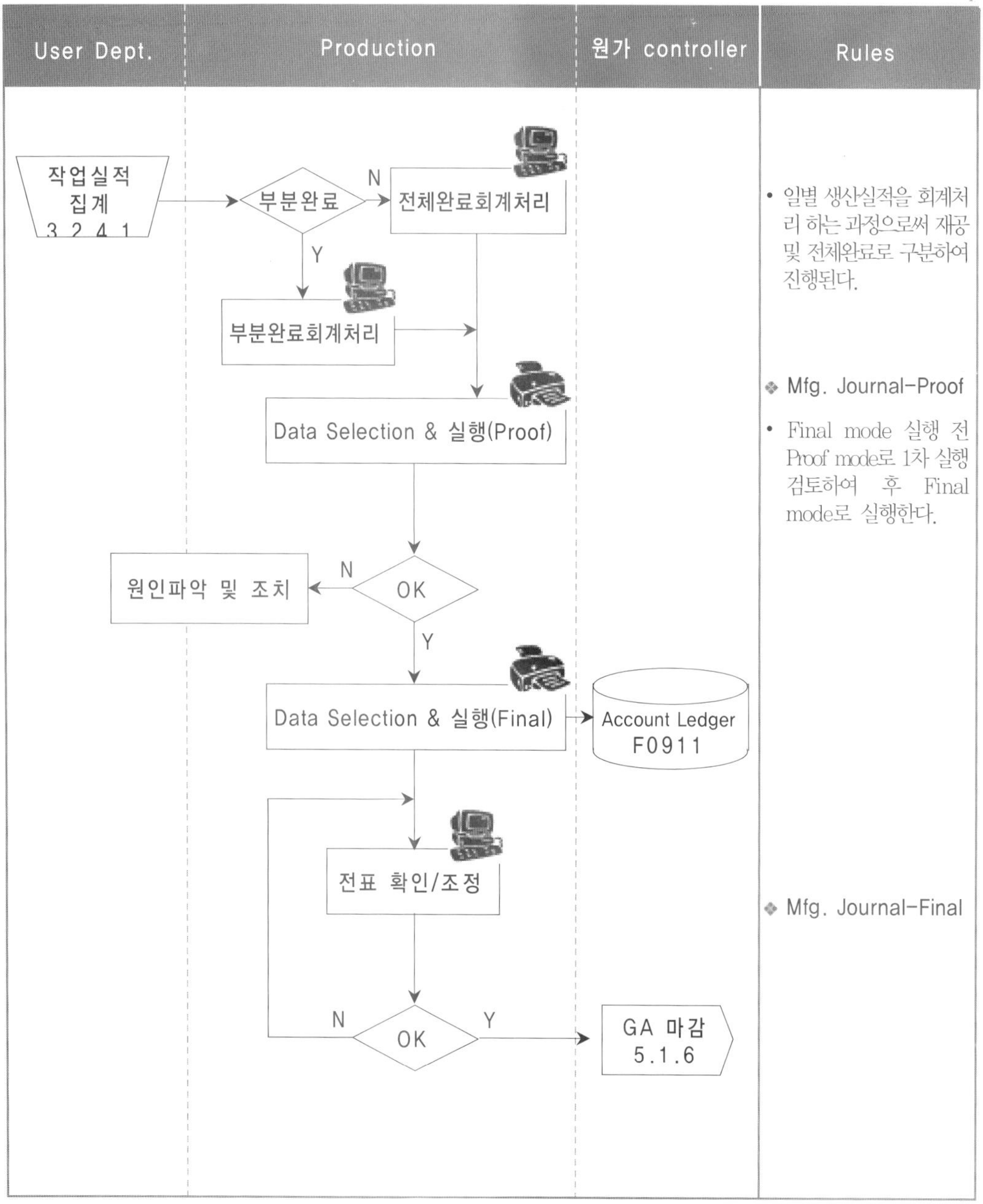

3.4.2.2 : 실적 차이처리

Description	표준원가와 실적차이 회계처리 업무 Process				
Developed by		Reviewed by		Last update	2010.04.25

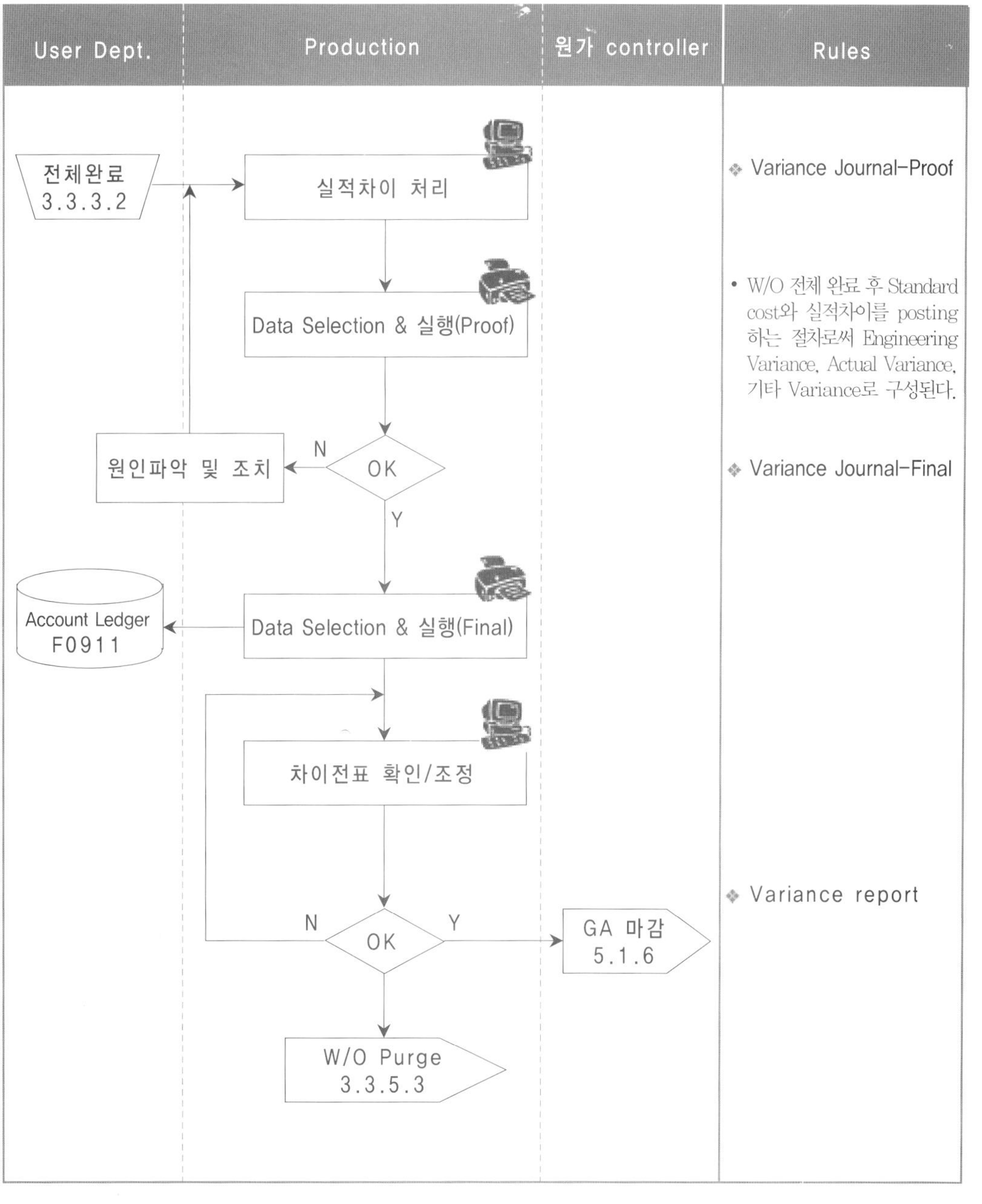

3.5.1.1 : Test Method 관리

Description	Test Method 관리 업무 Process				
Developed by		Reviewed by		Last update	2010.04.25

Q.C	Rules
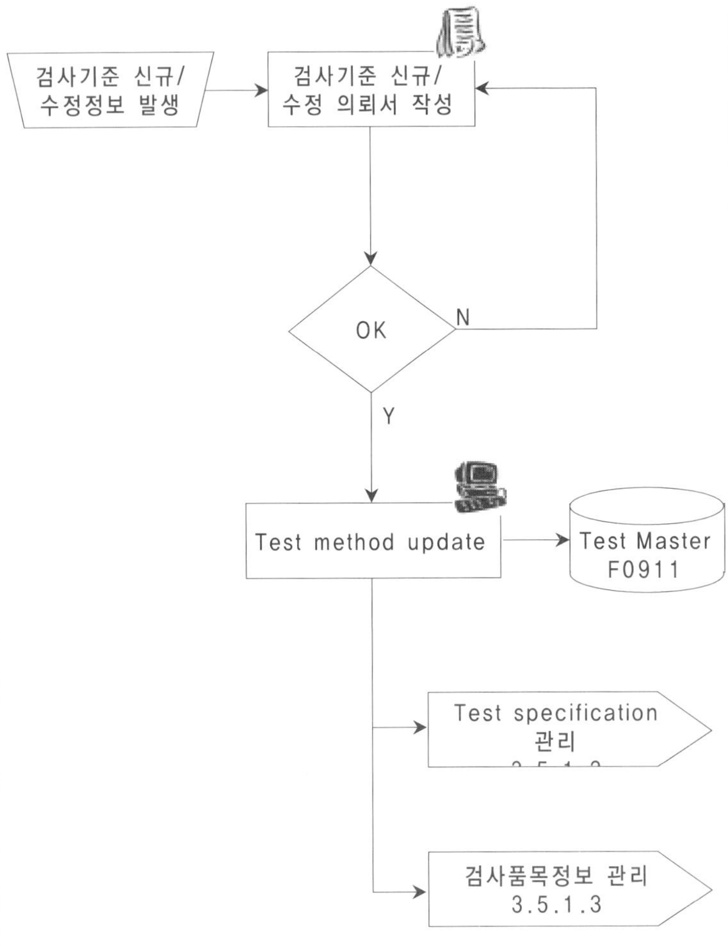	❖ 작업지시별 신규/수정 의뢰서 ❖ 검사항목 본드: 길이, 대각, 두께, 폭, 각도, 무게, 원지 접착, Edge 강도, MD 강도, CD 강도, KETT 수치 방수- 물흡수율, 방화-내화염성 등… 본드: 초결, 종결, 접착 등…

3.5.1.2 : Test Specification 관리

Description	Test Spec 관리 업무 Process				
Developed by		Reviewed by		Last update	2010.04.25

Q.C	Rules
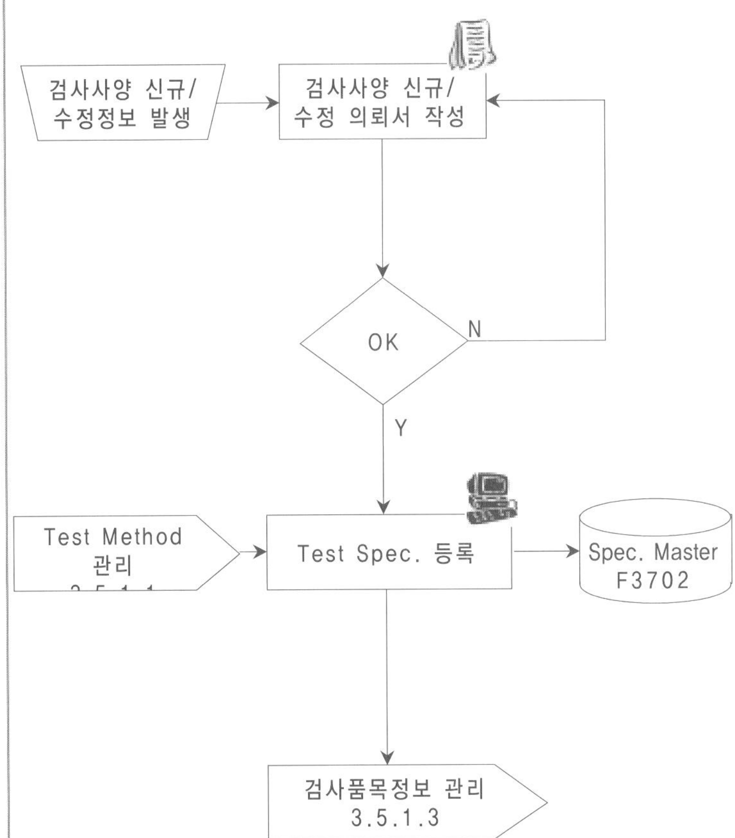	◈ 검사사양 신규/수정 의뢰서 • 검사 항목을 Grouping하여 검사 편의성을 제공하는 Process 예) Spec P001: 강도검사, 길이검사, 대각검사, 접착

3.5.1.3 : 품목 검사정보 관리

Description	검사품목에 대한 검사항목 지정 Process				
Developed by		Reviewed by		Last update	2010.04.25

Q.C	Rules
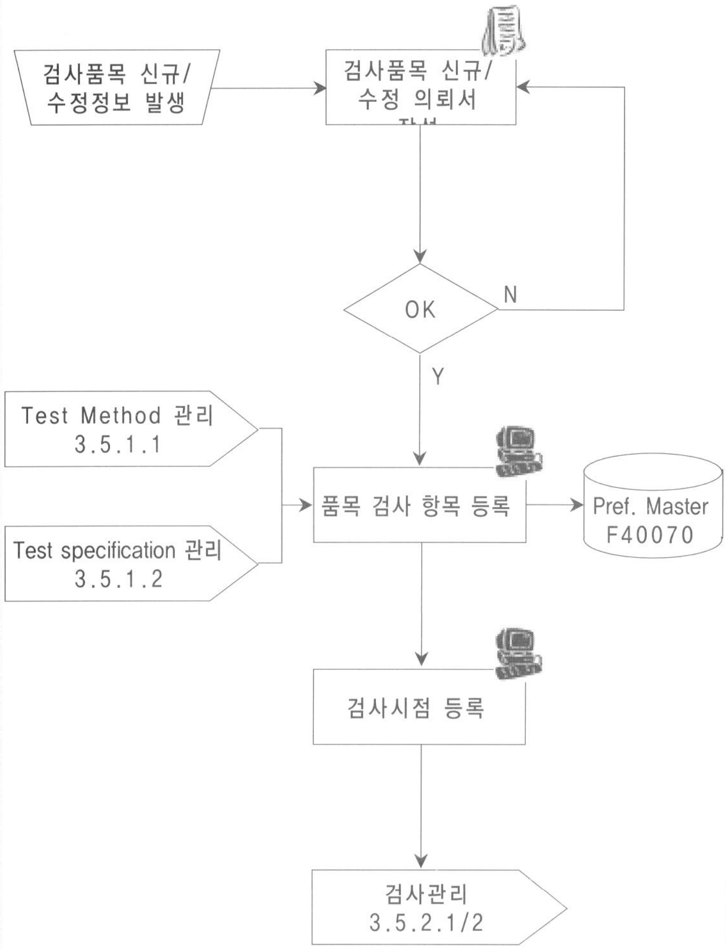	❖ 검사품목 신규/수정 의뢰서 • 검사 품목에 대한 Test Method 및 test spec을 등록 수정하는 Process • 검사 시점: 공정중, 작업완료, 구매입고

3.5.2.1 : 보드검사

Description	보드검사 Process				
Developed by		Reviewed by		Last update	2010.04.25

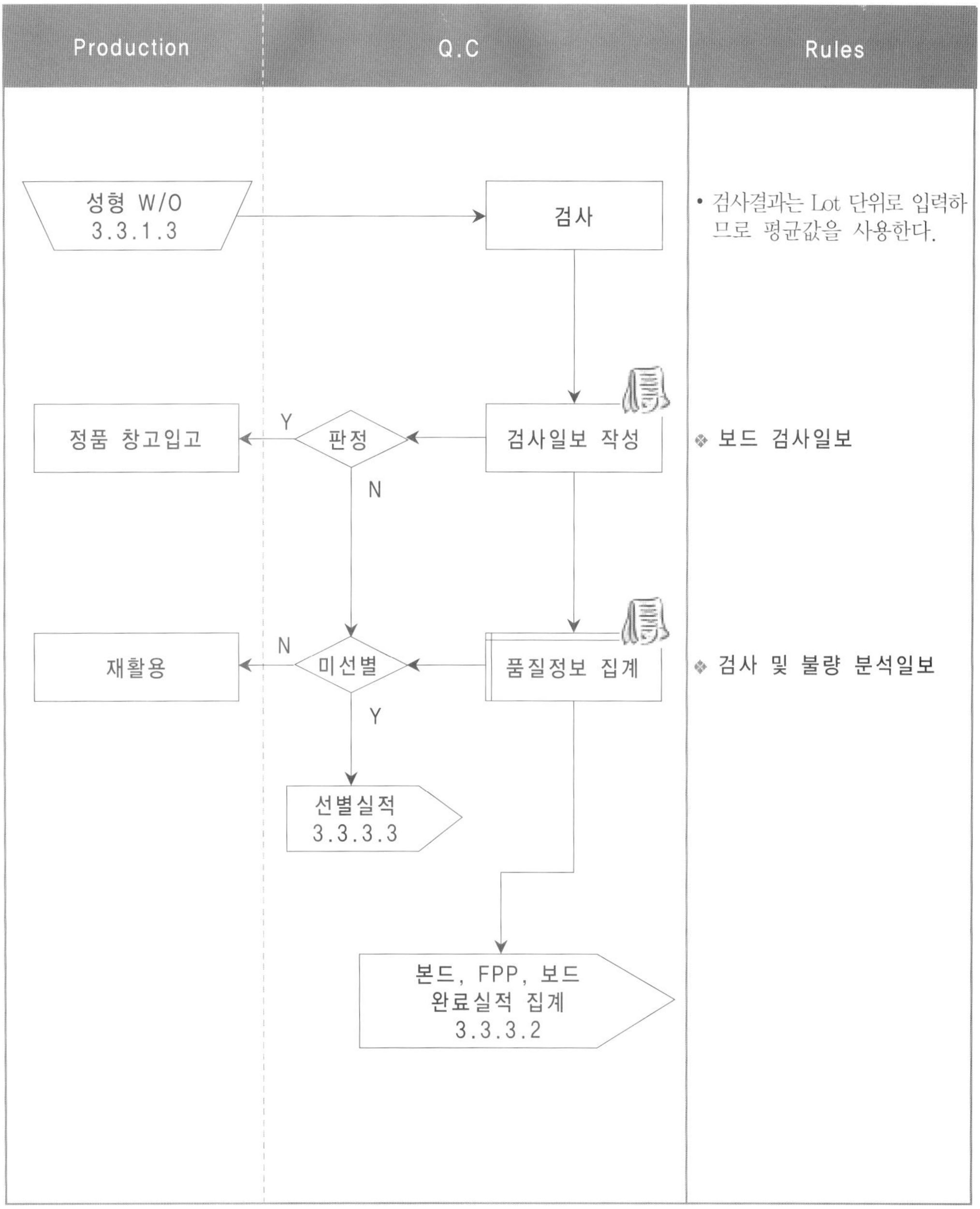

3.5.2.2 : 본드/FPP 검사

Description	본드검사 Process				
Developed by		Reviewed by		Last update	2010.04.25

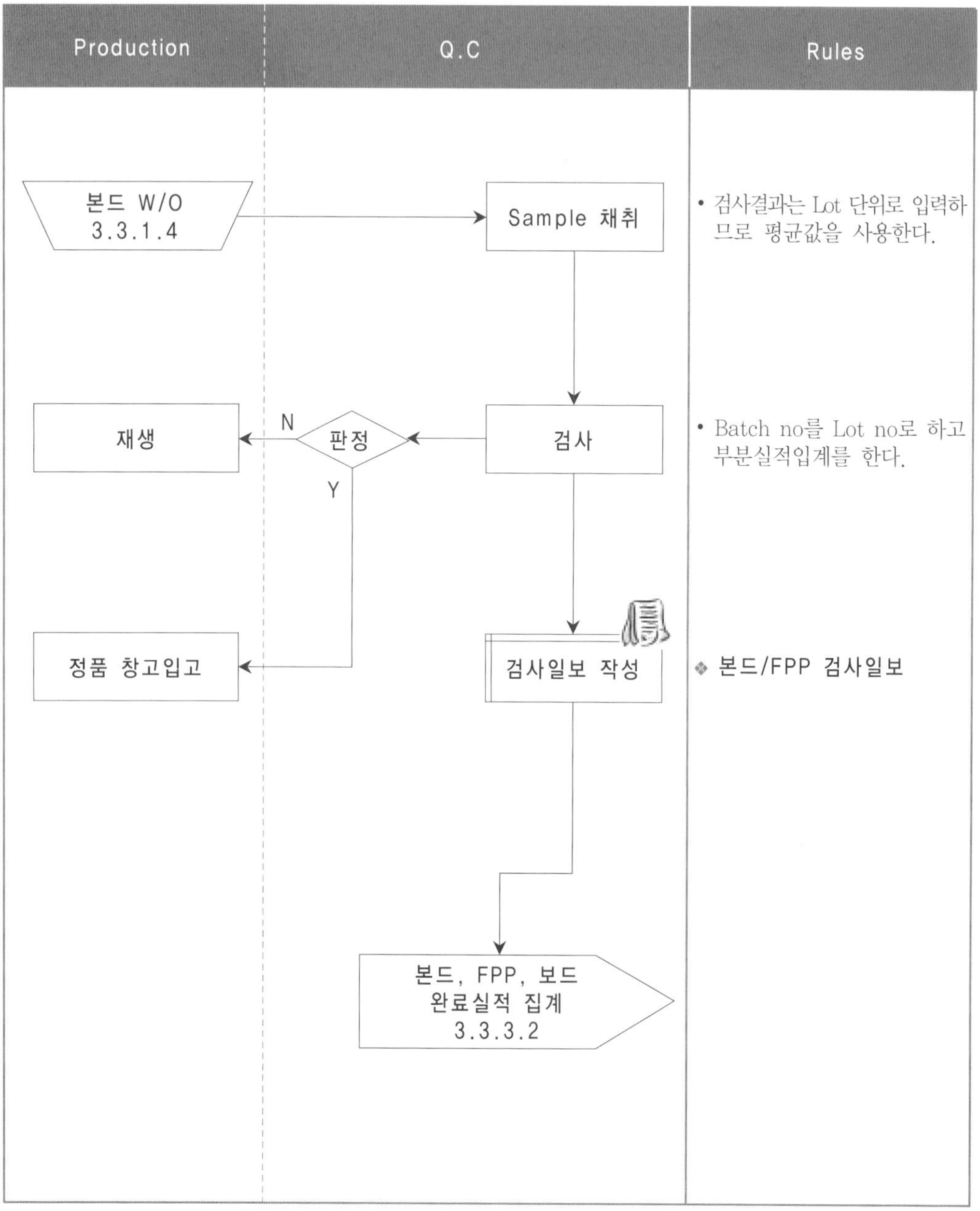

3.5.2.3 : 구매품 검사

Description	원부재료 및 저장품에 대하여 검사하는 Process				
Developed by		Reviewed by		Last update	2010.04.25

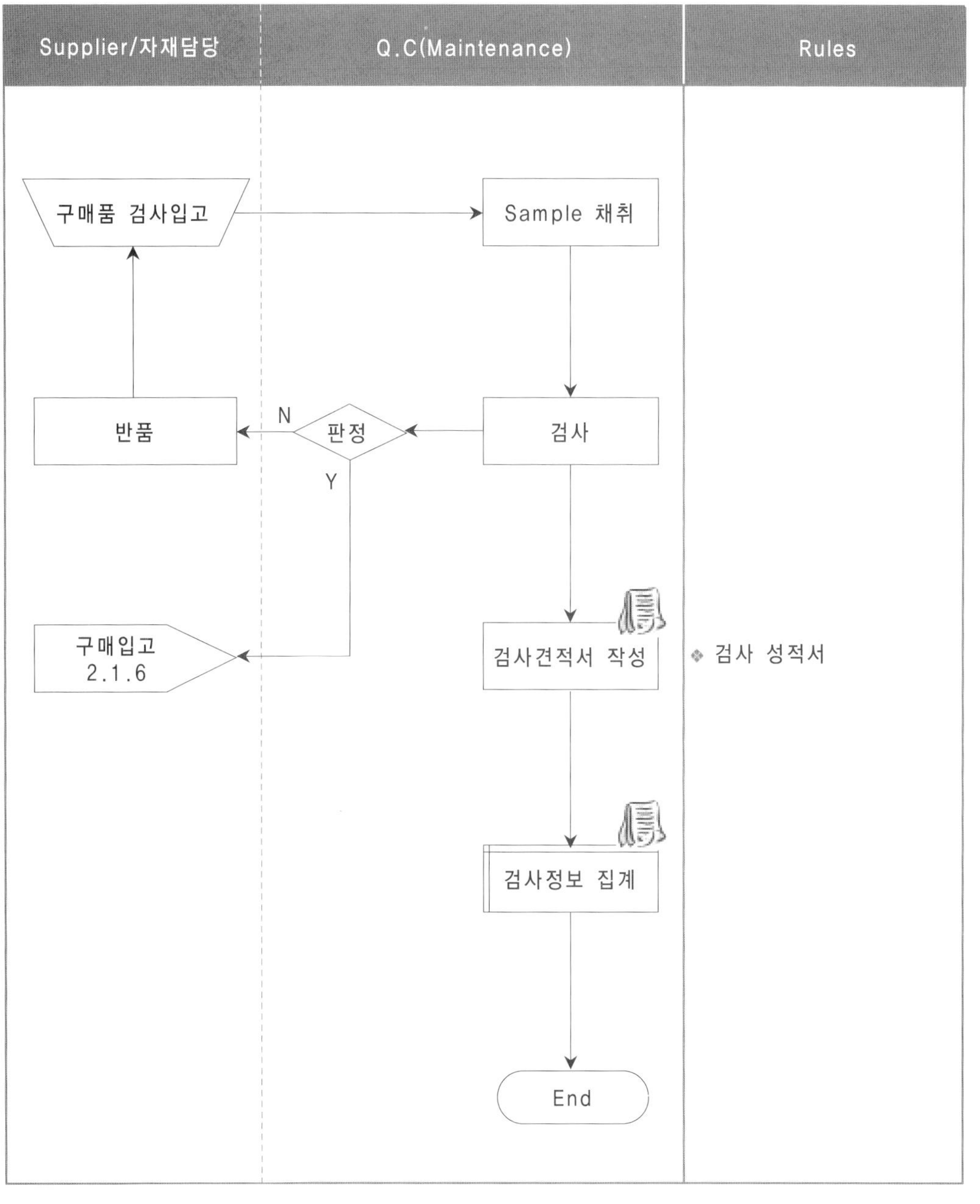

3.5.3 : 반품/재판정 관리

Description	반품 및 재판정 처리 Process				
Developed by		Reviewed by		Last update	2010.04.25

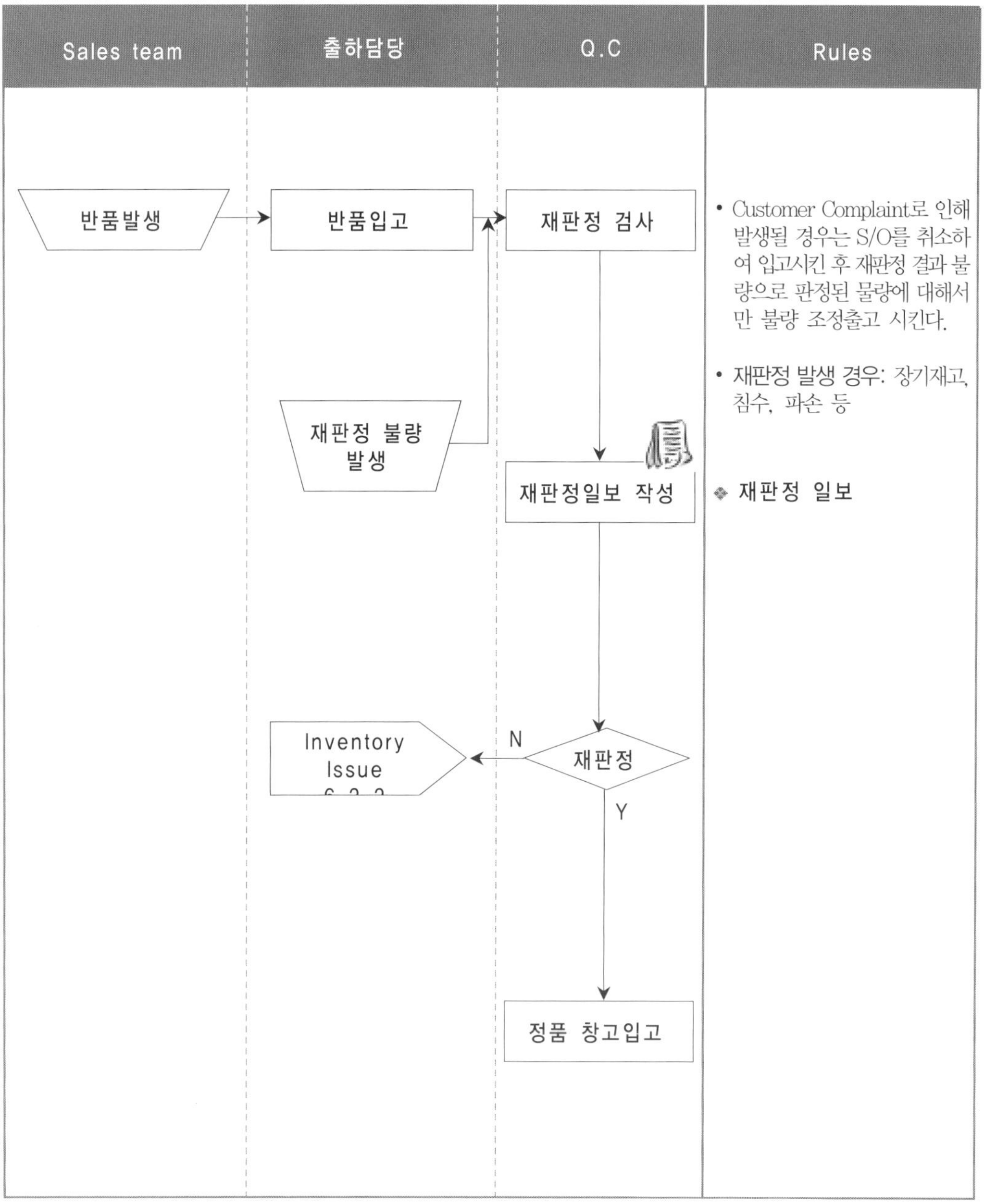

Reference
참고문헌

권순범 · 조윤호, 「유비쿼터스 개론」, 국민대학교 출판부, 서울, 2005.

김세현, "정보시스템 시큐리티," 「경영과 컴퓨터」, 1987년 3-7월호

김은홍, "정보시스템 부문의 조직관리기법," 제 23기 경영정보관리사 양성과정 교재, 한국생산성본부, 1997. 10.

김은홍 · 김화영, 『경영정보학 개론』, 다산출판사, 2006.

김의창 · 송유진 、 문태수, 『e-비즈니스시대의 정보관리론』, 학현사, 2005.

김영만, "통신서비스 시장에서 데이터마이닝을 이용한 이탈고객분석", 한국과학기술원, 1999.

김효석 · 홍일유, 『디지털경제시대의 경영정보시스템』, 법문사, 2000.

남기찬, "아웃소싱의 네 단계 관리전략," Information Systems Review, 1(1), 1999.

노태환 · 박종무 · 한동근 · 한영춘 · 김기수, 『경제 · 경영 · 정보시스템의 이해』, 영남대학교 출판부, 2008.

문대원 · 장시영, 『정보시스템 감리』, 명경사, 1998.

민승기, "CRM 기술동향", 「전자통신동향분석」, 16(5), 2001.

박영태 · 김영미 · 김현지. "SCM 도입의 활성화 방안과 발전 전략에 관한 연구." 「물류학회지」, 13(2), 2003.

박영배 · 김계수, 「기업과 경영」, 박영사, 2004.

박성용, "데이터마이닝을 이용한 효과적인 데이터베이스 마케팅에 관한 연구", 과운대학교, 1997.

박정식 · 신동령, 「경영분석」, 다산출판사, 2010.

백기복, 「조직행동연구」, 창민사, 2004.

백상용 · 박경수, "한국 경영정보학 연구 경향 분석:1974-1993," 「경영정보학연구」, 1995.

서한준 · 최명례, "IT 아웃소싱 운영 효율과 만족 증대를 위한 SLA 지표 선정 프레임워크," Entrue Journal of Information Technology, 2004.

성시종, "인공신경망을 이용한 기업부실예측", 고려대학교, 1997.

안중호,『경영을 위한 정보시스템』, 홍문사, 2000.

이영희·이정우, “지식관리시스템(SCM)의 성공요인 : 공기업 사례들의 분석,”「한국경영정보학회 춘계학술대회논문집」, 2004,244-252.

이재규·최형림·김현수 편저,「인터넷 환경의 지식시스템」, 법영사, 서울, 2006.

이재남·김영걸, “정보시스템 아웃소싱의 성공을 위한 인과모형에 관한 연구 : 구조방정식 모형 접근방법,”「경영학연구」, 제28권 3호, 1999.

이재남,「UIT를 위한 경영정보학원론」, 국민대학교 출판부, 서울, 2005. 2

이진주·김상훈, “MIS성과에 대한 평가모형,”「경영과학의 응용」, 2, 1985.

이태공·박성범·이헌중,「정보기술 아키텍처」, 도서출판 기한재, 2000.

임규건·김광용·김민용·서우종· 안병석 공역,「e-Business 시대를 위한 경영정보시스템」, (Turban, E.,McLean, E. and Wetherbe,J. 원저「Information Technology Management」), 사이텍미디어, 서울, 2003.

장시영, “전사적 아키텍처 기획(EAP)을 통한 IT 아키텍처의 구축 : 정보시스템(ISP)의 새로운 패러다임,” Working Paper, 성균관대학교 경영연구소, 2001.

장형욱·이상식·박병권, “공급사슬구조에 따른 SCM활동과 경영성과에 관한 연구.”「정보시스템연구」, 15(2), 2006, pp.173-193.

전성현·정승렬·배준범, “리엔지니어링 성공요인의 이원론적 분석,”「경영정보학연구」, 11(2), 2001, 205-221

정경수·고일상·박관희·이재정·정철용·한영춘·홍사능,「경영정보시스템」, 이프레스, 2006.

정보통신부, “정보통신산업 상품 및 서비스 분류체계,” 2005.

정인근·이명무, “Supply Chain Management 도입의 주요 성공요인,”「한국SCM학회지」, 1(1), 2001, 41-50

정호원, “경영전략으로서의 전자상거래”, 네트워크트랜드, 1997

조남규, “CBD 도입을 위한 실천적 방법,”「정보처리학회지」, 10(3), 2003, 111-117.

최승은·김효근, “기업의 e-transformation 수준 평가모델 개발에 관한 연구”, 「경영정보학연구」, 15(2), 2005,219-239.

한국인터넷진흥원, “2006년 상반기 정보화실태조사.” 2006.8.

한국전산원, “공공기관의 CIO 제도 도입에 있어서의 현안문제와 대응방안,” 1998.

한국전산원, “전자상거래를 위한 보안기술 체계 및 요소기술에 대한 이해,” 1996.6

한국전산원, “SLA를 강화한 정보시스템 운영계약 참조모델,” 2004.10.

한국전산원,「알기 쉬운 ITA : 경영혁신의 첫걸음」, 2006.

한국전산원,「정보기술아키텍쳐 안내서」, 2003.12.

한국전자거래진흥원, “국내기업의 e-비즈니스 현황 조사,” 2005.12

Amir, M. and Leon, F., "Establishing Project Control : Schedule, Cost and Quality", Sam Advanced Management Journal, 1999

CIO Insight, "The CIO Insight Research Study: Leadership", 2003. 11.

Earl, M. J., "Information Systems Strategy Formulation", in R. J. Boland, Jr. and R. Hirschheim(eds.), Critical Issues in information Systems Research, Wiley, New York, 1987.

Earl, M. J., "Experiences in Strategic Information Systems Planning", MIS Quarterly, 17(1), 1993.

Fox T. L. and spence, J. W., "the Effect of Decision style on the Use of a Project Management Tool : An Empirical Laboratory Study", ACM SIGMIS Database, 36(2), 2005.

George, J. F. and King, J. L., "Examining the Computing and Centralization Debate", communications of the ACM, 34(7), 1991, 63-72.

Hammer, M. and Champy, J., "Reengineering the Corporation: A Manifesto for Business Revolution", Harper Business New York, 1993.

Hirschheim, R, A., "Office Automation : A Social and Organizational Perspective", Wiley, New York, 1985.

Johnson, R.A., "The Ups and Downs of Object-Oriented Systems Development", communications of the ACM, 43(10), 2000, 69-73.

Kalakota, r. and Whinston, A., "Frontier of Electronic Commerce", Addison-Wesley, New York, 1996.

Karlsen, J.T. and Gottschal k, P., "Project Manager Roles in IT Outsourcing", Engineering Management Journal, 18(1), 2006, 3-9

Lacity M. C. and Willcocks L. P., "An Empirical Investment of Information Technology Souring Practices: Lesson form Experience", MIS Quarterly, 22(3), 1998, 363-408.

Laudon K. C. and Laudon J. P., "Management Information System", Organization and Technology(3rd ed.), Macmillan, New York, 1994.

Laudon, K. C. and Laudon, J. P., "Management Information Systems: Managing the Digital Firm(8th ed).", Prentice-Hall, Upper Saddle River, 2004.

Lederer, A. and Mendelow, A. L., "Information Resource Planning : Overcomming Difficulties in Identifying Top Management's Objectives", MIS Quarterly, 11(3), 1987

Lederer, A. L. and Sethi, V., "The Implementation of Strategic Information Systems Planning Methodologies", MIS Quarterly, 12(3), 1988.

McLead, R., Jr., "Management Information Systems(6th ed.)", Prentice-Hall, Englewood Cliffs, 1995.

O'Brien, J. A., "Management Information Systems: Management Information Systems: Management Technology in the Networked Enterprise", McGraw-Hill Inc., 1996.

Pan, S.L. and Lee, J.N., "Using E-CRM for A Unified View of The Customer", Communications of the ACM, 46(4), 2003, 95-99

Prince, T., Information Systems for Management Planning and Control , Irwin, Homewood, 1996.

Ralph, M. S. and Reynolds, G. W., "Fundamentals of Information Systems", Tomson Learning, Inc., 2003.

Rockart, J. F., "Chief Executives Define Their Own Data Needs", Harvard Business Review, Mar./Apr. 1979, pp. 81~91.

Ryggles, R. L., "Knowledge Management Tools, Butter worth - Heinemann", Boston, 1997.

Scott, G. M., "Principles of Management Information Systems", McGraw-Hill, New York, 1986.

Taylor, J. C., "Participative Design: Linking BPR and SAP with an STS Approach", Journal of Organizational Change Management, 11(3), 1998, 233-245

Weiss, J. W. and Anderson, Jr.,D., "CIOs and IT Professionals as Change Agents, Risks and Stakeholder Managers : A Field Study", Engineering Management Journal, 16(2), 2004, 13-18.

Zmud, R. W., "Information Systems in Organizations", Scott, Foresman and Co., Glenview, 1983.

Index
찾아보기

영문색인

A

B

C

D

E

F

국문색인

저자약력

【조용길】

- 서울대학교 공과대학 섬유공학과 졸업
- State University of New York-Albany, 경영학 석사
- University of Nebraska-Lincoln, 경영학 박사
- University of Wisconsin-Parkside 경영학부 조교수
- University of Reading, UK 방문교수(현)
- 청주대학교 경영학부 교수(현)

【이재영】

- 청주대학교 경상대학 무역학과 졸업 (경영학사)
- 청주대학교 대학원 무역학과 졸업 (경영학석사, 경영학박사)
- 청주대학교 경제통상학부 무역학전공 강의전담교수
- 국제통상전략연구원 원장 (현),
- (주)배움사이버평생교육원 교수(현)
- 우송대학교 철도경영학과 초빙교수(현)

【김용철】

- 건국대학교 무역학과 졸업
- 인하대학교 경영학 석사
- 세명대학교 경영학 박사
- 한라중공업(주) 기획원가팀 근무
- 한국표준협회컨설팅 근무
- 현) (주)애플테크 연구소장
- 현) 세명대학교 경영학과 겸임교수

경영정보시스템

2011년 2월 23일 초판 인쇄
2011년 2월 27일 초판 발행

저자 / 조용길, 이재영, 김용철
발행인 / 고우용
발행처 / 우용출판사
등록일 / 1997년 11월 25일
출판등록 / 제 313-1997-139호
주소 / 서울특별시 마포구 망원1동 338-53
전화번호 / 02) 324-6577
팩시밀리 / 02) 324-6177

정가 / 23,000원

ISBN / 978-89-6249-045-9 93320

2011 ⓒ 조용길 外

이 책은 저작권법에 의해 한국 내에서 보호받는
저작물이므로 법에 정한 예외 이외의 무단 전제나 복제,
매체 수록 등을 금합니다.

www.choolpansa.com